Edexcel German
for A Level

Edexcel German for A Level

Student's Book

Series Editor: Janet Searle

Series Consultant: John Baildam

John Baildam
Geoff Brammall
Paul Elliott
Thomas Reimann
Claire Sandry
Janet Searle
Paul Stocker
Chris Warrington
Roger Winter

Although every effort has been made to ensure that website addresses are correct at the time of going to press, Hodder Education cannot be held responsible for the content of any website mentioned in this book. It is sometimes possible to find a relocated web page by typing in the address of the home page for a website in the URL window of your browser.

Hachette UK's policy is to use papers that are natural, renewable and recyclable products and made from wood grown in sustainable forests. The logging and manufacturing processes are expected to conform to the environmental regulations of the country of origin.

Orders: please contact Bookpoint Ltd, 130 Milton Park, Abingdon, Oxon OX14 4SB. Telephone: (44) 01235 827720. Fax: (44) 01235 400454. Lines are open 9.00–5.00, Monday to Saturday, with a 24-hour message answering service. Visit our website at www.hoddereducation.co.uk

© John Baildam, Geoff Brammall, Paul Elliott, Claire Sandry, Janet Searle, Paul Stocker, Chris Warrington and Roger Winter 2008
First published in 2008 by
Hodder Education,
an Hachette UK company
338 Euston Road
London NW1 3BH

Impression number   7
Year   2014

Cover photo © Jon Arnold Images Ltd/Alamy
Illustrations by Ian Foulis
Typeset in 12/14pt Bembo
Printed in Dubai

A catalogue record for this title is available from the British Library

ISBN: 978 0340 96857 4

Inhalt

Introduction

Edexcel German for A Level is an advanced course for students following the Edexcel GCE German specification who want to improve their language skills and extend their knowledge of the German-speaking world.

There are 12 chapters in the book: Chapter 1 is a transition unit which aims to 'bridge the gap' from GCSE to A level; Chapters 1-6 cover Edexcel's four AS general topic areas and linked subtopics, whilst chapters 7-12 cover all seven A2 general topic areas.

German language skills are developed throughout by sequences of tasks exploiting the listening and reading materials. A balanced coverage is given to all four skills throughout the whole book.

Over the course of your AS and A2 studies you need to build up your vocabulary, idiom and command of a variety of structures. To this end, key lexis is listed in the end-of-chapter summary. Throughout each chapter you are given opportunities to implement and practise this lexis (and additional

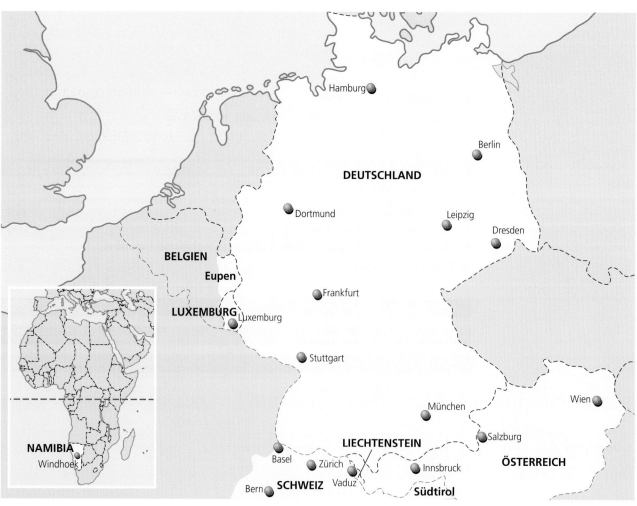

Die deutsche Sprache

vocabulary) in a range of tasks and skills. In addition, grammar is presented in regular sections throughout the chapters and the material has been written to exploit the relevant grammatical concepts. The grammar points covered are drawn from the lists which appear on pages 79–82 of the specification. There is a summary of all grammar points at the back of the book for ease of reference and specific grammar tasks for each point can be found within *Dynamic Learning Network Edition*. These give you the chance to consolidate your understanding and apply principles learned.

The culture of German-speaking countries is woven throughout the book, integrated into the topic areas.

There are assessment tasks at the end of each chapter. They offer an ideal opportunity to pull together all strands covered in the chapter and to look at assessment-type tasks based on the material covered in that chapter.

Each chapter focuses on a particular skill with tips on how to improve all aspects of your German. These are supported by photocopiables and worksheets to be found in the Teacher's Resource Book and Dynamic Learning. At the back of the book, you will find a section on exam skills which offers support and guidance.

You will see the following symbols throughout the book:

 speaking exercise

 reading exercise

 writing exercise

 listening exercise

 additional material, photocopiables and worksheets to be found on *Dynamic Learning Home Edition* (free with this book).

 Extra exercises found on *Dynamic Learning Network Edition*

Viel Spaß und auch viel Glück!

Edexcel GCE in German

Unit 1 Spoken Expression and Response (AS)

8–10 minutes

You discuss your chosen topic area in German with an examiner (either your teacher or a visiting examiner). In Section A you answer four questions on a stimulus based on this topic area, and in Section B you have a more general discussion on the same topic area and linked subtopics, but the discussion moves away from the main focus of the stimulus.

Throughout each of the AS chapters in this book there are several opportunities for you to practise your speaking skills on each of the AS general topic areas. The tasks are varied and offer a range of questions but always encourage you to think about the topic in depth. They allow you to demonstrate your knowledge and develop your confidence by getting you to back up your opinions with concrete evidence and personal experience.

The end-of-chapter summaries detail the important vocabulary to support you in your learning. By drawing on this support, you will be able to express facts and ideas on the themes covered in the chapter, using a variety of interesting lexis.

The end-of-chapter assessment tasks offer you a speaking activity which reflects the format and style of Section A of the exam.

The grammar sections in each chapter as well as the grammar summary at the back of the book are there to help you use a range of structures accurately in your speaking. The skills sections throughout the chapters and at the back of the book will give you excellent tips on how to achieve your maximum in the speaking skill.

Unit 2 Understanding and Written Response (AS)

2 hours 30 minutes

Unit 2 is made up of three sections. In Section A, you listen to people speaking in German and then answer four questions in German. You control the pace of this section yourself although you have no more than 45 minutes in which to complete it. Section B is the reading test and here you will find questions in both German and English. In Section C, you are asked to write 200–220 words in German in the form of, for example, a letter or a report, in response to a short passage in German. There will be four to six bullet points which you need to address. All the material used in Unit 2 comes from all four AS general topic areas and you will see that these topic areas and linked subtopics are covered in Chapters 1–6.

Throughout each chapter, there are plenty of opportunities for you to practise your listening, reading and writing skills. The task types from the exam have been used so that you will become very familiar and confident with them. You will find other task types for listening and reading which develop your understanding and use of synonyms and paraphrase, as well as antonyms, etc. The end-of-chapter summary will support you throughout these activities. Again, the grammar sections are there to help you use a range of structures accurately in your writing and the skills sections offer guidance on how to maximise your potential in these three skill areas.

The end-of-chapter assessments offer you a listening, reading and writing activity which reflect the format and style of the exam.

Unit 3 Understanding and Spoken Response (A2)

11–13 minutes

Unit 3 is the A2 speaking test. In advance of the test, you choose an issue which you feel strongly about and decide on a definite standpoint. The issue does not have to relate to German-speaking countries or any of the Edexcel general topic areas: you have a free choice. The examiner (either your teacher or a visiting examiner) will adopt the opposing standpoint to yours and you will have to defend your views. The conversation then moves away from your chosen issue to a more general discussion of at least two other issues. As well as assessing your speaking skills, this unit also assesses your understanding, i.e. your listening skills. You will need to prepare for this unit by researching your chosen issue – you should use a range of written and spoken materials in German to do this and marks are available for reading and research.

Throughout the A2 chapters of the book, you are given plenty of opportunities to formulate and express opinions orally on a wide range of issues. Debating skills, for example, how to argue and justify your point, are covered in the skills sections and you will be able to implement the advice given in these sections as you work through the various speaking tasks. There are regular listening tasks to help you develop your listening skills to A2 standard and opportunities are given for you to read and research particular issues and themes. The grammar coverage continues throughout to support you as you strive to communicate effectively, accurately and confidently.

Unit 4 Research, Understanding and Written Response (A2):

2 hours 30 minutes

Unit 4 is also made up of three sections. In Section A, you have to translate a short written text (about 80 words) from English into German. In Section B, you have to write a language essay – you have a number of both creative and discursive essay titles to choose from. The translation passage and the essay titles are all linked to the A2 general topic areas. Section C is the research-based essay. For this, there are four topics to choose from, all relating to the culture and society of the German-speaking world, and you have to choose one of these. In preparation for this section of the exam, you will need to research, reflect on and analyse research on your chosen aspect.

This unit assesses your language skills as you transfer meaning from English into accurate

German, communicate effectively and accurately in written German, and demonstrate effective research skills in German.

Each A2 chapter offers you plenty of scope to practise your translation skills across all general topic areas. In addition, the A2 assessment page at the end of the chapter includes a translation based on what you could expect to find in the exam. The Exam Skills provide guidance on how to approach the translation to increase your chances of earning full marks.

Similarly, there are several opportunities for you to hone your creative and discursive essay writing skills. If you prefer writing discursive essays, you will find that the many speaking tasks mentioned above are an invaluable preparation for this kind of writing, so you will be able 'to kill two birds with one stone'. Remember, the grammar reference section at the back of the book will help you to write accurate German and the vocabulary in the end-of-chapter summary will make it easier for you to use a range of advanced-level vocabulary. In addition, the skills sections on how to write a discursive and a creative essay will support you as you draw together all your ideas.

In those chapters which correspond to the research-based essay topics, you will find tasks which guide you through the research phase, suggesting aspects and areas which you might find of interest. You will find the Exam Skills extremely useful here as well: there are tips on how to go about conducting research in German in the first place (and this is useful for Unit 3 as well), how to use a range of resource materials and then how to start writing a research-based essay. The chapters offer you various research-based essay titles, and there are also some titles on the assessment pages. Remember that practice does make perfect!

Interessen und Sorgen der Jugend

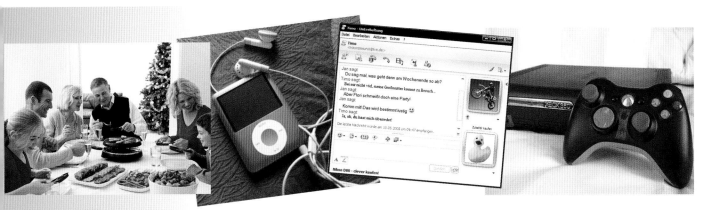

Über dieses Thema...

★ Neben der traditionellen Form der Familie gibt es heute zahlreiche Varianten. Familie und Freunde bleiben weiterhin wichtig.

★ Musik „Made in Germany"? Die neuen Trends. Was wichtig ist bei der aktuellen Mode.

★ Handys gehören für viele Menschen jetzt zum Alltag. Was wir alles im Internet unternehmen. Das Fernsehen – die Pros und Kontras.

★ Der Konsum von Alkohol und Drogen bringt viele Gefahren und Risiken. Beziehungen und Sex: Es ist nicht alles Gold, was glänzt.

Diese Einheit behandelt folgende Grammatik:

★ Präsens
★ Die Wortstellung im Hauptsatz
★ Die Wortstellung im Nebensatz

Diese Einheit gibt Ihnen folgende Lerntipps und Prüfungstraining:

★ Wie man Arbeit richtig planen und organisieren soll.
★ Neue Wörter lernen.
★ Wie man richtig im Wörterbuch nachschlagen soll.
★ Grammatikregeln wiederholen.
★ Verbtabellen entschlüsseln.

Zum Einstieg:

★ Was bedeutet es heute, Teenager zu sein?
★ Gibt es immer noch die „Normalfamilie"?
★ Welche Rolle spielt Musik in der aktuellen Gesellschaft?
★ Ist es wirklich so cool, im Internet zu surfen?
★ Videospiele – die neue Jugenddroge?

Beziehungen

1 Die moderne Familie

 Wie sieht die moderne Familie aus?

a Die Großfamilie?

b Die Kleinfamilie?

c Die Familie mit nur einem Elternteil: allein erziehende Mutter mit Kind?

d Die kinderlose Familie?

e Die Scheidungsfamilie?

f Die gleichgeschlechtliche Lebensgemeinschaft?

g Die Stieffamilie?

B **Besprechen Sie Ihre Meinungen und Ideen in der Gruppe.**

1 Welche Familienform ist die beste? Warum?
2 Was sind vielleicht die Vorteile von der Großfamilie?
3 Meinen Sie, es gibt heute eine Tendenz zur Kleinfamilie?
4 Aus welchem Grund gibt es Ihrer Meinung nach, allein erziehende Eltern?
5 Wie finden Sie (Ehe-)Paare ohne Kinder?
6 Was bedeutet die Scheidung für ein Kind?
7 Welche Probleme könnte es für Kinder in einer Patchworkfamilie geben?
8 Ist das Leben für Kinder mit zwei Vätern oder zwei Müttern Ihrer Meinung nach schwierig?
9 Ist die Familie immer noch eine wichtige Einheit?
10 Welche Familienform ist typisch für heute?

2 Die klassische Familie verliert an Bedeutung

A 📖 Finden Sie die folgenden Statistiken überraschend? Warum (nicht)?

Rheinland-Pfalz: Die klassische Familie, das Ehepaar mit Kindern, verliert an Bedeutung

1980: 87% aller Familien bestehen aus verheirateten Eltern mit Kindern.

2005: Nur noch 76% aller Familien bestehen aus verheirateten Eltern mit Kindern.

1980: Die Anzahl der sonstigen Formen der Eltern-Kind-Gemeinschaft steht auf 86.400.

2005: Diese Zahl steht auf 152.000 (davon 122.500 Alleinerziehende).

Als Familien gelten alle Eltern-Kind-Gemeinschaften (Ehepaare, Lebensgemeinschaften oder Alleinerziehende, die mit ihren ledigen Kindern zusammen leben).

Rund 17.000 Väter leben mit ihren Kindern allein in einem Haushalt.

13,5% der Alleinerziehenden sind Männer (2% mehr als im Jahr 2005).

21.200 Kinder leben allein bei ihren Vätern (fast 11% mehr als in 2005).

152.000 Kinder leben bei den 107,000 allein erziehenden Müttern (4% weniger als in 2005).

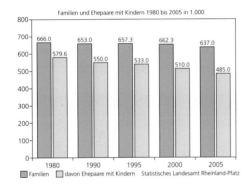

Familien und Ehepaare mit Kindern 1980 bis 2005 in 1.000
Statistisches Landesamt Rheinland-Pfalz

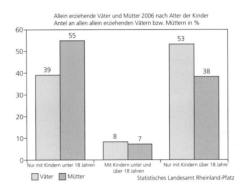

Allein erziehende Väter und Mütter 2006 nach Alter der Kinder
Antel an allen allein erziehenden Vätern bzw. Müttern in %
Statistisches Landesamt Rheinland-Pfalz

3 Die heutige Familie

 Vier Jugendliche sprechen über ihre Familie. Hören Sie zu und füllen Sie die Tabelle aus.

	Familienform	Ehestand der Eltern	Kinder	Meinung	weitere Informationen
Laura					
Max					
Sophie					
Felix					

B ✏️ Beschreiben Sie Ihre eigene Familie (beziehen Sie sich auf die Aspekte in der Tabelle).

C 💬 Lesen Sie Ihre Beschreibung vor. Die anderen in der Gruppe füllen die Tabelle für Sie aus.

4 Meine Mutter macht mich wahnsinnig!

Sie stellt sich nur schwer vor, ich empfinde anders als sie. Ich muss mein Zimmer aufräumen, weil sie gerne Ordnung hat; einen Pulli anziehen, weil ihr kalt ist; zu Abend essen, weil sie Hunger hat. Manchmal nervt sie von morgens bis abends.

Meine Mutter will immer Recht haben. Wenn sie nicht weiß, was sie noch sagen könnte, um die „Diskussion" zu beenden, ruft sie nach Unterstützung:

Ich: Morgen gibt's eine Party bei Lars. Nina und ich werden dort schlafen. Alle anderen übernachten dort auch.

Sie: Ach, ich möchte das nicht. Und dein Papa auch nicht!

Und öfters sagt sie auch noch: „Als ich in deinem Alter war, durfte ich so was nie machen..."

Will ich ausgehen, da fragt meine Mutter, „Fährst du wirklich mit den Jungs aus der Klasse im Auto? Die sind doch ganz schlechte Fahrer. Den Führerschein haben sie noch nicht lange." Den Satz wiederholt sie immer wieder, denn wenn Mütter einem etwas sagen wollen, müssen sie es ungefähr hundertmal sagen.

Mütter kritisieren gerne die Jungs, mit denen man geht. Mein letzter Freund war ihr zu alt: „Der wird dir bestimmt nicht treu bleiben." Mütter meinen, sie könnten in die Zukunft sehen – leider stimmt das manchmal auch. Er hat am nächsten Abend mit einer anderen auf einer Party geflirtet und wir haben uns heftig gestritten. Ich habe in der Nacht so viel Alkohol getrunken, dass mir vor unserem Haus ganz übel wurde. Meine Mutter hat die Tür aufgemacht und mich in den Arm genommen: „Du weißt wohl, du kannst immer zu mir kommen. Der nächste Junge ist bestimmt der richtige." Meine Mutter mag mich vielleicht wahnsinnig machen, aber sie hat mich sehr lieb!

A Lesen Sie den Text und beantworten Sie die Fragen.

1 Was nervt die Autorin an ihrer Mutter? Geben Sie drei Beispiele.
2 Was findet die Autorin gut an ihrer Mutter?
3 In welchem Fall hatte die Mutter Recht?
4 Welches Problem hatte die Autorin mit ihrem Freund?

B Schreiben Sie Ihre Ideen auf und diskutieren Sie dann in der Gruppe.

1 Was nervt Sie an Ihrer Mutter/Ihrem Vater?
2 Was finden Sie gut an Ihrer Mutter/Ihrem Vater?
3 Was nervt Ihre Eltern an Ihnen?
4 Was finden Ihre Eltern gut an Ihnen?

5 Gute Freunde

Gute Freunde

Die beste Freundin soll...
...Geheimnisse für sich behalten.
...immer für dich da sein.
...dir zuhören.
...dir alles anvertrauen.
...dich auch ehrlich kritisieren.
...nicht immer den Ton angeben.

Hallo Süße!

Seit zwei Jahren schon sind wir beste Freunde. Auch wenn wir uns mal heftig streiten, halten wir fest zusammen und haben uns lieb! Danke, dass du immer für mich da bist.

Deine Nina.

Liebe Leonie!

Du bringst mich zum Lachen und tröstest mich, wenn ich traurig bin. Du bist die allerbeste Freundin auf der ganzen Welt.

Deine Moni.

A 📖 ✏️ Lesen Sie die Texte. Wie soll er/sie sein, Ihr bester/Ihre beste Freund(in)? Schreiben Sie einen kurzen „Brief" wie Nina oder Moni.

B 💬 Diskutieren Sie in der Gruppe: „Freunde, auf die man verzichten kann..." Welche Eigenschaften sucht man eben nicht in einem Freund?

C 💬 „Der Druck einer dominanten Gruppe verursacht eine Veränderung im Verhalten einer Person, die von der Clique akzeptiert werden will. Das nennt man Gruppenzwang." Kann eine Gruppe eine Person dazu zwingen, etwas zu machen? Warum (nicht)? Diskutieren Sie und geben Sie Beispiele.

D 🔊 ✏️ Sie hören drei Jugendliche über „Freundschaft und Partnerschaft" sprechen. Machen Sie Notizen (auf Deutsch) zu ihren Meinungen. Sind Sie mit diesen Meinungen einverstanden?

Musik und Mode

6 Kleidung aus fairem Handel

Gut aussehen und dabei Gutes tun

Seit langem stellt man „Öko-Mode" auf dem Laufsteg vor. Viele Prominente sponsern die Öko-Mode: Sienna Miller zum Beispiel trägt fair produzierte Jutesandalen und dank U2-Sänger Bono hat das ethische und umweltbewusste Modelabel EDUN einen Kultstatus erreicht. Von Bonos zweitem Bio-Label „Red" fließen 40 Prozent der Profite an die Bekämpfung von Aids, Malaria und Tuberkulose in Afrika.

Ökologisch korrekt

Die Marke Misericordia spendet ihre Gewinne an ein Waisenhaus in Peru, wo ihre Kollektionen auch produziert werden. Das Label Kuyichi stellt 60 Prozent seiner Kollektion organisch her, d.h. 450 fair entlohnte Baumwoll-Bauern in Indien dazu 300 in Peru. Bio-Baumwolle ist jetzt total „in". Öko-Designer sind cool. Ihr Motto: „sweatshop free". Wir können diese Kleidung tragen, ohne dass jemand in den Entwicklungsländern für einen Hungerlohn schuften muss.

Modische „grüne" Kleidung von...

True-fashion: Deutscher Online-Shop für ökologisch produzierte und fair gehandelte Urban Streetwear. (www.true-fashion. com)

Hess Natur: Produziert natürliche, hochwertige und ökologische Kleidung. Im Internet, im Laden und im fliegenden Laden (die aktuelle Hess Natur-Kollektion bereist deutsche Städte). (http://de.hess-natur.com)

FAIRTRADE

A 📖 Lesen Sie den Text über Öko-Mode und beantworten Sie die folgenden Fragen mit Ihren eigenen Worten auf Deutsch.

1 Wie fördert man die Öko-Mode? Geben Sie zwei Beispiele.
2 Wie wirkt das Label „Red" ethisch?
3 Was macht die Modefirma Misericordia für ärmere Menschen?

4 Was bedeutet „sweatshop free" in der Welt der Mode?
5 Wo kann man Kleidung von Hess Natur kaufen?

Diskutieren Sie diese Fragen in der Gruppe.

1 Kaufen Sie ökologisch produzierte Kleidung? Warum (nicht)?
2 Finden Sie Bio-Mode trendig?
3 Was ist wichtiger in der Modewelt: umweltfreundlich und fair, oder modisch zu sein?
4 Ist es wirklich möglich, umweltfreundliche Kleidung hoher Qualität zu produzieren?

Hören Sie sich „Bio-Mode... Traum oder Wirklichkeit?" an. Sechs Jugendliche sprechen über „Kleidung aus fairem Handel". Was sagen sie? Machen Sie Notizen. Sind Sie mit ihren Meinungen einverstanden? Warum (nicht)?

Wollen Sie mehr Informationen? Besuchen Sie die Website www.armedangels.de

7 Musik heute

Tokio Hotel...

...ist eine deutsche Rockband. Mit vielen Nummer-1-Singles in Deutschland und Österreich gehört sie im deutschsprachigen Raum zu den kommerziell erfolgreichsten Bands der letzten Jahre und hat weltweit ca. 1,5 Millionen Alben verkauft. Neulich haben die Fans Tokio Hotel zur beliebtesten Rockband gewählt.

Die Ärzte...

...ist eine Punk-Rockband aus Berlin und hat mehr als 20 Millionen Tonträger verkauft. „Die beste Band der Welt" ist wieder auf Tour: Alle Termine in Deutschland sind ausverkauft.

Juli...

...sieht sich selbst nicht als Rockband, sondern beschreibt ihren Musikstil als *Alternativ-Pop* und will eher ein erwachsenes als ein jugendliches Publikum ansprechen. Sie tritt mit deutschen Texten auf. Ihre erste Single *Perfekte Welle* markiert den Anfang der neuen Erfolgswelle deutschsprachiger Liedtexte. Juli gehört in Deutschland zu einem der meist gespielten „Acts" im Radio.

Sportfreunde Stiller...

...ist eine Indie-Rockgruppe aus Germering bei München. Die Mitglieder sind Fußballfans der Münchener Vereine FC Bayern München und TSV 1860 München. 2006 erschien ihr Fußballalbum *You Have to Win Zweikampf* mit der erfolgreichen Single *'54, '74, '90, 2006*. Bei der Fußballweltmeisterschaft 2006 haben Fans der deutschen Fußball-Nationalmannschaft das Lied in Stadien gesungen und die Band ist mit dem Lied bei zahlreichen Fernsehübertragungen zur WM aufgetreten.

Silbermond...

...ist eine Pop-Band aus Sachsen und eine der erfolgreichsten deutschen Bands. Bekannt ist Silbermond für ihr gutes Verhältnis zu den Fans und ihr Engagement. Das jugendliche Publikum der Band hat zahlreiche Aktionen gestartet, die die Band massiv unterstützt. Die Band führt Benefizkonzerte durch und fördert zahlreiche junge Bands aus ihrer Region, indem sie ihnen Auftritte im Silbermond-Vorprogramm ermöglichen.

Tokio Hotel

Juli

 **Lesen Sie die Texte und diskutieren Sie in der Gruppe.**

- Finden Sie es gut, dass deutsche Bands jetzt vielmehr auf Deutsch singen? Was ist der Vorteil davon? Und der Nachteil?
- Glauben Sie, dass Bands einen wichtigen Einfluss auf ihre Fans haben? Wenn ja, wie? Wenn nicht, warum nicht? Können Sie Beispiele nennen (entweder aus den Texten, oder Beispiele, die Sie schon kennen)?
- Kennen Sie andere deutschsprachige Bands? Was für Musik machen sie?

B **Besuchen Sie die Websites der Bands, um mehr Informationen herauszufinden.**

1 Was für Leute interessieren sich für jede Band, meinen Sie? Begründen Sie Ihre Meinung.
2 Haben diese Bands einen positiven oder einen negativen Einfluss auf ihre Fans? Begründen Sie Ihre Meinung.

8 MP3

 **Wussten Sie schon, dass 23% der Haushalte in Deutschland einen MP3-Player besitzen? Hören Sie sich „Was halten Sie von MP3 und MP3-Playern?" an. Fünf Jungen (Josef, Sebastian, Daniel, Nico und Felix) sprechen über MP3 und MP3-Player. Wer sagt was? Vorsicht! Ein Name kann zweimal vorkommen.**

1 Man hat die Möglichkeit, Songs zu hören, während man läuft.
2 Musikpiraten profitieren von MP3-Dateien.
3 MP3-Player sind ganz klein.
4 Es besteht die Gefahr, dass man taub wird.
5 MP3-Spieler sind sehr beliebt.
6 MP3-Player haben Platz für eine ganze CD-Sammlung.

Study skills

How to organise and plan, learn new vocabulary and use a dictionary effectively

Plan your time carefully!

Divide up your weekly time allocation for German learning into manageable and varied learning slots, e.g. homework tasks, vocabulary revision and extension, listening practice, pronunciation and intonation practice, etc.

Be organised from the start!

Decide **now** how you are going to file new vocabulary, ideas and grammar notes so that when it comes to exams you are not faced with a massive heap of mixed-up notes to revise from. You could:

- file all your notes on each topic area together but with subdivisions for ideas (e.g. arguments for and against a certain issue), vocabulary, useful phrases, resources (texts, web addresses, etc.)
- keep separate files for grammar, study skills and exam skills.

Learning vocabulary: little and often works best!

New vocabulary and phrases sink in best through constant repetition rather than the occasional mammoth learning session. You could:

- keep small vocabulary notebooks handy so you can dip into them at odd moments, such as waiting for a bus
- stick up vocabulary notes in strategic places around the house or your room so that you see them often
- find a study partner and test each other on vocabulary – a bit of competition can make things stick better!

Learn in the way that suits your personal learning style:

- You don't need to learn every single piece of new vocabulary you come across – be selective. When you read or listen to a text, spend time choosing and noting down the key words that you think you will actually use in the future. (N.B. you may like to use the vocabulary lists at the end of each unit as a starting point for this.)
- If you remember things best by hearing them, make your own recordings of new vocabulary to play back on a personal stereo.

- If you have a good visual memory, consider adding symbols or little pictures next to difficult vocabulary, or use different colours for nouns of different genders.
- For a vocabulary item you find hard to memorise, try thinking up a sentence for it that is relevant to your own personal opinions, interests or circumstances, e.g. *verzichten auf* (to do without): *Von nun an muss ich auf Schokolade verzichten!*
- Learn reflexive verbs, separable verbs and verbs that take a preposition, not just as an infinitive, but also within a phrase that reminds you how to use them, e.g.

  sich streiten: Wir streiten uns jeden Tag.
  abhängen von (+ dative): Das hängt von der Situation ab.

- Divide new vocabulary into two lists: active vocabulary that you plan to use in your own speaking and writing, and receptive vocabulary that you need to be able to recognise and understand.

Using a dictionary

Learn to use a dictionary effectively. See Arbeitsblatt: *Dictionary skills* for useful advice on using a bilingual dictionary.

⑨ Schöne Männer braucht das Land

Modelbusiness für Männer
Christian (21) arbeitet als Model

Ich wollte eigentlich nie Model werden. Ich hatte die typischen Vorurteile: Die Jungs auf den Plakaten und in der Werbung waren nicht besonders gescheit, sondern eher arrogant und fast alle schwul. Seitdem ich als Model arbeite, weiß ich, dass es nicht stimmt.

Was mir am meisten an dem Job gefällt, sind die vielen Reisen. Jeden Tag lerne ich faszinierende Menschen kennen. Ich laufe für Modefirmen über die Laufstege von London, Paris und Sydney. Das ist alles sehr aufregend, aber für mich

ist das Geld leicht verdient. Ich sehe einfach gut aus. Wenn mich andere eingebildet finden, interessiert mich das gar nicht. Mich interessiert nur, was meine Familie und Freunde von mir denken. Bei einer Freundin achte ich schon auf ihr Aussehen, aber es war Zufall, dass meine Ex-Freundin gemodelt hat. Es ist viel wichtiger für mich, dass wir uns verstehen. In meiner Branche kann es ziemlich schwierig sein, Beziehung und Karriere unter einen Hut zu bringen. Ich bin nur selten in Deutschland und die Liebe leidet darunter.

Dieser Lebensstil hat aber viele nette Seiten. Man gewöhnt sich schnell daran, spät aufzustehen, vor der Kamera zu posieren, abends auf Partys zu gehen usw. In ein paar Stunden verdiene ich mehr als andere in meinem Alter in drei Monaten!

Aber Anziehpüppchen ist kein Beruf fürs Leben. Ich will Psychologie studieren. Um ein bisschen Geld zu verdienen, kann ich vielleicht in den Semesterferien modeln.

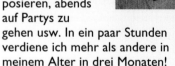

Read the passage and answer the questions in English.

1 Why did Christian originally not want to become a male model?
2 Which aspect of his job in the fashion industry does he value most?
3 What does he look for in a partner?
4 Which negative points about his job in fashion does he mention?
5 What are his plans for the future?

The present tense of weak, strong and modal verbs

The present tense of verbs is used when talking or writing about what is happening **now,** or what happens **regularly:**

Ich laufe über den Laufsteg.	*I walk/am walking down the catwalk.*
Ich verdiene viel Geld.	*I earn/am earning a lot of money.*

The infinitive (the basic 'to'-form of the verb) divides into the stem (the meaning) and the ending, which changes to indicate the person and the tense.

laufen: lauf- (*stem*); -en (*ending*)

All but a very few verbs add the same set of endings to the stem.

- **Weak verbs** (only the endings change)

  wohnen *to live*

ich wohn**e**	wir wohn**en**
du wohn**st**	ihr wohn**t**
er/sie/es wohn**t**	sie/Sie wohn**en**

In ein paar Stunden **verdiene** ich viel Geld.	*I earn lots of money in a few hours.*
Ich **arbeite** als Model.	*I work/am working as a model.*

- **Strong verbs** (same endings as weak verbs, but the vowel changes in the stem: a → ä, and e → i or ie, but only in *du* and *er/sie/es* forms. The consonants stay the same! See also page 276.)

  laufen *to walk, run*

ich lauf**e**	wir lauf**en**
du l**äu**f**st**	ihr lauf**t**
er/sie/es l**äu**f**t**	sie/Sie lauf**en**

Er **läuft** über den Laufsteg.	*He walks down the catwalk.*
Fährst du mit dem Auto?	*Are you going by car?*
Siehst du oft fern?	*Do you often watch television?*

- **Irregular verbs**

  The only fully irregular verb is *sein* – to be: *ich bin, du bist,* etc.
  A few others are slightly irregular (e.g. *haben* – to have, *werden* – to become) and they take the same endings as the weak and strong verbs above. See page 276 for more information.

- **Modal Verbs** (e.g. can, must, may, might, will – usually used with another verb)
  There are six of these:

können *can, to be able to*	müssen *must, to have to*
dürfen may, *to be allowed to*	mögen *to like*
wollen *to want*	sollen *should, ought*

  …and *wissen* (to know), which isn't actually a modal verb but works in the same way. See page 282 for more information.

  können *can*

ich kann	wir könn**en**
du kann**st**	ihr könn**t**
er/sie/es kann	sie/Sie könn**en**

Ich **kann** nichts für mein gutes Aussehen.	*I can't help being good-looking.*
Ich **will** Psychologie studieren.	*I want to study Psychology.*

> **Verbs** In this book, we refer to 'weak' verbs (which are completely regular), and 'strong' verbs (which vary in small, predictable ways from weak verbs). There are also a very few 'irregular' and 'modal' verbs. See page 275 for a fuller explanation.

Find some other examples of weak, strong and modal verbs in passage 9.

Technologie

10 Handy... oder doch nicht?

Mobiles Leben: Deutschland im Handyfieber?
Dieses Jahr kaufen die Deutschen 36,5 Millionen Mobiltelefone – ein neuer
Rekord. Man benutzt Handys aber längst nicht mehr nur für Telefongespräche
oder SMS. 26,4 Prozent der Deutschen verschicken via Handy auch Fotos.
12,2 Prozent der Nutzer hören Musik mit den Geräten. Handy-Besitzer surfen
auch gerne im Internet. Stauinformationen auf dem Handy wünschen sich 31
Prozent der Deutschen. Aktuelle Nachrichten und Fahrpläne folgen mit je
26 Prozent vor Wetterinformationen auf dem Handy mit 24 Prozent.

Handy-Tarife für Kinder und Jugendliche
Telefonieren, Bilder und SMS schicken: Ohne Handy läuft bei Jugendlichen nichts
mehr. Doch der Handy-Spaß kann leicht zum Handy-Stress werden: Viele
Jugendliche können ihre Handy-Rechnungen nicht bezahlen. Damit das nicht
passiert, sollen Mobilfunk-Firmen billige Tarife für Kinder und Jugendliche
anbieten. So will man verhindern, dass Kinder und Jugendliche Schulden machen.

SMS-Abkürzungen im Aufsatz?
SMS sind eine coole Sache. Die kurzen Textmeldungen brauchen nur wenige
Sekunden von einem Handy zum anderen. Allerdings sind 160 Zeichen für eine SMS
ziemlich kurz. Deshalb benutzen vor allem Kinder und Jugendliche viele Abkürzungen.
„Bidunowa? cu hdgdl" ist ja auch viel kürzer als „Bist du noch wach? Wir sehen uns.
Hab' dich ganz doll lieb." Weil die Abkürzungen so bequem sind, benutzen viele
Jugendliche sie auch im Aufsatz. In Deutschland gibt's dafür jedoch einen Fehler.

Ganz anders in Neuseeland: Dort schreiben Kinder und Jugendliche jetzt diese
Abkürzungen auch in Aufsätzen, weil sie nicht mehr als Fehler gelten. Wer also in
Neuseeland den berühmten Satz von Hamlet „To be or not to be" („Sein oder nicht
sein") schreiben will, kann auch abkürzen: „2b or nt 2b".

A **Lesen Sie die Texte. Geht es um den
ersten, zweiten oder dritten Absatz?**

1 Man kann Verkehrsmeldungen bekommen.
2 Es besteht das Risiko, dass man zu viel Geld
  ausgibt.
3 Ein Handy hat zahlreiche Funktionen.
4 Man benutzt eine andere Sprache.

B **Besprechen Sie in der Gruppe.**

1 Wie verändert das Handy den Alltag von
  Jugendlichen?
2 Sollte man Handys an Schulen verbieten?
3 Wie schädlich sind Handys?
4 Wie beeinflusst das Handy das soziale
  Verhalten der Menschen?
5 Sollte es Regeln für den richtigen Handy-
  Gebrauch in der Öffentlichkeit geben?
6 Warum haben Sie persönlich ein Handy?

Und welche Maske trägst du?

I mmer mehr User – global mehr als vier Millionen Menschen – schaffen sich eine virtuelle Persönlichkeit in der Wunderwelt „Second Life". Ihre Computerfigur, den sogenannten Avatar, erstellen sie nach eigenen Wünschen mit durchtrainiertem Körper, modischer Frisur usw. Man kann hier Träume verwirklichen und andere Avatare kennen lernen (Gespräche laufen über die Tastatur). Aber ist das Realitätsflucht oder Lust an der Maskerade?

Kaufen kannst du hier alles – mit dem Linden-Dollar. Rund zwei Milliarden Linden-Dollar sind momentan im virtuellen Umlauf, und Millionäre gibt es auch schon. Auch andere machen lukrative Geschäfte: Über das Online-Auktionshaus Ebay ersteigert man virtuelle Grundstücke, Autos, Avatare – zu recht hohen Preisen.

Konzerne wie IBM und Adidas betreiben hier ihre Geschäfte. Musikverlage präsentieren Platten, Fernsehsender werben für ihr Programm und eine deutschsprachige Zeitung, den „Avastar", gibt es auch.

Für Jugendliche: „Teen Second Life"

Hier leben Jugendliche (von 13 bis 19 Jahren) ihre Fantasien aus.

Nebenbei lernen sie Völkerverständigung über alle Grenzen hinweg. Der Spieler trifft Menschen aus New York oder Kapstadt, erzählt von eigenen Erfahrungen, lernt von Mitspielern, wie es ist, als Teenager in den USA oder in Südafrika zu leben, erfährt von Problemen und Sitten in anderen Ländern: Sozialkunde live im Internet. So etwas lernt man auf keiner Schule.

Man darf zwar alles sein, aber es geht eigentlich um Kommunikation, um Freunde aus aller Welt zu finden.

Jugendliche haben diesen Planeten im Griff: keine Rowdys, keine Drogen, keine Jugendlichen, die ständig fluchen. Unanständige Wörter sind hier verboten (die Programmierer vom Erfinder Linden Lab sehen rund um die Uhr nach dem Rechten, mischen sich aber nicht ins Spielgeschehen ein).

Jugendliche zeigen, wie eine Welt ohne Erwachsene aussehen könnte. Herbert Grönemeyers Forderung „Kinder an die Macht" war eine schöne Utopie. Hier ist sie wahr geworden.

 Read the article and answer the questions in English.

1 How popular is 'Second Life'?
2 What do the computer figures look like?
3 How would your computer figure speak to another figure?
4 How is Ebay involved in 'Second Life'?
5 In what way does 'Second Life' imitate real life?
6 How does 'Teen Second Life' help young people achieve international understanding?
7 What are the two main aims of 'Teen Second Life'?
8 What examples are given to demonstrate that young people have this virtual world under control?

 Diskutieren Sie diese Fragen zum Thema zusammen mit der Gruppe.

1 Können Sie erklären, was ein Avatar ist?
2 Was meinen Sie? Sind solche Internetspiele eine Art Realitätsflucht?

⑫ „Chatter" im Internet

A 📖 **Chatten im Internet kann riesigen Spaß machen und ist für viele Jugendliche eine beliebte Freizeitbeschäftigung. Aber sollte man vielleicht eher misstrauisch sein? Hören Sie diese fünf Jugendlichen (Andreas, Nick, Markus, Toni und Max) an. Wer sagt was? Schreiben Sie den richtigen Namen für jeden Satz. Vorsicht! Ein Name kann mehr als einmal vorkommen.**

1 Ich habe einen guten Spitznamen! Er sagt nichts über mich!
2 Ich gebe nie persönliche Daten weiter.
3 Man kann nie wissen, wer da am anderen Ende sitzt!
4 Im Chat kannst du vielleicht neue Menschen kennen lernen.
5 Ich glaube an die große Liebe aus dem Internet.
6 Ich unterhalte mich mit Kumpeln auf der anderen Seite der Welt.
7 Ich interessiere mich eigentlich nicht so sehr fürs Chatten.

Study skills

How to revise grammar and understand verb tables

Think positively – build on what you already know!

In the first six units of this book you will be revising and building on grammar that you have already met at GCSE.

Use your mistakes!

Mistakes can be a good thing. They show you which areas of language you have not fully understood. Try going through your GCSE folders to identify the grammar points that gave you most trouble, then concentrate on them the most.

Learn some shortcuts!

It pays to learn some useful lists and tables off by heart as they crop up in the coming chapters, e.g.

- prepositions that take dative/accusative/genitive/mixed case (see pages 265–266)
- adjective endings tables (see page 262)
- personal and possessive pronoun tables (see pages 269 and 262).

Use memory aids!

Make up your own mnemonics (memory aids that use the first letter of each item you're trying to remember), e.g. prepositions that take the dative: *aus, außer, bei, mit, nach, seit, von, zu, gegenüber* → **A**ngry **a**nnoying **b**ig **m**onkeys **n**obble **s**even **v**ery **z**any **g**orillas!

Know your verbs!

- Verbs are the backbone of any language and you need to know them really well. A good way to revise irregular verbs is to look at a verb table. This is an alphabetical list of verbs that you will find in most dictionaries. Here is an example:

Infinitiv	Present	Präteritum	Perfekt
beginnen	beginnt	begann	hat begonnen
beißen	beißt	biss	hat gebissen
bitten	bittet	bat	hat gebeten
bleiben	bleibt	blieb	ist geblieben
bringen	bringt	brachte	hat gebracht

the infinitive, or whole verb, i.e. to begin

the er/sie/es form of the imperfect tense, i.e. he/she/it began or he/she/it was beginning (in some verb tables this column is headed 'imperfect indicative')

the er/sie/es form of the verb in the present tense, i.e. he/she/it begins, is beginning (in some verb tables this column is headed 'present indicative')

the auxiliary verb (i.e. part of haben or sein) plus the past participle for use with the perfect tense, i.e. has begun.

Can you find from the table extract above a way of saying the following: they have begun; the dog bites; he was asking; she has stayed; I am beginning.

Try testing yourself or a partner using a verb table: can you recite from memory the present tense, imperfect tense and past participle of the verb when you are given the infinitive?

⑬ Fernsehen: Macht es schlechte Augen?

Fernsehen: Macht es schlechte Augen?

Von Quizsendungen über die vielen Musiksendungen bis hin zu den Soaps: Die bunte Welt des Fernsehens ist groß und bietet jungen Menschen einiges. Vielleicht auch die bekannten viereckigen Augen?

„Was würdest du auf eine einsame Insel mitnehmen?" lautete eine Umfrage unter Jugendlichen des Fernsehsenders FoxKids. Auf Platz eins landete der Fernseher, weit dahinter rangierten Bücher und Computer.

Bestimmt gibt es Streit mit den Eltern, wenn du zu lange fernsiehst. Dann kommen noch die Ermahnungen, nicht so nah ran an den Fernseher zu gehen, weil das schlechte Augen macht. Oder den Spruch: „Du hast schon eckige Augen vom vielen Fernsehen!" Ist Fernsehen wirklich schädlich? Führt es zu Sehstörungen?

Bislang konnte man das wissenschaftlich nicht nachweisen. Wenn du aber oft stundenlang auf einen Bildschirm starrst, kann es zu Ermüdungserscheinungen oder geröteten Augen kommen. Wenn du immer zu nahe am Fernseher sitzt, kannst du leicht an Kopfschmerzen, Konzentrationsstörungen und Lernschwierigkeiten leiden. Daher haben die Eltern schon Recht.

Fernsehen hat Nachteile. Wenn du zu lange vor dem Fernseher hängst, bleibt keine Zeit zum Lesen. Auch Bewegung, Sport und Spiel kommen zu kurz. Das ist ein Grund dafür, dass es zu viele dicke Kinder bei uns gibt. Wenn du Gruselfilme oder Krimis schaust, kann es schlaflose Nächte bereiten.

Natürlich hat Fernsehen seine guten Seiten. Du kannst in Sendungen über Natur, Forschung und Wissen viel lernen, was für die Schule gut ist. Außerdem erfährst du aus den Nachrichten, was in der Welt los ist.

Wenn du den richtigen Platz vor dem Fernseher hast – mindestens zwei Meter Abstand – und dir interessante Sendungen und Filme aussuchst, ist Fernsehen eine richtig tolle Sache. Noch besser ist es natürlich, gemeinsam mit anderen zu schauen, damit du mit ihnen darüber sprechen kannst, was ihr gerade gesehen habt.

Ⓐ 📖 Fernsehen: Was ist positiv daran und was ist negativ? Lesen Sie den Text und machen Sie zwei Listen.

Fernsehen positiv	Fernsehen negativ

Separable, inseparable and reflexive verbs

- **Separable verbs**

  As in English, German verbs often extend their meanings by the use of a word, often a preposition (e.g. *auf* – on, *aus* – out). This is added to the front of the verb when it's in the infinitive, e.g.

  aussteigen – *to get off*, **ein**steigen – *to get in/on*, **um**steigen – *to change (buses or trains)*

  In a sentence, the prefix is taken off the verb and placed at the end of the clause; the verb itself may be weak or strong (see page 275 and 285).

  umsteigen: Wir **steigen** in Frankfurt **um**.   *We change in Frankfurt.*
  ansprechen: Sie **sprechen** ein jugendliches Publikum **an**.   *They appeal to a young audience.*

- **Inseparable verbs**

  Some verbs have a prefix which, because it has no meaning when used alone, remains attached to the verb, e.g. *be-*, *ver-*: *besteigen* – to get on, to climb; *verkaufen* – to sell. The verb may be weak or strong (see page 286).

  Du **erfährst**, was in der Welt los ist.   *You find out what's going on in the world.*
  Beantworten Sie die Fragen!   *Answer the questions!*

- **Reflexive verbs**

  A reflexive verb is a normal weak or strong verb where you do something to yourself – it *reflects* back to the doer or doers (see page 285 for more information).

  Ich wasche mich.   *I wash myself/I have a wash.*
  Sie mischen sich nicht ins Spielgeschehen ein.   *They don't involve themselves in the course of the game.*
  Wir haben uns lieb.   *We like each other.*

Find some more examples of separable, inseparable and reflexive verbs in some of the texts you have already read.

Alkohol, Drogen und Sex

14 Jugendschutzgesetz

Das Jugendschutzgesetz schützt die Jugend in der Öffentlichkeit. Im Sinne dieses Gesetzes sind Jugendliche Personen, die schon 14, aber noch nicht 18 Jahre alt sind.

Unter 14 Jahren…	…darf man keine sexuellen Kontakte haben.
Unter 16 Jahren…	…darf man keinen Alkohol kaufen. …darf man Gaststätten und Lokale nur in Begleitung eines Erwachsenen betreten, wenn man nur etwas essen will, allerdings nur bis 23 Uhr.
Mit 16 Jahren…	…darf man Zigaretten und andere Tabakwaren kaufen. Seit Januar 2007 kann man Zigaretten nur noch an Automaten ziehen, wenn man eine entsprechende Karte hat, die das Alter nachweist.
Ab 16 Jahren…	…darf man Bier und Wein kaufen und in Gaststätten trinken, aber keine Getränke mit höherem Alkoholgehalt (z.B. Schnaps, Alcopops). …darf man bis 24 Uhr in Gaststätten und Diskotheken bleiben.

A 🗨️ **Was halten Sie von diesem Jugendgesetz? Was ist positiv daran? Was ist negativ daran? Machen Sie eine Liste und diskutieren Sie Ihre Listen in der Klasse.**

B ✏️ **Haben Jugendliche mehr oder weniger Freiheit in Deutschland als in Ihrem Heimatland? Machen Sie Vergleiche: „In Deutschland darf man schon mit…, aber in meinem Land darf man erst mit…" . Schreiben Sie die Sätze auf.**

15 „Einmal im Monat betrunken"

A 🔊 **Hören Sie diesem Radiobericht „Einmal im Monat betrunken" zu. Wer sagt das? Interviewer, Manuela oder Dominik? Schreiben Sie den richtigen Namen für jeden Satz.**

1 Zu viel Alkohol trinken kann Jugendlichen gesundheitlich schaden.
2 25% der Jugendlichen sind einmal im Monat betrunken.
3 Manche Jugendliche glauben, wenn sie mitmachen, werden sie viele Freunde haben.
4 Jugendliche, die sich jetzt schon betrinken, werden im späteren Leben arbeitslos.
5 Viele Jugendliche verstehen die Gefahren von Alkohol nicht.
6 Es besteht die Gefahr, dass solche Jugendlichen in der Zukunft obdachlos werden.
7 Immer mehr Jugendliche betrinken sich.

16 Kampf gegen Alkohol

Familienministerin von der Leyen plant, Jugendliche in Begleitung von Amtspersonen zu Alkohol-Testkäufen zu schicken. So will sie Händler und Gastwirte überführen, die Alkohol verbotenerweise an Kinder und Jugendliche verkaufen.

Die Stadt Singen verschickt „Blaue Briefe" an die Eltern von Kindern und Jugendlichen, die durch „Komasaufen" auffallen. Kommt der Sohn bzw. die Tochter ein zweites Mal wegen Trunkenheit mit der Polizei in Konflikt, droht ein Bußgeld.

A 📖🗨️ **Lesen Sie die Texte und beantworten Sie diese Fragen.**

1 Wie finden Sie diese Vorschläge?
2 Können diese Vorschläge Ihrer Meinung nach das Problem der Jugendtrunkenheit lösen? Warum (nicht)?
3 Haben Sie eine bessere Lösung?

B ✏️ **Schreiben Sie einen kurzen Bericht über das Problem von Alkoholkonsum unter Jugendlichen in Ihrem Heimatland. Sie könnten erwähnen:**

● warum Jugendliche Alkohol trinken
● was die möglichen Konsequenzen sind
● was die Eltern und die Schule dagegen unternehmen sollen
● ob die Regierung eine Verantwortung hat.

Drogenkonsum in Deutschland: ein paar Tatsachen...

In den letzten 10 Jahren ist der Cannabismissbrauch durch Jugendliche stark gestiegen. Die Hälfte aller Schüler in großen deutschen Städten hat Erfahrung mit Cannabis. Das Einstiegsalter liegt jetzt zwischen 14 und 15 Jahren. Fast jeder fünfte Jugendliche in diesem Alter hat schon einmal gekifft (18,1%). Fünf Prozent dieser Jugendlichen sind sogar abhängig von Marihuana oder Haschisch. Die Gründe dafür?

Also...

„Ich rauche Cannabis, weil...

...ich zu einer bestimmten Clique dazu gehören will." (Anja, 17)

...ich meinen Alltag und meine Sorgen vergessen möchte." (Elena, 16)

...ich das ganz leicht bekommen kann." (Carmen, 15)

Cannabis ist aber nicht risikofrei: Konzentration und Leistungsfähigkeit lassen nach ebenso, die Motivation zum Lernen.

 Lesen Sie den Text und beantworten Sie die folgenden Fragen auf Deutsch.

1 Wie viele Schüler haben schon mal Cannabis geraucht?
2 In welchem Alter experimentieren viele Jugendliche mit Cannabis zum ersten Mal?
3 Was ist das größte Problem für fünf Prozent dieser Jugendlichen?
4 Aus welchem Grund hat Elena begonnen, Cannabis zu rauchen?
5 Was sind die eventuellen Folgen des Cannabiskonsums?

 Forschen Sie ein wenig nach.

1 Wie ist die Situation mit Cannabiskonsum unter Jugendlichen in Österreich? In der Schweiz? Und in Ihrem Heimatland?
2 Wo ist die Situation am schlimmsten? Warum ist das, meinen Sie?

 Machen Sie eine kurze Präsentation über Drogenkonsum für die Gruppe.

 Hören Sie sich das „Interview mit einem Experten" an. Nennen Sie...

- zwei Gründe warum Jugendliche immer früher Drogen nehmen
- drei Konsequenzen des Drogenkonsums
- drei Hinweise, dass ein Jugendlicher Drogen nimmt
- eine Hilfe für Abhängige
- eine Folge des Rauchens
- eine Folge des Alkoholkonsums
- eine weitere Konsequenz z.B. des Haschischkonsums.

Türkei: Dennis bleibt weiter in Haft

Dennis M. (18), Gymnasialschüler aus Chemnitz (Sachsen), der in Antalya wegen sexuellen Missbrauchs einer Jugendlichen (15) in Untersuchungshaft sitzt, muss weiter im türkischen Gefängnis bleiben.

Dennis wird vorgeworfen, Rachael (15), Schülerin aus Lincoln (England), im Urlaub in der Türkei sexuell missbraucht zu haben. Ihm drohen acht Jahre Knast.

Rachael und Dennis hatten sich im Badeort Side kennengelernt. Nach der Disko landeten sie im Hotelzimmer der 15-Jährigen. Dabei soll es zum Austausch von Zärtlichkeiten gekommen sein. Dennis sagt aus, dass die Initiative von dem Mädchen ausging, das sich als 18-Jährige ausgegeben habe. Rachael und ihre Mutter erzählen eine andere Version.

Rachael: „Dennis wusste, wie alt ich bin. Er hat mich vergewaltigt. Ich will, dass er hart bestraft wird.“

A 📖 **Lesen Sie den Artikel und beantworten Sie die folgenden Fragen auf Deutsch.**

1 Wo befindet sich Dennis im Moment?
2 Was hat er angeblich gemacht?
3 Warum ist das ein Problem?
4 Wann ist das passiert?
5 Was ist laut Dennis passiert?
6 Erzählt Rachael die gleiche Geschichte?

B 💬 **Diskutieren Sie in der Gruppe.**

1 Wie sind Ihre ersten Reaktionen auf diese Geschichte?
2 Glauben Sie, dass eine Verurteilung zu acht Jahren Gefängnis zu extrem in so einem Fall ist? Warum (nicht)?
3 Was für Jugendschutzmaßnahmen würden Sie vorschlagen?

Grammar

Word order (See also page 272.)

● **Simple sentences**

In a simple sentence, the verb is always the second idea (not necessarily the second word). The first idea is the subject (the doer), or it may be an adverb (when, where, how?) or even the object (done to) of the verb. Infinitives, past participles and prefixes go to the end.

First idea	Verb		Infinitive/Past participle
Er (subject)	muss	im Gefängnis	bleiben.
Sie (subject)	hatten	sich im Urlaub	kennen gelernt.
Nach der Disko (adverb)	landeten	sie im Hotelzimmer.	
Ihm (object)	drohen	acht Jahre Knast.	

● **Sentences with more than one clause**

A clause is a group of words based around a verb. In longer sentences, there are two possible positions for the verb, depending on whether the clause is a **main clause** (which would make sense standing alone), or a **subordinate clause** (which wouldn't make sense alone as it starts with a word such as *weil* – because; *wenn* – when, if; *obwohl* – although).

Main clause + subordinate clause

Main clause – Verb 2nd idea	Conjunction	Subordinate clause – Verb to end
Bestimmt **gibt** es Streit,	**wenn**	du zu lange fern**siehst**.
Er **wusste**,	**wie**	alt ich **bin**.

Subordinate clause + main clause (Note: verb, verb!)

Subordinate clause 1st idea – Verb to end	Main clause – Verb 2nd idea
Wenn du zu lange fern**siehst**,	**gibt** es bestimmt Streit.
Wenn andere mich arrogant **finden**,	**interessiert** mich das nicht.

Zusammenfassung

Diese Liste wichtiger Vokabeln und Redewendungen der Einheit 1 ist
eine gute Prüfungsvorbereitung.

Beziehungen

Familie mit nur einem Elternteil	single-parent family
allein erziehende Mutter	single mother
die/der Alleinerziehende	single parent
gleichgeschlechtlich	same sex/gender
verliert an Bedeutung	becoming less important
geschieden	divorced
die Scheidung	divorce
sie nervt mich	she annoys me/gets on my nerves
anvertrauen	to trust
wir streiten uns	we argue/row
verzichten auf	to do without
die Eigenschaft	characteristic
der Gruppenzwang	peer pressure

Musik und Mode

erfolgreich	successful
der Tonträger	any form of recording, e.g. CD, MP3, cassette, record
ausverkauft	sold out
das Verhältnis	relationship
das Engagement	commitment
die Aktion	campaign
unterstützen	to support
das Benefizkonzert	charity concert (i.e. where all the proceeds go to benefit a charity)
der Auftritt	performance
der Einfluss	influence
das Vorurteil	prejudice

Technologie

die Abkürzung	abbreviation
schädlich	harmful
Träume verwirklichen	to make dreams come true
die Realitätsflucht	escapism, trying to escape from the real world
man kann seine Fantasien ausleben	you can live out your fantasies/dreams
Sehstörungen	problems with your eyesight
nachweisen	to prove
der Bildschirm	TV screen

Alkohol, Drogen und Sex

schützen	to protect
der Schutz	protection
das Lokal	pub
in Begleitung eines Erwachsenen	accompanied by an adult
die Regierung hat eine Verantwortung	the government has a responsibility
der Missbrauch	abuse, improper use
missbrauchen	to abuse, to assault
das Einstiegsalter	age at which you start something
abhängig von	dependent on
die Beratung	advice, counselling

1 Games Convention – die neuesten Spiele-Trends

Die neuesten Spiele-Trends

Die größte europäische Messe für Computer- und Videospiele hat dieses Jahr vom 21. bis zum 24. August ihre Pforten geöffnet. Zur „Games Convention" reisten über 185.000 Spielebegeisterte nach Leipzig, um sich die aktuellsten Spiele-Trends aus erster Hand anzusehen.

Diese Veranstaltung hatte etwas für die ganze Familie und bot genug Möglichkeiten, Eltern ein wenig in die Welt der PC- und Videospiele einzuführen.

Helden der Knöpfchen
Für alle, die gerne Online gegen ihre oder mit ihren Freunden spielen, waren die täglichen Turniere in verschiedenen Spielen interessant.

2 Hörtext: Traumfrau

Leon spricht über seine Traumfrau. Kopieren Sie die Tabelle und kreuzen Sie die vier Sätze an, die dem Text am besten entsprechen.

a	Sie soll vielleicht als Model arbeiten.	
b	Sie soll schlank sein.	
c	Sie soll ein nettes, natürliches Gesicht haben.	
d	Sie soll gut kochen können.	
e	Sie soll ihrem Freund treu sein.	
f	Sie soll viele Freunde haben.	
g	Sie soll relativ sportlich sein.	

3 Leserbriefe: Brief der Woche

> Ich bin seit zwei Jahren süchtig nach Cannabis. Ich kiffe jeden Tag, zum Teil mehrmals. Die meisten meiner Freunde rauchen auch Cannabis, aber ich kiffe auch alleine, meist am Abend und vor dem Einschlafen. Ich kann dann wirklich relaxen, aber morgens fühle ich mich dann ziemlich müde, was häufig dazu führt, dass ich nicht rechtzeitig in der Schule ankomme. Meine Leistungen in der Schule sind auch schlechter geworden.
>
> In den vergangenen zwei Jahren habe ich mehrmals versucht, meinen Cannabiskonsum einzuschränken. So richtig gut gelungen ist mir das bisher aber nicht. Mein Ziel ist es, nicht mehr zu kiffen, damit ich mich wieder stärker auf die Schule konzentrieren kann.
>
> Können Sie mir helfen? Hier in der Nähe gibt es keine Beratungsstelle und auch keinen Berater, der sich um mich kümmern könnte.
>
> Bernd, 17

Read the passage above and answer the questions **in English**. Your answers must relate exclusively to the passage and convey all the relevant information provided.

a	How often does Bernd smoke cannabis?	(1)
b	When does he usually smoke cannabis?	(1)
c	What effect does smoking cannabis have on Bernd?	(1)
d	What has he tried to do in the last two years?	(1)
e	What is his eventual goal?	(1)

 4 Mode: „in" und „out"

> Was heute „in" ist, kann morgen schon wieder „out" sein. Aber wie kommt es zu Trends? Früher bestimmten Königshäuser, später Modedesigner/innen die Mode. Seit den 60er Jahren aber tragen Menschen Kleidung, die etwas über ihren Typ und ihre Interessen aussagt. Wie etwa die Hippies mit ihrer ganz neuen, revolutionären Art. Heute gibt es viele verschiedene Mode-Stile. Meist steht ein Stil für eine bestimmte Musik-Richtung, eine Gesellschaftsschicht oder ein Hobby.

Sie finden diesen Ausschnitt in der Zeitung. Sie schreiben eine kurze Bewertung, um Ihre Meinungen über die heutige Mode zu geben. Schreiben Sie 200–220 Wörter **auf Deutsch** und gehen Sie auf Folgendes ein:

- Wer Sie sind und warum Sie schreiben
- Was Ihnen an der aktuellen Mode gefällt, und warum
- Was Sie an der heutigen Mode kritisieren würden
- Warum die Mode in der Vergangenheit vielleicht besser war.

Lebensstile: Gesundheit und Fitness

Über dieses Thema...

★ Millionen Deutsche treiben Sport und engagieren sich in Sportvereinen.
★ Neben den klassischen gibt es immer mehr ausgefallene Sportarten sowie Trendsportarten.
★ Sport macht nicht nur Spaß, er ist auch gesund; dazu gehört aber auch eine gute Ernährung.
★ Viele Ernährungsexperten sind besorgt über die Essgewohnheiten der Deutschen, insbesondere bei Kindern und Jugendlichen.
★ Mediziner schlagen Alarm: Immer mehr Menschen haben Hautkrebs.
★ Das Rauchen bleibt ein umstrittenes und vieldiskutiertes Thema.

Diese Einheit behandelt folgende Grammatik:

★ Das Perfekt   ★ Nominativ, Akkusativ, Dativ
★ Bestimmter und unbestimmter Artikel   ★ Genitiv

Diese Einheit gibt Ihnen folgende Lerntipps und Prüfungstraining:

★ Wie kann ich mein aktives Hören verbessern?
★ Fragen verstehen.   ★ Synonyme.
★ Verschiedene Frageformen.   ★ Grammatikalische Hinweise.
★ Antworten voraussagen.   ★ Verschiedene Formen des Hörens.

Zum Einstieg:

★ Warum treiben so viele Menschen Sport?
★ Inwieweit unterscheidet sich gesunde von ungesunder Ernährung? Inwieweit sind bestimmte Nahrungsmittel gesund oder ungesund?
★ Welche Unterschiede bei den Ess- und Trinkgewohnheiten in Ihrem Land gibt es heutzutage im Vergleich zu früher? Sind die Essgewohnheiten in Ländern wie Deutschland, Frankreich, Spanien und Japan anders?
★ Wie wichtig ist heutzutage Schönheit, zum Beispiel in Schule und Beruf?
★ Stimmt die Aussage: „Ein urlaubsbrauner Mensch ist schöner als ein blasser"?
★ Was spricht für, was spricht gegen das Rauchen?

Sport und Fitness

1 Sportvereine und Fitness in Deutschland

Sportvereine und Fitness in Deutschland

In Deutschland gibt es tausende von verschiedenen Sportvereinen, die auch Sportklubs genannt werden, und die oft in Ligen organisiert sind, z.B. eine Fußball- oder Tennisliga.

Sportvereine in Deutschland gibt es seit dem 19. Jahrhundert, die ersten waren Turnvereine. Heute ist Fußball der Lieblingssport der Deutschen. Höhepunkt der letzten Jahre war die Fußballweltmeisterschaft im Jahre 2006. Bei wunderschönem Wetter begeisterten nicht nur die Mannschaften auf dem Platz, sondern auch die friedlichen Fanpartys vor und nach den Spielen. Kein Wunder, dass fast 6,4 Millionen Deutsche in Fußballvereinen organisiert sind.

Immerhin fünf Millionen Mitglieder zählt der Deutsche Turnerbund. Wenn es allein um Mitgliederzahlen geht, sind 4,2 Millionen Leute in Fitnesscentern angemeldet. Viele Leute arbeiten sehr viel und haben nicht immer Zeit für das Training in einem Verein. Trotzdem möchten sie etwas für ihre Gesundheit tun. In Fitnesscentern und Sportstudios kann man flexibel trainieren, wenn man Lust und Laune hat, vor oder nach der Arbeit, oder am Wochenende. Immer mehr Studios bieten auch Kurse wie Aerobic oder Skigymnastik an. So können sich die vielen Skifans, die im Winter in den Mittelgebirgen oder den Alpen Abfahrtski, Langlauf oder Snowboarding machen, auch im Sommer fit halten.

Die großen Verlierer der letzten Jahre sind Tennis, Squash und Tischtennis. Zwar sind immer noch über 1,6 Millionen Deutsche Mitglieder in einem Tennisverein, aber zu Zeiten von Boris Becker und Steffi Graf waren es 2,5 Millionen. Immer häufiger liest man von Trendsportarten, wie Baseball, Ju-Jutsu oder Inlineskating, die vor ein paar Jahren in Deutschland nur wenige kannten.

Insgesamt ist jeder dritte Bundesbürger in einem Sportverein organisiert, also zirka 27 Millionen Menschen.

 Beantworten Sie die folgenden Fragen zum Text auf Deutsch.

1 Was sind die beliebtesten Sportarten in Deutschland?
2 Bei welchen Sportarten ist das Interesse gestiegen, bei welchen gefallen?
3 Warum ist das so? Was meinen Sie?

 Beantworten Sie die folgenden Fragen schriftlich.

1 Was sind die beliebtesten Sportarten in Ihrem Land und bei welchen Sportarten hat sich das Interesse geändert? Tippen Sie zuerst, suchen Sie dann die Antworten im Internet! Überlegen Sie danach, welche möglichen Gründe es dafür gibt.
2 Welche Trendsportarten gibt es bei Ihnen und wo kommen die Trends her?

Wollen Sie mehr Informationen zu Sportvereinen in Deutschland? (www.deutschersportbund.de)

The perfect tense of weak and strong verbs

When is it used?

The perfect tense is the main past tense in German, especially in conversation and letters.

Es **hat** mir Spaß **gemacht.**	*It was fun. / It has been fun.*
Nachher **sind** wir in die Kneipe **gegangen.**	*Afterwards we went to the pub.*

How is it formed?

The perfect tense is formed from a part of *haben* or *sein* plus the past participle, which stands at the end of a simple sentence or main clause (see page 276 for more information).

● **Weak verbs**

The past participle is formed with *ge-* + stem of verb + *-t*. For instance, the stem (the part of the verb that contains the meaning) of *machen* is *mach-*, so the past participle is: *ge**mach**t*.

feiern	Wir haben ein bisschen ge**feier**t.	*We celebrated a bit.*
lernen	Ich habe viel ge**lern**t.	*I learned a lot.*
spielen	Früher habe ich Basketball ge**spiel**t.	*I used to play basketball.*

● **Strong verbs**

The past participle is formed with *ge-* + stem of verb (vowel may change) + *-en*. For instance, the stem of *sprechen* is *sprech-*, but in the past participle it changes to *ge**sproch**en*. This doesn't happen to all verbs, however.

schlagen	Er hat den Ball ge**schlag**en.	*He hit the ball.*
schreien	Er hat immer ge**schrie**en.	*He shouted all the time.*

● *Haben* or *sein*?

Most verbs use *haben* to make the perfect tense. The verbs of movement or change use *sein*, e.g. *gehen* – to go, *fahren* – to go, *werden* – to become.

werden	Ich **bin** 16 **geworden.**	*I turned 16.*
fahren	Wir **sind** mit dem Mannschaftsbus **gefahren**.	*We went on the team bus.*

② Eine sportliche Familie

Papa Werner Schulz (Tischtennisspieler)

Letzten Freitag habe ich ein entscheidendes Meisterschaftsspiel in Frankfurt gehabt. Wir sind mit dem Mannschaftsbus gefahren – alle waren ganz konzentriert. Leider haben wir das Spiel verloren. Der Gegner ist besser gewesen, denn er hat die stärkeren Spieler gehabt und weniger Fehler gemacht. Nachher sind wir noch in eine Kneipe gegangen und haben ein bisschen gefeiert – trotz der Niederlage. Warum? Alle haben ihr Bestes gegeben, nur das ist wichtig.

Mama Bärbel Schulz (Schwimmerin)

Ich bin Mitglied in einem Schwimmverein. Anfang November haben wir an einem großen internationalen Schwimmwettkampf teilgenommen. In meiner Altersklasse bin ich über 100m Rücken Zweite geworden, mit der Staffel haben wir den dritten Platz erreicht. Sehr viele Zuschauer haben die Veranstaltung besucht und richtig Stimmung gemacht. Man hat viele nette Leute aus England und Schweden kennengelernt und den ganzen Tag Englisch gesprochen – das war schön, aber anstrengend.

Sohn Tim Schulz (Tennisspieler)

Ende September habe ich bei den Landesmeisterschaften mitgespielt. Die ersten drei Spiele habe ich alle gewonnen. Im Finale habe ich gegen einen Jungen gespielt, der zwei Jahre älter ist als ich. Er hat den Ball viel härter geschlagen und ist oft ans Netz gegangen. Ich habe verloren, aber trotzdem hat mir das Spiel Spaß gemacht. Das Turnier hat mir insgesamt gut gefallen und ich habe viel gelernt. Mein Trainer hat mich gelobt.

Tochter Hannah Schulz (Reiterin)

Früher habe ich Basketball gespielt. Aber nach zwei Jahren haben ich und meine Freundin aufgehört. Wir haben uns nicht mit dem Trainer verstanden. Er hat immer geschrien und uns nach einem Spiel nur kritisiert. Meine Reitlehrerin ist ganz anders. Beim letzten Reitturnier habe ich nicht meinen besten Tag gehabt. Aber sie hat mich angefeuert und motiviert.

A ✎ Schreiben Sie, ähnlich wie die Familie Schulz, ein kurzes Sport-Porträt von sich, oder einer sportlichen Person (100–130 Wörter). Bearbeiten Sie dabei die folgenden Punkte.

● Welche Sportart(en) haben Sie früher gemacht?
● Haben Sie mit der Sportart aufgehört? Wenn ja, warum?
● Welche Sportart(en) treiben Sie heute?
● Wie war/ist Ihr Trainer/Ihre Trainerin?
● Haben Sie schon einmal bei einem Turnier oder Wettkampf mitgemacht? Wenn ja, wie war das?

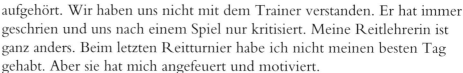

Aufgabe: „Warum Sport?" see Dynamic Learning

③ Wie findest du Sport?

A 🔊 Hören Sie zu. Drei Jugendliche sprechen über Sport. Füllen Sie die Tabelle auf Deutsch aus.

	Sportart	Wie oft?	Was positiv?	Was negativ?
Franzi				
Chris				
Pauline				

The perfect tense – separable, inseparable and reflexive verbs

Separable verbs (See pages 285–286 for a reminder of what these are, and for more information.)
Notice where the *ge-* goes in these verbs in the perfect tense:

anfeuern:	Meine Reitlehrerin hat mich an**ge**feuert.	*My riding instructor encouraged me.*
teilnehmen:	Wir haben an einem Wettkampf teil**ge**nommen.	*We took part in a competition.*

Inseparable verbs (See pages 277 and 286 for a reminder of what these are, and for more information.)
These verbs, which may be weak or strong, do not add *ge-* to the past participle.

besuchen:	Viele Zuschauer haben die Veranstaltung **be**sucht.	*Many spectators came to the event.*
verlieren:	Leider haben wir das Spiel **ver**loren.	*Unfortunately we lost the match.*
erreichen:	Wir haben den dritten Platz **er**reicht.	*We achieved third place.*

Other types of verb
For other types of verb, see page 277. These include:

- verbs ending with **-ieren**, e.g. *kritisieren* (to criticise): *Er hat uns **kritisiert**.*

- reflexive verbs (which all use *haben*), e.g. *sich verstehen mit* (to get on with): *Wir haben **uns** nicht mit ihm **verstanden**.*

- irregular verbs, e.g. *sein* (to be): *Der Gegner ist besser **gewesen**.*

Note down all the verbs in the past tense in the text below. Work out what sort of verb each one is, and note down the infinitive.

 # Trendsport

Sport einmal anders!

Die Redaktion der Schülerzeitung „Der Römer" hat Vater und Tochter Schlegel zum Thema „Sport – einmal anders" porträtiert. Dabei mussten Sven und Natalie folgende Fragen beantworten: Wie, wann und warum hast du mit dem Sport angefangen?

„Mein Name ist Sven Schlegel. Meine Sportart heißt Nordic Walking. Das ist Ski-Langlauf ohne Ski und Schnee – 365 Tage im Jahr. Vor vier Jahren habe ich mich beim Handball am Rücken verletzt. Nach sechs Wochen im Krankenhaus und neun Monaten Sportpause habe ich mich gefragt: „Willst du wirklich weiter Handball spielen?" Meine Familie hat mir dann Stöcke geschenkt und mein Arzt hat mich zu einem Kurs eingeladen, denn die Stocktechnik ist sehr wichtig. Der Sport hat mich sofort begeistert. Meine Rückenprobleme sind weg. Und es betrifft nicht nur mich; in den letzten Jahren haben sich tausende Menschen für das Nordic Walking entschieden. Es ist eine echte Trendsportart."

„Ich heiße Natalie Schlegel und ich spiele Frauenfußball. Ich bin Torfrau. Mein Vater hat mir vor fünf Jahren Torwarthandschuhe mitgebracht, weil wir immer im Garten gekickt haben. Irgendwann war ich so gut, dass meine Mutter mich bei einer Mädchenmannschaft angemeldet hat. Ich habe zwei Monate mittrainiert und dann haben sie mich ins Tor gestellt. Seitdem haben wir nur vier Spiele verloren. Am Anfang waren noch einige Jungs in meiner Klasse skeptisch. Doch letzte Woche sind neun Jungs zum Spiel gekommen und haben mich angefeuert. Das war richtig klasse. Ist doch klar, Frauenfußball boomt in Deutschland. Die Damenmannschaft ist 2007 Weltmeister geworden. Ich habe mich früher auch nicht für Fußball interessiert, habe wie fast alle Mädchen Ballet und Showtanz gemacht. Wie langweilig! Ich finde, mehr Mädchen sollten Fußball spielen oder boxen und mehr Jungs tanzen oder turnen!"

A 📖 **Wählen Sie das richtige Wort aus der Liste unten und füllen Sie die Lücken aus. Vorsicht! Es gibt mehr Wörter als Lücken. Benutzen Sie jedes Wort nur einmal.**

Arzt	ausprobieren	Buch	ganze	gefunden	geschossen	gesehen
gestiegen	gewonnen	Gruppe	interessiert	Jahr	Kurs	Mannschaft
mehr	Schmerzen	Unfall	viele	zwei		

1 Nach einem ___Unfall___ beim Handball hat Sven mit dem Sport aufgehört.

2 Nordic Walking kann man das _____ Jahr machen.

3 Seit Sven Nordic Walking macht, hat er im Rücken keine _____ mehr.

4 Um den Sport besser zu beherrschen, sollte man an einem _____ teilnehmen, um die richtige Technik zu lernen.

5 Immer _____ Deutsche machen Nordic Walking.

6 Als Natalie mit dem Fußball anfing, hat sie noch nicht in einer _____ gespielt.

7 Ihre Mannschaft hat die meisten Spiele _____ .

8 Das Interesse an Frauenfußball in Deutschland ist stark _____ .

9 Als Natalie jünger war, hat sie sich für Ballet und Showtanz _____ .

10 Sie findet, dass mehr Mädchen typische Sportarten für Jungen _____ sollten und umgekehrt.

B 💬 **Diskutieren Sie die folgenden Aussagen von Eltern und Trainern in der Gruppe.**

1 Harry, Frauen-Fußballtrainer: „Fußball ist ein idealer Sport für junge Mädchen. Sie sind athletisch, technisch stark und spielen attraktiven Fußball!"

2 Johannes, Vater zweier Töchter: „Meine ältere Tochter Kim spielt Volleyball, meine jüngere Tochter Alex spielt Fußball. Ich würde es lieber sehen, wenn Alex einen anderen Sport treiben würde. Aber sie muss das selbst entscheiden."

3 Christiane, Mutter von vier Kindern: „Ein Freund meines Sohnes hat vor sechs Monaten mit dem Boxen angefangen. Mein Sohn und meine Tochter haben jetzt auch beide damit angefangen. Ob Junge oder Mädchen, ich denke es ist für beide zu gefährlich!"

4 Max, Boxtrainer: „Boxen ist ein Sport wie jeder andere. Ich kann mich auch beim Hockey oder Reiten verletzen!"

5 Frauenfußball – ja oder nein?

 Die Eltern Ihrer besten Freundin sind sehr konservativ und wollen ihr das Fußballspielen verbieten. Sie wollen ihr natürlich helfen. Gemeinsam sammeln Sie gute Argumente, die für das Fußballspielen sprechen. Nennen Sie mindestens fünf Vorteile und begründen Sie sie! Welche Argumente könnten die Eltern haben? Nennen Sie drei Argumente.

6 Mit Sport aus der Krise

Ulrike Nowak. Hören Sie zu und beantworten Sie die Fragen.

1 Welche drei Probleme hatte Ulrike, bevor sie mit dem Inlineskaten angefangen hat?
2 Was hat ihr der Arzt empfohlen?
3 Welche Sportarten hat sie vor dem Inlineskaten ausprobiert?
4 Was musste ihr Vater für sie tun?
5 Wie geht es ihr jetzt?

Thema Ernährung

7 Ist man, was man isst?

1 Sind die Deutschen zu dünn oder zu dick?
Die richtige Ernährung ist in Deutschland eines der am meisten diskutierten Themen. Warum? Nun, immer wieder werden besonders schlanke Models für ihr extrem niedriges Gewicht kritisiert. Sie sind dünn, manchmal dürr, aber auch schön!? Gleichzeitig zeigen viele europaweite Studien, dass nicht nur viele Erwachsene, sondern auch immer mehr Jugendliche und Kinder übergewichtig sind. Warum? Das Freizeitverhalten der Menschen hat sich in den letzten Jahren deutlich verändert. Ein verstärkter Medienkonsum sowie Jugendliche, die lange und gerne Zeit mit dem Computer verbringen, bedeuten zwar viel Freizeitspaß, aber auch weniger Bewegung.

2 Zwischen Disziplin und Genuss
Die Menschen des 21. Jahrhunderts gehen ganz anders mit dem Thema Ernährung um. Nicht nur weil sie jeden Tag in der Werbung die neuesten und leckersten Produkte präsentiert bekommen.

Vor tausenden Jahren musste man auf die Jagd gehen; heute reicht der kurze Weg zum gut gefüllten Kühlschrank. Dort warten leider nicht Obst und Gemüse, sondern Tiefkühlpizzas und Schokoriegel. Diese Nahrungsmittel sind kalorienreich und alles andere als gesund, doch nach Aussage der meisten Menschen schmecken sie gut. Deshalb fragen sich viele Menschen: Dick sein und genießen, oder schlank sein und leiden?

3 Es geht auch anders
Viele deutsche Ernährungsexperten meinen, dass gesundes Essen auch schmecken kann. Ein knackiger Salat oder ein tolles Nudelgericht sind viel gesünder als jede Bratwurst. Da verwundert es nicht, dass sich Kochbücher mit gesunden Rezepten immer besser verkaufen. Doch angesichts immer dickerer Menschen denken deutsche Politiker über eine Fast-Food-Steuer nach! Aber kann man die Menschen zum gesunden Essen zwingen?

A 📖 **Um welchen Text geht es: 1, 2 oder 3?**

1 Leider schmecken ungesunde Sachen gut.
2 Es gibt mehr dicke Menschen als früher.
3 Je mehr Fernsehen man schaut, desto weniger Zeit bleibt für Sport.
4 Möglicherweise muss man bald für Hamburger mehr zahlen.

B 💬 **Diskutieren Sie in der Gruppe „Dick sein und genießen, oder schlank sein und leiden!"**

● Was ist besser und warum?
● Geht beides? Wenn ja, wie?

C 🔊 **Hanja, „Vegetarierin aus Überzeugung!" Hören Sie zu und beantworten Sie die folgenden Fragen.**

1 Warum ist Hanja zur Vegetarierin geworden?
2 Was isst sie, was isst sie nicht?
3 Wie verhalten sich Familienmitglieder und Freunde?
4 Wie findet sie deren Verhalten?
5 Was denkt sie über Leute, die Fleisch essen?

⑧ Gesunde Ernährung

Gesunde Ernährung – ein schwieriges Thema

Was ist eigentlich „Gesunde Ernährung"? Ob in Zeitungen, Zeitschriften, im Radio, Fernsehen oder Internet, überall bekommen wir jede Menge höchst unterschiedliche Ratschläge, die meist mehr verwirren als Klarheit schaffen.

Bei der Ernährungspyramide bilden Wasser, Frucht- und Gemüsesäfte, Tee und Kaffee die Basis. Auf der zweiten Stufe kommen Getreideprodukte und Kartoffeln. Danach Gemüse und Obst. Die vierte Stufe bilden Milchprodukte, Eier, Fleisch und Fisch. Stufe fünf besteht aus Fetten und Ölen. Ganz oben sind dann noch Süßigkeiten, Gebäck, Knabberzeug und Alkohol. Jede Stufe ist kleiner als die vorhergehende und empfiehlt die Mengen, die wir zu uns nehmen sollen. Unsere Ernährung ist dann ausgewogen, wenn wir die entsprechenden Stufen mengenmäßig abdecken, das heißt sehr viel trinken, häufig Getreideprodukte essen und wenig Alkohol trinken.

A **Beantworten Sie die Fragen zum Text.**

1 Wie viele Stufen hat die Ernährungspyramide?
2 Warum gibt es verschiedene Stufen?
3 Warum sind bestimmte Stufen größer als andere?
4 Wann kann man von einer ausgewogenen Ernährung sprechen?

B **Malen Sie Ihre persönliche Ernährungspyramide auf der Grundlage von dem, was Sie am letzten Wochenende konsumiert haben.**

C **Schreiben Sie einen Text „Meine Ernährung" (ca. 200 Wörter), bei dem Sie folgende Punkte bearbeiten:**

- Gibt es Gründe für meine guten/schlechten Ergebnisse?
- Wie finde ich die Ernährungspyramide? Was ist hilfreich? Was könnte besser sein?
- Was möchte ich/könnte ich an meiner Ernährung verbessern?

D **Diskutieren Sie in der Gruppe.**

1 Welche Ratschläge zur Ernährung haben Sie von Ihren Großeltern und Eltern bekommen? Befolgen Sie sie?
2 Was ist aus Ihrer Sicht gesund und ungesund, und warum?
3 Hat Jamie Oliver mit seiner Kampagne „Gesünder essen" Erfolg gehabt?

⑨ Gesünder essen und trinken

Tanja, 18 Jahre

Meiner Meinung nach müsste es ein Schulfach „Gesunde Ernährung" geben. Schon im Kindergarten müssen die Kinder lernen, welche Nahrungsmittel gut und weniger gut für sie sind.
Mein Opa hat uns früher immer das Obst in kleine Stückchen geschnitten: Bananen, Äpfel, Orangen, Birnen oder eine Ananas. Da wollte keiner Schokolade oder Gummibärchen. Warum soll das nicht auch in Schulen funktionieren?

Sandra, 16 Jahre

Ich glaube, es gibt zwei Gründe warum sich viele Menschen sehr ungesund ernähren. Zum einen gibt es viel zu viel Werbung für ungesundes Essen. Zum anderen kann man an vielen Orten gar kein gesundes Essen kaufen. Salatbars gibt's bei uns überhaupt nicht, statt leichter Nudel- oder Reisgerichte gibt's fettige Würstchen mit Pommes. Wenn die Politiker wirklich möchten, dass die Menschen sich gesund ernähren, dann müssen sie ungesunde Nahrungsmittel verbieten, wie sie es auch mit dem Rauchen (in geschlossenen Räumen) getan haben.

Jule, 17 Jahre

Ich ernähre mich nicht besonders gesund und trotzdem bin ich fit und schlank, denn ich treibe regelmäßig Sport. Gerne esse ich mal einen Burger oder trinke eine kalte Cola. Doch ich achte auf mein Gewicht und halte mich fit. Nur wer mindestens drei Mal die Woche richtig schwitzt, der kann auch alles essen, was er möchte. Wenn es nach mir ginge, hätten wir jeden Tag in der Schule Sport.

Dirk, 19 Jahre

Oft fehlen die Vorbilder zu Hause. Was nützt es, wenn die Kinder in der Schule alles über gesunde Ernährung lernen und dann schicken die Eltern die Kinder in ein Fast-Food-Restaurant, oder sie lassen sie eine Tiefkühlpizza zubereiten, weil sie wenig Zeit haben oder bei der Arbeit sind. Die Schule kann informieren, doch die Eltern entscheiden wann und was ihre Kinder essen und trinken. Es wäre besser, die Eltern auf Kochkurse für gesundes Essen zu schicken.

A 📖 **Beantworten Sie die Fragen zum Text.**

1 Was sollte die Schule tun, Tanjas Meinung nach?
2 Warum nimmt Jule nicht zu?
3 An was genau denkt Sandra, glauben Sie, wenn sie sich über zu viel Werbung beklagt?
4 Warum denkt Dirk, dass die Eltern eine so wichtige Rolle spielen?

 B 🔊 **Hören Sie zu. Wählen Sie die Punkte, die die Ernährungsberaterin Manuela Berg nennt. Dann beantworten Sie die Fragen zum Hörtext.**

a) unregelmäßige Arbeitszeiten ◉
b) keine Lust auf Sport ◉
c) Sport zu gefährlich ◉
d) Überstunden ◉
e) Sportbekleidung zu teuer ◉
f) zu schlechtes Wetter ◉
g) Fitness-Studios zu teuer ◉

1 Warum wäre für viele Menschen ein wenig Bewegung wichtig?
2 Was machen weniger/mehr als 20% der Leute?
3 Welche drei Gründe nennt Manuela für den starken Bewegungsmangel im Winter?
4 Warum haben viele Menschen ein schlechtes Gewissen?

Grammar

The indefinite and definite article

'The' and 'a' in German (der/die/das; ein/eine/ein)

These words are referred to in grammar as the definite and indefinite articles. If someone says 'Give me the book', they are asking for a specific, definite book. So 'the' is called the **definite** article. But if they say 'Give me a book', then any book will do. So 'a' and 'an' are called the **indefinite** article.

The definite article: der, die, das

The basic words for 'the' in German are, of course, *der* (for masculine nouns), *die* (for feminine), *das* (for neuter) and *die* (for plural, all genders). When you write down a new noun, take time to note down its gender too.

Some other words work in the same way:

dieser, diese, dieses, *pl.* diese (*this, these*)
welcher, welche, welches, *pl.* welche (*which*)
jeder, jede, jedes, *no pl.* (*each, every*)

The indefinite article: ein, eine, ein

The basic words for 'a' and 'an' in German are *ein* (for masculine nouns), *eine* (for feminine), *ein* (for neuter). There isn't a word for these in the plural, of course. But look at the plurals of the words which work like *ein, eine, ein* below.

The words for 'my', 'your', 'his', 'her', etc.:

mein, meine, mein, *pl.* meine
dein, deine, dein, *pl.* deine

The words for 'not a':

kein, keine, kein, *pl.* keine (*e.g.* Ich habe keine Geschwister.)

The articles are used in German in the same way that they are used in English, except for a few variations (see page 259).

Aufgabe: Was ist im Essen drin? see Dynamic Learning

Aufgabe: Ein Interview see Dynamic Learning

Study skills

Tips for listening tasks (1)

Listening tasks in this book and in your exam allow you to listen to an audio extract many times over. Here are some tips to help you use this to your advantage.

Before you start listening

- Look carefully at the extract title, any illustrations or photos, and the wording of the tasks or questions: all can give you clues to help you orientate yourself and predict what the extract is about.
- Make sure you fully understand the tasks you are asked to complete and questions you have to answer. This will allow you to tailor your listening to the task at hand: for example, there is no point in spending lots of time agonising over words, phrases or sections that aren't addressed at all.

First listen-through

Do:

- relax and listen all the way through the extract without stopping, concentrating on just listening

rather than frantic note-taking. If, however, you're the sort of person who finds that taking notes aids concentration, then just note down a few key words.
- aim to listen for gist rather than detail, i.e. to get a general sense of what it's all about.
- gather valuable clues from:
  1. key words that get repeated a lot
  2. the sort of vocabulary being used (political, colloquial, technical, etc.)
  3. the introduction and/or conclusion if they exist
  4. the speaker(s): their age/level of formality/mood or attitude (positive or negative; objective or biased?).

Don't:

- worry if you don't understand very much at all at this stage; it will get clearer each time you listen to it.
- reach straight for the transcript if you have access to it: you are practising listening not reading.

Fragen der Gesundheit

10 Zur Einführung

Gesundheit – zwischen Lust und Leid

„Das Wichtigste ist Gesundheit!" So klug waren die Menschen wohl schon vor hundert Jahren. Nur damals sind Millionen an einer einfachen Grippe gestorben. Heute hat der Begriff „Gesundheit" eine andere Dimension bekommen.

Dabei müssen sich die Menschen ständig zwischen Dingen entscheiden, die verlockend schön aber gleichzeitig schlecht für die Gesundheit sein können. Ein gutes Beispiel dafür sind Sonnenstudios. Durch sie ist eine makellose Bräune selbst im kältesten Winter garantiert.

Die Kritiker warnen zwar vor dem Krebsrisiko, doch wer schön und braun sein möchte, dem ist das egal.

Gleiches gilt für das Rauchen, dem viele Menschen eine entspannende und beruhigende Wirkung nachsagen. Oder wer kann sich heutzutage eine Feier ohne Zigaretten und Alkohol vorstellen? Die Weinindustrie spricht gar von der positiven Wirkung des Rotweins für das Herz. Dabei denkt sie bestimmt nicht an junge Leute, die sich mit „Komasaufen" an den Wochenenden vergnügen.

Viele Jugendliche gehen noch einen Schritt weiter und experimentieren mit verschiedenen Drogen. Ob sie das tun, weil es Spaß macht, weil sie einfach nur neugierig sind oder, weil sie die Flucht aus der Realität suchen – die Frage bleibt offen. Allen jungen Leuten ist gemeinsam, dass sie dabei zuerst nicht an ihre Gesundheit denken. Bei einigen Jugendlichen gilt deshalb das Motto: Lieber lebe ich 40 Jahre so wie ich Lust habe als 80 Jahre voller Langeweile, weil ich ständig auf meine Gesundheit achten muss!

Beantworten Sie die folgenden Fragen zum Text.

1 Warum hat heutzutage Gesundheit eine andere Dimension?
2 Warum gehen viele Menschen in Sonnenstudios?
3 Was meint die Weinindustrie mit „positiver Wirkung von Rotwein"?
4 Für was, glauben Sie, steht der Begriff „Komasaufen"?
5 Warum experimentieren viele Jugendliche mit Drogen?

 Welche fünf Wörter aus dem Text werden hier gesucht?

1 Körperlicher und seelischer Zustand ohne Krankheit.
2 Eine Krankheit, bei der man Husten, Schnupfen, Fieber oder Kopfweh haben kann.
3 Ein Ort, an dem Geräte mit Röhren stehen, die ultraviolette Strahlen abgeben.
4 In Papier gerollter Tabak, der angezündet und geraucht wird.
5 Ein Getränk, das berauschend wirkt und abhängig machen kann.

 Diskutieren Sie in der Gruppe.

1 Sonnenstudios, Alkohol, Rauchen! Stimmt es, dass das, was Spaß macht, ungesund oder gefährlich ist? Oder gibt es auch Dinge, die gesund sind und Spaß machen? Wenn ja, welche?
2 Für was würden Sie sich entscheiden, für „die 40 Jahre Lust" oder „die 80 Jahre Langeweile"? Warum?

⑪ Eine Frage der Schönheit

Schönheitswahn – für welchen Preis?

Schönheit, die man sieht

„Du hast drei Wünsche frei", sagt die Fee. Und die junge Frau antwortet: „Ich möchte reich sein, ich möchte gesund bleiben, aber vor allem möchte ich schön und attraktiv sein!" So oder so ähnlich sieht der Wunschzettel eines modernen Menschen für ein glückliches Leben aus. Auch in Deutschland glauben immer mehr Menschen, dass ein gutes und gepflegtes Aussehen sehr wichtig ist. Eine typische Aussage ist: „Wenn ich mich schön mache, fühle ich mich besser, und weil ich mich besser fühle, bin ich offener und selbstbewusster!" Nach wie vor zählt gebräunte Haut zu den vorzeigbaren Erfolgen eines schönen Urlaubs. Aber wie schnell verschwindet die Urlaubsbräune des Sommers nach regnerischen Herbsttagen? Es gibt aber Sonnenstudios, die mit Hilfe von Solarien einen „Kurzurlaub in der künstlichen Karibik" versprechen.

Gefährliche Strahlen

Jeder weiß, dass ein Sonnenbrand im Urlaub sehr gefährlich sein kann. Hautzellen sterben ab, weil die gefährlichen UV-Strahlen in die Haut eindringen. So erhöht sich das Risiko, an Hautkrebs zu erkranken. Auch wenn es so aussieht, als würde sich die Haut nach einem Sonnenbrand vollständig erholen, so bleiben doch tiefer gelegene Hautschichten geschädigt. Der beste Sonnenschutz ist durch Kleidung und Schatten gewährleistet. Wer trotzdem viel Zeit in der Sonne verbringt, sollte immer an wasserfeste Sonnenschutzmittel und eine gute Sonnenbrille denken. Denn: Die Häufigkeit von Hautkrebs ist seit einigen Jahrzehnten stetig angestiegen. Allein in Deutschland erkranken ca. 200.000 Menschen an Hautkrebs. Man unterscheidet zwischen dem gefährlichen schwarzen Hautkrebs und dem weniger gefährlichen hellen Hautkrebs. Immerhin fast 10% erkranken am schwarzen Hautkrebs, bei dem der Tumor Metastasen im ganzen Körper setzen kann – leider oft mit tödlichem Ausgang. Grundsätzlich gilt immer: Je früher der Hautkrebs erkannt wird, desto höher die Heilungschancen.

Sind Solarien sicher?

Viele Experten fürchten, dass es bei Solarien ähnlich sein könnte. Neben dem Hautkrebsrisiko, wird immer wieder von schnellerer Hautalterung und möglichen Schäden an den Augen gewarnt. Die Betreiber der Sonnenstudios versuchen die Kunden mit modernen Geräten zu überzeugen. Freiwillige Prüfungen und Sicherheitszertifikate sollen die Kunden beruhigen. Wer nicht auf das Solarium verzichten möchte, sollte seinen Hauttyp feststellen lassen. Hellhäutige sollten weniger häufig und kürzer auf der Sonnenbank liegen als Menschen mit dunklerer Haut. Viele Krankenkassen raten zu maximal 50 Besuchen pro Jahr. Aufs „künstliche Sonnenbaden" sollte man vor dem Urlaub verzichten. Manche Ärzte empfehlen das Tragen einer Schutzbrille.

 Beantworten Sie die Fragen zum Text.

1 Was möchte der moderne Mensch nach Aussage des Textes?
2 Inwieweit kann ein Sonnenbrand gefährlich sein?
3 Wie sieht der beste Schutz vor Sonne aus?
4 Wie gefährlich ist Hautkrebs?
5 Warum kritisieren viele Experten Sonnenstudios?
6 Was sollte man beim Besuch im Sonnenstudio beachten?

 Schreiben Sie einen Aufsatz (etwa 200–220 Wörter) zu diesem Thema: „Schönheit und Reichtum sind die wichtigsten Dinge im Leben!"

Grammar

The cases: nominative, accusative, dative

What are 'cases'?
In English, our choice of 'he' or 'him', 'we' or 'us', 'she' or 'her', 'they' or 'them', 'I' or 'me' depends on whether it is the subject (doer) of the verb, or the object (the thing or person on the receiving end of the action) of the verb.

Subject (doer)	**Verb** (doing)	**Object** (done to)
The player	hit	the ball.

I	he	she	we	they	you	it

me	him	her	us	them	you	it

In grammar, each of these groups of words is called a case; the subject group is called the nominative case, and the object group is called the accusative case.

Cases in German: nominative, accusative, dative
German uses cases too, not only with the words above, some of which are quite similar to English (e.g. I/me = *ich/mich*), but also with the words for 'the', 'a' and 'an' and a number of other words, e.g. *mein* (my), *dein* (your), etc. Here are two examples using the definite article. The verb is *sucht* (is looking for) in each one:

Subject: **Der Mann** sucht seinen Schlüssel.   *The man is looking for his key.*
Object: Der Polizist sucht **den Mann**.   *The policeman is looking for the man.*

Every time you use one of these words you will be making a decision about what case to use. (You will find a table of the case endings on page 262.)

There are four cases in German and the commonest are the nominative, accusative and dative. (See page 35 for the genitive.)

Which case do I use?
First of all, check the gender of the noun. Then, decide whether it is the subject of the verb (the nominative), the object of the verb (the accusative), or after a preposition, such as 'on', 'into', 'with' (the accusative or dative, depending on the preposition – see page 265 for a list).

Subject (Nom): **Ein** Burger kostet drei Euro.
Object (Acc):   Ich esse **einen** Burger.
After a preposition (here, dative following *in*): Es gibt viel Fett in **einem** Burger.

The cases have other uses too – see page 264 for more information.

⑫ Wir streiten über das Rauchen

Ich bin anderer Meinung

Frank (F) und Gisela (G) führen ein Streitgespräch über das Rauchen. Frank, bekennender Raucher, ist für das Rauchen, Gisela ist überzeugte Nichtraucherin und gegen das Rauchen. Lesen Sie den Text in der Gruppe mit verteilten Rollen!

F: Du weißt aber, Gisela, dass der Staat durch die Tabaksteuer Millionen von Euro bekommt.

G: Das heißt, du unterstützt den Staat mit dem Geld für deine Zigaretten. Überleg doch mal, wie viel Euro du sparen und für andere Sachen ausgeben könntest.

F: Zigaretten schmecken mir, ganz einfach. Gutes kostet Geld.

G: Ja, ja und die Ärzte verdienen auch gut an euch Rauchern, oder?

F: Genau. Und weil wir Raucher früher sterben, brauchen wir später nicht so viel Rente.

G: Da sagst du was! Rauchen ist extrem gesundheitsgefährdend. Ihr schadet euch selbst, denn das Herzinfarkt- und Schlaganfallrisiko steigt und häufig bekommt ihr Lungenkrebs.

F: Viele Dinge sind schlecht für die Gesundheit. Zu viel Sonne, Süßigkeiten, Fast Food – das ganze Leben ist riskant.

G: Einverstanden, aber wenn eine Frau während der Schwangerschaft raucht, dann ist das schlimm. Aber wenn ihr raucht, dann rauchen wir Nichtraucher mit. Passivrauchen nennt man das!

F: Weiß ich, stimmt! Die Rauchverbote in den Restaurants und öffentlichen Gebäuden finde ich ja auch gut. Aber nichts beruhigt meine Nerven besser als eine Zigarette.

G: Und nichts macht dich abhängiger, süchtiger als eine Zigarette.

F: Ich könnte sofort aufhören!

G: Aber das willst du nicht! Nicht weil du es brauchst, sondern weil es cool ist, weil deine Freunde auch rauchen. Die unter 16 sogar heimlich.

F: Überzeugt dich das Argument, dass Rauchen schlank macht?

G: Nicht wirklich! Stimmt, viele Raucher verzichten aufs Essen und greifen zur Zigarette. So stinken sie dann aber auch. Dazu noch gelbe Zähne und eine Haut, die viel schneller altert! Ich verstehe nicht, warum so ein toller Typ wie du raucht.

F: Danke für das Kompliment. Immerhin rauche ich schon weniger als vor einem Jahr.

G: Aber du bist doch Sportler. Jeder weiß, dass das Rauchen schlecht für die Ausdauer ist.

F: In unserer Mannschaft bin ich einer der besten Spieler und ich fühle mich topfit.

G: Noch, aber ich habe gehört, dass deine neue Freundin total gegen das Rauchen ist, oder?

F: Das ist richtig. Aber das muss sie akzeptieren.

G: Wetten du hörst auf?

F: Wetten nicht?

Wie überzeugend sind die Argumente von Frank und Gisela?

1 Bilden Sie acht bis zehn Sätze und beurteilen Sie ihre Argumente auf der Skala 1–5.

Skala
1 = sehr überzeugend   2 = überzeugend   3 = in Ordnung
4 = wenig überzeugend   5 = nicht überzeugend

2 Begründen Sie auch Ihre Beurteilung mit einer Tabelle wie unten.

Rauchen ist extrem gesundheitsgefährdend!	1	*Das Argument ist sehr überzeugend, weil alle Mediziner vor den Gefahren des Rauchens warnen und viele Menschen an Lungenkrebs sterben.*
Zigaretten schmecken!	3	…

 Diskutieren Sie in der Gruppe.

1 Warum rauchen trotz vieler Gefahren so viele Leute?
2 Soll man die Raucher nicht in Ruhe lassen? Andere Dinge, wie Alkohol, sind auch gefährlich?
3 Welchen Effekt haben Rauchverbote?

Grammar

The genitive case
The genitive case is used in both English and German to show possession or ownership.

To show possession
Possession in English is shown by 's or -s' on the end of a noun. (German nouns also add an -s if they are masculine or neuter, *and* singular.)

das Auto mein**es** Bruder**s**	*my brother's car*
die Eltern **des** Mädchen**s**	*the girl's parents*
der Vater **der** Mädchen	*the girls' father*
der Lieblingssport **der** Deutschen	*the Germans' favourite sport*
Anna**s** Auto	*Anna's car*

To mean 'of':

Das Risiko ein**es** Herzinfarkt**s**	*the risk of a heart attack*
Die Betreiber **der** Sonnenstudios	*the owners of the tanning studios*
Teil **des** Alltag**s**	*part of everyday life*

After certain prepositions:

wegen **des** Wetter**s**	*because of the weather*
trotz sein**es** Unfall**s**	*despite his accident*
während **der** Schwangerschaft	*during pregnancy*

Avoiding the genitive
Germans often prefer to avoid the genitive for possession or to mean 'of' in conversation. They do so by using *von* + dative:

das Auto **von** mein**em** Bruder	das Risiko **von** einem Herzinfarkt
das Auto **von** Anna	der Lieblingssport **von** den Deutschen
die Eltern **von** den Mädchen	

For more information on the genitive case, see page 264.

How many more examples of the genitive case can you find in this chapter? There are at least 12!

⑬ Erfahrungen mit Ecstasy

Eltern und Drogen: Eine Mutter berichtet

[1] Meine Tochter Nadine ist 17. Die letzten 10 Monate waren für mich die Hölle. Als ich durch einen Freund erfuhr, dass Nadine regelmäßig an Wochenenden Ecstasy nimmt, war ich sprachlos und unfähig, klar zu denken. Meine Tochter?

[2] Im Internet habe ich nächtelang herumgesurft. Habe gelernt, dass Ecstasy eine Partydroge ist, die sowohl halluzinogene als auch stimulierende Wirkung hat. Man fühlt Zusammengehörigkeit, oft auch mit wildfremden Menschen, deshalb heißt die Droge auch Harmoniedroge.

[3] Ich habe überlegt: Wie war Nadine an den letzten Wochenenden? Gut, sie kam erst frühmorgens nach Hause, euphorisch, ein Teenager eben. Ohne Frühstück ist sie dann ins Bett – den ganzen Tag. Ist doch normal, oder? Montags war sie schlecht gelaunt, hatte Kopfschmerzen, ist dann ein bis zwei Tage nicht in die Schule.

[4] „Hast du nicht ihre Augen gesehen?", hat meine Schwiegermutter Karin mit mir geschimpft. Karin, Nadines Oma, war zu Besuch und hat mich gefragt, ob mir nicht ihre unnatürlich weiten Pupillen aufgefallen seien? „Nein!" habe ich gesagt, aber sie hatte Recht.

[5] Als Nadine dann beim Einkaufsbummel im Kaufhaus eine Angstattacke bekommen hat, wollte ich sie zum Arzt schicken – aber sie wollte nicht. Am nächsten Samstag ist sie dann auf der Tanzfläche einfach umgefallen. Angeblich hat sie zu viel getrunken.

[6] Ich mache mir Vorwürfe. Was habe ich falsch gemacht? Warum hat sie nicht mit mir darüber gesprochen? Wie konnte es so weit kommen? Wie kann ich ihr helfen?

 Ordnen Sie die folgenden sechs Überschriften den sechs Abschnitten zu.

Der Zusammenbruch		Viele Fragen – keine Antworten		Die Recherche	
Die Entdeckung		Die Schule schwänzen		Typische Symptome	

 Beantworten Sie die Fragen zum Text.

1   Warum waren die letzten Monate für Nadines Mutter die Hölle?
2   Was hat sie über Ecstasy gelernt?
3   Wie hat sich Nadine am Sonntagmorgen und Montagmorgen gefühlt?
4   Wie hat die Schwiegermutter reagiert?
5   Was ist beim Einkaufen und danach beim Tanzen passiert?
6   Wie fühlt sich Nadines Mutter jetzt?

C 🖊 **Schreiben Sie einen kurzen Text, 100–130 Wörter. Was würden Sie der Mutter antworten, was raten? Wie würden Sie sich an ihrer Stelle verhalten?**

Tips for listening tasks (2)

Second listen-through

Do:

- jot down some headings for the specific information you're being asked to listen out for before you start
- break up the listening into manageable chunks and make brief notes in German as appropriate to the task
- use the pause button so you don't miss the next bit while taking notes
- develop your own abbreviations to make note-taking quicker, e.g. *etw. (etwas), n. (nicht), Erw. (Erwachsene), Jug. (Jugendliche), Sp. (Sport),* etc.
- use a dictionary sparingly (if you're not in an exam) to look up a few essential key words or phrases if necessary.

Don't:

- try to understand every single word
- start to transcribe word for word when making notes.

Finishing the tasks

Do:

- review your notes – do you have all the information you need? If not, listen again to the relevant parts and add in more notes to your existing ones.
- keep information entered into tables brief and unambiguous
- use your own wording rather than lifting chunks straight from the extract
- make sure you do exactly what the task requires: e.g. for multiple choice, only cross **one** of the boxes each time; if it asks you to choose four sentences which best describe the content of the extract, only choose four.

Don't:

- feel you have to write long or complicated sentences in German: your answers should be simple, clear and precise. Answers don't always have to be in full sentences – they can be in note form
- include irrelevant details in your answers just because you have managed to understand them: convey the information asked for and no more.

 Aufgabe: Krankenversicherung   see Dynamic Learning

Zusammenfassung

Diese Liste wichtiger Vokabeln und Redewendungen ist eine gute Prüfungsvorbereitung.

Sport und Fitness

Sport treiben	to do sports
sich in Sportvereinen engagieren	to be involved/active in sports clubs
Mitglied in einem Verein sein	to be a member of a club
ein Spiel verlieren/ gewinnen	to lose/win a game
an einem Wettkampf teilnehmen	to take part in a competition
abschalten können	to switch off
den Frust rauslassen	to let off steam

Fragen der Gesundheit

gesundheitsgefährdende UV-Strahlen	UV-rays hazardous to health
an Krebs erkranken	to develop cancer
das Risiko erhöht sich	the risk increases
auf etwas verzichten	to restrain from
mit dem Rauchen aufhören	to stop smoking
krebserregende Stoffe	cancer-causing substances
Rauchverbote in öffentlichen Gebäuden	smoking bans in public buildings
es beruhigt meine Nerven	it calms/steadies my nerves
Drogen nehmen	to take drugs
krankenversichert sein	to have a health insurance
sich zusätzlich versichern	to get additional/extra insurance

Thema Ernährung

die richtige Ernährung	the right nutrition
übergewichtig sein	to be obese
das Freizeitverhalten hat sich verändert	leisure behaviour has changed
ein verstärkter Medienkonsum	enhanced media use
sich schlapp fühlen	to feel weak
Zeit vor/mit dem Computer verbringen	to spend time in front of/ on the computer
sich richtig/falsch ernähren	to have a healthy/ unhealthy diet
das Essverhalten der Eltern imitieren	to copy the parents' diet
Fast Food macht dick	fast food makes you fat
vor der Glotze hocken	to sit in front of the telly
in Maßen genießen	to enjoy/savour in moderation
für ausreichend Sport und Bewegung sorgen	to get enough sport and exercise
auf das Gewicht achten	to watch one's weight
sich fit halten	to keep fit
die Freizeit verbringen	to spend free time
eine Diät machen	to be on a diet
die Ernährung umstellen	to change/adjust nutrition
sich regelmäßig bewegen	to exercise regularly
hohe Pestizidbelastungen im Obst	high level of pesticides in fruit
zu Bio-Produkten greifen	to choose organic products
gentechnisch veränderte Pflanzen	genetically-manipulated plants
verlockende Dinge	tempting/appetising things

1 Warum gibt es gentechnisch veränderte Lebensmittel?

In vielen Ländern werden Pflanzen gentechnisch verändert und verkauft. Für die Bauern sind diese Pflanzen ideal: Die Früchte sind niemals klein und verschrumpelt, sondern immer knackig und groß. Man braucht diese Pflanzen nicht mit Pestiziden zu besprühen – Wissenschaftler haben die Pflanzen so verändert, dass sie gegen Insekten usw. resistent sind.

Einige Menschen sind gegen die Gentechnik, weil man noch nicht weiß, ob die veränderten Lebensmittel unserer Gesundheit oder der Umwelt schaden.

2 Hörtext: Essgewohnheiten

Sie hören einen Bericht über Essgewohnheiten. Kreuzen Sie die jeweils richtige Antwort an.

1. Man soll jeden Tag...
   a ...in aller Ruhe frühstücken.
   b ...mit Kraft und Energie frühstücken.
   c ...zusammen mit den Eltern frühstücken.

2. Viele junge Menschen...
   a ...frühstücken gar nicht.
   b ...trinken auf dem Schulweg.
   c ...laufen viel zu wenig.

3. Man soll nur so viel essen, ...
   a ...bis es nichts mehr auf dem Teller gibt.

   b ...dass man nicht an Essstörungen leidet.
   c ...bis man keinen Hunger mehr hat.

4. Es ist nicht gut, wenn man...
   a ...Bonbons total verbietet.
   b ...verzweifelt Bonbons isst.
   c ...Hunger auf Bonbons hat.

5. Schlanke Frauen essen Light-Produkte, vielleicht weil...
   a ...sie glücklich und trendy sein wollen.
   b ...man für Light-Produkte im Fernsehen wirbt.
   c ...die Familie Light-Produkte essen mag.

3 Skischule Schneeball

Skischule Schneeball

Wollen Sie das Skilaufen schon nach sechs Tagen beherrschen?
Dann sind unsere Ski-Alpen-Gruppenkurse für Anfänger gerade ideal für Sie
...sicheres Lernen mit Spaß, Abwechslung und Geselligkeit.

- Gruppenkurse finden von Sonntag bis Freitag statt.
- Alle Erwachsene treffen sich sonntags vor dem Skischulbüro.
- Gruppen-Kurszeiten: von 10:30–12:30 Uhr und von 13:30–15:30 Uhr

Preis: 205,00 € für die sechs Tage Anmeldung: Online oder in unserem Skischulbüro (von 08:00–17:00 Uhr durchgehend geöffnet)

Während der Winterferien haben Sie bei der Skischule Schneeball einen Skikurs gemacht. Leider haben Sie einige Probleme gehabt. Schreiben Sie einen Brief **auf Deutsch** an die Skischule (200–220 Wörter), in dem Sie auf Folgendes eingehen:

- Wer Sie sind und warum Sie schreiben.
- Warum Sie einen Skikurs bei der Skischule gemacht haben.
- Was für Probleme Sie erlebt haben.
- Was Sie jetzt von der Skischule erwarten.

4 Was heißt hier Ernährung…?

Johanna aus Salzburg

Aus gesundheitlichen Gründen ernähre ich mich vegetarisch. Lebensmittel vom Tier esse ich schon: Milch und Eier usw., aber sonst esse ich ausschließlich die klassische vegetarische Kost. Außerdem lebe ich insgesamt gesünder: Ich rauche nicht und bin sportlich sehr aktiv.

Felix aus Zürich

Ich esse gerne hin und wieder mal Fast Food. Ungesund wird dieses Essen nämlich erst, wenn man sich einseitig ernährt. Und das tue ich nicht.

David aus Chemnitz

Ich bin Anhänger vom langsamen Essen. Mir ist es wichtig, dass beim Essen das Schmecken und Genießen im Vordergrund steht. Mahlzeiten im Stehen, beim Fernsehen oder an der Straßenecke – das wäre nichts für mich.

Lena aus Vaduz

Viele Lebensmittel bearbeitet man mit Zusatzstoffen, damit sie besser aussehen, länger halten, lecker riechen oder gut schmecken. Zusatzstoffe sind aber für die Ernährung nicht nötig und können sogar Allergien auslösen. Ich esse deswegen immer nur Bio-Produkte.

Wer sagt was? Kreuzen Sie die richtigen Namen an. Vorsicht! Ein Name kann zweimal vorkommen.

	Johanna	Felix	David	Lena
a. Ich nehme mir gern viel Zeit beim Essen.				
b. Dank meiner Diät hoffe ich, seltener krank zu werden.				
c. Ich esse nur natürliche Produkte.				
d. Es ist schon in Ordnung, wenn ich manchmal eine Currywurst mit Pommes esse.				
e. Noch dazu esse ich Käse, Joghurt und Honig.				

3 Unsere Welt: Reisen und Tourismus

Über dieses Thema...

Diese Einheit behandelt das Reisen, die Touristeninformation und den Verkehr. Sie umfasst folgende Unterthemen:

★ **Was für ein Urlaubstyp sind Sie?**
★ **Beste bzw. schlimmste Urlaubserlebnisse.**
★ **Wie wird das Reisen in Zukunft aussehen?**
★ **Urlaubsziele in Deutschland, Österreich und der Schweiz.**
★ **Wie beschwere ich mich über mein Hotel?**
★ **Tipps für „faire" Ferien.**
★ **Wie kommt man in München ohne Auto aus?**
★ **Auto, Bahn und Flugzeug im Vergleich.**
★ **Wie kann ich Flugemissionen durch Klimaschutzprojekte ausgleichen?**

Diese Einheit behandelt folgende Grammatik:

★ **Das Futur**
★ **Präpositionen**
★ **Adjektivendungen**

Diese Einheit gibt Ihnen folgende Lerntipps und Prüfungstraining:

★ **Texte lesen und verstehen.**

Zum Einstieg:

★ Beschreiben Sie Ihren idealen Urlaub!
★ Kennen Sie schon einige Urlaubsregionen im deutschsprachigen Raum? Was für Landschaften sind das und was kann man dort alles machen?
★ Wo bekommt man am besten Informationen über Urlaubsregionen, Unterkünfte und Reisemöglichkeiten? Kann man diesen Informationen immer vertrauen?
★ Was ist für Sie die ideale Unterkunft? Warum?
★ Wie reisen Sie am liebsten zu Ihrem Urlaubsziel? Warum?

Reisen

1 Urlaubstyp

Wie sieht Ihr Traumurlaub aus?
Mit diesem Test finden Sie es heraus!

1 Welches Poster würden Sie sich aufhängen?
A azurblaues Meer und weißer Sandstrand
B schneebedeckte Bergspitzen
C Skyline einer Großstadt

2 Wie würden Sie sich selbst beschreiben?
A gemütlich, ein bisschen faul
B abenteuerlustig, mutig
C kontaktfreudig, offen

3 Probieren Sie gerne Essen, das Sie noch nicht kennen?
A Nur wenn man Sie zwingt.
B Manchmal schon.
C Für Neues sind Sie immer offen.

4 Sie haben Ferien und müssen zu Hause bleiben. Was machen Sie?
A Sie bleiben zu Hause und genießen die Möglichkeit, lange auszuschlafen.
B Sie treiben Sport oder Sie machen eine Radtour in die Natur.
C Sie sind mit Ihren Freunden in der Stadt unterwegs.

5 Wie stellen Sie sich Ihre Unterkunft vor?
A ein großes Luxushotel in ruhiger Lage
B entweder wie die der Einheimischen oder im Zelt
C ein Appartement inmitten der City

6 Was muss unbedingt in Ihre Reisetasche?
A ein gutes Buch zum Lesen
B ein Eventguide
C Ihre Wanderstiefel

7 Wie sieht Ihr Zimmer aus zu Hause?
A bequem und gemütlich
B voller Sportsachen
C voller Mitbringsel aus aller Welt

8 Ihre Eltern bzw. Freunde wollen mit Ihnen eine historische Stadt besichtigen.
A Sie bleiben lieber am Hotelpool, um sich zu sonnen.
B Sie lassen sich zum Mitgehen überreden.
C Super! So was begeistert Sie enorm!

AUSWERTUNG

Meistens A: STRAND! Für Sie ist ein Urlaub zur Entspannung da. Sie wollen sich erholen, stundenlang in der Sonne liegen und einfach mal nichts tun. Ein gutes Buch oder die richtige Musik reichen Ihnen, um glücklich zu sein.
Tipp: Passen Sie sich nicht auf, dass Sie sich nicht zu sehr zurückziehen!

Meistens B: ABENTEUER! Mountainbiken, Skitouren oder Wildwasserfahrt – für Sie ist Urlaub cool, wenn Sie was dabei

erleben. Rumsitzen können Sie auch zu Hause. Darum wollen Sie in den Ferien Action und Nervenkitzel.
Tipp: Gönnen Sie sich auch mal ein bisschen Entspannung!

Meistens C: RUNDREISE! Wenn Sie verreisen, dann wollen Sie etwas sehen. Einen Städtetrip oder eine Rucksacktour durch ein unbekanntes Land finden Sie spannend. Sie wollen Einheimische kennen lernen und in andere Welten eintauchen.
Tipp: Übersehen Sie nicht Ihre eigene Region!

A 📖 **Lesen Sie das Quiz auf Seite 42. Ordnen Sie jedem deutschen Ausdruck die passende englische Übersetzung zu!**

1 Wie stellen Sie sich Ihre Unterkunft vor?
2 Wie die der Einheimischen
3 Mitbringsel aus aller Welt
4 Sie lassen sich zum Mitgehen überreden.
5 Das begeistert Sie enorm!
6 Passen Sie auf, dass Sie sich nicht zu sehr zurückziehen!
7 Gönnen Sie sich auch mal ein bisschen Entspannung!
8 In andere Welten eintauchen

a Souvenirs from all over the world
b That's really your sort of thing!
c Treat yourself to the odd bit of relaxation as well!
d Mind you don't become too much of a recluse!
e What sort of accommodation do you imagine staying in?
f To become immersed in different worlds
g You let yourself be persuaded to go along.
h Like that of the local people

B 📖💬 **Machen Sie zu zweit das Quiz. Versuchen Sie, Ihre Antworten wenn nötig aus der Sie-Form in die ich-Form zu verwandeln.**

Beispiel: Person A: Probieren Sie gerne Essen, das Sie noch nicht kennen?
                Person B: Nur, wenn man **mich** zwingt.

Rechnen Sie dann aus, wie viele A-, B- oder C-Antworten Sie jeweils gewählt haben und lesen Sie zusammen die Auswertung.

2 Gute Reise! Oder vielleicht eben nicht...

A 🔊 **Wir haben drei jungen Leuten jeweils drei Fragen zum Thema Urlaub gestellt:**

- Was war Ihr schlimmstes Urlaubserlebnis?
- Was war Ihr bestes Urlaubserlebnis?
- Und was für künftige Reisepläne haben Sie?

Hören Sie sich ihre Antworten im Hörabschnitt „Gute Reise! Oder vielleicht eben nicht..." an. Schreiben Sie die folgende Tabelle ab und füllen Sie sie mit Notizen auf Deutsch aus.

Name	schlimmstes Erlebnis	bestes Erlebnis	künftige Reisepläne
Jörg			
Beate			
Tarik			

B 🔊 **Hören Sie sich Beates Antwort noch einmal an und wählen Sie die jeweils richtige Antwort.**

1 Beate hat versucht,...
   a ihren Flug zu verpassen.
   b den nächsten Flug zu nehmen.
   c Geld für ihr verlorenes Gepäck zurückzubekommen.

2 Der Skiurlaub mit den Eltern hat ihr...
   a nur teilweise gefallen.
   b sehr gut gefallen, weil sie mit ihren Eltern gut auskommt.
   c sehr gut gefallen, weil sie gerne skifährt.

3 Dieses Jahr wird sie...
   a mit dreizehn Freunden eine Bergwanderung in der Schweiz machen.
   b mit drei Freunden mit der Bahn durch Europa reisen.
   c mit Freunden eine Rucksacktour durch die USA machen.

C 🔊 **Hören Sie sich Tariks Antwort noch einmal an und ergänzen Sie die Sätze mit Wörtern aus der Wortkiste.**

1 Das Hotel auf Malta war nicht sehr ____ .
2 Es gab sehr ____ Speisen.
3 Das norwegische Hotel war sehr ____ .
4 Die Schlafzimmer waren mit ____ Schlafsäcken ausgestattet.
5 Auf seiner Radtour um Deutschland wird Tarik ____ .

> kalten   warmen   ruhig   zelten   laut   kalt   köstliche
> unappetitliche   ungewöhnliche   heiß

D 💬 **Besprechen Sie folgende Fragen mit einem Partner/einer Partnerin oder in der Gruppe.**

● Was war Ihr schlimmstes und bestes Urlaubserlebnis, und was für künftige Reisepläne haben Sie?
● Fahren Sie lieber mit/ohne Eltern in Urlaub?
● Würden Sie gerne eine Interrail-Tour oder Rucksacktour mit Freunden machen oder haben Sie schon eine gemacht? Welche Länder würden Sie gerne besuchen/haben Sie besucht?
● Was sind Ihrer Meinung nach die Vor- und Nachteile einer Rucksacktour?

Grammar

The future

There are several ways of talking about the future and future possibilities.

Present tense + adverb of time
This is the commonest and easiest way to talk about the future.

Dieses Jahr fahre ich mit Freunden weg.	*This year I'm going away with friends.*

werden + infinitive
This is used to emphasise the future, or where there is no adverb of time to indicate future. (Note there are only two irregular forms for *werden: du wirst, er wird.*)

Wir werden im Sommer eine Interrail-Tour machen.	*In the summer we'll be going interrailing.*
Das wird Spaß machen!	*That will be fun!*
Weltraumfans werden warten müssen.	*Space fans will have to wait.*

Other verbs
There are many verbs which refer to plans or suggestions. Here is a small selection:

Wie wär's mit...?	*How about...?*
Nächstes Jahr haben wir vor, eine Welttour zu machen.	*Next year we're planning to do a world tour.*
Sollen wir den Urlaub dieses Jahr in ... verbringen?	*Shall we spend the holiday in ...this year?*

Look for other ways of talking about future plans. (See more information on the future on page 279.)

③ Zukunftstourismus

Lesen Sie den Zeitschriftenartikel über Zukunftstourismus und machen Sie dann die Aufgaben auf der nächsten Seite.

Zukunftstourismus: Urlaub in der Schwerelosigkeit

Ein großer Traum der Menschheit: Urlaub im Weltraumhotel

„Schatz, sollen wir den Jahresurlaub dieses Jahr eher im All, unter Wasser, oder in der Luft verbringen?" Was heute noch nach einem Sketch klingt, könnte im Jahr 2020 eine normale Frage sein. Tourismus wird in den nächsten 20 Jahren rapide zunehmen – und dabei auch in neue Sphären vorstoßen.

Expeditionen ins Weltall

Die von Stardesigner Philippe Starck entworfene „Virgin Galactic" soll Hobby-Astronauten Weltraumspaziergänge in 120 Kilometer Höhe über der Erde aus ermöglichen, Kostenpunkt rund 200.000 Dollar pro Person. Eines Tages wird jedermann das Erlebnis eines Weltraumflugs genießen können – das hofft der deutsche Astronaut Thomas Reiter: „Die Eindrücke, die man da oben sammelt, sind sehr beeindruckend. Man sieht schon wirklich, dass die Erde eine Kugel ist, man sieht die Schwärze des Weltraums, man sieht die blaue Atmosphäre unter sich." Dass es „etwa 2030 bis 2035" ein Hotel 400 Kilometer über der Erde gibt, hält Tourismusexperte Prof. Karl Born durchaus für realistisch.

Schwerelosigkeit im Passagierflugzeug

So lang werden Weltraumfans auf einen Adrenalinrausch nicht warten müssen. Weltraumgefühle kann man auch schon heute bei sogenannten Parabelflügen genießen. Dabei fliegt eine Passagiermaschine in große Höhe, um dann rasch wieder in die Tiefe zu stürzen. Die Passagiere können dadurch 20 Sekunden die Schwerelosigkeit erleben.

Zum Einschlafen Fische statt Schafe zählen

Ein Hotelzimmer mit Blick auf die Unterwasserwelt

Wie wär's denn mit einem Unterwasserhotel? Einzelne Zimmer mit Übernachtungsmöglichkeit unter der Wasseroberfläche gibt es ja bereits. Die Jules' Undersea Lodge in Key Largo, Florida, bietet Raum für zwei Gäste. Beim Poseidon Resort auf oder besser vor den Fidschi-Inseln soll es 24 Suiten komplett unter Wasser geben.

Schwimmende Ferienwelten

Ein besonders futuristischer Vorschlag ist ein Katamaran mit einer fünfzehnstöckigen, mehr als 100 Meter breiten Hotelfassade. Zur Ausstattung sollen Golfplätze, Einkaufszentren, Kletterwände, Mini-Zoos und sogar kleine Skipisten gehören.

Eine Vision für die Zukunft: Urlaub im Luftschiffhotel

Auf in die Luft

Luftschiffhotels werden auf Internet-Foren immer wieder diskutiert. Ein mit Zimmern ausgestatteter Zeppelin fliegt tagelang umher und zwar so niedrig, dass man im Flug Sightseeing machen kann. Dafür sorgt ein gläserner Durchgangsbereich mit freiem Blick nach unten. Nichts für Touristen, die an Höhenangst leiden!

Machen Sie jetzt diese Aufgaben.

1 Suchen Sie drei Sätze im Text mit dem Futur.
2 Sammeln Sie so viele zusammengesetzte Nomen wie möglich, z.B. Zukunftstourismus, Luftschiffhotel.
3 Suchen Sie deutsche Ausdrücke für:
   a to spend one's annual holiday in space
   b trips into space
   c to spend one's annual holiday in the air
   d up into the air
   e to plunge into the depths
   f a hotel room with a view of the underwater world
   g at the Poseidon Resort on, or rather off, the Fiji Islands
4 Was merken Sie an den Präpositionen **in** und **auf** in diesen Ausdrücken? Stehen Sie mit dem Akkusativ oder mit dem Dativ? Warum?

 Schreiben Sie eine kurze Zusammenfassung des Artikels (ca. 150 Wörter) auf Englisch. Erwähnen Sie folgende Stichpunkte:

- Future plans for space tourism: timescale and cost?
- An opportunity for space enthusiasts
- Ideas for accommodation on or under the sea
- Accommodation in the air: why might you get dizzy?

Wir sind im Jahre 2030. Sie machen Urlaub in einem der Hotels aus dem Artikel. Schreiben Sie einem Freund/einer Freundin in Deutschland eine Postkarte (ca. 200–220 Wörter). Beschreiben Sie:

- was Sie bis jetzt erlebt und gesehen haben
- die Touristeneinrichtungen und Aktivitäten, die zu Ihrer Verfügung stehen
- Ihr bisheriges schlimmstes und bestes Erlebnis
- was Sie heute Nachmittag oder morgen vorhaben.

Prepositions

Prepositions tell us the **position** of a noun or pronoun ('on' the table, 'under' the chair). They also show how one noun relates to another (an e-mail **to/from** my mother). See pages 265–266 for more information.

Fixed case prepositions

Most prepositions can be followed by one case only. The commonest are:

● **Prepositions followed by the accusative:**

bis	*until, by*	gegen	*against; approximately*
durch	*through, by (means of)*	ohne	*without*
entlang	*along*	um	*at (time); round; by*
für	*for*		

bis Samstag	*(till/by Saturday)*
durch die Schweiz	*through Switzerland*
die Straße **entlang**	*along the street* (entlang *usually follows the noun*)
die Berge **um** den See	*the mountains round the lake*

● **Prepositions followed by the dative:**

aus	*out of, made of*	nach	*to, after; according to*
außer	*except*	seit	*since, for (time past)*
bei	*at, near, in*	von	*from, of, by*
gegenüber	*opposite*	zu	*to, on, for*
mit	*with; by*		

außer mir	*except (for) me*
mit dem Bus	*by bus*
dem Haus **gegenüber**	*opposite the house* (gegenüber *usually follows the noun*)
meiner Meinung **nach**	*in my opinion* (nach *following the noun means 'according to'*)
bis zu dem Wochenende	*till the weekend*

● **Prepositions followed by the genitive:**

außerhalb	*outside*	trotz	*in spite of*
innerhalb	*inside*	während	*during*
statt	*instead of*	wegen	*because of*

trotz des Wetters	*in spite of the weather*
während der Ferien	*during the holidays*

Dual case prepositions – accusative or dative

These follow with the **accusative** case to show movement forward or towards (e.g. English 'into'); they follow with the **dative** case to show where something is or is happening (e.g. English 'in').

an	*at, to, by, on (up against)*	über	*above, via*
auf	*on (top of)*	unter	*under, among*
hinter	*behind*	vor	*in front of, before; ago*
in	*into, in*	zwischen	*between*
neben	*next to*		

Expeditionen **in das** Weltall	*expeditions into space*
Urlaub **in dem** Weltall	*holidays in space*

● **Abbreviations**

   Watch out for the following, though the full forms are often used:

   zum (= zu dem); zur (= zu der); am (= an dem); ins (= in das); im (= in dem); vom (= von dem)

Touristeninformation

4 Drei deutschsprachige Urlaubsziele

Rügen erleben – Deutschlands größte und schönste Insel! Beeindruckende Landschaften, stille Fischerdörfer, bunte Häfen und mondäne Kurorte. Genießen Sie die frische Ostseeluft bei zauberhaften Wanderungen: Die romantischen Sandstrände, die herrlichen Buchenwälder und die traumhaft schönen Seen lassen jedes Wandererherz höher schlagen. Sand, Meer, viel Sonne, und noch dazu ein sehr gesundes Reizklima – Rügen hat viel zu bieten!

Wien ist mehr als Walzer und Klassik, denn Wien ist eine Stadt mit vielen Seiten! Elektronik-DJs gehören zu Wien – so wie die Oper. Hippe Clubs, junge Galerien, moderne Architektur und trendige Shops gehören zu Wien – so wie die renommierten Konzertsäle, großen Museen, prachtvollen Bauten und nostalgischen Läden. Das geschäftige Treiben der bunten Märkte und Fußgängerzonen, das süße Leben zwischen gemütlichen Kaffeehäusern und Szenebars – entdecken Sie die Wohlfühl-Metropole Wien!

Zentralschweiz, Freizeitschweiz, Ferienschweiz! Sommerlust auf Bergen und Seen für Wanderer, Kletterer und Wassersportler. Rauhe Gipfel und abgelegene Hochtäler, imposante Gletscher und atemberaubende Schluchten. Das Erlebnis eines majestätischen Sonnenaufgangs in der Stille der Bergwelt bleibt unvergesslich. Winterlust auf Pulverschnee und Skisport. Skifahren und Snowboarden auf gut präparierten Pisten, Langlaufen in einem bezaubernden Winterparadies. Hier in den schneesicheren Wintersportgebieten finden Sie für jeden Geschmack den idealen Ferienort!

A 📖 **Reiseprospekte benutzen oft eine etwas blumige Sprache und sehr viele Adjektive! Suchen Sie in den drei Texten oben deutsche Ausdrücke für:**

> impressive landscapes; chic spas; on magical walks; the romantic sandy beaches; the magnificent beech forests; the fantastic lakes; a very healthy bracing climate; the famous concert halls; the splendid buildings; the hustle and bustle of the colourful markets; the experience of a majestic sunrise; rugged peaks and remote high-lying valleys; imposing glaciers and breathtaking ravines; cross-country skiing in an enchanting winter paradise

B 📖 **Beantworten Sie die folgenden Fragen zum Text auf Deutsch.**

1 Was hat die Insel Rügen speziell für Wanderer zu bieten?
2 Wie könnte man Wien als eine Stadt mit vielen kontrastierenden Seiten beschreiben?
3 Welche Sportarten kann man im Sommer und im Winter in der Zentralschweiz betreiben?

C 💬 **Welche der drei Ferienorte würden Sie am liebsten besuchen? Warum? Versuchen Sie, Ihre eigene Heimat oder Ihren Lieblingsferienort in blumiger Werbesprache kurz zu beschreiben!**

Adjectives and adjective endings

There are only two possible positions for an adjective in German:

● **After the verb** (usually *sein* – to be)

The adjective here never 'agrees' with the noun – it never adds special endings for different cases or the plural:

Wien ist **schön** und **modern**. *Vienna is beautiful and modern.*

● **Before the noun**

Adjectives before a noun **always** add an ending depending on the gender and case. Adjectives never follow a noun.

Group	Case	Singular			Plural
		Masculine	*Feminine*	*Neuter*	*All genders*
1	Nom Acc Gen Dat	der gute Mann den guten Mann des guten Mannes dem guten Mann	die junge Frau die junge Frau der jungen Frau der jungen Frau	das kleine Kind das kleine Kind des kleinen Kindes dem kleinen Kind	die kleinen Kinder die kleinen Kinder der kleinen Kinder den kleinen Kindern
2	Nom Acc Gen Dat	ein alter Mann einen alten Mann eines alten Mannes einem alten Mann	eine junge Frau eine junge Frau einer jungen Frau einer jungen Frau	ein kleines Kind ein kleines Kind eines kleinen Kindes einem kleinen Kind	keine guten Männer keine guten Männer keiner guten Männer keinen guten Männern
3	Nom Acc Gen Dat	guter Wein guten Wein guten Weins gutem Wein	frische Milch frische Milch frischer Milch frischer Milch	kaltes Bier kaltes Bier kalten Biers kaltem Bier	gute Weine gute Weine guter Weine guten Weinen

5 Ich möchte mich beschweren!

A **Manchmal ist alles nicht so wie im Reiseprospekt! Hören Sie sich den Hörabschnitt „Ich möchte mich beschweren!" an. Sie hören zwei Gespräche, in denen sich Kunden über ihr Hotel beschweren.**

Hören Sie sich zuerst Gespräch 1 an und wählen Sie ein Satzende a–h unten für jeden Satzanfang 1–8.

1 Der Kunde beschwert sich über…
2 Die Bettlaken waren…
3 Das Badewasser konnte…
4 Das Zimmer roch…
5 Das Essen war…
6 Der Speisesaal war…
7 Statt Meeresblick konnte man…
8 Der Reiseprospekt versprach…

a …nicht sehr hygienisch.
b …übel.
c …einen schönen Sandstrand.
d …nur Autos und Abfallbehälter sehen.
e …sehr unappetitlich.
f …nicht gerade frisch.
g …seine Ferienunterkunft.
h …nicht richtig abfließen.

B 📖 Hören Sie sich jetzt Gespräch 2 an und beantworten Sie folgende Fragen auf Deutsch. Versuchen Sie, den Hörtext nicht Wort für Wort abzuschreiben.

1 Warum wollte die Frau ungestört schlafen?
2 Was hat sie nachts zwischen elf Uhr dreißig und halb eins gehört?
3 Was hat sie dann bis zwei Uhr morgens gehört?
4 Warum gab es wohl um sechs Uhr früh einen ohrenbetäubenden Lärm?
5 Wo befindet sich das Hotel laut der Broschüre?
6 Was wird die Frau machen, wenn sie das Zimmer nicht wechseln darf?
7 Warum kann der Rezeptionist der Frau kein anderes Zimmer anbieten?
8 Was will die Frau jetzt?

C ✍ Jetzt sind Sie mit dem Reklamieren an der Reihe! Machen Sie zu zweit ein Rollenspiel. Person A ist Hotelgast und beschwert sich verärgert über das Zimmer und das Essen. Person B ist Rezeptionist(in) und versucht, den Gast zu beruhigen.

Study skills

Developing good reading skills (1)

Here are some tips for approaching a reading text – try them out when you read the text on the next page.

Get a general impression

Gain an overall impression of the whole text before you start reading. Look for clues to the contents and the tone in:

- illustrations, photos and diagrams, including captions
- titles and subheadings
- the first and last sentence or paragraph, where content is sometimes summarised, e.g. in a rhetorical question that sums up the central issue
- the vocabulary, sentence structure and layout: is it from a newspaper, magazine, advert, announcement, scientific report, etc.?
- dates, figures or statistics.

Look through the tasks and/or questions

Make sure you fully understand them, so that you don't waste time later agonising over sections of the text that aren't addressed at all.

Skim-read the whole text for general gist

Rely on words that you do know and don't worry yet about the ones you don't. Is the writer giving an objective report, narrating personal experiences, offering advice, or giving personal opinions (for or against the issue in question)? Is the tone humorous, or serious?

Try to work out the meaning of any unknown key words or phrases

- With practice you will be able to distinguish between those that don't matter, and those that are **important**, i.e. necessary for understanding the text or completing a task. Note them down or underline them in pencil.
- Before reaching for your dictionary, study them **in context**: look at the whole sentence/paragraph surrounding them and make some logical guesses. For example, you might not know the word *Schnäppchen-Reise*. If, however, you saw it in the following context: *Billig-Reisen: Schnäppchen-Reise auf die Malediven für 500 Euro?* you might be able to deduce that it has something to do with cheap travel and snapping up bargains, leading you to an appropriate translation, such as 'bargain holiday'.

Tipps und Informationen für faire Ferien

Hinter der Hochglanzwelt der Reisebroschüren sieht es oft ganz anders aus für die Menschen, die in Tourismusgebieten leben: das Ferienparadies ist für sie harter Alltag.

Nur knappe fünf Prozent der Weltbevölkerung kann sich überhaupt eine Auslandsreise leisten. Diese fünf Prozent tragen die Verantwortung, im Tourismus fair zu handeln, damit alle mehr davon haben, und die schönen Urlaubslandschaften erhalten bleiben.

Stellen Sie sich vor, Sie könnten heute im Reisebüro ebenso einfach faire Ferien buchen, wie Sie im Supermarkt fairen Kaffee oder faire Bananen kaufen. Ökologisch oder verträglich reisen, nachhaltiger oder sanfter Tourismus – so nennt man diese Urlaubsform. Hier bieten wir Ihnen eine andere Art Touristeninformation für einen fairen Umgang mit Menschen und Natur auf Reisen.

[1] Naturschutz

Tourismus lebt von der Vielfalt der Naturlandschaften. Oft gefährden jedoch touristische Aktivitäten wie das Trekking im Regenwald oder das Schnorcheln an Korallenriffen die Pflanzen- und Tierwelt.

[2] Landnutzung

Sehr oft müssen die Einheimischen dem Tourismus Platz machen. Große Reisekonzerne errichten z.B. einen Naturpark als touristisches Angebot und vertreiben die Einheimischen von ihrem Land, oder Fischer

verlieren den Zugang zum Meer, weil die Gäste des Hotelkomplexes den Strand für sich wollen.

[3] Wasser

Über eine Milliarde Menschen müssen täglich mit weniger als 20 Liter Wasser auskommen, während in manchen Luxushotels pro Tourist(in) täglich bis zu 600 Liter Wasser verbraucht werden. Künstliche Gartenanlagen, Swimmingpools und die Bewässerung von Golfplätzen spielen da eine große Rolle.

[4] Billigreisen

Schnäppchen-Reise auf die Malediven für 500 Euro? Rechnen Sie selbst – bleibt da überhaupt noch etwas im Gastland, wenn einmal die Kosten für den Flug und die Profitmarge für den Reiseveranstalter abgezogen sind? Es sind die lokalen Hoteliers und ihre Angestellten, die die Konsequenzen dieser Billigpreisen tragen.

[5] Unterkunft, Essen und Trinken

Große Hotelketten fliegen oft Produkte aus dem Ausland ein, um auf der ganzen Welt dieselben Standardspeisen anbieten zu können. Der Transport dieser Produkte mit dem Flugzeug belastet die Umwelt. Bei Kleinbetrieben dagegen bleibt das Geld, das Sie für Bett und Tisch ausgeben, auch tatsächlich in der Region und bringt dort direkten Nutzen.

Für weitere Informationen besuchen Sie www.fairunterwegs.org

A 📖 Lesen Sie den Text „Tipps und Informationen für faire Ferien"
und ordnen Sie jedem Paragraphen des Artikels (1–5) den passenden Tipp
für faire Ferien (A-E) zu.

A Achten Sie auf faire Preise, wenn Sie Ihre Reise buchen. Ist der Preis, den Sie bezahlen, wirklich realistisch?	
B Vermeiden Sie internationale Hotelketten mit internationalem Essen und wählen Sie kleinere Unterkünfte und regionale Spezialitäten.	
C Verzichten Sie auf Aktivitäten, die die Natur zerstören und kaufen Sie keine Souvenirs aus bedrohten Tieren oder Pflanzen.	
D Ziehen Sie eine Dusche dem Bad vor und verzichten Sie im Hotel auf täglich neue Badetücher.	
E Verzichten Sie auf Aktivitäten, die die Lebensräume und natürlichen Ressourcen der Einheimischen zerstören.	

B 📖 Sagen Sie, ob folgende Sätze richtig oder falsch sind.
Verbessern Sie die falschen Sätze.

1 Die Reisebroschüren geben Touristen oft ein idealisiertes Bild vom Leben in Touristengebieten.
2 Fünfundneunzig Prozent der Weltbevölkerung macht regelmäßig Ferien im Ausland.
3 Wenn man „faire Ferien" bucht, machen die Einheimischen keinen Profit daraus.
4 Das Trekking im Regenwald trägt dazu bei, die Schönheit der Natur zu erhalten.
5 Manchmal dürfen Fischer die privaten Hotelstrände nicht mehr betreten, um ihre Boote ins Wasser zu setzen.
6 Die Gäste eines Luxushotels benutzen so viel Wasser pro Kopf, weil z.B. Swimmingpools und Golfplätze viel Wasser brauchen.
7 Bei billigen Urlaubspreisen verliert der kleine Hotelbesitzer im Ferienort seine Profitmarge.
8 Die Restaurants in internationalen Hotelketten sind umweltfreundlich, weil sie immer regionale Spezialitäten mit lokalen Produkten zubereiten.

C ✏️ Finden Sie im Text ein Beispiel für jeden der folgenden
Schlüsselpunkte. Schreiben Sie die Beispiele mit Ihren eigenen
Worten auf: nicht wortwörtlich vom Text abschreiben!

1 die Naturkatastrophe
2 das Unrecht
3 die Menschenrechtsverletzung
4 die Ungleichheit
5 die Ausbeutung
6 die Umweltbelastung

Verkehr

7 Ohne Stress vorbei am Stau!

Wie kann man den Autoverkehr vermeiden? In München gibt es viele interessante Alternativen…

Call a Bike

Mit dem Call a Bike-Service sind Sie auch ohne eigenes Fahrrad in München mobil. Die silberroten Fahrräder befinden sich an allen wichtigen Orten in der Innenstadt und an großen Kreuzungen. Sie können ein Fahrrad nach Anmeldung per Mobiltelefon ausleihen und an Ihrem Zielort in der Nähe einer größeren Kreuzung wieder abstellen.

Bike + Ride

Mit dem Fahrrad zu einer Haltestelle und dann mit Bus, Tram, S- oder U-Bahn weiterfahren hat vor allem drei Vorteile: Es spart Zeit, schont die Umwelt und macht fit! In München gibt es rund 24.000 Abstellplätze für Fahrräder. Damit wird die kombinierte Nutzung von Fahrrad und öffentlichen Verkehrsmitteln für Sie bequem und einfach.

```
S- Bahn = Straßenbahn
U-Bahn = Untergrundbahn
```

Fahrrad-Rikscha

Bequem und lässig: Moderne Fahrrad-Rikschas zum Personentransport. 100% Spaß, 0% Sprit! Ein 100% umweltfreundliches Nahverkehrsmittel für München: Lärm- und CO_2-frei! Die sportlichen Radler mit ihren Bike-Taxis gehören schon zum Münchner Stadtbild. Nicht nur für Touristen ein einmaliges Fahrerlebnis! Willkommen an Bord!

Mitfahren

Willkommen auf der neuen Online-Mitfahrzentrale für Personen in und um München.

- Mitfahrgelegenheit suchen, Mitfahrgelegenheit anbieten
- Fahrgemeinschaften bilden und Spritkosten teilen
- Den Verkehr entlasten und die Umwelt schonen
- Neue Leute kennen lernen
- Gemeinsam zur Arbeit/auf Events/in den Urlaub fahren
- Innerhalb von Deutschland oder in Europa günstig mitreisen.

Für Pendler, Ausflügler und Wochenendheimfahrer – mitfahren geht immer!

A 📖 Suchen Sie Synonyme in den Texten für die folgenden Ausdrücke.

1 nachdem Sie sich mit dem Handy haben registrieren lassen
2 wenn man den halben Weg radelt und die restliche Strecke per Bus, Bahn, Straßenbahn, U-Bahn usw. zurücklegt
3 ein Transportmittel für kürzere innerörtliche Strecken, das überhaupt keine negativen Konsequenzen für die Umwelt bringt
4 Gruppen von Leuten, die zusammenfahren
5 das Geld, das man für Benzin ausgegeben hat
6 dazu beitragen, dass weniger Autos auf den Straßen sind
7 Leute, die täglich dieselbe Strecke zur Arbeit fahren

B 📖 ✏️ Sie schreiben einen Bericht für den Bürgermeister einer britischen Großstadt, der sich für umweltfreundliche Alternativen zum Autoverkehr interessiert. Fassen Sie für ihn auf Englisch die Hauptvorteile der vier Transportmöglichkeiten auf Seite 53 zusammen.

⑧ Wie ökologisch ist die Bahn?

> der ICE = Intercity-Express
> der Pkw = Personenkraftwagen, d.h. Auto
> die Treibhausgase = *greenhouse gases*

A 🔊 Welches Verkehrsmittel hat beim Klimaschutz die Nase vorn: Auto, Bahn oder Flugzeug? Hören Sie sich den Auszug aus einer Radiosendung an, in dem der Reporter diese drei Verkehrsmittel auf der Fahrt von Berlin nach München vergleicht. Im Hörabschnitt werden folgende Punkte erwähnt. Wie ist die richtige Reihenfolge?

a Stephan Böhme und drei Mitfahrer fahren mit dem Auto von Berlin nach München.
b Für viele Flugpassagiere ist am wichtigsten, dass das Fliegen schnell und bequem ist.
c Flugzeuge sind besonders klimaschädlich, weil sie nicht nur CO₂, sondern auch Wasserstoff emittieren.
d Laut Almut Gaude vom Verkehrsclub Deutschland ist die Bahn das umweltfreundlichste Verkehrsmittel, auf dem zweiten Platz kommt das Auto und auf dem letzten Platz das Flugzeug.

e Verkehrsmittel heute müssen nicht nur schnell und billig, sondern auch umweltverträglich sein.
f Die Bahn bietet Bewegungsfreiheit, besonders wenn man Kinder hat.
g Für Stephan macht das Autofahren Spaß und es bietet viel Flexibilität.
h Der ICE fährt in sechs Stunden vom Berliner Hauptbahnhof nach München.

B 📖 **Wählen Sie die vier Sätze, welche die Reise von Berlin nach München am besten beschreiben.**

1 Wenn man Mitfahrer mitnimmt, fährt man am billigsten mit dem Auto.
2 Der Flug kostet mehr als die Bahnreise.
3 Die Autofahrt dauert zweimal so lange wie die Bahnreise.
4 Die Bahnreise dauert ungefähr sechsmal so lang als der Flug.
5 Pro Person stößt das Auto mehr CO_2 aus als das Flugzeug.
6 Die Bahn verursacht ein Drittel der CO_2-Emissionen des Autos und des Flugzeugs.
7 Die Bahn stößt halb so viel CO_2 aus wie ein Kühlschrank während eines ganzen Jahres.
8 Das Auto stößt fast so viel CO_2 aus wie ein Kühlschrank während eines ganzen Jahres.

C ✎ **Und Sie? Besprechen Sie folgende Fragen zu zweit oder in der Gruppe.**

● Wie fahren Sie, wenn Sie in die Schule oder in die Stadt müssen?
● Und wenn Sie in den Urlaub fahren?
● Wie oft fahren Sie mit der Bahn oder mit anderen öffentlichen Verkehrsmitteln? Warum (nicht)?
● Fliegen Sie oft? Warum (nicht)?
● Welche Vor- und Nachteile haben Ihrer Meinung nach die verschiedenen Verkehrsmittel?

⑨ „Wenn wir fliegen, dann *atmosfair*"

Die größte Umweltbelastung im Tourismus ist die Anreise, besonders wenn man das Flugzeug nutzt. Nicht immer können oder wollen Sie aber auf einen Flug verzichten, auch wenn klar ist, dass jeder Flug zur Klimaerwärmung beiträgt. Wenn Sie Verantwortung für die Folgen Ihres Handelns übernehmen wollen, gibt es jetzt ein Angebot: *atmosfair*. *atmosfair* unterstützt Klimaschutzprojekte und kann so für Sie Treibhausgase einsparen.

So erhalten zum Beispiel indische Großküchen in Schulen und Krankenhäusern moderne Solaranlagen und müssen nicht mehr mit Diesel oder Holz kochen. Alle *atmosfair*-Projekte reduzieren Klimagase ausschließlich durch den Einsatz erneuerbarer Energien oder durch Energieeinsparung.

atmosfair-Projekt in Indien: Solarwärme ersetzt Diesel als Brennstoff.

Ein Flug von Hannover nach Los Angeles und zurück verursacht pro Passagier eine Abgasmischung mit einer Klimawirkung von etwa 6880 kg CO$_2$.

Dieser Flug im Vergleich

Emissionen pro Passagier auf einem Flug*

(entspricht) 6880 kg CO$_2$

Betrieb eines Kühlschranks für ein Jahr

100 kg CO$_2$

Jahresemissionen eines Inders

900 kg CO$_2$

Ein Jahr Autofahren (Mittelklassewagen, 12.000 km)

2.000 kg CO$_2$

Klimaverträgliches Jahresbudget eines Menschen**

3.000 kg CO$_2$

* Emissionen des ganzen Flugzeugs geteilt durch die Anzahl der Passagiere an Bord.

** Klimaverträgliche jährliche Gesamtemissionen aller Aktivitäten (in Haushalt, Verkehr, Freizeit usw.) für eine Person.

Diese Menge CO$_2$ kann atmosfair in einem Klimaschutzprojekt für Sie einsparen.

A **Lesen Sie die Werbung für *atmosfair* und suchen Sie deutsche Ausdrücke für:**

1 ecological damage
2 to abstain from flying
3 responsibility for the consequences of your actions
4 projects to protect the climate
5 yearly emissions of someone living in India
6 climate-sustainable yearly budget for one person
7 to save (e.g. energy)
8 modern solar installations
9 through the use of renewable energies

B **Wählen Sie die richtige Antwort für die folgenden zwei Fragen:**

1 Ein Passagier, der von Hannover nach Los Angeles fliegt, verursacht…
a dreimal so viele
b mehr als siebenmal so viele
c die gleiche Menge an
…Emissionen wie jemand, der für ein Jahr in Indien wohnt.
2 Wenn man ein Jahr Auto fährt, darf man bei allen anderen Aktivitäten im Jahr nur…
a 3000 kg CO$_2$
b 2000 kg CO$_2$
c 1000 kg CO$_2$
…produzieren, wenn man dem Klima nicht schaden möchte.

C 🖉 Das Schaubild unten zeigt, wie *atmosfair* Klimaschutzprojekte unterstützt. Ergänzen Sie die Bildtexte mit Wörtern aus der Wortkiste.

Wie funktioniert atmosfair?

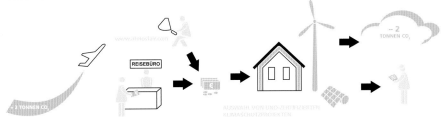

| Kosteneinsparung |
| Entwicklungsländern |
| Emissionen |
| Verantwortung |
| Klimawirkung |
| Energiesparprojekte |
| überprüfen |
| Deutschland |
| unterstützen |
| Speisereste |
| Geldsumme |
| Energiesparlampen |

atmosfair berechnet für Sie die Menge an ___(1)___, die Ihre Flugreise verursacht.

Sie zahlen online oder im Reisebüro eine bestimmte ___(2)___ für diese Klimagase. *atmosfair* verwendet das Geld, um irgendwo auf der Welt Emissionen mit vergleichbarer ___(3)___ zu vermeiden.

Ihr Geld wird in Solar-, Wasserkraft-, Biomasse- oder ___(4)___ in ___(5)___ investiert.

Internationale Kontrollorganisationen ___(6)___ die Projekten und sorgen dafür, dass Ihr Geld in die Projekte fließt.

D 🖉 Schreiben Sie einen Artikel über *atmosfair* für eine deutsche Zeitschrift, in dem Sie auf Folgendes eingehen:

- Was ist *atmosfair*?
- Wer nutzt das Angebot von *atmosfair* und warum?
- Wie funktioniert das?
- Was für Projekte werden durch *atmosfair* finanziert?

Study skills

Developing good reading skills (2)

Use grammatical clues to sort out complicated sentences

- Identify the subject of the sentence (not necessarily at the start) and look for a verb with a matching ending. If the subject is plural, the corresponding verb will be plural, e.g. *Sehr oft **müssen die Einheimischen** dem Tourismus Platz machen.*
- Use case endings on articles, personal pronouns, possessive pronouns and adjectives to help you work out the object (accusative) and/or direct object (dative) of the sentence. What is the subject, object and direct object in this sentence? *Den Urlaubern gab der Reiseleiter einen guten Tipp für ihren Aufenthalt.*
- Remember that many conjunctions (*weil, obwohl, dass,* etc.) send the verb to the end of the clause.

Use a dictionary sparingly

- If there are important key words that you can't work out, look them up (see Arbeitsblatt: *Dictionary skills*).

- Make sure you read through all the possible translations before making up your mind: which one makes the best sense in the context of the passage?
- Don't go through the text looking up every single word you don't know – as well as being tedious this is not good preparation for the exam, where dictionaries are not allowed.

Read sections or paragraphs in more detail

- Reread the tasks/questions, then scan the relevant parts of the text carefully for the specific information you need.
- Don't lift whole chunks from the text to answer questions in German – make notes first, then paraphrase them in your own words. Use synonyms (*groß = beträchtlich = erheblich*), overarching terms (*Auto, Bahn und Flugzeug = die verschiedenen Verkehrsmittel*), change word order as well as vocabulary (*Die größte Umweltbelastung im Tourismus ist die Anreise = Die Anfahrt verursacht die größte Umweltverschmutzung im Fremdenverkehr*) and change structures (*Das Geld wird in Energiespar-projekte investiert = Atmosfair investiert das Geld in Energiesparprojekte*).
- Check the relevance of your answers: provide the information asked for and no more.

Zusammenfassung

Diese Liste wichtiger Vokabeln und Redewendungen ist eine gute Prüfungsvorbereitung.

Reisen

das Urlaubsziel (-e)	holiday/tourist destination
die Unterkunft (-künfte)	accommodation
in Urlaub fahren/ Ferien machen	to go on holiday
sich entspannen	to relax
sich erholen	to recover/recuperate
das Erlebnis (-se)	experience
das Abenteuer (-)	adventure
verreisen	to go away (e.g. on holiday)
der Traumurlaub (-e)	dream holiday
eine Rucksacktour (durch + *Akk*) machen	to go backpacking (around...)
die Welttour (-en)/ die Weltreise (-n)	round-the-world trip
die Interrail-Tour (-en)	interrail trip/tour
der Zukunftstourismus	tourism of the future
der Weltraumflug (-flüge)	space flight

Touristeninformation

der Ferienort (-e)	holiday resort
das Wintersportgebiet (-e)	winter sport region
der Reiseleiter (-)	tourist guide
reklamieren/ sich beschweren	to complain
die Hochglanzwelt der Reisebroschüren	the glossy world of the travel brochures
ökologisch/verträglich reisen	to travel in an environmentally-friendly way
der nachhaltige/ sanfte Tourismus	ecological tourism
die Einheimischen	local inhabitants
das Luxushotel (-s)	luxury hotel
die Schnäppchen-Reise (-n)	bargain holiday
die Profitmarge (-n)	profit margin
der Reiseveranstalter (-)	tour operator
die Hotelkette (-n)	hotel chain
der Kleinbetrieb (-e)	small business

Verkehr

der Stau (-s)	traffic jam/congestion
der Autoverkehr	(motor) traffic
die Umwelt schonen	to help the environment
öffentliche Verkehrsmittel	public transport
die Nahverkehrsmittel	(means of) local transport
die Mitfahrzentrale (-n)	car-sharing agency
die Mitfahrgelegenheit	lift (in a shared car)
die Bewegungsfreiheit	freedom of movement/mobility
die Strecke (-n)	stretch/section (of a journey)
der Billigflieger (-)	low-budget airline
der Passagier (-e)/der Fahrgast (-gäste)	passenger
der Pkw (-s) (der Personenkraftwagen)	car
das Fortbewegungsmittel (-)	means of transportation
klimaschädliche Treibhausgase ausstoßen	to emit climate-damaging greenhouse gases
im Vergleich (zu + *Dat*)	compared (to)
die Flugreise (-n)	flight/plane trip

Assessment tasks

1 Urlaub an der Nordsee

Urlaub an der Nordsee

Entdecken Sie die Nordsee und Schleswig-Holstein – eine Region voller Vielfalt und Kontraste, geprägt von der endlosen Weite der Landschaft und des Meeres und von den kilometerlangen Stränden. Hier können Sie Ruhe und frische Luft genießen. Wer am liebsten aktiv ist, kann die Inseln zu Pferd oder mit dem Rad erobern oder Wanderungen machen. Jede Nord-seeinsel hat ihren eigenen Charme. Und für jeden Typ Urlauber oder Besucher gibt es „seine Insel".

 ## 2 Hotel City

HOTEL CITY: IM HERZEN DER STADT
Wir laden Sie herzlich ein, uns einen Besuch abzustatten.

Zimmer
Einzel- und Doppelzimmer im Economy, Standard und Business.

Zimmerausstattung: WC mit Dusche/Bad, Haartrockner, TV, Telefon, Room-Web mit Pay TV, W-Lan, Klimaanlage, kleine Kaffee, Teestation.

Preise: Ab 138 SFR (Einzelzimmer Economy)
Die Preise sind pro Zimmer/Nacht inklusive Frühstücksbuffet.

Restaurant Città
Gerne servieren wir Ihnen Frühstück, Mittag- und Abendessen. Zimmerservice ist ohne Aufschlag erhältlich. Am Mittag kann es zu Wartezeiten kommen.

Sie haben neulich im Hotel City übernachtet und einige Probleme gehabt. Schreiben Sie eine E-Mail an das Hotel **auf Deutsch** (200–220 Wörter), in der Sie auf Folgendes eingehen:

* Wer Sie sind und warum Sie schreiben
* Wann und warum Sie im Hotel City übernachtet haben
* Die vielen Probleme, die Sie mit dem Hotel gehabt haben
* Was Sie jetzt vom Hotel erwarten.

3 Europatour

Sie hören einen Radiobericht über eine Europatour. Ergänzen Sie die Sätze mit Wörtern aus dem Kasten, so dass sie dem Text entsprechen.

a Nele und ihre Freunde ____ durch Europa.
b In der Straßenbahn hat Nele eine ____ bekommen.
c Die Reise von Olomouc nach Bratislava hat ____ gekostet.
d Im Bus hat sie ihre Fahrkarte nicht ____ .

viel	gekauft	trampen	nichts
entwertet	halten	Fahrkarte	Geldstrafe

 4 Welt der Berge

Lesen Sie den Text und beantworten Sie die Fragen unten mit Ihren eigenen Worten **auf Deutsch**.

WELT DER BERGE

Zehn Prozent aller Menschen leben in den Bergen. Früher waren die Bergbewohner ausschließlich Bauern, die ein sehr einfaches Leben führten. Sie entwickelten eine eigene Kultur und eigene Traditionen. Vor allem aber lernten sie, sorgsam mit der Natur umzugehen. Auch heute leben noch viele Bergbewohner von der Landwirtschaft.

Die Alpen sind inzwischen eine der größten Tourismusregionen der Welt und sind durch diesen Tourismus bedroht. Um die Menschen auf die Besonderheiten und Probleme der Bergregionen aufmerksam zu machen, erklärten die Vereinten Nationen das Jahr 2002 zum „Internationalen Jahr der Berge". Seitdem gibt es jedes Jahr, immer am 11. Dezember, den „Internationalen Tag der Berge".

Also sind die Berge sowohl Lebenswelt für Menschen, Tiere und Pflanzen als auch Urlaubsziel von Millionen Touristen, die zum Wandern, Skifahren oder Snowboarden kommen. Dank diesen Touristen verdienen Menschen in den Bergen Geld, aber dadurch hat sich ihr Leben verändert. Gleichzeitig bringt Tourismus auch Probleme mit: riesige Hotels, Liftanlagen, Straßen und Parkplätze werden gebaut und dabei wird Vieles aus der Natur zerstört.

Auch die Klimaerwärmung wirkt sich auf die Berge aus: Durch die gestiegenen Temperaturen schmelzen Teile der Gletscher. Dadurch verändert sich nicht nur die Landschaft, auch das Trinkwasser wird mit der Zeit knapp, denn in den Gletschern sind riesige Süßwasservorräte gespeichert.

Der so genannte „Dauerfrostboden" taut auf. Dieser Boden hält die Berghänge wie Beton zusammen. Taut er auf, sind die Berghänge nicht mehr stabil. Felsstürze und Lawinen sind die Folgen.

Damit die faszinierende Welt der Berge erhalten bleibt, sollen Urlauber mit öffentlichen Verkehrsmitteln anreisen, einheimische Produkte der Bauern kaufen und auf bestimmte „Fun-Sportarten" wie Heliskiing, Gletscherski, oder das Fahren mit Motorschlitten verzichten. Wanderer sollten auf den vorgesehenen Pfaden bleiben und keinen Müll liegen lassen. Außerdem sollen sie Tiere nicht stören und keine Pflanzen pflücken.

1. Wie haben die Bergbewohner früher gelebt? (1)

2. Was ist das Ziel des „Internationalen Tages der Berge"? (1)

3. Welchen Vorteil bringen Touristen für die Bergbewohner? (1)

4. Aus welchem Grund ist der Bau von Hotels schlecht für die Berge? (1)

5. Was sind die Folgen der Klimaerwärmung? (2)

6. Warum wäre es eventuell sogar gefährlich, in den Bergen zu sein? (1)

7. Wie könnten Urlauber den Ökotourismus in den Bergen fördern? (2)

8. Welchen Beitrag zur Erhaltung dieser Lebenswelt können Wanderer leisten? (1)

Unsere Welt: Umweltfragen

Über dieses Thema...

Diese Einheit behandelt das Wetter, die Verschmutzung und das Recycling. Sie umfasst folgende Unterthemen:

★ **Die Folgen der globalen Klimaerwärmung.**

★ **Wetterextreme und Naturkatastrophen in Deutschland, Österreich und der Schweiz.**

★ **Was verursacht die Erderwärmung? Was kann man dagegen tun?**

★ **Umweltverschmutzung durch gefährliche Schadstoffe.**

★ **Was deutsche Jugendliche über die Umweltverschmutzung denken.**

★ **Alternative Energiequellen: Pro und Kontra.**

★ **Das Recycling: Der Grüner Punkt und die Gelbe Tonne.**

★ **Mülltrennung: alles Unsinn?**

★ **Pfandflaschen und -dosen: Eine gute Idee?**

Diese Einheit behandelt folgende Grammatik:

★ **Der Komparativ und der Superlativ** ★ **Der Imperativ**

★ **Das Konditional** ★ **Interrogativadverbien**

Diese Einheit gibt Ihnen folgende Lerntipps und Prüfungstraining:

★ **Mit Selbstvertrauen über den Lesestoff sprechen.**

★ **Fragen verstehen und beantworten.**

★ **Fakten und Zahlen anführen.**

★ **Meinungen angeben und begründen.**

★ **Eine breite Auswahl an Wörtern und Ausdrücken benutzen.**

Zum Einstieg:

★ Welche Umweltprobleme gibt es heute? Welches Problem ist Ihrer Meinung nach das größte?

★ Was wissen Sie über den Klimawandel? Hat sich das Wetter Ihrer Meinung nach in den letzten zehn Jahren geändert?

★ Was kann man als Einzelne(r) tun, um Energie und Wasser zu sparen?

★ Welche Alternativen zu fossilen Brennstoffen gibt es heutzutage?

★ Warum ist Müll ein Problem? Was für Recycling-Initiative gibt es dort, wo Sie wohnen?

Das Wetter

① Wetterprognose: Veränderlich!

a

b

c

d

Das Klima verändert sich. Die Erde wird immer wärmer – und das hat Folgen für Mensch und Umwelt:

- Die Eismassen an Nord- und Südpol schmelzen ab. Dadurch steigt der Meeresspiegel weltweit. Schmilzt noch mehr Eis, könnten ganze Küsten oder Inseln überflutet werden.
- Das Wasser der Meere ist auch wärmer geworden. Das kann Wirbelstürme verursachen. Denn die entstehen über dem Meer, wenn das Wasser dort mindestens 26 Grad warm ist.
- Wetterextreme und Naturkatastrophen nehmen zu. In den letzten Jahren wurden Orkane, Tornados, Dürren, Hitzewellen und Waldbrände häufiger und intensiver. Wüsten breiten sich immer weiter aus. Auch Überschwemmungen nehmen wegen Starkregenfällen dramatisch zu.
- Gletscher verschwinden und Flüsse trocknen dadurch aus. Das Auftauen des Permafrosts verursacht Erdrutsche. Wissenschaftler fürchten, dass noch vor dem Ende dieses Jahrhunderts die Alpen zum Beispiel eisfrei sein werden.
- Pflanzen und Tiere sterben aus, weil sie veränderte Temperaturen nicht aushalten. Besonders gefährdet sind Korallenriffe, Wälder, Savannen, Polargebiete und Gebirge. Manche Vögel ziehen bei wärmeren Wintern nicht mehr in den Süden, und Säugetiere erwachen früh aus dem Winterschlaf.

Viele Experten sagen, dass uns nur noch wenige Jahre bleiben, um die Erderwärmung und den Klimawandel zu stoppen.
Die gute Nachricht: Wenn alle zusammen aktiv werden – Regierungen, Unternehmen, Menschen rund um den Erdball – lässt sich der Temperaturanstieg auf zwei Grad begrenzen!
Die schlechte Nachricht: Wenn wir so weitermachen wie bisher, könnte es laut Forscher bis Ende des Jahrhunderts bis zu sechs Grad wärmer sein.

Lesen Sie den Bericht

„Wetterprognose: Veränderlich!" Sammeln Sie so viele Wörter oder Ausdrücke wie möglich aus dem Text für die folgenden Stichpunkte. Schlagen Sie alle unbekannten Wörter im Wörterbuch nach.

1 Wetterextreme
2 Naturkatastrophen
3 Geografische Begriffe
4 Leute, die viel über das Thema wissen
4 Mehr werden
5 Weniger werden

 **Beantworten Sie folgende Fragen zum Text mit Ihren eigenen Worten auf Deutsch.**

1 Warum steigt der Meeresspiegel?
2 Was könnte passieren, wenn noch mehr Eis schmilzt?
3 Warum entstehen heute mehr Wirbelstürme als früher?
4 Warum gibt es immer mehr Überschwemmungen?
5 Was kommt manchmal vor, wenn der Permafrost auftaut?
6 Nennen Sie zwei Folgen von wärmeren Wintern.
7 Wer muss zusammenarbeiten, um die Klimaerwärmung zu bremsen?
8 Was könnte folgen, wenn wir nichts machen?

Suchen Sie dann für jedes Cartoon (a–d) einen passenden Satz aus dem Text.

2 Klimaerwärmung in Deutschland, Österreich und der Schweiz

Hören Sie sich den Hörabschnitt „Wie zeigt sich die Klimaerwärmung in Deutschland, Österreich und der Schweiz?" an. Sie hören fünf Radiomeldungen zum Thema Klimaerwärmung. Füllen Sie die folgende Tabelle mit kurzen Notizen auf Deutsch aus.

Wo?	Was?	Wann?	Irgendwelche Folgen erwähnt?
Europa, Deutschland, Nordrhein-Westfalen			
am Tschierva-Gletscher in der Schweiz			
in Nord- und Ostsee			
an der Nordseeküste, in Bremerhaven, an der Nordfriesischen Küste			
An Wintersportorten in Österreich			

B **Hören Sie sich Radiomeldungen 4 und 5 noch einmal an. Versuchen Sie, folgende englische Ausdrücke mit Hilfe der Meldungen ins Deutsche zu übersetzen.**

1 The storm tide passed through less disastrously than had been feared.
2 The waves reached three metres higher than elsewhere.
3 On the North Friesian coast the highest level of alert was in force.
4 The Alps are experiencing the warmest weather for 1,300 years.
5 Winters are becoming damper and summers drier.
6 Lower-lying ski areas will no longer be certain of getting snow.
7 It will be too warm for artificial snow from snow canons.
8 Winters are becoming warmer and warmer and have ever-decreasing snowfall.
9 The pressure on the higher ski areas is increasing.

C **Machen Sie kurze Notizen zu den folgenden Fragen. Besprechen Sie sie dann in der Gruppe.**

1 Zeigt sich die Klimaerwärmung in Ihrem Land? Wie? An welchen Orten?
2 Haben Sie von Klimaveränderungen, Wetterextremen oder Naturkatastrophen in den Nachrichten gehört oder sogar unmittelbar erlebt? Was ist passiert und welche Folgen gab es?
3 Hat es zu irgendwelchen Schaden geführt?
4 Was macht man, um solche Ereignisse in Zukunft zu vermeiden?

Grammar

The comparative and superlative

The comparative

- Comparatives (e.g. *bigger, more interesting*) are formed by adding *-er* to the end of the adjective or adverb, with an adjective ending if it's before a noun.
- You also add an umlaut if it has only one syllable and (of course) the letter *a*, *o* or *u*. *gesund* (healthy), which has two syllables, is an exception (*gesünder*).

wärmer **als...**	*warmer than...*
(nicht) **so** warm **wie...**	*(not) as warm as...*
Die Erde wird immer **wärmer**.	*The Earth is getting warmer and warmer.*
bei **wärmeren** Wintern	*in warmer winters*
eine **gesündere** Umwelt	*a more healthy environment*
Wärme entweicht **langsamer als** früher.	*Heat escapes more slowly than it used to.*

The superlative

- Like comparatives, superlatives (*biggest, least interesting*) add an umlaut to an *a*, *o* or *u* in a one-syllable word, e.g. arm ➤ **ärmste** (*poorest*).
- Adjectives before the noun add *-(e)st* plus an adjective ending, e.g.

der **einfachste** und **kostengünstigste** Weg	*the simplest and most cost-efficient way*
die **größte** Bedrohung	*the greatest threat*

- Adverbs and adjectives after the noun add *am -(e)sten*. This never changes.

Die Kinder sind **am stärksten** betroffen.	*The children are the worst affected.*
Dieses Problem bekümmert mich **am meisten**.	*This problem worries me the most.*

There are many more examples of comparatives and superlatives in this chapter. Make a list of them, and compare them with the examples above.

3 Was verursacht die Erderwärmung und wie kann man sie bremsen?

GREENPEACE

SO RETTEN WIR DAS KLIMA

Mach mit bei der Energie [R]evolution!

I ♥ 🌐

Fast alle Klimaforscher sind sich einig: Die Verbrennung fossiler Energiestoffe wie Erdöl, Kohle und Erdgas ist die Hauptursache der Erderwärmung. Wenn man fossile Energiestoffe verbrennt, entsteht CO_2 (Kohlendioxid). Das gelangt in die Atmosphäre und verstärkt den sogenannten Treibhauseffekt. Wie funktioniert das genau?

Wenn die Sonne auf die Erde scheint, erwärmt sich die Erde. CO_2 und andere Gase formen eine Gasschicht um die Erde. Diese Gasschicht verhindert, dass die ganze Wärme wieder ins Weltall entweicht. Man nennt dies den natürlichen Treibhauseffekt. Ohne diesen Effekt wäre es auf der Erde eisig kalt.

Wenn zu viele Abgase in der Atmosphäre sind, wird die Gasschicht um die Erde immer dichter. Es gibt eine Verstärkung des natürlichen Treibhauseffektes. Dadurch entweicht Wärme langsamer als früher. Es kann auf der Erde zu warm werden.

Was tut dem Klima gut?

Um die Erderwärmung zu bremsen, müssen wir auf Kohle und Erdöl verzichten. Erneuerbare Energien wie etwa Wind- oder Solarenergie stellen hier eine mögliche Antwort dar. Aber der einfachste und kostengünstigste Weg, um den Klimawandel zu stoppen, ist, unseren Energieverbrauch zu reduzieren. Das spart auch Geld! Hierzu einige Tipps:

1 Im Wohn- und Arbeitszimmer
- Schalte die Stand-by Knöpfe an Computer und TV immer aus: Das spart viel Strom!
- Kaufe Energiesparlampen statt normaler Glühbirnen.
- Schalte das Licht aus, wenn du aus dem Zimmer gehst.

2 In der Küche
- Iss weniger Fleisch, Fastfood und Tiefkühl-Fertigkost, denn die Herstellung dieser Produkte verbraucht viel Energie und verursacht viel CO_2.
- Kaufe Haushaltsgeräte der Energieeffizienzklasse A++ oder A+.
- Wasche möglichst nur bei niedrigen Temperaturen und trockne deine Wäsche mit Sonne und Wind statt im Trockner.

3 Im Badezimmer
- Gehe sparsam mit dem Warmwasser um: Kurz duschen, statt baden.
- Wasche dir die Hände mit kaltem Wasser.
- Drehe beim Zähneputzen immer den Wasserhahn ab.

4 Schlau heizen
- Wechsle auf einen Ökostromanbieter.
- Zieh im Winter drinnen einen Pulli an und überzeuge deine Familie, die Heizung runterzudrehen.
- Schließe Fenster und Türen, wenn die Heizung an ist.
- Achte auf gute Wärmedämmung.

5 Und schließlich...

- Pflanze einen Baum. Ein einziger Baum absorbiert im Laufe seines Lebens gut eine Tonne CO_2.
- Gib diese Tipps weiter!

A Lesen Sie den Bericht und ergänzen Sie die Tabelle mit Verben, Nomen oder Adjektiven aus dem Text. Für manche Adjektive gibt es mehr als ein Nomen. Schlagen Sie alle unbekannten Wörter im Wörterbuch nach.

Verb	Nomen	Adjektiv
		brennbar
		verursacht
		warm
		stark
	die Produktion, das Produkt	
	die Bremse	—
	der Verzicht	verzichtbar
erneuern	die Erneuerung	
	der Verbraucher, …	brauchbar
	die Einsparung, der Sparer	
herstellen		—
		beheizt

B Suchen Sie im Text Synonyme für das Folgende.

1 Das kommt in die Luft.
2 Teil einer Lampe, der Licht ausstrahlt.
3 Die Elektrizität.
4 Tiefgefrorenes Essen, das man nur aufwärmen muss.
5 z.B. Waschmaschine, Spülmaschine, Kühlschrank usw.
6 Eine Firma, die Elektrizität aus erneuerbaren Quellen wie Solar- oder Windenergie liefert.
7 Isolierung, die verhindert, dass Wärme durch den Dachboden, die Fenster usw. eines Hauses entweicht.

C Beantworten Sie folgende Fragen auf Englisch.

1 What do climate researchers believe to be the main cause of climate change?
2 How does the earth's natural greenhouse effect function?
3 What happens if there are too many waste gases in the atmosphere?
4 What can we do to try to slow down global warming?
5 What incentive is there for people to save energy?

D ▸ Hören Sie sich die WWF-Werbung „Ich als Fernseher..." an. Zu welchem Tipp im Text auf Seite 65 passt diese Werbung?

E ✎ Schreiben Sie einen Artikel (200–220 Wörter) über die Erderwärmung für eine deutschsprachige Zeitschrift. Benutzen Sie Informationen von Seiten 62–66. Erwähnen Sie:

- die Folgen des Klimawandels auf Umwelt und Wetter
- Beispiele von Naturkatastrophen in deutschsprachigen Ländern
- wie der Treibhauseffekt funktioniert
- was man gegen die Erderwärmung machen kann.

Grammar

The imperative

The imperative is the form of the verb used when telling people what they must or should do.

- **'Sie'-form.** The polite form is the easiest!

  Just turn around the word order of the *Sie*-form.

Kaufen Sie Getränke in Mehrwegflaschen!	*Buy drinks in returnable bottles.*
Machen Sie Notizen!	*Make notes.*

- **'Du'-form.** For informal or friendly instructions.

  Use the *du*-form of the verb, less the *-st* ending. An *-e* is often added to weak verbs.

Kaufe Energiesparlampen!	*Buy low-energy bulbs.*
Gehe sparsam mit dem Wasser um!	*Use water sparingly.*

  Watch out for strong verbs in which the *e* changes to *i* or *ie* (strong verbs with an *a* don't have an umlaut).

Iss weniger Fastfood!	*Eat less junk food.*
Gib diese Tipps weiter!	*Pass on these tips.*
Fahr langsamer!	*Drive more slowly.*

- **The 'ihr'-form.** The least common of the forms. Informal, but directed at lots of people.

  Use the *ihr*-form of the verb, but without *ihr*.

Stoppt die Klimaerwärmung!	*Stop global warming.*
Gebt diese Tipps weiter!	*Pass on these tips.*

- **Formal instructions** (in instruction manuals, recipes, etc.).

  Use the infinitive:

Fenster und Türen **schließen**!	*Close all doors and windows.*
Stand-by Knöpfe **ausschalten**!	*Switch off stand-by buttons.*

  A modal verb is often used:

Verpackungen **sollen** in die Sammlung gegeben werden!	*Packaging should be placed in the recycling containers.*

Die Umweltverschmutzung

4 Eine verseuchte Welt

Millionen Tote durch Umweltverschmutzung

Verseuchtes Trinkwasser, Luftverschmutzung, Umweltbelastung durch gefährliche Schadstoffe: Allein in Europa sind jährlich rund 1,8 Millionen Todesfälle auf umweltbedingte Krankheiten zurückzuführen. Eine gesündere Umwelt könnte nach WHO*-Schätzungen weltweit jährlich rund 13 Millionen Menschen das Leben retten.

In den armen Ländern leiden die Menschen besonders stark unter Umweltverschmutzung. So sind in 23 ärmeren Ländern der Welt zehn Prozent aller Todesfälle auf nur zwei Umweltrisiken zurückzuführen: Verseuchtes Wasser zusammen mit mangelnder Sanitärhygiene sowie verschmutzte Luft durch Herdfeuer im Haus.

Weltweit sind Kinder am stärksten betroffen: Die Kindersterblichkeit ist weltweit zu zwei Dritteln umweltbedingt. Kinder unter fünf Jahren machen 74 Prozent aller Todesfälle wegen Durchfall- und Atemwegerkrankungen aus.

* WHO = die Weltgesundheitsorganisation

Dauergifte

Ob Pestizide in klaren Bergseen, Schwermetalle in gestrandeten Walen, Dioxine in Lebensmitteln oder PCB* in der Muttermilch von Frauen in Grönland: Global gesehen sind die Dauergifte die schlimmsten Umweltsünden der Chemieindustrie.

Auf Grönland gibt es keine chemische Industrie. Die Inuits benutzen auch keine Pestizide. Und doch findet man viele gefährliche Chemikalien auf den grönländischen Gletschern: Durch Winde, Meeresströmungen, Regen und Schnee gelangen diese Dauergifte auch in die abgelegensten Teile der Welt.

Dauergifte sind sehr langlebig, gelangen in die Nahrungskette und gefährden die Gesundheit von Menschen und Tieren. Die einen sind krebserregend, die anderen schädigen Erbgut oder Fruchtbarkeit, manche sogar beides gleichzeitig.

SONDERMÜLL

ENDSTATION MENSCH. Viele alltägliche Dinge enthalten giftige Chemikalien, die unser Körper aufnimmt. Allergien, Krebs und Unfruchtbarkeit sind die Folge. 30.000 Chemikalien sind unkontrolliert auf dem Markt. Die EU berät eine Gesetzentwurf, der die Bürger und die Umwelt besser schützen soll. Die Chemieindustrie läuft dagegen Sturm, anstatt in sichere Produkte zu investieren. Für eine Zukunft ohne Gift. www.bundgegengift.de

BUND
FREUNDE DER ERDE

* PCB = polychlorierte Biphenyle

A 📖 **Lesen Sie die zwei Texte und suchen Sie deutsche Ausdrücke für das Folgende.**

1 polluted drinking water
2 contamination of the environment by dangerous pollutants
3 are due to illnesses caused by the environment
4 air polluted by domestic open hearths
5 cumulative toxins/POPs (persistent organic pollutants)
6 heavy metals in stranded whales
7 the most remote regions of the world
8 enter the food chain
9 carcinogenic
10 genetically damaging or harmful to fertility

B ✏️ **Sind die folgenden Sätze richtig oder falsch? Verbessern Sie die falschen Sätze.**

1 Weltweit sterben jährlich 1,8 Millionen Menschen wegen Umweltverschmutzung.
2 Jede zehnte Person in den ärmeren Ländern stirbt entweder an den Folgen von dreckigem Trinkwasser oder Rauchinhalation.
3 Kleinkinder sind die größte Risikogruppe für umweltbedingte Krankheiten.
4 Pestizide, Schwermetalle, Dioxine und PCB sind alle kurzlebige Schadstoffe.
5 Dauergifte findet man nur in Industriegebiete.
6 Menschen und Tiere können wegen Dauergiften an reduzierter Fertilität leiden.

⑤ Kann man als Einzelner einen Unterschied machen?

A 🎧 **Hören Sie zu. Wir haben drei Jugendlichen (Renate, Erich und Sabine) diese drei Fragen gestellt:**

● Welche Umweltprobleme bekümmern dich am meisten?
● Was machst du persönlich, um die Umwelt zu schützen?
● Kann man als Einzelner einen Unterschied machen?

Hören Sie sich ihre Antworten an und suchen Sie Synonyme für:

1 (Renate) die Vergiftung, die Kontamination

   d _ _ V _ _ _ _ _ _ _ _ _ _

2 (Renate) die natürliche Umgebung (z.B. von Tieren) vernichten

   L _ _ _ _ _ _ _ _ _ z _ _ _ _ _ _ _ _

3 (Renate) ein Baby mit Milch von der Mutter ernähren, die gefährliche Schadstoffe enthält

   m _ _ v _ _ _ _ _ _ _ _ _ _

   M _ _ _ _ _ _ _ _ s _ _ _ _ _ _

4 (Renate) Abfall in verschiedene Gruppen sortieren, z.B. Glas, Altpapier, Speisereste usw.

   M _ _ _ _ _ _ _ _ _ _

5 (Renate) Gegenstände, die man immer wieder recyceln und benutzen kann

   M _ _ _ _ _ _ _ _ _ _ _ _

6 (Erich) hilflos, schwach, nicht imstande, etwas zu tun

   m _ _ _ _ _ _ _

7 (Erich) große Anlagen, in denen Elektrizität erzeugt wird

   K _ _ _ _ _ _ _ _

8 (Erich) die Atmosphäre verschmutzen

   D _ _ _ _ _ _ _ _ _ L _ _ _ p _ _ _ _ _

9 (Sabine) über Umweltprobleme informiert

   u _ _ _ _ _ _ _ _ _ _ _ (ß = ss)

10 (Sabine) nicht vor Ort sondern global wirken

   d _ _ g _ _ _ _ _ G _ _ _ _

   b _ _ _ _ _ _ _ _ _ (ß = ss)

11 (Sabine) eine Ökonomie, in der Fabriken und Kraftwerke nicht zu viel CO₂ produzieren

e_ _ _ k_ _ _ _ _ _ _ _ _ _ _ _ _ _

W_ _ _ _ _ _ _ _

12 (Sabine) die technische Ausrüstung, die man braucht

d_ _ n_ _ _ _ _ _ _ _ _

T_ _ _ _ _ _ _ _ _ _

Grammar

The conditions (*wenn*-clauses)

Compare these two sentences:

> If we burn oil, we produce CO₂.
> If humans didn't exist, animals could live in peace.

The first sentence is a fact, a real situation, so we use the standard present tense. The second is theoretical, and uses a special form called the **subjunctive**. This section deals with the first type of sentence. (For *wenn* plus 'unreal' situations such as *If I were you, I would…* or *If he could…*, see page 105, *The conditional*.)

● *Wenn*-clauses are standard subordinate clauses, and the verb goes to the end:

Wenn man fossile Brennstoffe **verbrennt**, entsteht CO₂.   *If we burn fossil fuels, CO₂ is the result.*
Was kommt vor, **wenn** der Permafrost **auftaut**?   *What will happen, if the permafrost melts?*

● Sometimes *wenn* is omitted; then the verb is the first word:

Schmilzt noch mehr Eis, könnten ganze Küsten überflutet werden.   *If even more ice melts, whole coastlines could be flooded.*

Omitting *wenn* is normally only found in written German, such as newspaper reports. Notice that *könnten* in the second clause above is a theoretical situation – the coastlines **could** possibly be flooded.

Look for other examples of *wenn*-clauses in the texts in this unit. Decide if they are 'real' situations or 'theoretical' ones.

 Hören Sie sich die drei Antworten noch einmal an und füllen Sie die folgende Tabelle mit kurzen Notizen auf Deutsch aus.

Name	Bedrohlichste Umweltprobleme	Individueller Beitrag zum Umweltschutz	Kann der Einzelne etwas leisten?
Renate			
Erich			
Sabine			

C **Und Sie? Wie würden Sie diese drei Fragen beantworten?**

● Welche Umweltprobleme bekümmern Sie am meisten?
● Was machen Sie persönlich, um die Umwelt zu schützen?
● Kann man als Einzelner einen Unterschied machen?

Besprechen Sie das mit einem Partner bzw. einer Partnerin, oder in der Gruppe.

Gibt es Alternativen zu fossilen Brennstoffen und Atomenergie, die ganz ohne Schäden für die Umwelt sind?

Biomasse

Rapsfelder: In Deutschland wird Raps für Biodiesel angebaut.

[1] Fossile Energieträger sind nur begrenzt verfügbar. Warum also nicht gleich die Energie aus lebenden Pflanzen nehmen? Sie wachsen schließlich immer wieder nach und zählen also zu den erneuerbaren Energiequellen.

[2] Biomasse ist eine sehr vielseitige Energieform. Aus pflanzlichen und tierischen Materialien wie unter anderem Holz, Stroh, Pflanzenöle, Biomüll, Tiermist oder speziell angebaute Energiepflanzen kann man nicht nur Ökostrom und Wärme, sondern auch Biokraftstoffe für Fahrzeuge produzieren.

[3] Biomasse-Materialien sind weltweit verfügbar. Damit gibt es kürzere Transportwege und weniger Abhängigkeit von Importen aus anderen Ländern. Dazu noch ein Vorteil: Der Umgang mit Biomasse gegenüber fossilen oder radioaktiven Energieträgern ist weit ungefährlicher.

[4] Bio-Kraftstoffe treiben Autos genauso gut an wie Benzin aus Erdöl. Im Gegensatz zu Benzin kommt aber kein zusätzliches CO_2 in die Atmosphäre, wenn man Pflanzenprodukte verbrennt. Es wird nur so viel CO_2 frei, wie die Pflanzen während ihres Leben aufgenommen haben. Biomasse ist damit CO_2-neutral.

[5] Doch die Biomasse hat auch Nachteile: Die Verbrennung von Energiepflanzen produziert andere Treibhausgase wie Methan sowie luftverschmutzende Schadstoffe. Dazu kommt noch, dass der Anbau von Energiepflanzen viel Platz einnimmt und viel Unkrautvernichtungsmittel und Dünger benötigt. In ärmeren Ländern konkurriert der Energiepflanzenanbau manchmal mit der Nahrungsmittelproduktion. In Lateinamerika werden Regenwälder abgeholzt, weil es mehr Geld bringt, Biospritpflanzen wie Raps anzubauen.

Sonne, Wind und Wasserkraft

[6] Im Gegensatz zu fossilen Brennstoffen und Uran für die Atomenergie sind Solarenergie, Wind- und Wasserkraft unerschöpflich. Die Energie wird vor Ort produziert, das heißt, es entstehen keine Transportkosten und keine Verknappungen am internationalen Energiemarkt. Diese Energieformen verursachen keine schädlichen Abgase oder Treibhausgase, und im Unterschied zu Uran, keine gefährlichen Abfälle, die man irgendwie lagern muss.

[7] Diese erneuerbaren Energien haben jedoch Nachteile: Windenergie kann das Landschaftsbild beeinträchtigen und Lärmbelästigung mit sich bringen. Für die Massenproduktion von Solarstrom wird Platz benötigt und damit die Ressource Boden benutzt. Der Bau großer Staumauern für Wasserkraftwerke gefährdet oft Umwelt und Menschenrechte. Eine Alternative sind kleinere Anlagen, zum Beispiel Flusskraftwerke. Sonne und Wind gibt es außerdem nicht pausenlos, und Strom aus Sonne oder Wind ist teurer als Strom aus Kohle oder Erdgas. Aber das kann mit der Zeit billiger werden, weil die Technik immer besser wird.

A 📖 **Lesen Sie den Bericht „Gesucht: Energieträger ohne Nachteil!" In welchem Absatz (1–7) kommen die folgenden Ideen vor?**

1 Im Gegensatz zu Kohle, Öl und Uran sind Materialien wie Biomüll oder Tiermist überall zu finden und auch risikofrei.

2 Windmühlen können Störgeräusch verursachen und die Schönheit der Natur verderben.

3 Landwirte in Entwicklungsländern bauen lieber Energiepflanzen als Lebensmittelpflanzen an, weil sie mehr Geld bringen.

4 Aus Biomasse-Materialien kann man nicht nur Elektrizität und Wärme, sondern auch Treibstoffe für Autos herstellen.

5 Wenn man fossile Brennstoffe verbrennt, kommt zusätzliches Kohlendioxid in die Luft.

6 Im Gegensatz zu Kohle, Öl und Uran sind alternative Energieformen unerschöpflich.

7 Erneuerbare Energien sind sauber und krisensicher.

B  Beantworten Sie die folgenden Fragen auf Englisch.

1 Why can Biomass be described as a flexible form of energy?
2 Why is the burning of plant and animal material CO_2 neutral?
3 Why is it an advantage for an energy source to be available worldwide?
4 Why are small hydraulic power stations, e.g. on rivers, more environmentally friendly than large ones?

C Machen Sie für jede Energiequelle im Text (darunter auch fossile Brennstoffe und Atomenergie) kurze Notizen auf Deutsch unter den folgenden Titeln.

● Verfügbarkeit
● Erneuerbarkeit

● CO_2-Emissionen
● Schadstoffemissionen und Abfälle
● weitere Auswirkung auf Landschaft und Umwelt

D Schreiben Sie einen Bericht (200–220 Wörter) über Energieträger der Zukunft für eine deutsche Zeitschrift. Fassen Sie die Vor- und Nachteile der folgenden alternativen Energiequellen zusammen.

● Biomasse
● Windenergie
● Solarenergie
● Wasserkraft

E Sagen Sie dann, welche alternative Energiequelle Ihrer Meinung nach das größte Potential für die Zukunft hat. Besprechen Sie das in der Gruppe.

Das Recycling

➐ Was gehört wohin?

SO TRENNEN SIE RICHTIG!

In den Gelben Sack/die Gelbe Tonne gehören grundsätzlich nur gebrauchte Verpackungen aus Metall, Kunststoff, Verbundstoffen und Naturmaterialien. Das sind sogenannten Leichtverpackungen. Die Verpackungen sollen restentleert, aber nicht gespült in unsere Sammlung gegeben werden.

In den Gelben Sack/ die Gelbe Tonne gehören z.B.:
Alufolie
Joghurtbecher und -deckel
Konservendosen
Milch- und Saftkartons (Tetra-Packs)
Plastikfolien
Plastiktüten
Shampooflaschen (Kunststoff)
Spraydosen
Styroporverpackungen
Zahnpastatuben

Nicht in den Gelben Sack/ die Gelbe Tonne gehören z.B.:
Altkleider
Druckerpatronen
Eierkartons
Elektrogeräte (z.B. Toaster)
Essensreste
Gartenabfälle
Glasflaschen
Glühbirnen
Handys
Konservengläser
Pappe/Karton (zerkleinert)
Windeln
Zeitungen und Zeitschriften

Der Grüne Punkt –
Duales System Deutschland GmbH

A Lesen Sie die Trennhilfe für die Gelbe Tonne oben und suchen Sie deutsche Wörter für die folgenden Müllartikel.

1 tin cans
2 electric appliances
3 nappies
4 egg boxes
5 garden waste
6 glass jars
7 old clothes
8 ink cartridges
9 mobile phones
10 polystyrene packaging

Warum sollte man Ihrer Meinung nach die leeren Verpackungen nicht spülen, bevor man sie in die Gelbe Tonne wirft?

B Wohin gehören die Artikel, die Sie in Aktivität A aufgelistet haben? Kommen Sie in die Gelbe Tonne oder in eine andere Tonne oder Sammlung? Was passiert dann damit? Besprechen Sie das zu zweit oder in der Gruppe.

Sagen Sie dann, was für Recyclingtonnen und -sammlungen es an Ihrem Wohnort gibt. Was kann man bei Ihnen nicht recyceln?

8 Ist die Gelbe Tonne am Ende?

A Hören Sie sich den Radiobericht „Ist die Gelbe Tonne am Ende?" an und ordnen Sie die folgenden Sätze in die richtige Reihenfolge. Sagen Sie dann, wer was sagt: Fernsehsendung Hartaberfair (F)/Reporter (R)/Professor Julia Rohde (PJR).

1 Manche Experten meinen, dass die Müll-trennung in Tonnen keinen Sinn mehr hat.

2 Man könnte heutzutage wegen neuer Sortiertechniken ohne die Gelbe Tonne auskommen.

3 Einige Leute werden es schwierig finden, ihren Müll unsortiert in eine einzelne Tonne zu werfen.

4 Die Deutschen trennen sehr fleißig ihren Verpackungsmüll.

5 Über 30 Prozent des gesammelten Kunststoffs wird nicht zu neuen Kunststoffprodukten verarbeitet.

6 Neue Sortiermaschinen können fast alle Wertstoffe aus gemischtem Hausmüll sortieren.

7 Seit vielen Jahren gibt es verschiedene Tonnen für die Mülltrennung.

8 Verglichen mit dem gesamten Hausmüll ist die Gelbe-Tonne-Sammlung ziemlich klein.

9 Ein Ein-Tonnen-System wäre preiswerter und umweltfreundlicher.

10 Den Müll erst trennen und, dann wieder zusammenzuführen ist unvernünftig.

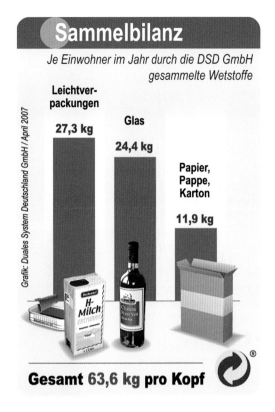

Sammelbilanz

Je Einwohner im Jahr durch die DSD GmbH gesammelte Wetstoffe

Leichtver-packungen **27,3 kg**

Glas **24,4 kg**

Papier, Pappe, Karton **11,9 kg**

Grafik: Duales System Deutschland GmbH / April 2007

Gesamt 63,6 kg pro Kopf

B Hören Sie den Bericht wieder und sehen Sie sich das Schaubild und das Cartoon an. Besprechen Sie das Folgende zu zweit oder in der Gruppe.

● Welche Statistik aus dem Radiobericht wird auf dem Schaubild dargestellt?

● Was will man Ihrer Meinung nach mit dem Cartoon sagen?

● Welche Themen aus dem Radiobericht werden dabei berührt?

C Hören Sie sich den Radiobericht noch einmal an und beantworten Sie die folgenden Fragen mit Ihren eigenen Worten auf Deutsch.

1 Warum ist die Gelbe-Tonne-Sammlung laut des Radioberichts nicht mehr sinnvoll? Versuchen Sie, fünf Gründe kurz aufzuzählen.

2 Wie wird der Hausmüll bei einem Ein-Tonnen-System sortiert?

3 Welche Vorteile hat das Ein-Tonnen-System Ihrer Meinung nach dem dualen System gegenüber?

Einweg oder Mehrweg – welcher Weg ist besser?

Einwegflaschen und -dosen

Seit 2003 gibt es in Deutschland eine Pfandpflicht für Einweggetränkeverpackungen aus Glas, Kunststoff (PET)*, Aluminium und Weißblech. Das gilt für Getränke wie Bier, Mineralwasser, Limo oder Cola. Wenn man diese Getränke kauft, muss man ein Pfand zahlen. Man bekommt das Pfandgeld aber bei der Rückgabe der Verpackung wieder zurück. Die zurückgegebenen PET-Einwegflaschen dürfen aus Hygienegründen nicht mehr zu neuen Getränkeflaschen werden. Etwa 500 Mio. jährlich werden geschreddert und nach China geschickt, wo das PET eingeschmolzen und zu Textilfasern für Fleecepullis verarbeitet wird.

Mehrwegflaschen

Mehrwegflaschen sind Pfandflaschen, die immer wieder benutzt werden. Sie können aus Glas oder Kunststoff (PET) sein. Insgesamt werden in Deutschland knapp 90% des Bieres, 58% der Fruchtsaftgetränke und 55% des Mineralwassers in Mehrwegflaschen verkauft. Bei der Rückgabe der leeren Flasche bekommt man das Pfandgeld zurück. Im Abfüllbetrieb (Brauerei,

Mineralwasserfabrikanten, Fruchtsafthersteller) wird die Flasche dann nach sorgfältiger Reinigung wiederbefüllt.

Mehrwert durch Mehrweg!

Kaufen Sie Getränke nach Möglichkeit in Mehrwegflaschen und vermeiden Sie Einwegverpackungen! Warum?

1 Mehrweg macht weniger Abfall. Eine PET-Mehrwegflasche wird bis zu 25 Mal und eine Glas-Mehrwegflasche bis zu 50 Mal wiederbefüllt, bevor sie ins Recycling geht – eine Einwegflasche nur ein einziges Mal. Dadurch kann eine 0,5 Liter Mehrwegflasche aus PET 38 Getränkedosen ersetzen. 20 Mehrwegflaschen aus Glas können sogar 1000 Einwegflaschen ersetzen! Wenn eine durchschnittliche Familie im Jahr nur Einwegverpackungen benutzen würde, würde sie mehr als 650 Liter gepressten Müll allein durch Getränkeverpackungen produzieren.

* PET = Polyethylenterephthalat

2 Mehrweg schont Ressourcen und spart Energie. Mehrwegflaschen werden oft jahrelang benutzt, bevor sie entsorgt werden. Die Einsparungen von Rohstoffen und Energie gegenüber Einwegflaschen sind also sehr groß.

3 Mehrweg heißt oft kürzere Transportwege. Getränke in Einwegverpackungen werden oft durch halb Europa bis zum Verbraucher transportiert. Mehrwegsysteme dagegen nutzen hauptsächlich regionale Abfüller. Außerdem brauchen Einwegverpackungen zusätzliche Transporte fürs Recycling.

Das deutsche Pfandsystem: Eine „pfandtastische" Idee?

Nach Presseberichten werfen Verbraucher immer häufiger Mehrwegflaschen statt Dosen weg. Ursache dafür ist, dass das Pfand auf Einwegverpackungen wesentlich höher ist als das Pfand auf Mehrwegverpackungen. Hat man damit ein groteskes Abfallsystem geschaffen? Dosen und Einwegflaschen werden im Laden statt in der Gelben Tonne oder im Altglascontainer gesammelt, Mehrwegflaschen enden zunehmend in Fußgängerzonen und Abfalleimern.

Voll gut. Leer gut. Eine Mehrwegflasche ersetzt 50 Einwegflaschen

A 📖 **Lesen Sie den Zeitschriftenartikel und suchen Sie Synonyme im Text für die folgenden Wörter und Ausdrücke. Benutzen Sie die Wortteile aus der Wortkiste.**

<table>
<tr><td>-getränke-   Kunst-
Roh-   -flaschen
-betrieb   -pflicht
-verpackungen   -blech
Pfand-   Mehrweg-
Weiß-   -stoff   -stoffen
Abfüll-   Einweg-
-geld   Pfand-</td></tr>
</table>

1 Die Pflicht, eine bestimmte Geldsumme extra für Verpackung (z.B. Flaschen, Dosen) zu verlangen.

2 Verschiedene Behälter für Mineralwasser, Saft, Limo usw., die man nur einmal benutzen kann.

3 Plastik.

4 Ein Metall, aus dem Getränkedosen hergestellt werden.

5 Eine Geldsumme, die man bei der Rückgabe einer Verpackung zurückbekommt.

6 Behälter aus Glas oder Plastik, die man mehrmals benutzen kann.

7 Eine Fabrikanlage, in der Mehrwegflaschen wiederbefüllt werden.

8 Ressourcen, die man noch nicht verarbeitet hat.

B 📖📖 **Lesen Sie den Zeitschriftenartikel noch einmal und hören Sie sich auch den kurzen Hörabschnitt „PET-Flaschen: Was wird daraus?" an. Ergänzen Sie die folgende Tabelle auf Englisch.**

	Single use drinks packaging	Reusable drinks packaging
1 Can be made of what materials?		
2 Used for what sort of drinks?		
3 Refundable deposit required?		
4 Can be used how many times?		
5 What happens to packaging once returned?		
6 What transport required?		
7 Environmentally friendly?		
8 Do consumers bother to return the packaging?		

C 🗩 **Glauben Sie, dass das deutsche Pfandsystem für Einwegflaschen und -dosen eine gute Idee ist? Warum (nicht)? Was machen Sie persönlich, um weniger Verpackungsmüll zu produzieren? Besprechen Sie das zu zweit oder in der Gruppe.**

D ✏ **Schreiben Sie einen Protestbrief (ca. 200–220 Wörter) an einen Mineralwasser-fabrikanten, der seine Glas-Mehrwegflaschen gerade durch PET-Einwegflaschen ersetzt hat. Erwähnen sie die folgenden Stichpunkte.**

● Vorteile von Mehrwegflaschen
● Nachteile von PET-Einwegflaschen
● Forderung, dass die PET-Einwegflaschen auf wiederbefüllbare PET-Mehrwegflaschen umgestellt werden
● mögliche Protestaktion Ihrer Organisation

Tips for the speaking task

For the Edexcel Unit 1 exam you will be given a short stimulus passage in German (about 70–90 words), relating to the general topic area that you have chosen in advance. You have 15 minutes to read the stimulus and make notes on it (on a separate sheet), in preparation for four questions on the stimulus and a further general discussion on the chosen topic area. You can refer to the stimulus and your notes in the exam, which lasts 8–10 minutes in total (of which four minutes or fewer are for the questions on the stimulus).

Interpreting the stimulus: factual questions

The examiner will first ask two questions of a factual nature about the stimulus passage, e.g.

Was hat ... gemacht? Was ist...? Was machen ... nicht gern?
Welche Verantwortung haben...? Warum ist...?
Wie...? Was für...?

When making notes with factual questions in mind, try to:
● identify the key issues and facts presented in the stimulus: jot down a heading for each one
● note down synonyms and alternative ways of expressing each issue or fact so that you won't be forced to quote straight from the stimulus when answering questions.

For instance, the stimulus might say:
In Deutschland ist Recycling sehr wichtig. Jeder Haushalt muss den Müll trennen: Eine blaue Tonne für Altpapier, eine gelbe Tonne für Metall und Plastik, eine braune für Biomüll und eine graue für Restmüll.

Your notes for this might say:
Wiederverwertung von Hausmüll: durch Mülltrennung – verschiedene Abfälle kommen in verschiedene Tonnen, z.B. Papier, Leichtverpackungen aus Metall oder Kunststoff, organische Abfälle, Restmüll.

If the examiner then asks: *Wie recycelt man zu Hause?*, you can answer in your own words, rather than lifting sentences from the stimulus, e.g. *Durch Mülltrennung – man wirft verschiedene Abfälle, zum Beispiel Papier oder Leichtver- packung aus Metall oder Kunststoff, in verschiedene Tonnen.*

You've shown the examiner that you have a wide vocabulary: *die Mülltrennung* (instead of *den Müll trennen*); *Abfälle* (instead of *Müll*); *Kunststoff* (instead of *Plastik*), and that you can manipulate language in a flexible way.

Interpreting the stimulus: personal opinions

The examiner asks two questions about your personal opinions. The first is still fairly closely related to the stimulus, e.g.

Warum ist es Ihrer Meinung nach ein Problem, wenn...? Finden Sie es wichtig, dass...? Warum kann ... Ihrer Meinung nach gefährlich sein? Glauben Sie, dass...? Warum (nicht)? Warum machen Ihrer Meinung nach...?

The second widens the issue even more, e.g.
Glauben Sie, dass eine Welt ohne ... möglich ist, und warum (nicht)? Welche Vorteile hat... , Ihrer Meinung nach? Was, glauben Sie, sind die Nachteile eines/einer...? Was machen Sie persönlich, um ... zu ...? Finden Sie ... gut oder schlecht? Warum (nicht)? Warum ist es heutzutage wichtig ... zu machen, glauben Sie?

To prepare for these, try to:
● predict which issues and facts from the stimulus might lend themselves to a question about personal opinion.
● decide what your opinion on each issue is, and make some brief notes. If necessary, be creative! Choose an opinion you can express well rather than sticking to your own true opinion if you're lacking the appropriate vocabulary.
● note down some reasons and concrete examples to justify your opinions.

Interpreting the stimulus: further discussion on chosen topic area

● Consider how the examiner might branch out into other subtopics of your chosen topic. Make brief notes on ideas, useful vocabulary and phrases, and your opinions, grouped together under key headings.
● Try to predict also how the examiner might counter the opinions you are going to give so that you are ready to come back with further counter-arguments.
● Beware of writing out long sentences or whole paragraphs from memory: you may be tempted to recite them in the exam.
● Have some facts at your fingertips for your chosen general topic, and know some phrases to express them.
● Have one or two key statistics ready and know how to express them.
● Don't just give statistics, try to explain their significance as well.
● Be ready to back up your personal opinions with facts and concrete examples.

Also see Arbeitsblatt: *Ways to keep the conversation going*.

Interrogatives (question words)

All interrogatives begin with a 'W'. The easy ones are:

wann?	*when?*		wie?	*how?*
warum?	*why?*		wie viel?	*how much?*
was?	*what?*		wie viele?	*how many?*
wo?	*where?*		woher?	*where … from?*
wohin?	*where … to?*		wozu?	*why?*

Note the following:

welcher?	*which?*		was für?	*what sort of…?*
wer?	*who?*			
womit?/worüber?/worauf?, etc.			*what … with?/what … about?/what … on?*	
nicht wahr?			*… isn't it? doesn't he?, etc.*	

- **welcher** changes its endings like *der, die, das:*

Welch**es** Problem ist das bedrohlichste?	*Which problem is the most threatening?*
An welch**en** Orten…?	*In which places…?*

- **wer** has its own case changes. Nominative: *wer?* Accusative: *wen?* Genitive: *wessen?* Dative: *wem?*

Mit **wem** arbeiten Sie?	*Who are you working with?*
Wen kennst du hier?	*Whom do you know here?*

- **was für** isn't necessarily followed by the accusative:

Mit was für einem Kuli schreibt er?	*What sort of pen does he write with?*

- Verbs which are used with particular prepositions keep them in questions, adding *wo(r)*:

Worauf wartest du?	*What are you waiting for?*
Worüber schreiben Sie?	*What are you writing about?*

Interrogatives as conjunctions

All of the words above can be used as conjunctions, and send the verb to the end:

Sie will wissen, **wohin** die Kartons gehören.	*She wants to know where the cartons should go.*

Note that *ob* introduces a clause where there is no other question word:

Ich weiß nicht, **ob** das Wetter sich geändert hat.	*I don't know if the weather has changed.*

Zusammenfassung

Diese Liste wichtiger Vokabeln und Redewendungen ist eine gute Prüfungsvorbereitung.

Das Wetter

die Klimaänderung/der Klimawandel	climate change
die Erderwärmung	global warming
der Meeresspiegel steigt	the sea level is rising
die Eismassen schmelzen ab	the ice masses are melting
der Wirbelsturm (-stürme)	hurricane
Wetterextreme/Naturkatastrophen nehmen zu	extreme weather/natural disasters is/are on the increase
die Überschwemmung (-en)	flood
Gletscher verschwinden	glaciers are disappearing
bremsen	to limit/restrict/slow down
die Verbrennung fossiler Brennstoffe/ Energieträger	the burning of fossil fuels
das Erdöl	crude/mineral oil
das Kohlendioxid (das CO_2)	carbon dioxide (CO_2)
den Treibhauseffekt verstärken	to intensify the greenhouse effect
auf etwas verzichten	to do without something
den Energieverbrauch reduzieren	to reduce energy consumption
die Energiesparlampe (-n)	energy-saving bulb

Die Umweltverschmutzung

der Schadstoff (-e)	contaminant/pollutant
verseuchen	to contaminate/pollute
das Dauergift (-e)	cumulative toxin
der Umweltschutz	environmental protection/conservation
die erneuerbare Energiequelle (-n)	renewable energy source
der Biomasse	biomass (plant/animal materials used for energy production)
der Ökostrom	green electricity
der Biokraftstoff (-e)	biofuel
Energiepflanzen anbauen	to cultivate energy crops
die Sonnen-, Wind- und Wasserkraft	solar, wind and water power
schädliche Abgase/Abfälle	harmful fumes/waste
das Wasserkraftwerk (-e)	hydroelectric power station

Das Recycling

die Mülltrennung	waste separation
die Biotonne (-n)	organic waste collection bin
die Altpapiertonne (-n)	waste paper recycling bin
der Altglascontainer (-)	bottle bank
wiederverwenden	to reuse
Wertstoffe wiederverwerten	to recycle reusable materials
die Müllverbrennungsanlage (-n)	waste incineration plant
die Verpackung (-en)	packaging
der Verbraucher (-)	consumer
der Hausmüll	household rubbish/ domestic waste
zu Recyclingpapier/ Kompost verarbeitet werden	to be made into compost/ recycled paper
die Einwegverpackung	single use/disposable packaging
das Pfand	refundable deposit
wiederbefüllen	to refill
die Mehrwegflasche	reusable bottle

1 Naturkatastrophen: Klimawandel birgt neue Gefahren

Überschwemmungen und Tornados sind nicht nur ein Problem in fernen Ländern wie den USA oder Südostasien. Auch in Europa hat man solche Naturkatastrophen erlebt. Allein in den letzten zehn Jahren gab es in Deutschland sechs Überschwemmungen. Der Klimawandel findet bereits hier und heute statt: Durch das warme Wetter in den Bergen schmilzt zu viel Schnee. Das Schmelzwasser fließt in die Flüsse ab. Dadurch haben die Flüsse viel mehr Wasser als sonst und das Wasser tritt über die Ufer...

 ### 2 Energiequellen

Sie hören eine Diskussion über verschiedene Energiequellen. Beantworten Sie die folgenden Fragen **auf Deutsch**.

a Woher kommt der Großteil unserer Energie? (1)
b Warum können wir nicht weiterhin unsere Energie auf diese Weise produzieren? (1)
c Was ist ein Vorteil von Atomstrom? (1)
d Warum ist Kernkraft gefährlich? (1)
e Aus welchen Gründen ist Ökostrom die einzige Alternative? (2)
f Wie viel Strom könnte man durch Windenergie produzieren? (1)
g Warum wird es lange dauern, bis man auf Windenergie umsteigt? (1)

3 Keine gesunde Umwelt

Durch Proben hat man festgestellt, dass Kinder in Deutschland unter Umweltgiften leiden. In ihrem Blut befinden sich verschiedene Stoffe, die dort nicht hingehören und die das Risiko für Krankheiten erhöhen. Viele Kinder hatten zum Beispiel überhöhte Bleiwerte im Blut. Blei ist ein giftiges Schwermetall, das über längere Zeit zu Schäden an Organen führen kann.

Familien, in denen das Geld knapp ist, leben häufiger als reichere Familien an Straßen mit viel Verkehr. An solchen Straßen werden eine Menge Abgase in die Luft geblasen, die auch zum Fenster hereinkommen.

Viele Kinder fühlen sich auch durch Straßen- und Fluglärm belastet. Den Straßenverkehr kann man nicht so einfach abstellen. Und umziehen ist für viele Familien auch nicht einfach oder sogar unmöglich.

Bei Kindern aus wohlhabenderen Familien lassen sich andere Gifte im Blut nachweisen: Rückstände von Insektenvernichtungsmitteln und Weichmacher. Weichmacher werden benutzt, um Kunststoff formbar zu machen, z.B. in Lebensmittelverpackungen.

Read the passage above and answer the questions **in English**. Your answers must relate exclusively to the passage and convey all the relevant information provided.

a What have tests discovered about children in Germany? (1)
b What impact might this have on their health? (1)
c Why do families live on streets which have heavy traffic? (1)
d Why will children continue to experience noise pollution? (1)
e How are children from wealthier families affected? (1)

 ### 4 Jugend-Aktions-Gruppen

JUGEND-AKTIONS-GRUPPEN

Leute in deinem Alter können bei Greenpeace mitmachen. Du kannst dich ohne gefährliche Aktionen für die Umwelt stark machen.

Du bist zwischen 15 und 20 Jahren alt? Die Umwelt ist für dich ein wichtiges Thema und du meinst, wir alle sind für sie verantwortlich? Dann bist du fast schon JAG-Mitglied.

Die JAGs machen coole Aktionen: Wir stellen unangenehme Fragen, recherchieren, informieren, sammeln Unterschriften, ...

Haben wir dein Interesse geweckt?

Hier anmelden und Mitglied werden

www.greenpeace.at/jugend.html

GREENPEACE

Sie haben diese Anzeige im Internet gesehen und möchten herausfinden, wie Sie sich als Mitglied der JAG in Ihrer Umgebung anmelden. Schicken Sie eine E-Mail **auf Deutsch** an Greenpeace Österreich, in der Sie auf Folgendes eingehen.

● Wer Sie sind und warum Sie schreiben
● Warum Sie Mitglied einer Greenpeace JAG werden möchten
● Was Sie unternehmen werden, falls es in Ihrem Ort noch keine JAG geben sollte
● Was Sie persönlich als mögliche Umweltaktionen vorschlagen möchten.

Bildung und Erziehung

Über dieses Thema...

Das Thema dieser Einheit ist die Erziehung und Weiterbildung an Schulen und Universitäten. Es behandelt:

★ Die Erziehungssysteme in der Bundesrepublik Deutschland und in Österreich.

★ Diskussionsthemen, die im Moment in Deutschland aktuell sind, wie zum Beispiel: Einheitsschulkleidung, Samstagsschule, Abitur in acht Jahren.

★ Das Studentenleben: BAföG (Bundesausbildungsförderungsgesetz), Wehrdienst und Zivildienst und das Freiwillige Soziale Jahr.

Diese Einheit behandelt folgende Grammatik:

★ Relativpronomen   ★ Das Plusquamperfekt

★ Das Präteritum

Diese Einheit gibt Ihnen folgende Lerntipps und Prüfungstraining:

★ Wie man längere Sätze baut.

★ Wie man verschiedene Textsorten erkennt.

★ Wie man die verschiedenen Punkte in einem Aufsatz bespricht und organisiert.

★ Wie man die Sprache verbessert: Vokabeln, Satzbau.

★ Wie man die eigene Arbeit überprüft.

Zum Einstieg:

★ Was wissen Sie schon über das Schulwesen in Deutschland? Welche Unterschiede gibt es zum englischen Schulsystem?

★ Wie war Ihre Schulzeit bis jetzt? Was war gut daran? Was würden Sie verbessern oder anders machen?

★ Wie wichtig ist ein Universitätsstudium?

★ Was halten Sie von einem sogenannten „Gap Year"?

★ Kann man arbeiten und gleichzeitig studieren?

Deutsche Schulen

① Das deutsche Schulsystem

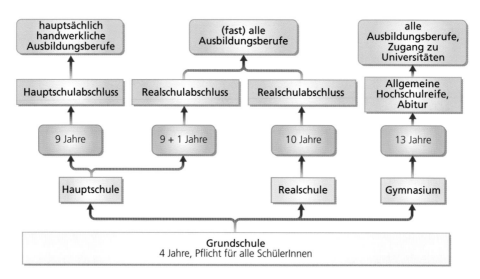

Das Schulsystem in Deutschland

Deutsche Kinder kommen im Alter von sechs oder sieben Jahren nach dem Kindergarten in die Schule. Die **Grundschule** dauert in fast allen Bundesländern vier Jahre (in Berlin sind es sechs Jahre!) und ist Pflicht für alle Schüler.

Danach entscheiden die Lehrer aufgrund der Noten, in welche weiterführende Schule die Schüler gehen: **Hauptschule**, **Realschule** oder **Gymnasium**. Aber gute Schüler können von der Realschule auf das Gymnasium, oder von der Hauptschule auf die Realschule wechseln. Oder **Gymnasiasten** (das heißt, Schüler an einem Gymnasium) wechseln auf eine Realschule.

Nach einem **Hauptschulabschluss** oder einem **Realschulabschluss** gibt es viele Möglichkeiten, weiter auf die Schule zu gehen, und das **Abitur** zu bekommen. Diese Möglichkeiten variieren von Bundesland zu Bundesland.

Einige Bundesländer haben auch **Gesamtschulen**. Hier trennt das System die Schüler nach der 4. Klasse nicht in drei verschiedene Schultypen, sondern alle Schüler besuchen dieselbe Schule. Gesamtschulen bieten nur in einigen Fächern unterschiedliche Niveaus an.

A **Suchen Sie im Text und Graph nach Synonymen.**

1 Die erste Schule, die ein Kind besucht.
2 Man kann von dieser Schule auf das Gymnasium wechseln.
3 Ein Schüler an einem Gymnasium.
4 Das Ende vom Studium an einer Realschule.
5 Mit 16 Jahren kann man diese Schule verlassen.
6 Eine Schule, die nach der 4. Klasse von allen Schülern besucht wird.
7 Wenn man diese Prüfung besteht, kann man an einer deutschen Universität studieren.
8 Die Schule, die man vor der Grundschule besucht.

B **Finden Sie diese Ausdrücke im Text.**

1 at the age of six
2 only in some subjects
3 all pupils go to the same school
4 is compulsory for all pupils
5 on the basis of their marks
6 different levels
7 in almost all the federal states
8 three different types of school
9 there are lots of possibilities
10 move to the grammar school

C 🗨️ ✏️ **Was sind die Vorteile von dem deutschen Schulsystem?**
Welche Aspekte des deutschen Schulsystems mögen Sie nicht? Warum?
Diskutieren Sie in der Gruppe darüber und schreiben Sie Ihre Meinungen auf.

2 Schulen in Österreich

A 🎧 **Hören Sie sich „Schulen in Österreich" an. Michaela, eine**
Österreicherin, spricht über das Erziehungssystem in Österreich. Kopieren
Sie die Tabelle und füllen Sie sie auf Deutsch aus.

	Man beginnt mit … Jahren	Man verlässt diese Schule mit … Jahren
Volksschule		
		14/15
Berufsschule		
Allgemeinbildende _____ Schule (AHS) oder _____ oder _____		

B 🎧 **Hören Sie noch einmal zu. Füllen Sie die Lücken in den Sätzen**
aus. Benutzen Sie Wörter aus der Wortkiste. Vorsicht! Es gibt mehr Wörter
als Lücken!

1 Wenn man die Berufsschule besucht hat, kann man einen ___ anfangen;
   man kann zum Beispiel ___ werden.

2 Wenn man die AHS besucht hat, kann man zur ___ gehen.

3 Michaela hat in der ersten Klasse mit ___ begonnen; in der ___ Klasse
   mit ___ und ab der 5. Klasse hat sie ___ gelernt.

4 ___ ist eine wichtige Sprache in Österreich.

5 Wenn man diese Sprache nicht gelernt hat, muss man an der Universität
   einen ___ machen.

6 Die Fächer, für die man diese Sprache nicht braucht, sind ___ und ___ .

7 Die Abschlussprüfung in Österreich heißt ___ .

> Abitur   Beruf   Deutsch   dritten   Englisch   Französisch   Geografie
> Geschichte   Kunst   Kurs   Latein   Lehrer   Matura   Mittelschule   Sekretärin
> Spanisch   Sport   Stelle   Universität   Unterricht

Schulstress

ACHTJÄHRIGES GYMNASIUM BELASTET FAMILIEN

Das achtjährige Gymnasium (G8), das man vor knapp drei Jahren in Bayern eingeführt hat, finden die Eltern von G8-Schülern ziemlich ärgerlich.

Eine Umfrage unter 55.000 Eltern in Bayern zeigt, dass die Belastung in den Familien von G8 Schülern massiv gestiegen ist. Fünfundsiebzig Prozent der Eltern gaben an, dass die Schulaufgaben ihrer Kinder eine negative Wirkung auf ihren Familienalltag ausüben. Vier von fünf G8-Eltern meinen, ihr Kind leidet unter „schulbedingten Stresssituationen", 51 Prozent halten die Freizeit ihrer Kinder für nicht ausreichend.

Laut Umfrage nehmen die Schularbeiten eines G8-Schülers bis zu 50 Stunden pro Woche in Anspruch. Im Durchschnitt verbringt ein Sechstklässler deutlich mehr Zeit bei den Hausaufgaben als ein Zehntklässler, der noch neun Jahre bis zum Abitur hat.

 Lesen Sie den Text und beantworten Sie die folgenden Fragen.

1 Seit wann gibt es das achtjährige Gymnasium in Bayern?
2 Wie haben die Eltern darauf reagiert?
3 Wer ist auch von G8 betroffen worden?
4 Was meinen 80 Prozent der Eltern?
5 Was für eine Wirkung hat das G8 auf die Freizeit der Schüler gehabt?
6 Was hat die Umfrage über die Schulwoche eines G8-Schülers festgestellt?
7 Wie sind die Hausaufgaben eines Sechstklässlers im Vergleich zu denen eines Zehntklässlers?

 ## G8

Marcus
Mein Sohn besucht die Klasse 5 eines Gymnasiums in Nordrhein-Westfalen. Ebenfalls ein „G8". Im Schnitt benötigt er zwei Stunden für Hausaufgaben und Lernen. Er kommt aber an drei Tagen pro Woche erst um 16.00 Uhr und völlig ausgelaugt nach Hause. Zeit für Sport oder Freunde bleibt da nicht!

Monika
Unsere Tochter ist ein fröhliches und aufgeschlossenes Kind, das eigentlich sehr gern zur Schule geht und auch gut und erfolgreich lernt. Seit sie auf dem Gymnasium ist (6. Kl. G8), fühlt sie sich sehr gehetzt und unter Druck. Das ist sehr schade!

Jasmin
Da ich selbst Schülerin eines Gymnasiums in Hamburg bin, kann ich diese Stresssituationen der betroffenen Kinder gut verstehen. Ich bin ebenfalls in das Projekt G8 integriert und muss sagen, dass die Schulbehörden einiges von uns verlangen. Aber langfristig können wir nur Vorteile aus diesem Projekt ziehen.

Elly
Mein Sohn ist in der 10. Klasse in einem Gymnasium in Thüringen, und macht Abitur nach 12 Jahren. Er hatte zu keiner Zeit 50 Wochenstunden Unterricht. Wer mit dem Lernpensum am Gymnasium überfordert ist, sollte seine Schulwahl überdenken.

A **Schreiben Sie den Namen der Person. Welche Person...**

1 ...hat keine Zeit für Freizeitaktivitäten?
2 ...ist anders geworden, seitdem sie am Gymnasium ist?
3 ...sieht die positiven und negativen Aspekte des G8-Projekts?
4 ...findet es gut, dass Schüler am Gymnasium hart arbeiten müssen?
5 ...kommt müde nach Hause?

B **Finden Sie Wörter in den Texten, die das Folgende bedeuten.**

1 braucht
2 sehr müde
3 gestresst
4 in ein paar Jahren
5 hat zu viel Arbeit

Nach der Schule

⑤ Das Freiwillige Soziale Jahr

Das Freiwillige Soziale Jahr (FSJ) gibt jungen Menschen nach Abschluss ihrer Schulausbildung die Möglichkeit, ein Jahr lang auszuprobieren, ob ihr gewünschter Beruf ihren Vorstellungen und Interessen entspricht. Das FSJ ist gleichzeitig Bildungs- und Orientierungsjahr.

Es bietet jungen Menschen im Alter von 17 bis 26 Jahren die Chance, vor Beginn eines Studiums oder einer Ausbildung einen Einblick in verschiedene soziale und pflegerische Berufe zu erhalten. Unter der Aufsicht von Fachkräften kann man einen Beruf ausprobieren. Einige Organisationen erkennen das FSJ als Vorpraktikum an.

Neben der „klassischen" Arbeit in sozialen Bereichen kann das FSJ auch im kulturellen Bereich, beispielsweise in Bibliotheken, Musikinitiativen, Museen sowie in der Jugendarbeit, im Sport oder in der Denkmalpflege geleistet werden.

Seit 2002 kann das FSJ auch im Ausland absolviert werden.

 Finden Sie die folgenden Ausdrücke im Text.

1   after completion of their education
2   in the course of a year
3   their desired career
4   under the supervision of specialists
5   to try out
6   in the cultural sphere
7   can be undertaken

 Schreiben Sie, ob diese Sätze falsch oder richtig sind. Korrigieren Sie die falschen Sätze.

1   Man kann das FSJ machen, wenn man noch zur Schule geht.
2   Das FSJ kann mit Sport zu tun haben.
3   Ein 16-Jähriger darf ein FSJ machen.
4   Das FSJ muss man in Deutschland machen.
5   Das FSJ hat gar nichts mit dem zukünftigen Beruf zu tun.
6   Man kann in einer Bibliothek oder in einem Museum arbeiten.

⑥ Die Vorteile vom FSJ

Du kannst nur gewinnen...

Durch das Freiwillige Soziale Jahr kannst du:

[a] erste Arbeitserfahrungen sammeln;
[b] dich neu kennen lernen;
[c] viele neue Menschen kennen lernen;
[d] dich von zu Hause lösen;
[e] Pluspunkte für die Vergabe von Studien- und Ausbildungsplätzen sammeln.

Nachteile gesetzlich ausgeschlossen!

 Welcher Ausdruck (a–e) in der Werbung bedeutet...

1   neue Freundschaften machen
2   etwas über die Arbeitswelt lernen
3   Freiheit von den Eltern gewinnen
4   es gibt keine negative Seite
5   man kommt leichter auf die Universität
6   du weißt besser, was für eine Person du bist

Tips for the writing task (1)

Understand the task

First take time to read the stimulus, task and/or bullet points carefully. Make sure you understand what you are being asked to do. If something looks impossible, don't panic. Try to think of different ways around the problem instead. For example, if you don't know a key piece of vocabulary, think of a way to say the same thing using words you do know.

Judge the register and tone

What is the register (tone, style, level of formality) of the stimulus material? Is it from a serious newspaper article, an advertisement, a small ad or a personal letter? Match your use of language to the register of the stimulus and make it appropriate to the task:

Das ist echt toll!/total mies! *(an informal letter to a person your own age)*

Das ist hervorragend/wirklich furchtbar! *(a formal letter)*

If you're asked to write to someone, decide if you need to use *Sie* or *du* and stick to it. Know some set phrases for starting and ending formal and informal letters/memos/e-mails, making a complaint, asking for information, etc.

Brainstorm ideas and language

Before you write anything, spend a few minutes brainstorming ideas, vocabulary, useful phrases and constructions, jotting them down in any order as they come into your head. You can dip into this list later for inspiration. Try to think of alternative ways of expressing the points given in the task.

Organise and plan

Next, plan your answer while referring to your brainstorming list for ideas. Follow a logical order or progression and incorporate all bullet points given. Organise your material into paragraphs rather than one long, meandering passage.

7 Ein freiwilliges Jahr im Ausland

A **Hören Sie „Ein freiwilliges Jahr im Ausland" an. Welche Sätze sind richtig? Korrigieren Sie die falschen Sätze.**

1 Die jungen Leute fahren in einem Monat nach Südamerika.
2 Katrin Hess muss ein bisschen Spanisch lernen, bevor sie nach Südamerika fährt.
3 Katrin Hess meint, dass sie im FSJ mehr über die südamerikanische Kultur lernen wird.
4 Katrin Hess wird in einem Studentenheim wohnen.
5 Katrin Hess wird in einem kleinen Dorf arbeiten.
6 Ihre erste Arbeit wird Katrin Hess in einem Kindergarten machen.
7 Katrin Hess möchte in Peru ein bisschen herumreisen.
8 Die Freunde möchten nicht das machen, was Katrin Hess macht.

B **Diskutieren Sie mit einem Partner über das FSJ.**

1 Möchten Sie ein FSJ machen?
2 Wo möchten Sie arbeiten?
3 Möchten Sie ins Ausland fahren?
4 Was sind die Vor- und Nachteile von einem FSJ?
5 Kennen Sie andere Leute, die ein FSJ gemacht haben? Was haben sie gemacht? Was waren ihre Erfahrungen?
6 Was würden Ihre Eltern denken, wenn Sie ein FSJ machen wollten?

8 Wehrpflicht

WEHRPFLICHT

In Deutschland gibt es eine allgemeine Wehrpflicht. Sie besagt: in der Regel muss jeder gesunde junge Mann, wenn er achtzehn Jahre alt geworden ist, zur Bundeswehr und für eine Zeit lang Soldat werden. Dort, „beim Bund", wird der Wehrpflichtige so weit ausgebildet, dass er im Kriegsfall Deutschland vor Angriffen schützen und verteidigen kann – auch mit Waffen. Der Wehrdienst dauert zur Zeit neun Monate; anschließend muss man der Bundeswehr noch zwei Monate zur Verfügung stehen. Studenten dürfen ihr Universitätsstudium vollenden, bevor sie den Wehrdienst machen.

Außerdem gibt es noch die Möglichkeit, seiner Pflicht gegenüber Deutschland im sogenannten Zivildienst nachzukommen. Der Zivildienst dauert neun Monate und ist gedacht für Menschen, die es nicht mit ihrem Gewissen vereinbaren können, eine Waffe in die Hand zu nehmen. Zivildienstleistende betreuen normalerweise kranke und hilfsbedürftige Menschen.

Es besteht für Frauen keine Pflicht, Wehrdienst zu leisten.

gedacht für *meant for*

A Beantworten Sie die Fragen:

1 Welche Leute müssen in Deutschland Wehrdienst machen?

2 Warum gibt es den Wehrdienst?

3 Wann dürfen Studenten ihren Wehrdienst machen?

4 Welche Möglichkeit gibt es für Leute, die keine Waffen tragen wollen?

5 Ist der Zivildienst länger oder kürzer als der Wehrdienst?

6 Mit was für Leuten arbeitet man, wenn man Zivildienst macht?

7 Müssen alle jungen Leute Wehrdienst machen?

B Welche Ausdrücke passen zusammen?

1	Wehrpflicht	a	complete
2	in der Regel	b	in the event of war
3	im Kriegsfall	c	conscience
4	verteidigen	d	as a rule
5	zur Verfügung stehen	e	to look after
6	Ausnahmen	f	exceptions
7	vollenden	g	military service
8	Gewissen	h	defend
9	betreuen	i	needy
10	hilfsbedürftig	j	to be available

9 Interviews mit jungen Leuten

A Hören Sie „Interviews mit jungen Leuten" an. Wer ist dieser Meinung: Dennis, Thomas, Nadja oder Fritz?

1 Soldaten können in ein Gebiet geschickt werden, wo es Krieg gibt.

2 Eine kurze Zeit als Soldat ist für die meisten Leute gar nicht schlecht.

3 Ich denke, eine Berufsarmee ist die richtige Lösung.

4 Mein Wehrdienst war für mich verlorene Zeit.

5 Es wird nicht genug Leute geben, die beruflich Soldat werden wollen.

6 Wenn man den Wehrdienst abschafft, dann muss man sich nicht mehr zwischen Zivildienst und Armee entscheiden.

7 Ich glaube, es wäre besser gewesen, wenn ich Zivildienst gemacht hätte.

B Was ist Ihre Meinung über den Wehrdienst und das Freiwillige Soziale Jahr? Besprechen Sie die folgenden Punkte.

● Halten Sie den Wehrdienst für eine gute Idee? Warum/Warum nicht?

● Ist es besser, eine Berufsarmee zu haben? Warum/Warum nicht?

● Was sind die Vor-und Nachteile davon?

● Sollte ein soziales Jahr für alle Pflicht sein?

Universitätsstudium

⑩ Im Osten studieren

Studentenleben: gut, besser, Ostdeutschland

Was soll man tun, wenn die jungen Bürger eine Region verlassen?

Im Kampf gegen die Abwanderung rühren ostdeutsche Unis kräftig die Werbetrommel.

Grau in grau ist das Bild, welches Medien und Politik von den neuen Bundesländern, ihren Bewohnern und dem Leben in der ehemaligen DDR zeichnen. In Wahrheit fehlt es dem Osten vor allem an einem: jungen Menschen.

Keine Chance auf einen vernünf-tigen Job. Keine richtige Freizeit-beschäftigung. Schließlich der Absturz in eine sogenannte „Problemgruppe". Dieses Klischee vom Leben im Ostteil Deutschlands haben viele. Und zwar nicht nur „Wessis" – gerade bei Jugendlichen aus dem Osten läuft dieser Horror-film im Kopf ab. Die Folge: Sie verlassen ihre Heimat zu Zehn-tausenden – und kehren selten wieder zurück.

Die alten Bundesländer konnten aufgrund dieser Entwicklung in den letzten 16 Jahren einen Bevölker-ungszuwachs von ungefähr 1,5 Millionen verzeichnen. In einem einzigen Jahr verließen etwa 49.000 Menschen die neuen Länder.

Begrüßungsgeld für „Wessis"

Keine Studiengebühren, modern ausgestattete Universitäten und Begrüßungsgelder. Egal ob Brandenburg, Sachsen oder Thüringen – der gesamte Osten wirbt mit attraktiven Willkommensgeschenken oder schlauen Slogans um neue Ost-Bürger. Mecklenburg-Vorpommerns Bildungsminister Henry Tesch offeriert ein Leben „zwischen Strand und Audimax", die Europa-Universität Viadrina in Frankfurt/Oder verlangt von Erstsemestern keine Gebühren und Universitäts-direktor Klaus Dicke will aus Jena die studentenfreundlichste Stadt Europas machen.

Friederike Petersen probiert es aus. Zum Wintersemester schrieb sie sich an der thüringischen Friedrich-Schiller-Universität Jena für die Studiengänge Politik-und Islam-wissenschaft ein. Die Vorurteile ihrer (West-) Freunde kann sie bis heute nicht bestätigen. Die Schleswig-Holsteinerin fühlt sich im ostdeutschen Thüringen pudelwohl:

„Ich komme aus einer Kleinstadt und da war es mir fast egal, wohin ich gehe – Hauptsache junge Menschen und etwas größer als Niebüll."

A 📖 **Lesen Sie den Artikel und sehen Sie sich die Karte auf Seite viii an. Welche Sätze im Text bedeuten das Folgende?**

1 Es gibt keine Hoffnung, eine gute Stelle zu bekommen.
2 Viele Leute haben ein falsches Bild von den neuen Bundesländern.
3 Die Statistik zeigt, dass anderthalb Millionen Leute nach Westdeutschland umgezogen sind.
4 Man muss kein Geld bezahlen, um studieren zu dürfen.
5 All die neuen Bundesländer bieten etwas, damit man dort studiert.
6 Es stimmt nicht, was Friederikes Freunde über die neuen Bundesländer denken.
7 Die Stadt, wo ich wohne, ist nicht sehr groß.

B 📖 ✏️ **Beantworten Sie die Fragen:**

1 Was ist das größte Problem in den neuen Bundesländern?
2 Was ist das typische Bild vom Leben im Osten Deutschlands?
3 Welchen Trend gibt es bei den Bevölkerungszahlen in Deutschland?
4 Warum ist es für Studenten an den Universitäten in den neuen Bundesländern besonders gut?
5 Was bedeutet „ein Leben zwischen Strand und Audimax"?
6 Was für ein Verhältnis will die Stadt Jena zu den Studenten haben, die dort studieren?
7 Was denkt Friederike Petersen über die Meinungen ihrer Freunde in Westdeutschland?
8 Wie findet sie das Studium in Jena?
9 Was war Friederike wichtig, als sie sich eine Universität ausgesucht hat?

⑪ Zulassung

Eine gute Abiturnote reicht nicht aus

Wer sich für ein Studium im Südwesten Deutschlands entscheidet, muss sich immer mehr Auswahlverfahren stellen.

Die Unis in Stuttgart und Mannheim sieben bereits in allen Fächern aus, und auch die Elite-Universität Karlsruhe will künftig überall eine Auslese einführen. Laut einer Deutsche Presse Agentur-Umfrage haben die anderen Hochschulen in Baden-Württemberg ähnliche Pläne. Bisher durften die Universitäten nur in Fächern, für die bundesweit ein Numerus Clausus gilt, maximal 60 Prozent der Studenten selbst bestimmen. Jetzt reicht auch für andere Fächer eine gute Abiturnote nicht mehr aus: Für die Zulassung zum Studium werden oft außerschulische Leistungen wie Praktika in die Beurteilung miteinbezogen.

Weniger Studienanfänger

Eine Folge der Auswahlverfahren ist ein deutlicher Rückgang der Studienanfänger: Laut Statistischem Bundesamt haben im Wintersemester 2006/2007 insgesamt 8,8 Prozent weniger Abiturienten ein Studium aufgenommen als im Jahr zuvor. Bundesweit liegt das Minus bei 3,8 Prozent.

Der 1998 bundesweit abgeschaffte Medizinertest wurde in diesem Jahr im Südwesten wieder eingeführt – eine umstrittene Hürde. Die Wiedereinführung müssen nun die Studenten finanzieren: 50 Euro kostet die Teilnahme. Der Test war vor allem wegen der hohen Kosten abgeschafft worden. Kritiker finden außerdem, dass er nur die Abiturnote bestätige. Dennoch wollen sich etwa 7100 angehende Studenten für das Medizinstudium qualifizieren: Damit kommen rund sechs Bewerber auf jeden der 1200 Studienplätze, sagte ein Sprecher der Uni Heidelberg, die das Verfahren koordiniert.

Medizinertest erhöht Chancen

Obwohl der Test offiziell unverbindlich ist, werden ohne Teilnahme die Chancen auf eine Zulassung erheblich sinken. Für das Fach Humanmedizin wird das Ergebnis in Heidelberg, Mannheim, Freiburg und Tübingen berücksichtigt, für Zahnmedizin in Heidelberg, Freiburg und Ulm. Außerhalb von Baden-Württemberg wird der Test, der unter anderem die Merkfähigkeit und medizinisch-naturwissenschaftliches Grundverständnis prüft, noch an 17 andern Orten abgehalten.

sieben ... aus	*choose/weed out*

A

Welche Ausdrücke oder Sätze im Text haben diese Bedeutung?

1 selection process
2 to introduce a selection process
3 admission to a course of study
4 form part of the judgement process
5 a noticeable reduction
6 a disputed barrier
7 it only confirms the Abitur grade
8 without participation your chance of admission falls considerably
9 the result is taken into account

B

Sind die folgenden Sätze falsch oder richtig? Korrigieren Sie die falschen Sätze.

1 Die Universitäten in Stuttgart, Mannheim und Karlsruhe haben alle diese Auswahlverfahren eingeführt.
2 Die Universitäten dürfen in allen Fächern 60 Prozent der Studenten selbst wählen.
3 Aktivitäten, die man außerhalb der Schule gemacht hat, spielen jetzt oft eine Rolle.
4 Weil man das Auswahlverfahren eingeführt hat, wollen weniger junge Leute studieren.
5 Die Kosten des Medizinertests müssen die Studenten selbst bezahlen.
6 Der Medizinertest hat oft ein anderes Resultat als das Abitur ergeben.
7 Nur ein Sechstel der Leute, die Medizin studieren wollen, werden einen Studienplatz bekommen.
8 Der Medizinertest findet nur in Baden-Württemberg statt.

C

Wollen Sie Student werden? Wie wichtig ist das? Schreiben Sie Ihre Meinung darüber. Schreiben Sie 200–220 Wörter. Besprechen Sie die folgenden Punkte.

- Was ist wichtig bei der Wahl einer Universität?
- Wie weit soll die Universität von zu Hause weg sein und warum?
- Wie werden Sie das Studium finanzieren?
- Wie wichtig ist ein Universitätsstudium heutzutage?

Aktuelle Themen im Bildungsbereich

12 Schulkleidung

Klamotten für starke Kinder

„Was soll ich heute für die Schule anziehen?" Kristina (9) bleibt die Krise vor dem Kleiderschrank noch eine Weile erspart. Die Kirchhörder Grundschule führte gestern als erste Grundschule in Dortmund Schulkleidung ein.

„Die Sweatshirt-Jacke ist am schicksten", urteilt Kristina. Auch die marineblauen T-Shirts und die Baseballkappe findet sie „cool". Sie passen zu Jeans, die sie am liebsten trägt, und perfekt zu ihren schönen blaugrünen Augen. Zusammen mit neun Schulkameraden modelte die Viertklässlerin im Schulfoyer, um Mitschülern die neue „Masche" der Schule vorzuführen. Vor rund einem Vierteljahr beschloss die Schulkonferenz Schulkleidung einzuführen.

Das Schulgesetz erlaubt dies seit August vergangenen Jahres – allerdings nur auf freiwilliger Basis. Gezwungen wird niemand.

„Doch schon Dreiviertel von 207 Schülern machen mit. Die Kinder sollen sich mit ihrer Schule identifizieren", sagt Gudrun Rüding – seit sieben Jahren Leiterin der Kirchhörder Grundschule. Die 57-Jährige trägt selbst eine schwarze Weste, auf der das Schul-Logo prangt. „Starke Kinder" steht da – das Leitmotto des Regelpasses, den alle Schüler bei sich führen und der sie zum respektvollen Umgang miteinander anhält.

Die Schulkleidung soll die Schüler weiter verbinden „und ihre Selbst-wahrnehmung fördern". Das wünscht sich Schulpflegschaftsvorsitzende Barbara Hermann. Ausgrenzung wird eine klare Absage erteilt, Markenwahn soll nicht wachsen. „Auch hier habe ich schon traurige Kinder gesehen, die wegen ihrer Kleidung gehänselt wurden", sagt Schulleiterin Gudrun Rüding. 157 Kinder haben sich bislang entschlossen, die neue Schulkleidung zu tragen. 450 Kleidungsstücke lieferte die Dortmunder Werbeartikelfirma Im-Press, auch 200 Kappen. Einzelteile zu erschwinglichen Preisen. Das günstigste Kurzarm-T-Shirt kostet 6,90 Euro, der teuerste Teil ist die Wind- und Regenjacke zu 31,50 Euro. Gudrun Rüding: „Es gibt schon Nach-bestellungen."

 Was passt zusammen?

1	einführen	a	to promote
2	vorführen	b	reasonable
3	gezwungen	c	to demonstrate
4	Umgang	d	to tease
5	fördern	e	to introduce
6	Ausgrenzung	f	voluntarily
7	Markenwahn	g	behaviour
8	hänseln	h	compelled
9	erschwinglich	i	exclusion
10	freiwillig	j	trademark madness

 Welche vier Sätze sind richtig?

1 Andere Dortmunder Grundschulen haben schon Schulkleidung.

2 Schülerin Kristina findet die Baseballkappe am besten.

3 Zehn Schüler/innen haben die Schulkleidung ihren Mitschülern vorgeführt.

4 Man darf selbst entscheiden, ob man die Schulkleidung trägt oder nicht.

5 Die Mehrheit der Schüler ist bereit die Schulkleidung zu tragen.

6 Gudrun Rüding ist gerade Schulleiterin geworden.

7 Die Schulleiterin identifiziert sich durch ihre Kleidung mit der Schule.

8 Die Preise der Schulkleidung sind viel zu teuer.

Teamgeist – auch äußerlich

Sehr zufrieden waren Schüler, Lehrer und Eltern mit ihrer Ditfurth-Realschule. Allein: Um den „Teamgeist" in der Schule, das Zusammengehörigkeitsgefühl, könnte es etwas besser bestellt sein. Dies war ein Ergebnis einer Umfrage, die zu Beginn des Schuljahres bei den Achtklässlern, den Lehrern und den Eltern durchgeführt wurde. Den Schülerinnen der Arbeitsgruppe kam dann die Idee: Wer als Team auftritt, ist – zumindest im Sport – sofort an seiner Kleidung erkennbar. „Wir dachten, dass durch gleiche Kleidung mehr das Gefühl eines Teams entsteht", erklärte Mareen Waning von der Arbeitsgruppe. Der Vorschlag fand überall große Zustimmung. Der Antrag der Arbeitsgruppe auf Einführung von Schulkleidung wurde – selbstverständlich auf freiwilliger Basis – angenommen. Nachdem das Logo der Schule entworfen war, ging es daran, Muster anzubieten. Es gibt T-Shirts mit Rundhals- und V-Ausschnitt, Sweatshirts, Fleecejacken und Kapuzenpullis in weiß, grau, schwarz und blau, dazu Taschen, Rucksäcke und Kappen – eben das, was Jugendliche zurzeit gern tragen. Die Preise reichen von 9,50 über 17 bis hin zu 25 Euro.

„Blau ist die beliebteste Farbe", zieht Schulleiterin Angela Köppen – selbstverständlich im Poloshirt mit Logo gekleidet – am Donnerstag Zwischenbilanz. Und: 40 Prozent der Schülerinnen und Schüler haben schon bei der Erstbestellung mitgemacht, 460 Kleidungsstücke wurden geordert. Die Klasse 6a nimmt mit 93 Prozent Beteiligung den ersten Platz in der Rangliste ein, der achte Jahrgang hatte mit über 50 Prozent das größte Interesse, mehr Mädchen als Jungs möchten die Shirts mit dem Logo tragen.

A 📖 **Ergänzen Sie die Sätze mit Wörtern aus dem Kasten, so dass sie dem Text entsprechen.**

1 Am Anfang des Schuljahres hatte man eine ____ gemacht.
2 Mit der gleichen Kleidung haben Schüler das Gefühl, Mitglied in einem ____ zu sein.
3 Alle dachten, dass Schulkleidung eine gute ____ war.
4 Ob die Schüler die Kleidung tragen oder nicht, ist ____ .
5 Auf der Schulkleidung ist das ____ der Schule.
6 Die Schulkleidung sieht wie die ____ der Schüler aus.
7 Fast die Hälfte der Schüler haben Schulkleidung ____ .

> bestellt   Bestellung   Freizeitkleidung   Fußballmannschaft   freiwillig
> gefunden   Idee   Jacken   Logo   Name   Preis   Team
> Umfrage   uninteressant

Grammar

Relative pronouns

- Relative pronouns are the words for 'which', 'who' and 'that' in constructions such as 'the book which…' or 'the girl who…'. They are always part of a longer sentence, and they always send the verb to the end of the clause, e.g.

    Leute, **die** Medizin studieren **wollen**, müssen fleißig arbeiten.   *People who want to study medicine have to study hard.*
    Lars ist ein Kind, **das** gern zur Schule **geht**.   *Lars is a child who likes going to school.*

- Relative pronouns can sometimes be left out in English, but never in German:

    Hier ist die CD, **die** ich gekauft habe.   *Here is the CD (which) I bought.*

	Masculine	Feminine	Neuter	Plural
Nominative	der	die	das	die
Accusative	den	die	das	die
Genitive	dessen	deren	dessen	deren
Dative	dem	der	dem	denen

- The **gender** and **number** of the relative pronoun depends on the noun you're referring to. The **case** depends on its role in the clause.

  Leute, **die** beruflich Soldat werden wollen…   *People **who** want to become career soldiers…*

  (*die* is **plural**, referring to *Leute*, and **nominative**, as it is the subject of its clause)

  der Pass, **den** alle Schüler bei sich führen   *the pass **which** all pupils carry*

  (*den* is **masculine singular**, referring to *Pass*, and **accusative** as the object of *führen*)

- If the relative pronoun comes after a preposition, then the preposition decides the case (as elsewhere). You can't put the preposition at the end of the clause as you can in English.

  Fächer, **für die** ein Numerus Clausus gilt   *subjects **for which** there is a minimum grade*
  die Stunden, **in denen** Deutsch auf dem Plan steht   *the lessons **in which** German is on the timetable*

- If you're referring back to *alles*, *nichts* and *etwas*, use *was*:

  Sie lernen all das**, was** für deutsche Kinder selbstverständlich ist.   *They learn everything **that is** completely normal for German children.*

There are plenty of examples of relative pronouns in this unit, mostly in the nominative case – note down the ones you find.

 Ganztagsschule

Nach der siebten Stunde macht der Geist schlapp

Münsters Schüler verbringen immer mehr Nachmittage in der Schule. Die Begeisterung hierüber hält sich bei den meisten von ihnen in Grenzen. Besonders betroffen sind die Jüngeren, doch auch in höheren Klassen werden die Stundenpläne voller. So auch bei Chris Zesing (18) vom Schillergymnasium. „Man rennt eben in den 15 Minuten Pause zum Bäcker und holt sich ein Brötchen als Mittagessen. Danach hat man oft noch zwei Stunden Unterricht, muss nach Hause fahren und dann noch Hausaufgaben machen – die Zeit für Hobbys ist knapp."

Tina Geiger stimmt ihm zu. Die 16-Jährige machte vor kurzem ihren Motorradführerschein, um auf diese Weise schneller zu Hause zu sein. Neben dem Zeitmangel sieht Mitschülerin Katharina Feldmann (17) ein weiteres Problem: „Es ist anstrengend, sich in der siebten und achten Stunde noch auf Fächer wie Italienisch zu konzentrieren." Bei den Schülern der siebten Klasse macht sich das fehlende Jahr deutlich bemerkbar; schließlich sind sie die Ersten, die ihr Abitur in nur zwölf Jahren machen. Das bekommt auch Ina-Sophie Wissmann (12) von der Marienschule zu spüren. „Wir haben mittwochs neun Stunden, also erst um 15.30 Uhr ist die Schule aus. Wenn man dann um 16 Uhr oder später nach Hause kommt, ist man erstmal zu schlapp für Hausaufgaben." „Allerdings haben wir dafür eine lange Mittagspause, in der wir warmes Essen bekommen. An den anderen Tagen sind es immer sechs und einmal sieben Stunden," ergänzt Mitschülerin Margarita Migdalovic (12).

Die Schüler der achten Klasse der Marienschule sind weniger vom Thema Nachmittagsunterricht betroffen. Dennoch bedauern sie ihre jüngeren Mitschülerinnen: „Die Fünftklässler haben genauso viele Wochenstunden wie wir", erzählt die 13-jährige Lisa Wegmann. Doch egal von welcher Schule sie kommen – eins ist Münsters Schülern wichtig: „Wir wollen keinen Samstags-unterricht! Dann bleiben wir nachmittags länger."

A 📖 **Wer sagt das? Schreiben Sie den richtigen Namen: Chris, Tina, Katharina, Ina-Sophie, Margarita oder Lisa.**

1 Wenn ich von der Schule nach Hause komme, bin ich zu müde, Hausaufgaben zu machen.
2 Am Mittwoch bin ich kaum vor vier Uhr zu Hause.
3 Wichtige Fächer am Ende des Tages zu machen, finde ich sehr schwierig.
4 Wir machen Abitur in zwölf Jahren, also müssen wir viel mehr arbeiten.
5 Wir wissen ganz bestimmt, dass wir samstags nicht zur Schule gehen wollen.
6 In der Mittagspause kann man essen und sich ein bisschen erholen.
7 Man hat kaum Zeit, etwas zum Essen zu kaufen.
8 Ich muss nicht mehr zu Fuß nach Hause gehen; das spart mir ein wenig Zeit.
9 Gott sei Dank, dass wir nicht auch so viele Stunden machen müssen.

B 📖 **Finden Sie die Wörter im Text mit dieser Bedeutung.**

1 Enthusiasmus
2 schnell laufen
3 es gibt zu wenig Zeit
4 ist der selben Meinung
5 in den letzten Tagen oder Wochen
6 nicht genug Zeit
7 müde
8 mehr zum Thema sagen
9 Leid tun

⑮ Nochmals Samstagsschule?

A 🎧 **Sie hören vier Personen, die ihre Meinung über Schule am Samstag sagen. Welche Meinung passt zu welcher Person: Hans Höroldt, Anika Liedtke, Mariele Ehmanns oder Peter Bitomsky?**

1 Das Wochenende ist für Familie und Freunde.
2 Meine Tochter besucht samstags ihre Mutter.
3 Mein Mann ist Lehrer.
4 Ich musste selbst am Samstag zur Schule gehen.
5 Man sollte mehr Lehrer haben.
6 Lehrer brauchen auch ein Wochenende.
7 Die Schule sollte nur fünf Tage in Anspruch nehmen.
8 In der Arbeitswelt muss man auch nicht am Samstag arbeiten.

B 🗣 **Diskutieren Sie über das Folgende mit einem Partner/einer Partnerin.**

● Wie lang soll der Schultag sein?
● Wozu ist die Mittagspause da? Wie lang soll sie sein?
● Wie teilen Sie die Zeit nach dem Schultag auf? Wie nötig ist Entspannung für Sie?
● Was für eine Rolle spielen Hausaufgaben? Wie nötig sind sie? Wie viel Zeit sollen sie in Anspruch nehmen?
● Wie würden Sie auf Samstagsunterricht reagieren?

Tips for the writing task (2)

Check for relevancy

As you write, keep checking your work for relevancy by looking back at the task/bullet points. Don't reproduce pre-learned material on the topic, regardless of the task you've been set.

Go beyond the minimum

● Try to add complexity to your sentence structure: show the examiner what you can do! (See Arbeitsblatt 00: *Writing more complex German*.)
● Make your answer as full and as detailed as possible. If the task involves a factual issue, be analytical and give concrete examples rather than just a bare outline. If you're asked for opinions, justify them. Try to say something original or unusual (within the constraints of the language you know) for each bullet point, something that others might not think of – be imaginative!

Check your work thoroughly

Keep an eye on the clock and leave yourself enough time to check your work:
● Is it legible?
● Does it have a clear structure and no repetition?
● Have you covered all the bullet points?
● Are the spelling and grammar accurate?

Ideally, you should check through your work several times, concentrating on a different aspect each time, e.g. one read-through just to check verbs; another to check case and adjective endings, and so on. Tailor the various checks you do to your own particular weaknesses. This may seem a long-winded approach but it could pay off: 15 out of the 30 marks for the written task are for quality of language, including accuracy.

 # Deutsch als Zweitsprache

Lernen mit Stoffbär und Tiger

Eine Berliner Grundschule führt Kinder ohne Deutschkenntnisse zum Erfolg

Die Welt im sonnigen Kreuzberg könnte so schön sein. Zehn Erstklässler sitzen im Kreis und spielen zu Beginn ihres Schultags ein Kinderbuch nach. Janoschs „Oh, wie schön ist Panama", in dem ein Tiger und ein Bär eine leere Holzkiste mit der Aufschrift „Panama" aus dem Fluss fischen und sich auf die Suche nach einem unbekannten Land machen. Die Ausstattung dafür ist ausreichend: Stoffbär und Stofftiger, ein Pfund Bananen, eine alte Holzkiste und vieles mehr machen aus dem Morgenkreis eine regelrechte Bühne. Dennoch tun sich Nada, Hussein, Ahmet und die sieben anderen, die in der letzten Woche ihres ersten Schuljahres sind, enorm schwer. Wer sich traut, ganze Sätze zu sprechen, guckt die Lehrerin immer wieder fragend an: Heißt es der Bär oder das Bär, der Fluss oder

das Fluss? „Ich klettere über den Baum", sagt Nada. „Es heißt: auf den Baum klettern," hilft Regine Wiesmann.

Unsicher formulieren die Kinder ihre ersten ganzen Sätze

Die Klasse 1a der Jens-Nydahl-Schule ist eine von inzwischen vielen Klassen in Berlin, in denen die Sprache des Unterrichts niemandem von zu Hause mitgegeben wird: Die 24 Schüler stammen aus Familien nichtdeutscher Herkunft, die meisten aus türkischen und arabischen. Die Stunde mit dem Morgenkreis ist eine von insgesamt vier in der Woche, in denen für die gesamte Klasse „Deutsch als Zweitsprache" (DaZ) auf dem Plan steht. In diesen Stunden lernen die Kinder, aufgeteilt in zwei Gruppen, all das, was für die meisten deutschen Kinder bei der Einschulung selbstverständlich ist: Die Namen von Farben und Tieren, was ein Ball ist und was eine Schere.

Und vor allem: welcher Artikel zu welchem Wort gehört.

Von 600 Schülern stammen hier höchstens 40 aus einer deutschen Familie

Anders ginge es hier nicht. Von 600 Schülern stammen 30 bis 40 Schüler aus einer deutschen Familie. Die meisten Kinder stammen aus türkischen Elternhäusern, viele aber auch aus arabischen Ländern, wieder andere aus Osteuropa. Das Sprachniveau, mit dem sie in die Schule kommen, ist selten gut. Zurzeit wird in den Klassen 1 und 2 fast jeder Dritte in einer Förderklasse mit nicht mehr als zwölf Schülern unterrichtet. Ab dem kommenden Schuljahr werden die DaZ-Stunden von vier auf sechs erhöht.

Die Resultate können sich sehen lassen: Mehr als jeder fünfte Schüler der Nydahl-Schule schafft den Sprung aufs Gymnasium.

Answer the following questions in English.

1   What is the group of pupils doing at the beginning of the article?
2   What do they use to help them to do this?
3   How successful are the pupils at the task? What is the reason for this?
4   What is the family background of the pupils?
5   In what way do these pupils differ from German pupils who are starting school?
6   How many pupils in the school are from a German family?
7   How big are the extra classes?
8   What will happen to the 'German as a Foreign Language' classes next year?
9   How successful is the school at teaching the pupils to speak German?

 Besprechen Sie mit Ihrem Partner/Ihrer Partnerin die folgenden Punkte.

⦿ Die Probleme, die ausländische Kinder in deutschen Grundschulen haben.
⦿ Die Lösungen, die die deutschen Lehrer finden.
⦿ Den Grund, warum man auf diese Weise unterrichten muss.
⦿ Wie erfolgreich diese Methoden sind.

 Schreiben Sie über eins von diesen Themen. Besprechen Sie jedesmal die vier Punkte. Schreiben Sie 200–220 Wörter.

Schulkleidung
⦿ Wie soll Schulkleidung aussehen?
⦿ Ist Schulkleidung wichtiger in der Grundschule als in der Sekundärstufe?
⦿ Warum wollen die Deutschen einheitliche Schulkleidung einführen?
⦿ Dürfen Eltern bestimmen, was Kinder in der Schule tragen?

Ganztagsschule
⦿ Ist es besser, den ganzen Tag in der Schule zu verbringen (wie in England) oder (wie in Deutschland) um acht Uhr anzufangen und in der Mittagszeit nach Hause zu gehen?
⦿ Was ist, Ihrer Meinung nach, der Vorteil von der Mittagspause in der Schule?
⦿ Wie lang soll die Mittagspause in einer Schule sein, und warum?
⦿ Finden Sie den Unterricht ermüdender am Nachmittag als am Vormittag?

Grammar

The imperfect tense
All verbs take one of two sets of endings.

Weak verbs
The vowel in the stem never changes and you add the following endings:

machen   *to make*

ich mach**te**	wir mach**ten**
du mach**test**	ihr mach**tet**
er/sie/es mach**te**	sie/Sie mach**ten**

These endings are also used with:

● modal verbs (no umlaut in the imperfect!), e.g. *können* (*ich konnte*), *müssen* (*ich musste*).

● *haben* (*ich hatte, du hattest*, etc.)

Strong verbs
The vowel in the stem always changes (see pages 290–293 for a complete list), and you add these endings:

fahren   *to drive*

ich f**uhr**	wir f**uhren**
du f**uhrst**	ihr f**uhrt**
er/sie/es f**uhr**	sie/Sie f**uhren**

The verb *sein* also takes these endings (*ich war, du warst*)

Mixed verbs

A few verbs, all with *nn* in the stem, use weak verb endings, but also have a vowel change.

brennen (*to burn*): ich br**annte**, du br**anntest**
kennen (*to know*): ich k**annte**, du k**anntest**

Irregular verbs

There are very few irregular verbs; only the stems are irregular. The main ones are:

sein (*to be*): ich war, du war**st**, er war
haben (*to have*): ich hat**te**, du hat**test**, er hat**te**
werden (*to become*): ich wurd**e**, du wurd**est**, er wurd**e**
bringen (*to bring*): ich brach**te**, du brach**test**, er brach**te**
denken (*to think*): ich dach**te**, du dach**test**, er dach**te**

The imperfect (or 'simple past' as it is often called) has the same range of meanings as the perfect tense.

● In **conversation** and **letters**, people mostly use the imperfect tense of *haben, sein* and the modals (e.g. *können*), and put all the other verbs in the perfect tense.

Das war die Motivation.	*That was the motivation for it.*
Sie musste in der nächsten Stadt zur Schule gehen.	*She had to go to school in the next town.*

● In **books, newspapers** and other printed material, the imperfect tense is the usual narrative past tense.

Früher gingen Kinder zu Fuß zur Schule.	*Children used to go to school on foot.*

 Aufgabe: Was kostet das Studium   see Dynamic Learning

Grammar

The pluperfect tense

The pluperfect tense is formed in the same way as the perfect tense, except that you use the imperfect of *haben* or *sein* instead of the present, e.g.

Ich **hatte** das Buch schon gelesen.	*I had already read the book.*

The word 'pluperfect' means 'further back in the past than the perfect (tense)'. It is used to say what had happened before another past event, e.g.

Als mein Vater nach Hause gekommen ist, **hatte** ich meine Hausaufgaben schon **gemacht**.	*When my father got home, I had already finished my homework.*

The pluperfect is often found after the conjunction *nachdem* (after), e.g.

Nachdem ich die Schule **verlassen hatte**, bin ich auf die Uni gegangen.	*After I had left school, I went to university.*

⑰ Schülerin in Österreich

  Hören Sie zu. Michaela, eine Österreicherin, spricht über ihre Schulzeit. Welche vier Sätze sind richtig?

1 Michaela hat als Kind in der Stadt gewohnt.
2 Als kleines Kind musste Michaela in die nächste Stadt zur Schule fahren.
3 Die neue Regierung in Österreich hat viele Sachen kostenlos angeboten.
4 In der Haushaltsschule lernt man einen Beruf.
5 Die Haushaltsschule existiert nicht mehr.
6 Michaelas Mutter hat keinen Beruf gehabt.
7 Michaela hat einen anderen Bildungsweg genommen, als die anderen Kinder im Dorf.
8 Michaela hat Naturwissenschaften studiert.

BAföG: Ja oder nein?

A Schreiben Sie die Tabelle ab und füllen Sie sie aus. Sind die Sätze falsch, richtig, oder nicht im Text?

		Richtig	Falsch	Nicht im Text
1	Jutta hat gerade mit dem Studium begonnen.			
2	Zurzeit lebt sie in Frankreich.			
3	Die Unterkunft kostet 350 Euro pro Monat.			
4	Jutta ist mit dem Zug nach Frankreich gefahren.			
5	Sie hat einen Bruder, der auch studiert.			
6	Ihr Vater ist arbeitslos.			
7	Ihr Vater verdient 4680 Euro pro Jahr.			
8	Juttas Mutter ist Hausfrau.			
9	Jutta bekommt Geld von der deutschen Regierung.			

Jutta: Studentin

Jutta studiert im fünften Semester Informatik und besucht für ein Jahr eine Universität in Frankreich. Sie wohnt bei einer Gastfamilie und muss dafür monatlich 350 Euro bezahlen. Sie hat zusätzliche Reisekosten von 240 Euro. Juttas 15-jähriger Bruder Georg besucht die Realschule. Ihr Vater ist Einzelhandelskaufmann. Sein monatliches Einkommen vor zwei Jahren betrug 4680 Euro. Ihre Mutter ist nicht berufstätig. BAföG bekommt Jutta deswegen nicht.

Diese Liste wichtiger Vokabeln und Redewendungen ist eine gute Prüfungsvorbereitung.

Deutsche Schulen

die Erziehung	education
die Grundschule (*Austria*: die Volksschule)	primary school
die Hauptschule; die Realschule	types of secondary school
das Gymnasium (*Austria*: die Allgemeinbildende Höhere Schule/AHS)	grammar school
das Abitur (*Austria*: die Matura)	school-leaving exam (A-level)
die Note	mark, grade
die Abschlussprüfung	final exam
der Unterricht	teaching

Nach der Schule

das Freiwillige Soziale Jahr (FSJ)	voluntary community service
der Beruf	profession, career
ausprobieren	to try out
die Wehrpflicht/der Wehrdienst	national service
die Bundeswehr	German army
der Zivildienst	community service
das Gewissen	conscience
die Berufsarmee	professional army
abschaffen	to abolish

Universitätsstudium

die neuen Bundesländer	the new Federal states (i.e. those formerly belonging to the GDR)
die Studiengebühren	academic fees
der Studienplatz	university place
das Semester	semester (half of academic year)
der Numerus Clausus	literally: 'closed number' (restricted number of places in a particular subject at a university)
das Studium	course of study
der Abiturient	person who has passed *Abitur*
die Zulassung	admission

Aktuelle Themen im Bildungsbereich

Schulkleidung	clothes for school (uniform)
einführen	to introduce
freiwillig	voluntary
zwingen (gezwungen)	to compel (compelled)
die Gemeinschaft	community
die Schulden	debts
die Miete	rent
das BAföG	student grant
verschlechtern	to deteriorate
das Einkommen	income
sich leisten	to afford

1 Angst und Leistungsdruck in der Schule

ANGST UND LEISTUNGSDRUCK IN DER SCHULE

Sprachgebrauch	5
Geschichte/Sozialkunde	5
Religion	2
Werte und Normen	—
Mathematik	5

Bemerkungen   nicht versetzt

Viele Jugendliche haben Probleme in der Schule: Sie fühlen sich unter Leistungsdruck gesetzt und haben Angst vor schlechten Noten. Besonders schlimm ist es für viele, ein Jahr wiederholen zu müssen, weil sie ihre Freunde vielleicht verlieren. Sie glauben, die anderen werden sie für „weniger intelligent" halten – und sie fürchten auch die Reaktionen ihrer Eltern. Der Schulstress belastet manche Schüler so sehr, dass sie körperliche und seelische Probleme bekommen. Manche wollen sogar nicht mehr in die Schule gehen. Sie ziehen sich zurück, werden aggressiv oder depressiv.

 2 Abitur mit 14 Jahren

Read the following and answer the questions **in English** using the information in the passage.

MINU (14) HAT IHR ABI SCHON BESTANDEN!

Normalerweise sind Abiturienten 18 oder 19 Jahre alt, aber Minu Tizabi aus Pforzheim, die jüngste Abiturientin Deutschlands, hält das Abiturzeugnis in der Hand!

Für Minu hat das Lernen früh begonnen. Mit drei Jahren konnte sie lesen und als sie eingeschult wurde, kam sie gleich in die dritte Klasse. Die fünfte Klasse hat sie übersprungen.

Ab der sechsten Klasse war sie vier Jahre jünger als ihre Mitschüler, sei trotzdem mit ihnen ausgekommen. Der Altersunterschied war nur im Sportunterricht ein Problem – die Lehrer wollten sie nicht teilnehmen lassen, weil sie zu klein sei, meint Minu. Thomas Paeffgen, Direktor des Pforzheimer Hebel-Gymnasiums, denkt anders. „Minu konnte nicht mal einen Ball fangen. Ihr Vater ließ sie vom Sportunterricht befreien. Mit praktischen Fächern konnte sie wenig anfangen."

Im Herbst beginnt Minu ihr Medizinstudium. Zwölf Semester soll das dauern. Vor dem Umzug nach Heidelberg hat sie keine Angst – mit ihren Freundinnen aus Pforzheim bleibt sie bestimmt in Kontakt.

a In what way is Minu an exception as far as the Abitur is concerned?   (1)
b Why was Minu four years younger than her classmates from Class 6 onwards?   (1)
c What was the relationship like between Minu and her classmates?   (1)
d According to Herr Paeffgen, why did Minu not take part in PE lessons?   (1)
e What is Minu going to be doing in Heidelberg?   (1)

3 Soll Schuluniform Pflicht werden?

Sie hören eine Diskussion zwischen Gülistan Aydin (17) und Jan Hambura (18).
Beantworten Sie die folgenden Fragen **auf Deutsch**.

a Was hält Gülistan von der einheitlichen Schulkleidung? (1)
b Wie verstehen sich die Schüler an Gülistans Schule? (1)
c Was kann die Schuluniform laut Jan nicht bewirken? (1)
d Wie verschwinden gesellschaftliche Unterschiede dank der Schuluniform? (2)
e Warum sind viele Deutsche gegen die einheitliche Schulkleidung? (1)
f Welche Freiheit wollen die Deutschen nicht einschränken? (1)
g Was kann man machen, damit Jugendliche die Schulkleidung tragen werden? (1)

 ## 4 Bezahlte Auslandsjobs

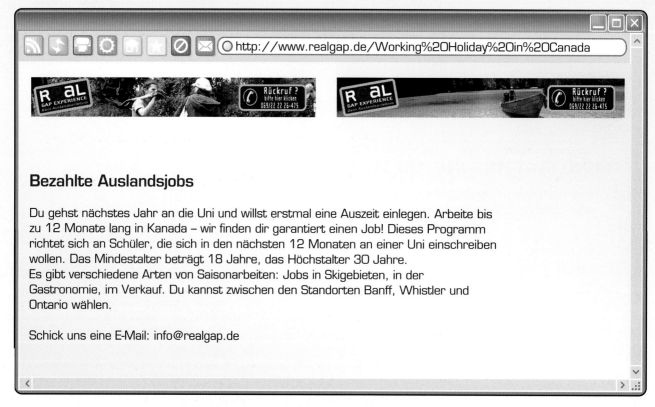

http://www.realgap.de/Working%20Holiday%20in%20Canada

Bezahlte Auslandsjobs

Du gehst nächstes Jahr an die Uni und willst erstmal eine Auszeit einlegen. Arbeite bis
zu 12 Monate lang in Kanada – wir finden dir garantiert einen Job! Dieses Programm
richtet sich an Schüler, die sich in den nächsten 12 Monaten an einer Uni einschreiben
wollen. Das Mindestalter beträgt 18 Jahre, das Höchstalter 30 Jahre.
Es gibt verschiedene Arten von Saisonarbeiten: Jobs in Skigebieten, in der
Gastronomie, im Verkauf. Du kannst zwischen den Standorten Banff, Whistler und
Ontario wählen.

Schick uns eine E-Mail: info@realgap.de

Sie finden diese Anzeige im Internet. Schreiben Sie eine E-Mail an „realgap" (200–220
Wörter), in der Sie auf Folgendes eingehen:

- wer Sie sind und warum Sie schreiben
- was für Zukunftspläne Sie haben
- warum Sie in Kanada arbeiten möchten
- welcher Job Sie am meisten interessieren würde.

6 *Die Welt der Arbeit*

Über dieses Thema...

Diese Einheit behandelt die Welt der Arbeit. Wir besprechen folgende Themen:

★ Die Freizeitjobs, die Schüler und Studenten machen und die Gründe dafür.
★ Wie man heutzutage anders arbeitet, zum Beispiel mit Computern und von zu Hause aus.
★ Verschiedene Berufe, und die Qualifikationen, die man braucht, um diese Berufe auszuüben.
★ Die Arbeitslosigkeit.

Diese Einheit behandelt folgende Grammatik:

★ Konjunktiv II
★ Wiederholung von Personal- und Possessivpronomen
★ Unpersönliche Verben

Diese Einheit gibt Ihnen folgende Lerntipps und Prüfungstraining:

★ Was man für die Prüfung wiederholen muss.
★ Wie man sich auf die Prüfung vorbereitet.
★ Prüfungstipps.

Zum Einstieg:

★ Warum sollen Jugendliche einen Samstagsjob haben?
★ Viele Leute arbeiten heute von zu Hause aus. Wie finden Sie das?
★ Wie entscheidet man, welchen Beruf man machen möchte?
★ Welche Qualifikationen braucht man für Ihren gewählten Beruf?
★ Was ist bei einer guten Arbeitsstelle wichtig?

Geld nebenbei

1 Arbeitspraktikum in England

Das Scheffel-Gymnasium Lahr bietet seinen Schülern die Möglichkeit, ein Arbeitspraktikum in England zu machen. Hier berichtet *Julia Leuthner* von ihrer Erfahrung bei der „Times".

Wie ich es auf meiner Wunschliste angegeben hatte, wurde es mir ermöglicht, bei der weltweit bekanntesten Zeitung „The Times" zu arbeiten.

...Montagmorgen... Arbeitsbeginn 9 Uhr...

Ich hatte Glück. Eine Bekannte meiner Gastfamilie arbeitete auch dort und hatte die gleichen Arbeitszeiten wie ich. Sie konnte mich also mitnehmen und so blieb mir das U-Bahn-Fahren erspart.

In dem riesigen Gebäudekomplex der Zeitung angekommen, zeigte mir Sue die wichtigsten Räume: eine billige Kantine, den kleinen Supermarkt, das Internetcafé. Danach erhielt ich eine Karte, die es mir ermöglichte, zu bezahlen oder ins Gebäude zu kommen.

Als nächstes wurde ich von der „Chefin" der kleinen Verwaltungsabteilung über meine Arbeitszeiten (9–13 Uhr und 14–17 Uhr), die Kleiderordnung (keine Jeans oder Turnschuhe), und meine hauptsächlichen Beschäftigungsfelder informiert. Schon jetzt bemerkte ich, dass meine Arbeit leider sehr wenig mit der Produktion einer Zeitung zu tun hatte. Meine Arbeit des ersten Tages bestand darin, kleine Aufgaben für die Chefin zu erfüllen. Als ich wieder daheim war, war ich von meiner Arbeit ziemlich enttäuscht.

Am zweiten Tag erwartete mich nichts Neues. Die Aufgaben waren ähnlich und auch nach diesem Tag taten mir die Füße weh.

Am Mittwochnachmittag dann wurde mir erklärt, wie ich den Kopierer zu verwenden hatte, und ich durfte die Unterlagen einer Powerpoint-Präsentation zusammenfügen, die erste Arbeit, die mir Spaß machte.

Am Donnerstag war ich sehr überrascht. Endlich hatten sie etwas mehr Zeit für mich. Eine junge Frau

erklärte mir den Aufbau der Zeitung. Zudem hatte ich selbst die Gelegenheit, einen kleinen Anzeigetext abzutippen.

Am Freitag setzte ich meine Arbeit der ersten Tage fort. Außer Zeitschriften sortieren war leider nichts Neues angesagt.

Die neue Woche begann mit dem Transportieren von Zeitungen und mit dem Verteilen von Briefumschlägen. Doch war dieser Tag nicht so eintönig wie der Beginn der letzten Woche, denn ich hatte Gesellschaft bekommen: eine sehr nette Praktikantin in meinem Alter, die mich bei der Ausführung meiner Arbeitsaufträge begleiten durfte.

Am nächsten Tag sortierte ich verschiedene Ordner und unterstützte die andere Praktikantin beim Kopieren. Am Donnerstag und am Freitag arbeitete ich nur den halben Tag und machte nichts Neues. Am Freitagmittag überreichte mir Sue ein kleines Dankeschön: eine kleine Standuhr. Das war mein letzter Arbeitstag.

A 📖 ✏️ **Beantworten Sie die Fragen zum Text auf Deutsch.**

1 Wie ist Julia zur Arbeit gefahren?

2 Was können Times–Arbeiter innerhalb des Gebäudes machen?

3 Warum war Julia am ersten Tag enttäuscht?

4 Welche Aufgaben hat sie am Mittwoch gemacht?

5 An welchen Tagen fand sie die Arbeit interessanter?

6 Was hat die Situation in der zweiten Woche verbessert?

7 Warum waren Donnerstag und Freitag in der zweiten Woche anders?

8 Was zeigt, dass Sue mit Julias Arbeit zufrieden war?

B ✏️ **Sie sind Julia. Schreiben Sie einen Artikel (200–220 Wörter) auf Deutsch über Ihr Arbeitspraktikum für die Schülerzeitung Ihrer Schule, in dem Sie auf Folgendes eingehen.**

- Das Gebäude der „Times"
- Die Arbeiten, die Sie gemacht haben
- Die Kollegen/Kolleginnen
- Ihre Meinung über das Arbeitspraktikum und warum Sie dieser Meinung sind.

2 Michaela arbeitet als Kellnerin

A 🔊 💬 **Hören Sie zu. Schreiben Sie Notizen auf Deutsch zu den folgenden Themen. Berichten Sie in der Klasse, was Sie zu diesen Themen gehört haben.**

- Die Arbeitszeiten und wie sie mit Michaelas Studium zusammenpassten
- Michaelas Meinung über den Job: Die Vorteile und Nachteile
- Die Probleme, die es bei der Arbeit gegeben hat
- Trinkgelder
- Die Gäste im Lokal: Was weiß man über sie?

B 🔊 **Hören Sie noch einmal zu. Finden Sie Ausdrücke im Text, die dieselbe Bedeutung haben.**

1 während des Tages
2 während Gäste noch in der Gaststätte waren
3 von Zeit zu Zeit
4 wenn Geld am Ende des Abends fehlte
5 Man muss die ganze Zeit freundlich sein.
6 Ich habe nicht sehr viel pro Stunde verdient.
7 Zu dieser Zeit wollte ich nicht arbeiten.

C ✏️ **Schreiben Sie über einen Job (200–220 Wörter), den Sie haben/gehabt haben. Benutzen Sie so viele Ausdrücke aus den Texten wie möglich. Erwähnen Sie:**

- warum Sie den Job angenommen haben
- die Vorteile und Nachteile dieses Jobs
- ob Sie mit dem Lohn zufrieden waren.

3 Schule und Job sind vereinbar

Schule und Job sind vereinbar

JUNGE MENSCHEN ARBEITEN NICHT NUR FÜRS TASCHENGELD

Sabrina, 18, ist Schülerin in Wien. Jeden Samstag jobbt sie bei der Bekleidungskette H&M, meist steht sie an der Kasse. „Ich möchte meine Eltern entlasten", erzählt sie, „und außerdem kann ich mir so mein Auto finanzieren." Auch Ritz und Manuel arbeiten jeden Samstag: Manuel an der Kasse beim Möbel-haus KIKA und Ritz als Hausdiener im Wiener Hotel Austria. Ritz möchte damit vor allem Erfahrung im Berufsleben sammeln. Die beiden, ebenso wie ihre Mit-schülerin, streben nicht nur die finanzielle Unabhängigkeit von ihren Eltern an. Da sie alle Geschwister haben, wollen sie auch ihren Eltern nicht mehr als unbedingt nötig auf der Tasche liegen. Rund 300 Euro verdienen die Schüler/innen pro Monat. Als Belastung empfinden sie ihre Jobs kaum, nur in den Prüfungs-zeiten kann es dann schon mal schwierig sein, Job und Schule unter einen Hut zu bekommen.

Laut Studie ist der Hauptgrund für das Arbeiten neben dem Unterricht meist der Wunsch nach einem eigenen Konto und einer gewissen Unabhängigkeit vom Elternhaus. Häufig geht es nicht nur darum, sich ein paar schöne Sachen kaufen zu können. Es ist nicht nur der Konsumdruck, der auf den Jugend-lichen lastet, einige müssen ihre Familien unterstützen oder das Schulgeld selbst bezahlen.

In den meisten Fällen hat der Nebenjob kaum einen Zusammen-hang mit den Lerninhalten, bietet aber Erfahrung und Einblick in die Arbeitswelt. „Das ist ein positiver Aspekt, aber es muss dringend untersucht werden, inwieweit die Nebenjobs zum Lebensunterhalt nötig sind. Sollten die Ergebnisse alarmierend sein, so muss darauf entsprechend reagiert werden", erläutert Susanne Schäberl, Bild-ungsexpertin der Arbeitskammer Wien.

Finden Sie die richtige englische Übersetzung für diese Ausdrücke im Text. Was passt zusammen?

1	das Auto finanzieren	a	to be financially dependent on one's parents
2	Erfahrung im Berufsleben sammeln	b	independence from the family home
3	finanzielle Unabhängigkeit	c	pressure to purchase
4	den Eltern auf der Tasche liegen	d	to pay for one's car
5	unter einen Hut zu bekommen	e	experience and insight into the world of work
6	der Wunsch nach einem eigenen Konto	f	a desire to have one's own bank account
7	Unabhängigkeit vom Elternhaus	g	to gain experience in the world of work
8	der Konsumdruck	h	to pay school fees oneself
9	ihre Familien unterstützen	i	to reconcile different interests
10	Schulgeld selbst bezahlen	j	to support one's family
11	Erfahrung und Einblick in die Arbeitswelt	k	financial independence

 **Lesen Sie die Sätze. Welche vier Sätze sind richtig? Korrigieren Sie die falschen Sätze.**

1 Sabrina und Manuel haben eine ähnliche Arbeit.
2 Ritz arbeitet hauptsächlich, weil er Geld braucht.
3 Manuel ist Einzelkind.
4 Alle drei Schüler finden ihre Jobs einfach.
5 Wenn sie Prüfungen haben, ist es für die Schüler schwieriger.
6 Die meisten Schüler arbeiten, um ihr eigenes Geld zu haben.
7 Einige Schüler brauchen das Geld, um ihren Familien finanziell zu helfen.
8 Viele Schüler nehmen eine Stelle an, die etwas mit ihren Schulfächern zu tun hat.

 # Ein Teilzeitjob

 Hören Sie zu. Eine Studentin, Michaela, berichtet über ihren Teilzeitjob. Beantworten Sie die Fragen.

1 Wann hat Michaela ihren ersten Studentenjob bekommen?
2 Wer waren die Besitzer von der Gastwirtschaft ihres ersten Jobs?
3 Wann hatte sie bei diesem Job frei?
4 Warum ist sie Köchin geworden?
5 Was musste sie in der Buchhandlung machen?
6 Wer wischt Staub von den Büchern und Regalen in der Buchhandlung?
7 Welche andere Tätigkeiten hat Michaela in der Buchhandlung gemacht?
8 Wann war die Arbeit in der Buchhandlung unangenehm?
9 Was lag in dieser Jahreszeit auf den Straßen?
10 Wie kam das in die Buchhandlung?
11 Wie war die Situation im Sommer?

Hören Sie noch einmal zu. Ergänzen Sie die Sätze mit Wörtern aus der Wortkiste, so dass sie dem Text entsprechen.

1 Michaelas Eltern haben ihr Geld _____ .

2 Michaela bekam die Stelle in der Gastwirtschaft, weil ihre Eltern die
   Besitzer _____ .

3 Die _____ müssen Staub von den Büchern wischen.

4 Michaela hat manchmal Bücher zu den Kunden _____ .

5 Michaela machte ihre Arbeit, als das Geschäft _____ war.

6 Im Winter war die Arbeit _____ .

---

bezahlt   gebracht   gegeben   geöffnet   geschlossen   kannten   langweilig
Putzfrauen   unangenehm   Verkäufer   verkauft   waren

Grammar

The subjunctive (*Konjunktiv 2*)

Tenses like the present or perfect tenses are called 'indicative' tenses, because they indicate real events. Sometimes, however, we wish to describe an event that may or may not happen, or would happen if a certain condition were met. For this we need the **subjunctive**, specifically the tense known in German as *Konjunktiv 2*. (*Konjunktiv 1* is discussed on page 146.) This is used as the conditional tense, but has other uses too.

Ich **möchte** in einer Schule arbeiten.	*I'd like to work in a school.*
Ich **würde** einen guten Job finden.	*I'd find a good job.*

Forming the subjunctive

● Most verbs use *würde* plus the infinitive:

Ich würde … kaufen.	*I would buy…*

● *Haben, werden* and modal verbs (e.g. *können*) use the imperfect tense with an umlaut on the stem (but no umlaut on *wollen* or *sollen*):

haben – ich hätte, du hättest, er hätte, *etc.*	*I would have…*
werden – ich würde, du würdest, er würde, *etc.*	*I would…*
können – ich könnte, du könntest, er könnte, *etc.*	*I could…*

● *Sein* has its own special stem: *ich wäre, du wärest, er wäre,* etc. — *I would be…*

Using the subjunctive

● The subjunctive is used when talking about events which are possible, rather than real:

Ich **würde** es jedem empfehlen!	*I would recommend it to everybody!*
Wenn ich den Job nicht **hätte, könnte** ich bessere Noten schreiben.	*If I didn't have the job, I could get better marks.*

● Note that you can use *würde* even in a clause that starts with *wenn*:

Wenn wir **umziehen würden, wäre** sie es, die pendelte.	*If we moved house, she would be the one who commuted.*

● Use the subjunctive in polite requests:

Würdest du mir bitte helfen?	*Would you help me, please?*

● After the conjunction *als ob, Konjunktiv 2* is always used:

Ich gestalte meinen Arbeitstag so, als ob ich einen normalen Job **hätte**.	*I structure my working day as if I had a normal job.*

Imagine how you would like your career to work out and write a few lines about it:

Ich würde eine gute Stelle finden; ich hätte vier Kinder, …

Jobbe lieber ungewöhnlich

JAKOB (25) STUDIERT SPORT UND SPANISCH, UNI HAMBURG.

Job: Zugbegleiter in DB Nachtzügen.

Wohin fährst du?
Fast immer mit internationalen Zügen nach Paris oder Kopenhagen. Im Winter gibt es die Skizüge nach Österreich.

Hast du dort Urlaub?
Nein, abends geht's wieder zurück. Ich gehe meist essen, unternehme etwas und schlafe dann zwei bis drei Stunden im Hotel.

Was machst du als Zugbegleiter?
Das Bordrestaurant ist mein Bereich. Als Kellner hat man Druck, denn viele Fahrgäste wollen zur gleichen Zeit essen. In der Küche ist es sehr heiß und man ist ganz allein.

Was gefällt dir besonders an dem Job?
Dass ich oft rauskomme und neue Freunde gefunden habe. Im Zug nach Paris habe ich vier Schwestern aus Dänemark kennengelernt, die ich dann in Kopenhagen wieder getroffen habe.

JENS (27) STUDIERT FREMDSPRACHEN AN DER UNI BOCHUM.

Job: Busfahrer in Dortmund.

Wie wird ein Student zum Busfahrer?
Man geht zur Fahrschule und absolviert ca. 60 Fahrstunden. Wenn man den Führerschein hat, muss man die Linien lernen – verdammt viele in Dortmund.

Hast du schon Fehler gemacht?
Ja, es war dunkel, da bin ich nicht richtig abgebogen. Aber die Fahrgäste waren ganz locker und haben mir gezeigt, wo ich drehen kann.

Wie oft fährst du in Dortmund?
Meistens einmal in der Woche. Ich fahre momentan Mittagsschichten von 12 bis 20 Uhr – oder samstags, wenn es ein Fußballspiel gibt.

SARAH (22) STUDIERT MATHE IN DORTMUND.

Job: Ordner im Fußballstadion

Warum bist du Ordner im Stadion?
Ich wollte was anderes machen. Bisher habe ich gekellnert oder Zeitungen ausgetragen.

Kannst du auch die Spiele schauen?
Eigentlich nicht, denn ich stehe mit dem Rücken zum Spielfeld. Man ist eigentlich für die Zuschauer da.

Wie reagieren die Zuschauer auf dich?
Die meisten sind total freundlich. Wenn sich Leute aufregen, fühle ich mich auch nicht persönlich angegriffen.

A 📖 **Wer sagt was? Ist es Jakob, Jens oder Sarah?**

1 Man muss die ganzen Straßen in der Stadt kennen lernen.
2 Meine anderen Jobs habe ich etwas langweilig gefunden.
3 Ich habe nie Zeit, die Stadt zu besichtigen.
4 Die Leute sind manchmal böse, aber nicht direkt zu mir.
5 Man muss viele Kunden in einer kurzen Zeit bedienen.
6 Einmal mussten die Kunden mir den Weg zeigen.
7 Bei der Arbeit lernt man Leute aus anderen Ländern kennen.
8 Ich arbeite meistens am Nachmittag oder am Wochenende.

 B 💬 **Diskutieren Sie mit einem Partner/einer Partnerin über die Jobs, die diese drei Personen machen. Welche Jobs passen gut mit dem Studium zusammen? Welche nicht? Schreiben Sie die Ergebnisse in einer Tabelle auf und stellen Sie sie der Klasse vor. Notieren Sie das Folgende.**

● Wie oft die Person arbeitet.
● Wie viel Zeit die Person bei der Arbeit verbringt.
● Passt die Arbeit mit dem Studium an der Uni gut zusammen? Ja oder nein?
● Schreiben Sie einen Grund, warum das so ist.

Nebenjob Model

Jelena studiert Betriebswirtschaftslehre im achten Semester an der Universität in München und ist als Model bei der Agentur „Most Wanted" unter Vertrag. Als etwas Besonderes empfindet sie das nicht: „Ich kenne viele Mädchen, die studieren und gleichzeitig Model sind."

Beim ersten Mal war sie erst 17. Richtig angefangen mit dem Modeln hat sie aber erst mit Studienbeginn. „Mir gefällt der Job sehr gut und ich würde es jedem empfehlen, der die Vorrausetzungen dafür mitbringt."

Jelena hat sich als Model nicht spezialisiert. Sie hat auch schon in Musikvideos und einem Werbefilm mitgewirkt. Allerdings ging es ihr dabei immer mehr um den Job, weniger darum, ihr Studium zu finanzieren.

Doch der Job hat auch seine Nachteile. „Am Anfang lief es zeitlich noch ganz gut, erst später wurde es schwer, Studium und Job unter einen Hut zu bringen", sagt die Studentin. Aber einen Auftrag abzulehnen, das wird nicht gerne gesehen. Nur in der Prüfungsphase macht Jelena wirklich mal Pause.

Das geht natürlich auf Kosten des Studiums: „Wenn ich den Job nicht hätte, könnte ich sicher bessere Noten schreiben", gesteht sie.

Nach dem Studium wird sie dem Beruf allerdings nicht so schnell den Rücken kehren. Was sie genau machen will, weiß sie noch nicht. „Auf jeden Fall will ich selbstständig arbeiten. Durch die viele Abwechs-lung in meinem jetzigen Job kann ich mir schwer vorstellen, irgendwann am Schreibtisch zu sitzen."

 **Finden Sie die vier richtigen Sätze. Korrigieren Sie die falschen Sätze.**

1 Jelena hat gerade mit dem Studium angefangen.
2 Jelena meint, dass sie einen ungewöhnlichen Job hat.
3 Jelena hatte schon vor dem Studium als Model gearbeitet.
4 Jelena arbeitet hauptsächlich in der Modebranche.
5 Es ist für Jelena schwieriger geworden, Studium und Job zu kombinieren.
6 Wenn Jelena Prüfungen hat, nimmt sie keine Arbeit an.
7 Die Arbeit als Model hat eine negative Wirkung auf Jelenas Studium.
8 Wenn sie ihr Studium vollendet hat, wird Jelena ihren Job aufgeben.
9 Jelena wird wahrscheinlich einen Beruf finden, in dem sie im Büro arbeiten muss.

 Translate the last two paragraphs of the article (from „Doch der Job . . .") into English.

Revision tips (1)

Making a timetable

Plan a revision timetable for the remaining weeks before the AS exams. Keep it varied, and give yourself lots of short-term goals that can be ticked off. Start with the things you find hardest, so that you leave yourself time to sort them out.

You should include time for:

- revising each of the four general topic areas
- practising each of the four language skills
- grammar revision and practice
- vocabulary revision
- pronunciation and intonation practice
- doing sample papers under timed exam conditions

At the end of each week check that you are still on track time-wise and amend your timetable for the remaining weeks if necessary. Don't forget to plan in breaks and free time!

Revising topic content

- Go through reading texts and your own notes and written tasks again, noting a reasonable number of useful facts and statistics for each topic – don't try to learn too many!
- Note down the main issues within each topic and learn *Pro* and *Kontra* arguments for each issue.
- Practise formulating opinions on any issues that you come across: practise saying them and writing them.
- Identify and learn one or two really good sentences for each topic which demonstrate a more complex grammatical structure that you are confident in using.
- Listen to your course audio recordings on an MP3 player when you're doing other things, e.g. sitting on the bus, or walking the dog.
- If it works for you, find a revision partner and test each other's knowledge of a topic in German, e.g. by making up questions.

Heute arbeitet man anders

7 Mobile Mitarbeiter

Mobile Mitarbeiter

Essen, 5.00 Uhr. Der Tag von Axel Fier beginnt früh und mit einem schnellen Kaffee. Zum Frühstück hat er keine Zeit. Spätestens um 5.15 Uhr will er im Auto sitzen. Denn jede Minute, die es später wird, weiß Fier aus fast fünfjähriger Erfahrung, kostet viel. Schafft er es rechtzeitig, trinkt er seinen zweiten Kaffee knapp eine Stunde später am Arbeitsplatz in Köln. Schafft er es dagegen nicht, kann es bis zu zwei Stunden dauern, bis er im Büro ankommt. Dann wird der Tag lang, denn für den Rückweg, den er nachmittags zwischen 16 und 17 Uhr antritt, braucht er noch einmal

eineinhalb Stunden.
Axel Fier ist Fernpendler. Das sind Menschen, die ihr Geld mehr als 50 Kilometer von ihrem Wohnort entfernt verdienen oder einen durchschnittlichen Anfahrtsweg von mindestens einer Stunde haben. Und damit gehört Fier zu einer ständig wachsenden Gruppe in Deutschland. Die meisten davon pendeln wie Fier täglich und mit dem Auto. Eine kleinere Gruppe hat sich in der Nähe ihres Arbeitsplatzes eine Zweitwohnung gesucht und fährt nur am Wochenende nach Hause. Solche Mobilität wird in der heutigen Arbeitswelt erwartet.

Sogar die Partner von Pendlern leiden. Zwei Drittel sehen sich mindestens genauso belastet wie der Pendler selbst – oft sogar mehr. Das kann Christoph Bogedain bestätigen. Seit Februar 2006 beginnt auch sein Arbeitstag um 5.15 Uhr – zumindest montags. Nur steigt er nicht ins Auto, sondern am Münchener Hauptbahnhof in den Zug nach Darmstadt. Und jeden Freitagnachmittag geht es zurück. Seitdem muss seine Frau den Alltag mit zwei Schulkindern managen. Elternsprechstunden, Arzttermine, egal was ansteht, unter der Woche ist sie es, die ihre beruflichen Termine umlegen und Notlösungen organisieren muss.

 A **Answer the following questions in English.**

1 What is the only thing that Axel Fier has time for before he leaves the house?

2 For how long has he been leaving for work at this time?

3 What are the consequences of leaving later?

4 What are we told about his return journey?

5 How does the text define a long-distance commuter?

6 What other solution is adopted by people who live far from their place of work?

7 Describe Christoph Bogedain's working week.

8 What problems does that create for his wife?

9 Why is that difficult for her?

8 Pendler berichten

A Wir hören eine Radiosendung, in der zwei Pendler von ihrer Fahrt zur Arbeit berichten. Hören Sie zuerst Adriana Zarabella zu und beantworten Sie die folgenden Fragen. Schreiben Sie den richtigen Buchstaben.

1 Adriana Zabarella pendelt seit...
   a zwei Jahren
   b sechs Jahren
   c neun Jahren.
2 Sie hat...
   a zwei Kinder
   b eine Tochter
   c einen Sohn.
3 Sie arbeitet in...
   a München
   b Stuttgart
   c Penzberg.
4 Unterwegs zur Arbeit...
   a telefoniert sie
   b kauft sie Zigaretten
   c trinkt sie Kaffee.

5 Ein mögliches Problem unterwegs ist...
   a Schnee
   b ein Stau
   c Nebel.
6 Dann dauert der Anfahrtsweg...
   a doppelt so lange
   b drei Stunden
   c bis neun Uhr.
7 An solchen Tagen...
   a bringt sie Arbeit nach Hause
   b muss sie sofort ins Bett gehen
   c sieht sie ihre Tochter kaum.
8 Dann würde sie lieber...
   a in der Nähe von zu Hause arbeiten
   b Hausfrau sein
   c ihre Tochter zur Oma schicken.

B Hören Sie jetzt Christoph Bogedain zu. Welche vier Sätze sind richtig?

1 Er konnte kein Haus in der anderen Stadt finden.
2 Sein jüngstes Kind kommt bald in die Schule.
3 Seine Tochter wird nächstes Jahr aufs Gymnasium wechseln.
4 Seine Frau arbeitet in der Nähe von dem Familienhaus.
5 Er kann in der anderen Stadt viel mehr Geld verdienen.
6 In der Woche kann er sich auf seine Arbeit konzentrieren.
7 Die Zeit mit der Familie am Wochenende findet er jetzt viel besser.
8 Er muss am Sonntagabend wieder zur Arbeit fahren.

Personal pronouns

A pronoun is a word which refers to a person or thing which is already known, e.g. he, him, it:

Wie findest du deine neue Stelle? Ach, **sie** ist fantastisch!   *How's your new job? – Oh, it's fantastic!*

● Note that the endings on the highlighted pronouns in the table are the same as those on *der, die* and *das* in the same cases, e.g. *der/er, den/ihn* and *dem/ihm*.

Nom.	Acc.	Dat.
ich	mich	mir
du	dich	dir
er	ihn	ihm
sie	sie	ihr
es	es	ihm
man	einen	einem
wir	uns	uns
ihr	euch	euch
sie	sie	ihnen
Sie	Sie	Ihnen

● **sich** is used to mean *himself, herself, themselves* or *one another*:

Er sieht sich nicht als Lehrer.   *He doesn't see himself as a teacher.*
Sie verstehen sich gut.   *They get on well together.*

● **Preposition + pronoun**

For people, as in English, preposition + pronoun:

Das wäre eine gute Stelle **für ihn**.   *That would be a good job for him.*
Sie müssen **auf uns** warten.   *They're having to wait for us.*

For things, *da(r)-* + preposition:

Er interessiert sich nicht **dafür**.   *He's not interested in it.*
Der Bus hat Verspätung;   *The bus is late; we'll just have to wait*
wir müssen ganz einfach   *for it.*
auf ihn warten.

Possessive pronouns

A possessive pronoun indicates possession. Use the same endings for *mein-, dein-, sein-*, etc. as for *ein, eine, ein* (see page 262) except for the nominative singular, e.g. when referring to:

a masculine noun – *mein**er**, dein**er**, sein**er***
a feminine noun – *mein**e**, dein**e**, sein**e***
a neuter noun – *mein**es**, dein**es**, sein**es***

Unsere Stellen: **meine** ist interessanter   *Our jobs: mine is more als*
seine.   *interesting than his.*

(9) Callcenter

Arbeiten im Callcenter – nie wieder!

Circa 5000 Callcenter in Deutschland bieten rund 400.000 Menschen Arbeit, mehr als zwei Drittel der sogenannten „Callcenter Agents" sind Frauen. Der Job gilt als knochenhart und ist oft schlecht bezahlt. Die Mitarbeiter werden immer wieder gnadenlos unter Druck gesetzt, um Geld zu machen.

So erging es auch Käte Dominik. Vor einem Jahr stieg sie in die Callcenterbranche ein. Doch die Bedingungen waren mies, die Chefin machte Druck.

Die 51-Jährige verkaufte 40 Stunden die Woche Lose der staatlichen Lotterie. Mindestens 37 Lose musste sie im Monat verkaufen. Sonst drohten Abzüge von ihrem Bruttogehalt von 1200 Euro. Geschafft hat sie meistens nur die Hälfte.

Die Verkaufsmethoden waren auch schockierend: „Man musste einen falschen Mitarbeiternamen angeben. Falls der Kunde fragte, wo man sitzt, musste man eine falsche Stadt nennen." Über die Auskunft ist keine Telefonnummer dieses Callcenters zu bekommen.

Käte Dominik hat nach ihren Erfahrungen im Callcenter gekündigt. Aus Angst, in ihrem Alter keinen Job mehr zu bekommen, wie sie uns sagte, hatte sie vier Monate dort ausgehalten: „Wenn man ein gewisses Alter hat, muss man froh sein, wenn man einen Arbeitsplatz hat." Jetzt hat sie einen neuen Job. Arbeiten im Callcenter – nie wieder! sagt sie.

A 📖 Welche Sätze sind richtig? Korrigieren Sie die falschen Sätze.

1 Die meisten Callcenter Agents sind Frauen.
2 Man muss hart arbeiten, aber der Lohn ist gut.
3 Käte Dominik arbeitet seit mehreren Jahren in dem Callcenter.
4 Wenn Käte Dominik nicht genug Lose verkaufte, würde sie weniger Geld bekommen.
5 Käte Dominik hat immer die gewünschte Zahl der Lose verkauft.
6 Am Telefon durfte man nie den eigenen Namen nennen.
7 Man durfte aber sagen, wo man arbeitete.
8 Die Telefonnummer des Callcenters kann man nicht erfahren.
9 Käte Dominik meinte, sie würde keine andere Stelle bekommen.

Study skills

Revision tips (2)

Revising grammar and structures

(See also Study skills box, page 12)

- Go back through the Grammar boxes in this book, and your own grammar notes; refer to the grammar section at the back (pages 259–93) for more detail.
- Reread corrected written work – identify your weaknesses and concentrate on them.
- Learn useful tables off by heart (see Study skills box, page 12, for suggestions).
- Practise three or four complex constructions with which to impress the examiner – use them to make up sentences on the four general topic areas and practise them until you are really confident at using them in a variety of tenses and clauses.
- Learn grammatical structures in sentences relevant to you and your opinions.
- Learn useful short cuts, e.g. noun endings that go with certain genders, noun types that take certain plural forms.

Revising vocabulary

(See also Study skills box, page 12.)

- Start early – last-minute cramming of vocabulary is not very effective.
- Test yourself or a study partner on vocabulary for things you come across while taking a walk or doing other activities, e.g. what is the German for 'rubbish bin'? (Try carrying a pocket dictionary around with you.)
- Record your own topic vocabulary and play it back on a personal stereo.
- Learn synonyms within topics, e.g. *das Unternehmen/ der Betrieb; die Stelle/der Arbeitsplatz; stellungslos/ arbeitslos/ohne Arbeit; einen Beruf praktizieren/ ausüben*, etc.
- Learn alternatives for common words and phrases, e.g. *groß (beträchtlich/erheblich); es gibt (stehen zur Verfügung/befinden sich); das Problem (die Schwierigkeit/die Gefahr/die heikle Frage); wichtig (bedeutend/nennenswert/einflussreich)*.
- Revise words in families, e.g. *arbeiten, die Arbeit, arbeitsam, der/die Arbeiter/in, die Arbeiterschaft, der/die Arbeitgeber/in, der/die Arbeitnehmer/in, das Arbeitsamt, die Arbeitslosenversicherung*, etc.
- Revise phrases for different functions, e.g. expressing opinions, agreeing, disagreeing, describing advantages and disadvantages, giving statistics, etc.
- Learn some idiomatic phrases for each topic.

1

„Frühmorgens verlässt mein Mann das Haus, um zur Arbeit zu fahren. Gegen halb neun bringe ich meine dreijährige Tochter zum Kindergarten. Dann kann es mit der Arbeit losgehen." **Maria Baumann** ist seit drei Jahren Tele-Workerin. Sie bekommt ihre Arbeit via E-mail von der Firma zugeschickt, kann dann in aller Ruhe die Arbeit zu Hause erledigen und muss nur einmal in der Woche nach Wiesbaden in die Firma, um an einer Besprechung teilzunehmen. Solche Arbeits-methoden werden heutzutage häufiger und, so Maria Baumann, „passen besser mit dem Familienleben zusammen."

2

Von 8.00 Uhr bis 13.00 Uhr sitzt **Verena Kainrath** an der Anmeldung einer internationalen Firma in Frankfurt. Sie muss Kunden begrüßen, Telefonate annehmen, Briefe tippen und hat genau denselben Stress wie andere Mitarbeiter in der Firma. Aber in der Mittagszeit ist ihre Arbeit zu Ende. „Dann kommt die Elfriede, mit der ich die Stelle teile. Wir tauschen wichtige Informationen aus, die sie für den Nachmittag wissen muss, und ich fahre dann nach Hause." Eine Vollzeitstelle will Verena nicht. „Ich bin auch Hausfrau. Mein Sohn kommt zur gleichen Zeit wie ich nach Hause und ich kann dann für ihn das Mittagessen kochen."

3

Gabriele Berger ist Morgenmuffel. „Ich komme vormittags sehr langsam in Gang und muss mehrere Tassen Kaffee trinken, bevor ich wach werde", sagt sie. Dass sie also nicht vor zehn Uhr im Büro sein muss, ist für sie die perfekte Lösung, denn ihre Firma arbeitet mit Gleitzeit. Von 10 Uhr bis 16 Uhr sind die Kernstunden in der Firma, in denen alle Mitarbeiter präsent sein müssen. Wer aber gerne später anfängt, kann abends etwas länger arbeiten, um sein tägliches Pensum zu erledigen. „Genau die richtigen Arbeitsbedingungen für mich", meint Gabriela.

4

„Ich habe keine feste Stelle", sagt Computer-Experte **Frank Höllerbauer**. „Ich bekomme einen Vertrag von einer Firma, arbeite sechs Monate oder ein Jahr da, erledige die Arbeit, die von mir erwartet wird und ziehe dann weiter. Eine solche Arbeitsweise finde ich gut. Ich habe viele Freunde in verschiedenen Gegenden Österreichs und habe in der Freizeit meine Heimat gut kennen gelernt. Man muss aber aufpassen, dass man den nächsten Vertrag schon unterschrieben hat, wenn eine Arbeit zu Ende geht. Oder man legt eine Arbeitspause ein – das finde ich auch angenehm."

A 📖 💬 **Lesen Sie diese Schlagzeilen und besprechen Sie jeweils das Thema mit einem Partner/einer Partnerin. Welche Schlagzeile passt zu welchem Text oben? Haben Sie das Thema richtig eingeschätzt?**

a

Arbeiten wie es einem passt

b

Mal hier, mal da

c

GETEILTE ARBEITSSTELLEN

d

Firma in der Ferne

B 📖 Was sind die Vorteile und Nachteile von den verschiedenen
Arbeitsweisen im Text? Schreiben Sie die Tabelle ab und füllen Sie sie aus.
Sie dürfen auch Ihre eigenen Ideen hinzufügen.

Titel	Vorteile	Nachteile
Arbeiten, wie es einem passt		
Mal hier, mal da		
Firma in der Ferne		
Geteilte Arbeitsstellen		

⑪ Tipps für die Arbeit zu Hause

A 🔊 Herr Widmer is giving people tips on working from home. Listen
to the extract and then copy and complete the following table in English for
each of the tips.

Tip number	The 'rule'	One further detail
1		
2		
3		
4		

B 🔊 Hören Sie noch einmal zu. Schreiben Sie die Ausdrücke auf, die
diese Bedeutung haben.

1 viel mehr Arbeit schaffen
2 Tipps, die ich selbst benutzt habe
3 Der Tag muss einen guten Anfang haben.
4 Mein Tag endet um 5 Uhr.
5 Es ist wichtig, dass man das Haus verlässt.
6 Mein Büro und meine Wohnung halte ich separat.
7 „Ich möchte arbeiten!"

C 💬 Diskutieren Sie mit einem Partner/einer Partnerin über die
verschiedenen Arbeitsweisen in der heutigen Arbeitswelt. Was sind die Vor-
und Nachteile von diesen Arbeitsweisen? Welche ziehen Sie vor? Welche
mögen Sie nicht? Besprechen Sie die folgenden Themen:

● Pendeln
● Geteilte Arbeitsstellen
● Arbeiten von zu Hause aus
● Die Arbeit in einem Callcenter

Allerlei Arbeiten

12 Postbote

Postbote

Seit 2000 ist Bernhard Wöstemeyer bei der Deutschen Post beschäftigt. Zu seinem heutigen Arbeitsplatz kam der gelernte Schreiner und Versicherungskaufmann erst nach einem beinahe vollständigen Medizinstudium und einem längeren Aufenthalt in Südfrankreich.

Der Arbeitstag beginnt für Bernhard Wöstemeyer früh. Bereits gegen 6.15 Uhr sortiert der 41-jährige Briefzusteller die Postsendungen für seinen Bezirk Nummer 22. In dieses Gebiet fallen rund 800 Haushalte, die in einem Umkreis von etwa einem Kilometer rund um die Hauptpost liegen.

„Zur Sortierung der verschiedenen Briefe und Kataloge ist Hintergrundwissen einfach sehr praktisch", berichtet Wöstemeyer. Eine Person sei nach Bielefeld verzogen, ein anderer käme erst in wenigen Tagen aus seinem Sommerresidenz an der Nordsee zurück.

Während seiner Tour mit dem gelben Dienstrad hat der Postmitarbeiter mitunter Gelegenheit für ein kurzes Gespräch mit den Kunden. „Manchmal werde ich in meiner Postkleidung aber auch von fremden Menschen gegrüßt!", freut sich Wöstemeyer.

A 📖 **Welcher Satzanfang (1–7) passt zu welchem Satzende (a–g)?**

1 Bevor er Postbote wurde…

2 Bevor er die Runde beginnt…

3 Die Häuser in seiner Runde…

4 Ein Briefträger muss wissen…

5 Bernhard Wöstemeyer macht seine Runde…

6 Während der Runde…

7 Er ist auch froh…

a …mit dem Fahrrad.

b …wer zur Zeit im Urlaub ist.

c …wenn fremde Leute mit ihm sprechen.

d …hat Bernhard Wöstemeyer viel Zeit in Frankreich verbracht.

e …unterhält er sich mit den Kunden.

f …sind ein Kilometer von der Hauptpost entfernt.

g …muss er die Briefe sortieren.

Grammar

Impersonal verbs

● An impersonal verb is one that uses *es* as its subject, e.g. verbs describing the weather: *es regnet, es schneit*. Everything else about impersonal verbs is normal – they can be weak or strong, and used in different tenses.

Es macht nichts.	*It doesn't matter.*
Es ist mir gelungen, … zu tun.	*I succeeded in doing…*
Es freut mich, dass…	*I'm pleased that…*
Es gefällt mir.	*I like it.*
Es geht mir gut/schlecht.	*I feel well/ill.*
Es tut mir Leid.	*I'm sorry.*
Es ist mir kalt/warm.	*I feel cold/warm.*
Es fällt mir ein, dass…	*It occurs to me that … .*
Es handelt sich um…	*It's about/we're dealing with…*
Es geht um … .	*It's a question of…*
Es hängt davon ab, ob…	*It depends on whether…*

● Many expressions can be turned round and *es* omitted:

Mir geht's gut.
Mir ist es gelungen, … zu tun.
Mir ist warm/kalt.

● Some expressions can have a personal subject:

Sie gefällt mir.	*I like her.*
Er tut mir Leid.	*I feel sorry for him.*

Spanisch hören, Deutsch sprechen

„Für die Europäische Union übersetze ich simultan aus dem Spanischen, Englischen und Französischen ins Deutsche", erzählt die 33-Jährige. Dabei bedeutet simultan, dass sie die Wörter in der Fremdsprache hört und fast zeitgleich für die deutschen Abgeordneten übersetzt. Konsekutiv würde bedeuten, dass sie die Beiträge der Abgeordneten auf einem Block notiert und nach einer Redepause für die Muttersprachler übersetzt.

Anja Rütten arbeitet für das Europäische Parlament. Während der Sitzungen kann es sein, dass die 33-Jährige innerhalb einer Stunde drei Fremdsprachen anwendet und für die Abgeordneten aus Deutschland übersetzt. Bei jedem Einsatz gibt es ein neues, oft komplexes Thema zu bearbeiten.

Aus dem Ärmel schüttelt die promovierte Dolmetscherin Vokabeln aus der Schuh- oder Chemiebranche allerdings nicht. „Für jeden Einsatz brauche ich etwa einen Tag zur Vor- und Nachbereitung." Zur Vorbereitung liest sie sich in das jeweilige Thema ein. Nach dem Einsatz setzt sie sich in Wasserberg an den Schreibtisch und notiert die neu gelernten Wörter mit der deutschen Übersetzung in ein Terminologie-Programm am Computer.

Spanisch ist ihre aktive Sprache. Englisch und Französisch hingegen setzt die 33-Jährige als passive Sprachen ein. Das bedeutet, dass sie ausschließlich aus der Fremdsprache in die Muttersprache übersetzt. „Wer bei der EU arbeiten will, sollte möglichst viele Sprachen passiv beherrschen."

Anja Rütten hat an der Universität Saarbrücken studiert. Sie hat Spanisch als erste Fremdsprache und Französisch als zweite belegt. In Englisch hat sie freiwillig Übungen besucht.

Anja Rütten hat viel Zeit in der Dolmetscherkabine an der Uni verbracht. Zuerst haben die Studenten das sogenannte Shadowing geübt und simultan vom Deutschen ins Deutsche gedolmetscht. „Damit haben wir die Situation geübt, gleichzeitig zuzuhören und zu reden", erklärt die Diplom-Dolmetscherin.

Die 33-Jährige hat schon früh gewusst, dass sie im Bereich Sprachen arbeiten möchte. „Sprachen sind mir immer zugeflogen", erinnert sie sich. „Schon in der Schulzeit habe ich mich so öfters in einer Art Dolmetscherrolle wieder gefunden, sei es unter Mitschülern beim Schüleraustausch oder bei geschäftlichen Terminen meines Vaters." Sie fühlte sich wohl in der Rolle. Ein gutes Gedächtnis, die Lust, sich ständig in neue Themen einzuarbeiten, Kontaktfreudigkeit und auch die Gabe, gut mit sich zurechtzukommen, sind wichtige Eigenschaften, die Dolmetscher brauchen. „Nur Spaß an der Sprache zu haben, reicht für den Job nicht aus."

A 🌐 **Besprechen Sie die folgenden Fragen mit einem Partner/einer Partnerin.**

1 Lesen Sie den ersten Absatz und erklären Sie mit Ihren eigenen Wörtern den Unterschied zwischen einer simultanen und einer konsekutiven Übersetzung.

2 Welche Methode wird in Brüssel benutzt? Warum? Was sind die Vor- und Nachteile beider Methoden?

3 Wie bereitet sich Anja Rütten auf neue Themen vor? Was macht sie nachher?

4 Unterscheiden Sie zwischen den drei Sprachen, die Anja Rütten spricht. Was für einen Tipp gibt sie Leuten, die bei der EU dolmetschen wollen?

5 Was muss man zuerst lernen, wenn man dolmetschen will?

6 Was für „Dolmetscherrollen" hat Anja Rütten vor ihrem Studium übernommen?

7 Erklären Sie mit Ihren eigenen Worten die nötigen Fähigkeiten eines Dolmetschers:
   ● ein gutes Gedächtnis
   ● die Lust, sich ständig in neue Themen einzuarbeiten
   ● Kontaktfreudigkeit
   ● die Gabe, gut mit sich zurechtzukommen.

8 Sind Sie überrascht, dass Spaß an der Sprache für den Job nicht ausreicht? Warum (nicht)?

B 🗨 **Können Sie jetzt Ihre Antworten in einem kurzen Vortrag der Klasse vorstellen?**

1 Die Firma weiß, dass ich nicht zur Arbeit komme.
2 Die Bahnarbeiter verlangen mehr Geld.
3 Dieser Streik ist ein Problem für alle.
4 Seit heute früh fahren die Züge nicht mehr.
5 Ich kann es mir nicht leisten, mit einem anderen Verkehrsmittel zu fahren.
6 Eine Lösung gibt es bestimmt, aber wir haben sie bis jetzt nicht gefunden.
7 Die Bahn und die Gewerkschaft haben Gespräche geführt.
8 Die Bahnarbeiter streiken weiter.
9 Die Leute, die zur Arbeit fahren, sind besonders betroffen.

1 Die Leute können immer noch mit der S-Bahn fahren.
2 Die Leute, die frühmorgens ins Büro fahren wollen, sind am meisten von dem Streik betroffen.
3 Die junge Frau hat mit einer Kollegin zur Arbeit fahren können.
4 Die junge Frau konnte sich ein Taxi nicht leisten.
5 Man hat gestern angefangen, mit den Lokführern zu diskutieren.
6 Der Bahnsprecher hofft, dass man bald eine Lösung finden wird.
7 Wenn die Lokführer einen eigenen Vertrag bekommen, dann werden andere Arbeiter das auch haben wollen, fürchtet man.
8 Der Streik soll bis zum Tagesende dauern.

⑭ Wie bekomme ich eine Arbeitsstelle?

LEBENSLAUF

Name: Sabina Naaf
Mein Berufswunsch: Augenoptikerin
Geburtsdatum und -ort: 5. April 1990 in Oldenburg
Wohnort: Dessauer Straße 1, 10775 Berlin
Telefon: 6 45 55 00
Geschwister: 2 Brüder, Schüler
Schulbildung: 1996–2000 Grundschule in Berlin, seit September 2000 Sophie-Scholl-Gymnasium in Berlin
Voraussichtlicher Schulabschluss: Juli 2009 (Abitur)
Praktikum: In den Sommerferien 2007 bei einem Augenoptiker
Sprachkenntisse: Englisch, Französisch
Lieblingsfächer: Mathe, Sport, Biologie
Hobbys: Internet, Basketball
Berlin, 4. Mai 2008

Rainer Derfler   Berlin, 3. Juni 2008
Wiesenweg 33
10078 Berlin
Tel.: 5 67 56 54

Gärtnerei Baum & Blume
Herrn Wolf Dagel
Am Graben 18
13588 Berlin

Bewerbung um einen Ausbildungsplatz als Gärtner
Ihre Anzeige in der Berliner Zeitung vom 2. Juni 2008

Sehr geehrter Herr Dagel,

mit großem Interesse habe ich Ihre Anzeige gelesen und möchte mich Ihnen vorstellen.

Schon lange ist es mein Wunsch, Gärtner zu werden. Von klein auf habe ich meinen Eltern mit Begeisterung bei der Gartenarbeit geholfen. Ich interessiere mich besonders für Hauspflanzen, die ich mit sehr viel Sorgfalt pflege. Freunde meiner Eltern holen sich ab und zu mal einen Rat von mir, wenn sie Fragen zu den Blumen und Bäumen in ihrem Garten haben.

Zurzeit besuche ich die neunte Klasse der Goethe-Schule. Im Sommer dieses Jahres werde ich dort den Hauptschulabschluss machen.

Zu meinen Hobbys zählt neben der Gartenarbeit auch das Basteln. Außerdem gehe ich gern ins Kino.

Ich würde mich freuen, wenn Sie mich zu einem Vorstellungsgespräch einladen.

Mit freundlichen Grüßen

Rainer Derfler

Anlagen: Lebenslauf mit Foto
                Zwei Zeugniskopien

A 🖊 **Schreiben Sie Ihren Lebenslauf. Benutzen Sie Sabinas Lebenslauf auf Seite 115 als Muster.**

B 🖊 **Sie sehen die Anzeige rechts in der Zeitung. Schreiben Sie einen Brief, in dem Sie sich um die Stelle bewerben. Den Brief auf Seite 115 können Sie als Vorlage benutzen. Erwähnen Sie das Folgende:**

- Ihren Berufswunsch
- Ihre Erziehung
- Ihre vorherige Erfahrung oder Ihr Arbeitspraktikum
- Ihre Hobbys.

> WIR SUCHEN AB DEM 1. SEPTEMBER:
>
> # Bürohilfskräfte
>
> Bewerbungsbrief sowie Lebenslauf an:
>
> Frau Monika Schneider
> Frick GmbH
> Kärntner Straße 120
> 1010 Wien

⑮ Arbeitslosigkeit

Bis Ende Dezember war **Sigrun Moeller** bei einer Lichterkettenfirma teilzeitbeschäftigt – für das „Weihnachtsgeschäft". Dann kam wie jedes Jahr das Aus, weil zu Jahresbeginn kaum noch Lichterketten verkauft werden. Frau Moeller kennt diese Situation und ist deshalb nicht allzu besorgt. Ihrer Freundin, die in einer kleinen Schokoladenfabrik arbeitet, geht es genauso: Nach der langen Sommerpause beginnt im Herbst die Produktion von Weihnachtsmännern, Baumschmuck usw. und im neuen Jahr werden dann Osterhasen und Ostereier hergestellt. Danach stehen die Bänder still.

Sandro Bertini ist Metallbauer und arbeitete bis vor kurzem in einem kleinen Betrieb. Trotz der heutigen Probleme in der Industrie war der Betrieb ausgelastet. Dem Inhaber gelang es gut, neue Aufträge zu bekommen. Aber in diesem Frühjahr blieben die Aufträge plötzlich aus. Zwei Mitarbeiter wurden entlassen, darunter Sandro Bertini. Herr Bertini hofft jedoch, seine Stelle wieder zu bekommen, wenn sich die Wirtschaftslage verbessert hat.

Sein Berufsleben lang arbeitet **Josef Gassmann** als Bankkaufmann. Aber Verbesserungen der Elektronik und der Telekommunikation machen es möglich, künftig seine Arbeit nur noch an zwei Standorten zu erledigen. Die Bank will dadurch Kosten senken und hat beschlossen, die anderen Standorte in Deutschland aufzulösen. Herr Gassmann hat kein Angebot von seinem Arbeitgeber erhalten und wird deshalb am Ende des Jahres arbeitslos. Er blickt mit wenig Hoffnung in seine berufliche Zukunft.

Jenny Burkhardt ist auch arbeitslos, genauer gesagt: Sie hat keinen Ausbildungsplatz, obwohl Sie bereits über 35 Bewerbungen geschrieben hat. Ein Grund für ihre Situation ist sicherlich der Umstand, dass sie in Mecklenburg-Vorpommern lebt. Ganz Ostdeutschland ist in besonderem Maße vom Lehrstellenmangel betroffen, da nach der deutschen Wiedervereinigung ganze Industriezweige zusammengebrochen sind, und diese Arbeitsplätze bis heute fehlen. Jenny überlegt ernsthaft wegzuziehen.

A 📖 **Welche Person meint Folgendes? Ist das Sigrun, Sigruns Freundin, Sandro, Josef oder Jenny?**

1 Ich hoffe, dass ich meinen alten Job zurückbekommen werde.
2 Vielleicht bekomme ich in Westdeutschland einen Arbeitsplatz.
3 In den ersten Monaten des Jahres habe ich normalerweise keine Arbeit.
4 Die Arbeit, die ich gemacht habe, wird jetzt mit Computern gemacht.
5 Im Sommer gibt es normalerweise keine Arbeit für mich.
6 Ich habe viele Briefe abgeschickt, aber keine Angebote bekommen.

Zusammenfassung

Diese Liste wichtiger Vokabeln und Redewendungen ist eine gute Prüfungsvorbereitung.

Geld nebenbei

das Arbeitspraktikum	work experience
die Arbeitszeiten	hours of work
die Verwaltung	administration
die Kleiderordnung	dress code
die Aufgabe	task
enttäuscht	disappointed
eintönig	monotonous

Allerlei Arbeiten

der Arbeitsplatz	place of work
der Pendler/pendeln	commuter/to commute
die Zweitwohnung	second flat/home
die Mobilität	mobility
unter Druck setzen	to put under pressure
die Arbeitsbedingungen waren mies	the working conditions were awful
das Brutto-/Nettogehalt	gross/net salary
kündigen	to resign
eine Vollzeit-/Teilzeitstelle	a full/part-time job
die Gleitzeit	flexitime
der Dolmetscher	translator
dolmetschen/übersetzen	to translate
die Muttersprache	mother tongue
viele Sprachen beherrschen	to have a command of many languages
der Lebenslauf	curriculum vitae
der Bewerbungsbrief	letter of application
die Anzeige	advertisement
das Vorstellungsgespräch	interview
entlassen	dismissed/made redundant
die Wirtschaftslage	economic situation
der Ausbildungsplatz	training post

Heute arbeitet man anders

Teilzeitjobs	part-time jobs
finanzieren	to finance
Erfahrung im Berufsleben sammeln	to gain experience in the world of work
die finanzielle Unabhängigkeit	financial independence
das Konto	bank account
der Konsumdruck	pressure to buy
ein Einblick (m) in die Arbeitswelt	an insight into the world of work
ausliefern	to deliver
unangenehm	unpleasant
der Bereich	area (of work)
der Führerschein	driving licence
die Schichtarbeit	shift work
der Vertrag	contract
empfehlen	to recommend
in der Prüfungsphase	while one has exams
selbstständig	independent

1 Die Arbeit von zu Hause

Das Interesse an der Heimarbeit ist besonders groß bei Familien mit jüngeren Kindern. Weil man seine Arbeitszeit flexibler einteilen kann, ist es leichter, Beruf und Familie zu vereinbaren. Wegen der ruhigeren Arbeitsatmosphäre leistet man auch mehr. Für die Telearbeit soll man hoch motiviert und gut organisiert sein. Man braucht auch ein gutes technisches Verständnis, weil Telearbeiter häufig elektronisch mit der zentralen Firma kommunizieren. Telearbeiter sind mit ihrer Arbeit zufriedener als Angestellte, die den ganzen Tag im Unternehmen verbringen und abends müde von der Arbeit nach Hause kommen.

 2 Arbeitspraktikum

Sie hören einen Bericht über ein Arbeitspraktikum. Ergänzen Sie die Sätze mit Wörtern aus der Wortkiste, so dass sie dem Text entsprechen.

a Voriges Jahr machten die Schüler zum _____ Mal ein Arbeitspraktikum in England.
b Jeder hat sich an dem _____ zurecht gefunden, den er sich gewünscht hat.
c Einige Schüler haben mit _____ gearbeitet.
d Nach der Arbeit sind sie in die _____ gegangen.

Pflanzen	fünften
Arbeitsplatz	
Geschäfte	Tieren
ersten	
Sportplatz	
Gaststätte	

 3 Wie der Blitz Schnellimbiss

WIE DER BLITZ SCHNELLIMBISS

Crewmitarbeiter/in

Allroundjob par excellence

Sie sind jung oder jung geblieben, kontaktfreudig, haben Spaß an Teamarbeit und ein Faible für die Gastronomie. Sie sprechen auch fließend Deutsch.

Tätigkeiten

Die Arbeit ist vielseitig: An der Kasse mit direktem Kontakt zu den Gästen oder auch hinter den Kulissen, beispielsweise in der Küche. Teamarbeit wird dabei groß geschrieben. Wir bieten Ihnen eine abwechslungsreiche Beschäftigung.

Bewerben Sie sich per E-Mail an:
brigittewirth. wdb@bluewin.ch

Sie finden diese Anzeige im Internet. Mailen Sie eine Bewerbung **auf Deutsch** an Brigitte Wirth (200–220 Wörter), in der Sie auf Folgendes eingehen:

● Wer Sie sind und warum Sie schreiben.
● Warum Sie eine Stelle als Crewmitarbeiter/in bei dieser Firma haben möchten.
● Was für Arbeitserfahrung Sie in dieser Branche schon haben.
● Wann und für wie lange Sie arbeiten können.

ARBEITSLOSIGKEIT: FAQ/HÄUFIG GESTELLTE FRAGEN

Nina (17) sagt:
Die meisten Arbeitslosen sind zu faul, um zu arbeiten. Wieso sollen sie noch arbeiten, wenn sie genug Geld von der Sozialhilfe bekommen? Und die Menschen, die arbeiten, zahlen auch noch für die Arbeitlosen. Ich frage mich wirklich, wer eigentlich doof ist: derjenige, der arbeitet, oder derjenige, der nicht arbeitet?

Antwort der Redaktion:
Hallo Nina,
so einfach ist es nicht. Wir leben in einem Sozialstaat und die Menschen haben ein Recht auf Unterstützung, wenn sie in einer Notsituation sind. Die Unterstützung von Langzeitarbeitslosen kostet Geld, das der Staat aufbringen muss. Außerdem sollten alle Menschen in einer demokratischen Gesellschaft die gleichen Chancen haben, zufrieden und sorgenfrei zu leben.

Leider gibt es in Deutschland im Moment nicht genügend Arbeitsplätze, so dass alle, die arbeitslos sind, auch Arbeit finden können. Dass so viele Menschen arbeitslos sind, hängt mit den Veränderungen in der Arbeitswelt zusammen. Vieles, was früher von Menschen hergestellt oder montiert wurde, wird heute von Maschinen, Robotern oder Computern erledigt. Gerade in der Industrie fallen immer mehr Arbeitsplätze weg. Außerdem wandern viele Unternehmen ins Ausland ab. Sie lassen ihre Waren dort herstellen, wo die Menschen für viel weniger Geld arbeiten, als das in Deutschland möglich ist. Mit dem Geld, das man als Arbeitsloser bekommt, kann man keine großen Sprünge machen. Für die meisten reicht es gerade so zum Leben. Aber alles andere, z.B. Kino, Urlaub oder schöne Kleider kann man sich nicht leisten.

Arbeit ist für die Menschen wichtig, damit sie Geld verdienen, damit sie sich Dinge kaufen können, die sie brauchen und haben möchten. Arbeit ist auch wichtig, um dem Leben einen Tagesrhythmus zu geben. Für viele Menschen ist Arbeitslosigkeit eine schlimme Erfahrung. Sie haben das Gefühl, dass sie keine Aufgabe haben und, dass man sie nicht mehr braucht, obwohl sie noch arbeiten könnten und wollen. Dass die meisten Arbeitslosen und Sozialhilfe-empfänger faul sind, ist sicher falsch und ein *Vorurteil*. Gewiss gibt es auch ein paar Schwarze Schafe, aber es ist davon auszugehen, dass die meisten Menschen arbeiten wollen, es für sie aber nicht möglich ist, einen Arbeitsplatz zu finden.

Beantworten Sie die folgenden Fragen zum Text **mit Ihren eigenen Worten auf Deutsch**.

a Warum wollen die meisten Arbeitslosen laut Nina nicht mehr arbeiten? (1)

b Inwiefern ist das System Ninas Meinung nach unfair für Arbeiter? (1)

c Warum soll der Staat laut der Redaktion den Arbeitslosen finanziell helfen? (2)

d Aus welchen Gründen gibt es in Deutschland heutzutage nicht mehr genug Arbeitsplätze? (2)

e Wie viel Geld bekommt man als Arbeitsloser? (1)

f Warum ist Arbeit wichtig für die Menschen? (1)

g Wieso ist Arbeitslosigkeit eine schlimme Erfahrung für viele Menschen? (1)

h Warum meint die Redaktion, dass Arbeitslose nicht faul sind? (1)

Sitten, Traditionen, Glauben und Religionen

Ich bremse auch für Tiere!

Über dieses Thema...

★ Am Anfang lesen Sie über das vielseitige Leben in dem wunderschönen Bundesland Bayern. Insbesondere wird die Hauptstadt München näher beschrieben.

★ Dann haben Sie die Gelegenheit, etwas über große ethische Probleme in unserer Gesellschaft herauszufinden und diese Probleme mit anderen zu diskutieren. Die Themen, die hier vorgestellt werden, sind Abtreibung, Gleichberechtigung, Tierversuche, Stammzellenforschung und Klonen.

★ Die Vokabeln und Ausdrücke, die Sie lernen werden, können jedoch auch auf andere Themen übertragen werden.

Diese Einheit behandelt folgende Grammatik:

★ Das Passiv in allen Zeitformen
★ Das Passiv mit transitiven und intransitiven Verben
★ Wie man das Passiv vermeiden kann

Diese Einheit gibt folgende Lerntipps und Prüfungstraining:

★ Wie man am besten im Internet forscht.
★ Wie man verschiedene Materialien und Informationen zusammenbringen und sortieren kann.

Zum Einstieg:

★ Welche deutschsprachige Gegend kennen Sie am besten?
★ Wollen Sie mal Kinder haben? Unter welchen Umständen sollte man ein Kind nicht zur Welt bringen?
★ Was für Diskriminierung gibt es in Ihrer Schule und in unserer Gesellschaft?
★ Haben Tiere auch Rechte?
★ Welche Verantwortungen haben Wissenschaftler? Haben sie zu viel Macht?

Ein Bundesland

1 Bayern

Im Südosten Deutschlands liegt der Freistaat Bayern. Mit seinen etwa siebzigtausend Quadratkilometern gilt Bayern als das größte Land der Bundesrepublik. In diesem einmaligen Gebiet, das ein Tor zwischen Nord- und Südeuropa darstellt, wird eine reiche Auswahl an kulturellen, geschichtlichen und geographischen Attraktionen angeboten.

Sport

Sport wird in Bayern großgeschrieben. Wer hat von FC Bayern München nicht gehört? Andere Sportarten werden genauso gefördert. Ob im Damen-Basketball oder im Tennis stehen bayerische Sportler oft an der Spitze. Der Wintersport hat natürlich eine große Bedeutung im alpinen Raum. Als regionale Spezialität gilt das Sautrogrennen an zahlreichen bayerischen Flüssen.

Wagner und die Festspiele

Ein Paradies für Opernliebhaber ist die Stadt Bayreuth in Oberfranken. Die Richard-Wagner-Festspiele ziehen jeden Sommer Tausende von Fans an. Im Durchschnitt werden sechs Opern im Festspielhaus aufgeführt. Der Komponist, ein Riese in der klassichen Musikwelt, genoss finanzielle Unterstützung von König Ludwig II, dessen zauberhaftes Schloss Neuschwanstein in den Bergen eine der Hauptattraktionen Bayerns ist.

Tradition

Die Bayern legen unheimlich viel Wert auf Tradition und Volkstümlichkeit. Nicht selten begegnen Touristen in bayerischen Städten Einheimischen in traditioneller Tracht. In ländlichen Gegenden herrschen auch manche altmodische Sitten. Woher diese Anziehung zur Vergangenheit stammt, ist unbezweifelt. Einwohner sind stolz darauf, dass Bayern früher ein Königreich war.

Religion

Obwohl der Protestantismus in nördlichen Gebieten in der Mehrheit herrscht, bleibt Bayern vorwiegend ein katholisches Land. Jedoch ändert sich allmählich die religiöse Struktur des Landes – ein Trend, der überall in der EU beobachtet wird. Trotz der Vernichtung fast 200 jüdischer Synagogen in dem Holocaust, existieren jetzt wieder 12 jüdische Gemeinden. Seit den 70er Jahren werden immer mehr muslimische Gläubiger anerkannt.

Industrie

In den letzten Jahrzehnten haben technologische Entwicklungen Bayerns Ruf als Technoland gesichert. Autohersteller, Verlage und IT-Firmen haben alle hier Fuß gefasst. Die starke Wirtschaft des Landes trägt auch dazu bei, dass Bayern die zweit niedrigste Arbeitslosenquote in Deutschland hat.

A Forschen Sie im Internet und bereiten Sie mit einem Partner oder einer Partnerin eine kurze Rede über jedes Thema vor.

1 Tradition
   a Was ist in Bayern die traditionelle Tracht?
   b Welche Symbole halten die Bayern für wichtig?
2 Religion
   a Welche neuen Statistiken können Sie herausfinden?
   b Was sind die bedeutendsten Kirchgebäuden in Bayern?
3 Sport
   a Welche bayerischen Sportler sind weltbekannt?
   b Was halten Sie vom Sautrogrennen?
4 Wagner und die Festspiele
   a Was können Sie über Wagners Leben herausfinden?
   b Wie war die Beziehung zwischen Wagner und Ludwig II?
5 Industrie
   a Warum ist Ingolstadt eine wichtige Stadt?
   b Was ist das Chemiedreieck?

Research skills 1: gathering material

DO:

- access spoken as well as written source materials: audio-visual material (e.g. DVDs, podcasts, web TV) is especially good for immersing yourself in the culture of German-speaking countries
- expose yourself to a variety of contexts, registers, styles and genres
- only choose materials relating to German-speaking countries or communities when researching for Unit 4
- try e-mailing or writing to institutions to ask for relevant information, leaflets, or promotional material; or check websites for downloadable versions.

DON'T:

- use source materials in English: this may lead to a distortion of your written and spoken German when you come to use the material
- rely solely on the internet.

Using the internet for research

Stick to reputable and reliable sites

Only use sites that you would be happy to quote from and acknowledge as a source. If you find factual inconsistencies between sites you will have to decide which is likely to be the more reliable.

Research with a definite purpose in mind

Don't try to research all aspects of a topic at once. Decide in advance some key subtopics, then go on to your next key subtopic.

Pick your key words carefully when using a search engine

Your aim should be to narrow things down as much as possible, for example if researching an issue, put in *Argumente gegen Tierversuche + tierversuchsfreie Forschung* rather than just *Tierversuche.*

Be selective when following links

Keep your eyes open for useful links as you surf, but don't get too sidetracked or you will lose your focus and end up gathering far too much material.

Look for likely places to find pro and contra arguments

For example, you are likely to find quite a difference in viewpoint between government sites and those of independent pressure groups. Try putting words like *Bundesministerium, Bund, Verband* or *Initiative* into a search engine along with key words for the topic you are researching. can also give useful information on one side of an issue.

Keep an eye on news sites

It's especially important if you have chosen the 'Aspects of modern society' area of research to keep yourself up-to-date with the latest developments.

B ✎ **Forschen Sie im Internet nach und schreiben Sie einen kurzen Absatz zu drei der folgenden Themen.**

1 der Bamberger Reiter
2 die Würzburger Residenz
3 das Olympiastadion in München
4 die Nürnberger Prozesse
5 die bayerische Mundart

6 Münchener Weißwurst
7 die Passionsspiele in Oberammergau
8 Fastnacht in Bayern
9 Bayerns Flüsse
10 Franz Josef Strauß

C 🔊 **Hören Sie auf der CD die Interviews mit drei Leuten aus Bayern an und füllen Sie eine Kopie dieser Tabelle aus.**

	Frau Schramm	Mauro Righetti	Yasmin Meyer
Wohnt hier seit?			
Beruf oder Beschäftigung?			
Meinungen über die Region?			

D ✎ 💬 **Erfinden Sie eine weitere Person, die in Bayern wohnt. Schreiben Sie eine Antwort auf die Frage „Wie finden Sie das Leben in Bayern?", und lesen Sie sie vor. Die anderen Studenten sollen dann Notizen auf Deutsch machen.**

München – die heimliche Hauptstadt Deutschlands

Wo liegt München? An der Isar oder auf der schwäbisch-bayerischen Hochebene – beide richtig! Aber das ist nur die halbe Wahrheit, denn München liegt genau da, wo es der jeweilige Besucher haben will. „Europäische Kulturmetropole" schwärmen die einen, „Millionendorf" schimpfen die anderen, und wollen damit zum Ausdruck bringen, dass München anderen deutschen Großstädten wie Berlin oder Frankfurt nicht das Wasser reichen kann. Das macht den Bewohnern nicht viel aus, denn der bayerische Großstädter sieht die Dinge nicht so verbissen ernst wie der Rest der Welt.

München wird als leichtlebig und vielleicht sogar ein bisschen südländisch betrachtet, aber vor allem ist es teuer. Mietpreise über 20 Euro pro Quadratmeter sind hier keine Seltenheit. Deshalb werden hier nicht nur mehr Theater, Kirchen und Geld gefunden als im Rest der Bundesrepublik, sondern leider auch mehr Menschen, die dem knallharten Wettbewerb in der Finanz- und Technologiemetropole nicht gewachsen sind. Für normale Touristen bleiben solche Leute so gut wie unsichtbar. Um die andere Seite Münchens kennen zu lernen, muss man sich in Stadtteile wie Frauenhölzl oder Hasenbergl, oder die riesige

Trabantenstadt Neuperlach begeben, wo München – um mit Thomas Mann zu sprechen – mehr stinkt als leuchtet.

München wird oft mit Paris, Rom oder Athen verglichen, aber in Wirklichkeit ist die Stadt ganz anders. Einheimische, die diesen Vergleich scheuen, verweisen gerne darauf, dass die Isarmetropole erst 1957 Millionenstadt wurde.

Wie alle anderen deutschen Städte hat München ein wenig Probleme bei der Aufarbeitung seiner jüngsten Vergangenheit. Innerhalb der Stadt finden sich weit mehr Hinweise auf die königliche als auf die nationalsozialistische Epoche, auch wenn ein Gedenkplatz für die Opfer des Nationalsozialismus an der Ecke Brienner Straße errichtet worden ist.

Trotzdem werden jährlich Millionen von Touristen hierher gelockt. Und je kritischer die Münchener ihre Stadt betrachten, desto mehr gefällt sie den Touristen.

Für alle ist jedoch am wichtigsten, dass München über genügend grüne Oasen verfügt, wo man am Wochenende oder in der Mittagspause ausspannen und so richtig zur Ruhe kommen kann. Ein wahrer Magnet ist der Englische Garten im Sommer, vor allem für Sonnenhungrige, die sich gerne auf der FKK-Wiese bräunen!

A 📖 **Suchen Sie im Text Sätze oder Satzteile mit der gleichen Bedeutung wie diese Sätze.**

1 Es gibt viele verschiedene Meinungen darüber, wie man Münchens Lage beschreibt.
2 München ist nicht so großartig wie andere Städte in der Bundesrepublik.
3 Es ist den Einheimischen egal.
4 Eine Wohnung hier kann oft unbezahlbar sein.
5 München ist in der Realität nicht so, wie manche es sich vorstellen.
6 Es ist schwierig, sich mit der deutschen Geschichte im 20. Jahrhundert auseinanderzusetzen.
7 Die jährliche Besucherzahl ist enorm.
8 Der Park in der Stadtmitte zieht viele an.

B 📖 ✏️ Lesen Sie den Text auf Seite 124 und beantworten Sie folgende Fragen mit Ihren eigenen Worten auf Deutsch.

1 Erklären Sie den Begriff „Europäische Kulturmetropole".
2 Warum ist der Begriff „Millionendorf" ein negativer Begriff?
3 Was für Leute sind die Münchener dem Text nach?
4 Welche Leute können es sich leisten, im Stadtzentrum zu wohnen?
5 Warum sind manche Münchener unsichtbar für Touristen?
6 Was hielt der Autor Thomas Mann von Neuperlach?
7 Was halten Einheimische von dem Vergleich ihrer Stadt mit z.B. Rom?
8 Warum war 1957 ein wichtiges Jahr in der Geschichte Münchens?
9 Warum würden manche Besucher die Ecke Brienner Straße aufsuchen?
10 Warum sind „grüne Oasen" in der Stadt wichtig?

C ✏️ Sie haben München besucht. Schreiben Sie einen kurzen Aufsatz (ungefähr 250 Wörter) auf Deutsch mit folgenden Informationen:

● warum Sie ausgerechnet München besucht haben
● was Sie alles gemacht haben
● welche Probleme Sie hatten
● Ihre Eindrücke von der Stadt

Grammar

The passive

What is the passive?

Most sentences we write consist of a Subject + Verb + anything else we want to include, such as the direct object:

Touristen **betrachten** München als entspannt.   *Tourists see Munich as easy-going.*

But we can also say:

München **wird** von Touristen als entspannt **betrachtet**.   *Munich is seen by tourists as easy-going.*

This form of the verb is called the **passive**. It is particularly useful when we don't know or don't want to mention the subject (the 'doer').

Eine reiche Auswahl an Attraktionen **wird** angeboten.   *A rich variety of attractions is offered.*

Der Trend **wurde** überall in der EU **beobachtet**.   *The trend was observed everywhere in the EU.*

Formation of the passive

● The basic rule is: *werden* (usually the present or the imperfect) + past participle of the verb (as for the perfect tense).

Present: München **wird** oft mit Paris **verglichen**.   *Munich is often compared to Paris.*

Imperfect: Viele Themen **wurden** in dem Buch **vorgestellt**.   *Many subjects were introduced in the book.*

● You will sometimes find the perfect tense of the passive, but use **worden**, not *ge*worden (the usual past participle of *werden*).

Perfect: Eine Gedenkstätte **ist** errichtet **worden**.   *A memorial has been erected.*

(For more details, see p. 000.)

● Note that the passive with *werden* emphasises the action. Sometimes *sein* + past participle can be used instead to emphasise a state of affairs.

Man **ist** auf den Rollstuhl **angewiesen**.   *You're reliant on the wheelchair.*

Tierversuche **sind** verboten.   *Experiments on animals are banned.*
                                        (i.e. that's how things are)

Tierversuche **werden** nächstes Jahr verboten.   *Experiments on animals will be banned next year.*
                                        (i.e. the action that will be taken)

Look for more examples of the passive in the text.

Abtreibung

③ Kann man Abtreibung rechtfertigen?

Kann man Abtreibung rechtfertigen?
VIER FRAUEN STEHEN VOR EINER HARTEN ENTSCHEIDUNG
von Susanne Frömel

„Meine Schwangerschaft ist sehr früh bemerkt worden – meine Mutter konnte nicht aufhören zu weinen. Es war mein erstes Mal. Mit dem Vater war ich schon zwei Monate befreundet, aber er ist auch erst 16 Jahre alt und wir wollen beide das Abitur machen. Natürlich ist eine Verhütungsmethode angewandt worden, aber der Kondom ist gerissen. Ich fühle mich für die Elternschaft noch viel zu jung."

Andrea, 16, Hamburg

„Als mir gesagt wurde, dass ich schwanger bin, konnte ich das zunächst nicht glauben. Ich bin nämlich in den Wechseljahren und hatte mich für unfruchtbar gehalten. Mein Mann und ich haben sowieso zwei Kinder, die schon über zwanzig Jahre alt sind. Ein drittes Kind wäre eine zu große Verantwortung. Und wenn ich 65 bin, dann wird es erst 10 Jahre alt sein. Das Kind wird darunter leiden, wenn die Mutter wie eine Großmutter aussieht."

Gisela, 55, Saarbrücken

„Diese ungewollte Schwangerschaft hat mich so richtig in Panik gesetzt. Ich werde zwischen verschiedenen Gefühlen hin- und hergerissen – Entsetzen, Angst, Wut. Meine Karriere will ich nicht abbrechen; heiraten will ich auch nicht. Ein Kind allein großziehen, will ich nicht. Ich hatte immer gedacht, dass die Pille zuverlässig wirkt. Jetzt kann ich verstehen, dass man immer zwei Verhütungsmethoden anwenden sollte. In meinem Alter will ich mein eigenes Leben genießen!"

Franki, 25, Leipzig

„Wir wollten immer Kinder haben, mein Mann und ich. Am Anfang freuten wir uns unheimlich über die Schwangerschaft. Als uns von dem Arzt erklärt wurde, dass das ungeborene Baby schwerbehindert ist, war es ein riesiger Schock. Was für eine Zukunft können wir dem Kind bieten? Wie viel Hilfe wird staatlicherseits angeboten? Und diese Ängste, diese Unsicherheit machen uns blind. Wir fühlen uns unfähig, die richtige Entscheidung zu treffen."

Lena, 31, Chemnitz

A 📖 **Wer sagt das – Andrea, Gisela, Franki oder Lena?**

1 Ich dachte, ich konnte nicht mehr schwanger werden.
2 Mein Beruf ist im Moment wichtiger als eine Familie.
3 Meine Ausbildung ist mir noch wichtig.
4 Wenn das Baby geboren wird, werden wir Unterstützung brauchen.
5 Ich kann meine Emotionen nicht beherrschen.
6 Ich hatte nie zuvor Geschlechtsverkehr gehabt.
7 Ich will ein Kind zur Welt bringen.
8 Kinder mit alten Eltern haben Schwierigkeiten.
9 Meine Familie ist groß genug.
10 Ich will keine alleinstehende Mutter sein.

B 💬 **Was sollen diese Frauen machen? Sollen sie abtreiben oder nicht? Wählen Sie eine Person und bereiten Sie die Argumente für oder gegen eine Abtreibung vor. Besprechen Sie die Argumente in einer Gruppe.**

C 🔊 **Hören Sie auf der CD das Interview mit der Sozialarbeiterin Lisa Wolf-Loos. Machen Sie Notizen auf Deutsch zu den folgenden Fragen.**

● Aus welchen Gründen besuchen schwangere Frauen diese Beratungsstelle?
● Wie kann eine Abtreibung vermieden werden?
● Was halten Sie von einer solchen Beratungsstelle?

Stellen Sie sich eine Situation vor, in der eine Frau zur Beratungstelle geht. Erfinden Sie das Gespräch mit einem Partner oder einer Partnerin.

④ Abtreibung

Abtreibung – das neue Tabu

Vor 36 Jahren erklärten 374 Frauen in einer Kampagne: „Wir haben abgetrieben". Würde man heute so viele Frauen finden, die zu diesem Bekenntnis bereit wären? Um das herauszufinden, fuhr eine BRIGITTE-Mitarbeiterin durch Deutschland – und stieß auf ein neues Tabu.

„Meine Freundinnen wissen es. Meine Eltern auch. Niemand sonst. Eine Abtreibung ist nicht, was so einfach erzählt werden kann. Es kann nicht so einfach darüber gesprochen werden. Das Thema ist tabu."

Tatsächlich sinkt die Zahl der Schwangerschaftsabbrüche seit 2004 kontinuierlich. In Deutschland und in den Niederlanden werden weltweit die wenigsten Abtreibungen vorgenommen. Im vergangenen Jahr haben 120.000 Frauen eine Schwangerschaft abgebrochen, 3,5% weniger als im Vorjahr.

Fast jede siebte Schwangere tut es. Und trotzdem ist es kein Thema, auch nicht unter guten Bekannten. Zum Beispiel meine Freundin Anna, 33, Juristin. Als sie erfuhr, dass ihr Mann sie betrog, hat sie ihn sofort hinausgeworfen. Ihre Abtreibung liegt schon einige Jahre zurück. Ich frage Anna, warum wir nie darüber geredet haben, und ihre Antwort klingt wie aus einer anderen Zeit: „Darüber kann nicht geredet werden!" Aber warum nicht?

Es geht um ein Leben, das nicht gelebt werden kann. Abtreibung ist eine zutiefst persönliche Entscheidung. Und seitdem die Debatte über den Paragrafen 218 vorbei ist, ist Abtreibung ein vorrangig politisches Thema auch nicht mehr. Das war es nicht, als 1971 die 374 Frauen zu ihrer damals noch illegalen Abtreibung bekannten.

Ich schrieb Briefe, hing Zettel aus, fragte im Bekanntenkreis herum, ob jemand bereit wäre, offen mit mir über das Thema zu reden. Als ich die Hoffnung schon aufgegeben hatte, rief Gulda an. Sie hatte drei Tage zuvor in einem Familienplanungszentrum in Berlin einen Schwangerschaftsabbruch vornehmen lassen. Sie sagte: „Eine Frau, die abgetrieben hat, muss sich nicht verstecken!"

A 📖 💬 **Nachdem Sie den Artikel gelesen haben, besprechen Sie die folgenden Fragen mit einem Partner oder einer Partnerin.**

1 Warum ist Abtreibung wohl ein Tabu in Deutschland?
2 Welche Gründe könnte es dafür geben, dass die Zahl der Schwangerschaftsabbrüche in Deutschland sinkt?
3 Wie hat Anna wohl ihre Abtreibung gerechtfertigt?
4 Welche Rolle hatten die 374 Frauen im Jahre 1971 in der Debatte gespielt?
5 Warum ist Gulda heute eine Ausnahme?

B ✏️ **Forschen Sie im Internet und finden Sie so viel wie möglich über Abtreibung in Deutschland aus. Schreiben Sie einen Bericht darüber, in dem Sie auf folgende Punkte eingehen:**

● Welche weiteren Argument können Sie für oder gegen Abtreibung herausfinden?
● Was steht im Paragrafen 218?
● Stimmen Sie mit dem Abtreibungsgesetz ein oder nicht? Begründen Sie Ihre Entscheidung.

Study skills

Research skills (2): sifting and organising the material

Be selective

Skim-read material first to decide whether it is useful and where it fits within your ongoing dossier about your chosen topic. If it is a repetition of information you have already collected in a better format, ignore it.

Identify main recurring subtopics and flag them up

Some initial reading around your topic will enable you to make a list of the main themes that keep cropping up. Give each one a symbol or number, so that whenever you come across that theme again as you read, you can flag it up in the margin of your printout or article. This will be useful for filing, and also later on as you try to draw together ideas from all your sources.

Organise your material into folders or files

For each piece of source material that you select, either highlight (if you've printed it out) or make notes on (e.g. an audio or visual source) the most useful information gleaned, then file it appropriately.

For Unit 3 you could have separate files for pro and contra arguments: even though you will be presenting only one side of the argument it is useful to research the other side too so that you know what counter-arguments to expect from the examiner.

For Unit 4, set up a separate file for each of the subtopics listed under your chosen research area.

Always keep a note of your sources

Candidates in the Unit 4 exams are expected to make appropriate references to specific German-language sources that they have consulted. This is especially important for verbatim quotations or statistics.

Analyse your research: form your own opinions and back them up

You'll need to give opinions and justify them in both the Unit 3 and 4 exams, so make notes on your own opinions as you weigh up, compare and contrast information from different sources.

Summarise your findings on each subtopic from your own personal perspective

Go through all the material under each subtopic and summarise, synthesise or draw it together by making notes in your own words. Add in your own personal perspective in the form of opinions, attitudes, feelings, reactions, comparisons and conclusions.

Gleichberechtigung

⑤ Alles unter einem Dach

> „Niemand darf wegen seines Geschlechtes, seiner Abstammung, seiner Rasse, seiner Sprache, seiner Heimat, seines Glaubens, seiner religiösen oder politischen Anschauung benachteiligt oder bevorzugt werden. Niemand darf wegen seiner Behinderung benachteiligt werden."
>
> Das Grundgesetz

Wir haben vier Bewohner eines Berliner Hochhauses interviewt. Die Frage: Fühlen Sie sich benachteiligt?

Mein ganzes Leben lang habe ich als Hausfrau gearbeitet. Da mein Ehemann einen anstrengenden Beruf hatte, musste ich den Haushalt führen und für unsere Kinder sorgen. Gleichberechtigung war für mich überhaupt kein Thema. Wir haben das einfach akzeptiert. Seit seinem Tod ist mir jedoch klar, dass wir einen Fehler gemacht haben. Er hatte natürlich eine Rente von der Firma, aber sie konnte nicht auf meinen Namen übertragen werden. Wie soll ich alleine zurechtkommen? Das hat mich derart geärgert, dass ich mich jetzt für die Rechte von verheirateten Frauen engagiere.

Hildegard, 84

Wenn man auf den Rollstuhl angewiesen ist wie ich, muss man sich mit seiner Situation auseinandersetzen. Zum Glück funktioniert der Fahrstuhl in unserem Wohnblock fast immer. Ab und zu habe ich in der Stadt Schwierigkeiten, wenn zum Beispiel eine Tür zu eng ist oder wenn ich meinen Wagen nicht parken kann. Ansonsten gibt es wenige Probleme für mich. Mein Job ist gesetzlich gesichert und ich verdiene genug, um ein selbstbestimmtes Leben zu führen.

Ella, 45

In der sogenannten schwulen Hauptstadt Europas leben wir seit einem Jahrzehnt praktisch als Ehepaar zusammen. Ob wir uns benachteiligt fühlen? Na ja, im täglichen Leben eigentlich nicht. Wir haben die gleichen Rechte wie alle. Das einzige, worüber wir uns früher aufgeregt haben, war nur, dass die sogenannte Homoehe in Deutschland noch nicht eingeführt worden war. Unsere Beziehung sollte vor dem Gesetz genau so viel gelten wie eine heterosexuelle Partnerschaft.

Werner, 35, und Axel, 32

In unserer Schule ist eine neue Regel eingeführt worden. Wir dürfen nämlich keine Sprache außer Deutsch im Schulhof sprechen. Das ist doch gesetzeswidrig, oder? Wenn ich mit meinen afghanischen Freunden in der Pause plaudere, wollen wir unbedingt unsere Muttersprache hören. Ich kann es aber verstehen, weil wir jetzt in einer neuen Heimat wohnen und die Landessprache beherrschen müssen, um im Leben eine gute Chance zu haben.

Hama, 16

Sie die richtige Antwort. Dann erklären Sie Ihre
Antwort mit Informationen aus dem Text.

1 Hildegard ist
   a geschieden.
   b verwitwet.
   c zum zweiten Mal verheiratet.

2 Sie hat
   a ihre Meinung zum Thema
      Gleichberechtigung geändert.
   b keine Meinung zum Thema
      Gleichberechtigung.
   c die gleiche Meinung wie früher.

3 Werner und Axel
   a haben sich vor kurzem kennengelernt.
   b fühlen sich in Berlin wohl.
   c wollen von Berlin wegziehen.

4 Sie wollten früher
   a heterosexuell sein.
   b getrennt wohnen.
   c heiraten.

5 Ella ist
   a taub.
   b sehbehindert.
   c gehbehindert.

6 Sie ist
   a mit ihrer Situation zufrieden.
   b oft frustriert mit ihrem Leben.
   c draußen sehr ängstlich.

7 Sie
   a wurde letztes Jahr gekündigt.
   b kann ihre Stelle nicht verlieren.
   c bekommt einen zu niedrigen Lohn.

8 Hama
   a ist wahrscheinlich zweisprachig.
   b muss die Sprache seiner Heimat noch
      lernen.
   c unterhält sich ungern mit seinen Freunden.

9 Er
   a akzeptiert die neue Schulregel.
   b kämpft gegen die neue Schulregel.
   c findet die neue Schulregel sinnlos.

10 Er wird wahrscheinlich
   a nach Afghanistan zurückziehen.
   b in Deutschland bleiben.
   c in ein anderes europäisches Land umsiedeln.

B 📖 💬 **Was ist Ihre Meinung? Wählen**
Sie eine von den vier Personen und schreiben Sie
einen kurzen Absatz über ihn oder sie. Lesen Sie
den Absatz vor. Die anderen in der Gruppe sollen
dann gegen Ihre Meinungen argumentieren.
Mögliche Stellungen:

● Hildegard ist selbst daran schuld, dass sie jetzt
   nicht genug Geld hat.
● Werner und Axel sollten die gleichen Rechte
   haben wie heterosexuelle Paare.
● Als Behinderte braucht Ella viel mehr Hilfe
   und Fürsorge als andere.
● Hama hat kein Recht darauf, seine
   Muttersprache in der Schule zu sprechen.

C ✏️ **Lesen Sie die Texte noch einmal. Die**
Wörter und Ausdrücke im Text helfen, diese Sätze
zu übersetzen.

1 I ran the household and looked after the
   children.
2 My husband and I have a good pension.
3 It is difficult to cope alone.
4 Gay couples often feel disadvantaged.
5 The law is unfair.
6 The door into the restaurant was too narrow
   for my wheelchair.
7 I can park my car anywhere because I am
   disabled.
8 I did not understand the dialect in Berlin.
9 It is important to speak your mother tongue
   with your friends.
10 Many people see Germany as their new
   homeland.

Ganz klar: Männersache

Während Mädchen in den vergangenen Jahren immer stärker gefördert wurden, blieben Jungen häufig auf der Strecke. Das soll sich nun ändern!

Jungen werden Polizist, Feuerwehrmann oder tüfteln an technischen Geräten herum. Mädchen kümmern sich um die Erziehung und pflegen kranke Menschen. Dieses traditionelle Verständnis soll der Girls Day seit 2001 aufbrechen. Doch auch für Jungs gibt es neue Perspektiven – nämlich Pläne für einen Boys Day.

Der Boys Day in Charlottenburg-Wilmersdorf richtet sich an 12- bis 16-jährige Schüler. Der Tag soll dazu beitragen, Jungen in ihrer Persönlichkeitsentwicklung zu fördern, Rollenklischees zu überwinden und später eine Ausbildung zu finden, die ihren Neigungen und Fähigkeiten entspricht.

Weibliche Landespolitiker in Berlin geben sich skeptisch. Jungen werden von der Gesellschaft genug gefördert; der Girls Day soll Mädchen in Berufe führen, die mit mehr Einfluss und besserer Bezahlung verbunden sind. Andererseits wird der Plan für den Boys Day von vielen begrüßt. Jungen brauchen männliche Vorbilder. Mädchen verstehen schon längst, worum es in der Gesellschaft geht.

Toleranz statt Gleichberechtigung?

Unter den fortschrittlichen Menschen in Deutschland ist man sich darüber einig, dass Ausländer toleriert werden müssen. Leider sind nicht alle Leute der gleichen Meinung. Schon eine einzige Moschee unter Hunderten von Kirchen scheint für manche Leute bereits das ganze christliche Abendland zu gefährden. Ist Toleranz anstatt Gleichberechtigung genug in der modernen Welt?

Seit einigen Jahren wird in der Politik und in Kirchen immer wieder für Akzeptanz als Basis einer multikulturellen Gesellschaft gesprochen. In Deutschland merken Andersartige eine Grenze zwischen denen, die als fremd betrachtet werden und denen, die scheinbar dazugehören. Die Zugehörigkeit ist mit Privilegien verknüpft: diejenigen, die nicht auffallen, haben die Chance, nach persönlichen Qualitäten beurteilt zu werden statt nach der Gruppenzugehörigkeit.

In einer erfolgreichen multikulturellen Gesellschaft, muss man bereit sein, die Mehrheitskultur und Minderheitskulturen gleichzeitig zu respektieren. Erst wenn das geschieht, wird die formelle und die informelle Diskriminierung von Andersartigen in der Berufswelt und in vielen anderen Bereichen des öffentlichen Lebens reduziert werden.

A **Sind die folgenden Sätze richtig oder falsch dem Text nach? Verbessern Sie die falschen Sätze.**

1 Das Ziel von dem Girls Day ist, Vorurteile abzubauen.

2 Der Boys Day darf von allen Jugendlichen besucht werden.

3 In dem Boys Day können Jungen mit technischen Geräten spielen.

4 Es ist besser, wenn Jungen einen Beruf ergreifen, der ihnen gefällt.

5 Niemand spricht für den Boys Day.

6 Moschees werden in Deutschland toleriert.

7 Politiker interessieren sich wenig für Gleichberechtigung.

8 Die deutsche Gesellschaft ist noch nicht völlig integriert.

9 Die multikulturelle Gesellschaft funktioniert schon gut.

10 Respekt für andere Kulturen ist eine Voraussetzung für Gleichberechtigung.

B 💬 **Schlagen Sie die folgenden Wörter oder Ausdrücke im Wörterbuch nach. Erklären Sie mit Ihren eigenen Worten, was sie bedeuten.**

1 auf der Strecke bleiben
2 Rollenklischees überwinden
3 Neigungen
4 männliche Vorbilder

5 fortschrittliche Menschen
6 das ganze christliche Abendland
7 nicht auffallen
8 die informelle Diskriminierung

C 📖 ✏️ **Wie werden Mädchen oder Fremde benachteiligt? Machen Sie die folgenden Ausgaben.**

1 Listen Sie Beispiele auf, die in den zwei Artikeln erwähnt oder angedeutet werden, z.B. Frauen verdienen weniger als Männer.
2 Welche Rollenklischees existieren für:
   a Jungen?
   b Mädchen?
   c Ausländer?
3 Welche anderen Situationen gibt es für solche Leute, in denen sie sich benachteiligt fühlen könnten?

D 🔊 **Eine junge Frau spricht über ihre Sexualität. Hören Sie zu und füllen Sie die Lücken aus. Die Wörter finden Sie in der Wortkiste.**

Wahrheit	unzufrieden	einfach	nicht	heiraten	
Vorteile	schwer	oft	bevorzugt	zusammenziehen	hasst
Hindernisse	schon	selten	Lüge	zufrieden	

1 Lisa _____ Frauen statt Männer.
2 Sie fand es _____, ihren Freunden davon zu erzählen.
3 Die Jungen sprechen _____ über ihre Sexualität.
4 Einige Mädchen bezweifeln die _____ ihrer Aussage.
5 Lisa ist mit dem Gesetz _____ .
6 Als junge Frau weiß sie, dass es _____ gibt.
7 Lisa hat ihre Sexualität mit den Eltern _____ diskutiert.
8 Lisa und ihre Partnerin wollen _____ .

E 📖 💬 **Forschen Sie im Internet zum Thema Gleichberechtigung nach. Bereiten Sie eine Rede vor. Welche Beweise können Sie dafür finden:**

1 … dass sich Menschen in Deutschland gleichberechtigt fühlen?
2 … dass Gleichberechtigung in Deutschland noch nicht existiert?

F ✏️ **„Gleichberechtigung – ein Traum für die Zukunft!" Schreiben Sie einen Aufsatz zu diesem Thema. In Ihrem Aufsatz könnten Sie auf folgende Punkte eingehen:**

● warum sich manche Leute in der Gesellschaft benachteiligt fühlen
● Beispiele der Diskriminierung
● ob genug getan wird, um ihnen zu helfen
● Beispiele der Gleichberechtigung heute
● wie die Zukunft für „Andersartige" aussehen sollte oder aussehen wird.

Tierversuche

7 Kann man Tierversuche rechtfertigen?

> Innerhalb der EU werden jährlich insgesamt rund 11.000.000 Tiere in Tierversuchen verbraucht. Darunter auch, was kaum bekannt ist, rund 10.000 Affen verschiedener Arten. Ob wir diese Situation rechtfertigen können, bleibt ein umstrittenes Thema, wie in diesem Online-Forum zu sehen ist ...

Tiere-Forum

Jana

Liebe Foris,
Wie ist eure Meinung zu Tierversuchen? Sind sie immer unnötig, oder kann man sie unter manchen Umständen rechtfertigen?

Kirsten

Ich bin unentschlossen! Tierversuche sind meiner Meinung nach notwendig, wenn es um schwere, noch wenig erforschte Krankheiten geht. Diese werden meistens an Ratten und Mäusen durchgeführt. Allerdings lehne ich Versuche ab, die definitiv unnötig sind, wie z.B. für Kosmetika oder Pharmaprodukte. Oft können solche Sachen problemlos an Menschen getestet werden.

Erwin

Ohne Labortiere wäre die Medizin nicht da, wo sie heute ist. Was ist das Leben von einigen Nagetieren gegen das Leben von Millionen Menschen? Wenn wir Krebs oder AIDS in der Welt ausrotten wollen, müssen wir einfach akzeptieren, dass solche Experimente unerlässlich sind.

Melis

Für mich ist es völlig unakzeptabel, dass Versuche mit kleinen und manchmal auch größeren Tieren erlaubt ist. Tiere haben schließlich auch Rechte. Deshalb engagiere ich mich für Tierschutz in Deutschland und bin Mitglied in einem Tierschutzbund. Ich habe schon an ein paar Demonstrationen teilgenommen. Am liebsten würde ich alle Tiere aus den Laboren retten.

Sven

Als Menschen sind wir viel zu empfindlich. Wenn uns erzählt wird, dass Kaninchen oder Mäuse in Laboren umgebracht werden, reagieren wir nur mit unseren Gefühlen. Wenn wir aber am nächsten Tag ein Arzneimittel kaufen, vergessen wir diese Emotionen. Das Ziel der Wissenschaft ist, Fortschritte für die Menschheit zu machen. Deswegen müssen wir mit Tierversuchen leben. Tierversuche sind ein notwendiges Übel.

Eva

Es gibt überhaupt keine Grundlage für Tierversuche, denn es gibt reichlichst Alternativmethoden. Man sollte vorsichtig sein, bevor solche Themen wie AIDS usw. als Argument pro Tierversuch missbraucht werden.

A **Lesen Sie die Antworten auf Janas Frage. Wer sagt was?**

1 Der Tod eines Kleintiers ist unwichtig.

2 Viele Menschen ignorieren die Tatsachen, wenn es ihnen passt.

3 Man kann z.B Kosmetika herstellen, ohne Experimente an Tieren durchzuführen.

4 Meine Meinung ist geteilt.

5 Tierversuche müssen geduldet werden.

6 Ich bin Aktivist gegen Tierversuche.

7 Wissenschaftler müssen solche Experimente unternehmen, wenn sie etwas Positives für die Welt machen sollen.

8 Ich bin gegen unnotwendige Tierversuche.

9 Manche Tierversuche sind völlig unakzeptabel.

10 Wenn ich könnte, würde ich für Labortiere mehr machen.

B 📖 **Finden Sie im ganzen Text Wörter oder Ausdrücke mit der gleichen Bedeutung:**

1 eine heikle Frage
2 nötig
3 jedoch
4 vernichten
5 total
6 getötet
7 Medikament
8 aus diesem Grund
9 Basis
10 sehr viele

C ✏️📖 **Machen Sie die folgenden Aufgaben.**

1 Schreiben Sie eine Liste von Argumenten für und gegen Tierversuche, die in dem Online-Forum vorkommen.
2 Forschen Sie im Internet nach. Welche weiteren Argumente gibt es? Fügen Sie diese Ideen hinzu.
3 Mit welchen Argumenten stimmen Sie überein? Rechtfertigen Sie Ihre Meinung vor der Klasse.

D ✏️ **Wählen Sie aus den Antworten im Online-Forum Beispiele von nützlichen Wörtern oder Ausdrücken, die ein Argument unterstützen können. Benutzen Sie diese Wörter oder Ausdrücke, um Ihre Meinung zu den folgenden fünf Themen zu äußern. Die anderen in der Gruppe sollen dann ein Gegenargument erfinden.**

die Jagd   Vegetarismus   Haustiere

Pelzmäntel   Zoos

E ✏️ **Sie sind Mitglied in einem Tierschutzbund. Schreiben Sie einen Artikel auf Deutsch für die lokale Zeitung, in dem Sie auf folgende Punkte eingehen:**

● warum Sie in einem Tierschutzbund sind
● was die Mitglieder in dem Tierschutzbund machen
● Ihre persönliche Meinung zum Thema Tierversuche
● Ihre Hoffnungen für die Zukunft des Tierschutzes.

⑧ Tierschutz in Österreich

Lückenhafte Gesetze und bürokratische Hindernisse für alternative Methoden sorgen EU-weit dafür, dass unzählige Tiere in der Kosmetikindustrie verbraucht werden. Aber Sie als Konsument haben es in der Hand! Wenn Sie in Ihrem Einkaufsverhalten auf „Nummer Sicher" gehen, dann tragen Sie zu einer Reduzierung der Tierversuche bei.

Was kann man also machen?
Hiermit einige Tipps:

BUAV
APPROVED

● Kaufen Sie nur Produkte mit einem anerkannten Gütesiegel. Das zeigt, dass die Produkte keine Inhaltsstoffe erhalten, die mit Tierquälerei verbunden sind.

- Beim Pflanzenschutz oder Reinigen im Haushalt sollten Sie am besten chemische Produkte vermeiden. Greifen Sie stattdessen zu natürlichen Mitteln wie Zitronensaft oder Essig. Vergessen Sie auch nicht, dass tierversuchsfreie Wasch- und Putzmittel leichter biologisch abbaubar sind. Sie leisten also dadurch einen Beitrag zur Umwelt.
- Verzichten Sie womöglich auf Medikamente, die an Tieren getestet worden sind. Verwenden Sie selbstgemachte Tees oder Hustensaft.
- Wählen Sie immer Naturkosmetik, die voll im Trend liegt und zunehmend auch von prominenten Personen bevorzugt wird. Die Kraft der Natur wirkt genauso gut für Ihre Schönheit wie ein chemisches Mittel.
- Schreiben Sie an Firmen und fördern Sie, tierversuchsfreie Produkte herzustellen. Die Auswahl ist heute bereits sehr groß, aber viele Firmen achten nicht genug auf die Lieferkette und benutzen manchmal Rohstoffe, deren Herkunft ihnen nicht klar ist.
- Schaffen Sie Bewusstsein, indem Sie Informationen über dieses wichtige Thema weitergeben. Ein offener Umgang mit dem Thema bildet die Grundlage für zukünftige Veränderungen. Sprechen Sie auch im Familienkreis darüber: diskutieren Sie als erstes die Sonnencreme für den nächsten Strandurlaub.
- Unterstützen Sie Organisationen und anerkannte Tierschutzvereine, die sich dem Thema widmen. Das kostet wenig Geld und so viel Zeit, wie Sie schenken wollen. Solche Vereine könnten auch in Schulen gegründet werden.
- Fangen Sie heute schon an. Untersuchen Sie den Inhalt der Schränke in der Küche, in der Garage, im Badezimmer oder im Schlafzimmer. Werfen Sie sofort alles weg, was mit Tierversuchen verbunden ist. Worauf warten Sie? Los geht's!

A Lesen Sie die Tipps. Verbinden Sie diese Satzteile. Vorsicht! Es gibt mehr Satzenden als Satzanfänge.

1 Tierversuchsfreie Produkte ...
2 Natürliche Putzmittel ...
3 Arzneimittel, die man zu Hause anfertigt, ...
4 Kosmetika aus Naturprodukten ...
5 Viele Firmen wissen nicht, ...
6 Leute, die das Thema Tierversuche jetzt schon diskutieren, ...
7 Viele Sonnencremen ...
8 Mitglied in einem Tierschutzbund zu sein, ...
9 Das Thema Tierschutz ...
10 Zu Hause ...

a ... werden von vielen berühmten Leuten benutzt.
b ... sind oft gut für die Gesundheit.
c ... sind wahrscheinlich an Tieren getestet worden.
d ... können an der Verpackung erkannt werden.
e ... können wahrscheinlich viele chemische Mittel gefunden werden.
f ... werden in vielen Supermärkten angeboten.
g ... gefährden Tiere weniger.
h ... woher die Zutaten ihrer Produkte kommen.
i ... ist nicht teuer.
j ... sollte auch nicht von Schulkindern vermieden werden.
k ... werden in den nächsten Jahrzehnten eine Verbesserung auf diesem Gebiet bemerken.

B 🗨 Diskutieren Sie die Tipps in einer Gruppe. Welche Maßnahmen sind für Sie einfach und welche könnten Sie nicht unternehmen? Zum Beispiel:

- Für mich wäre es einfach, tierversuchsfreie Produkte zu kaufen, weil ... ODER
- Es wäre für mich unmöglich, tierversuchsfreie Produkte zu kaufen, weil ...

C 🗨✏ Ihr Nachbar arbeitet in einer Fabrik, in der bekanntlich Tierversuche durchgeführt werden. Machen Sie ein Rollenspiel mit einem Partner oder einer Partnerin. Schreiben Sie dann das Gespräch auf. Zu bedenken:

- Tierquälerei
- Verdienst
- Alternativen
- Verantwortung
- Fortschritt
- Demonstrationen.

D 🔊✏ Ein lokaler Radiosender berichtet über eine geplante Demonstration gegen eine Tierzuchtanstalt. Beantworten Sie diese Fragen auf Deutsch.

1 Wann findet die Demonstration statt? Geben Sie genaue Details.
2 Was wird in der geplanten Tierzuchtanstalt gemacht werden?
3 Warum wird wahrscheinlich vegetarische Kost am Rathausplatz angeboten?
4 Was wird man auch am Rathausplatz machen können? Geben Sie zwei Beispiele.

E 🔊✏🗨 Hören Sie zu. Ein alter Mann hat die Demonstration gesehen und spricht darüber.

1 Was fand er positiv und was fand er negativ an der Demonstration? Machen Sie zwei Listen.
2 Stellen Sie sich vor, dass Sie an der Demonstration teilgenommen haben. Erzählen Sie der Gruppe:
   - welche Rolle Sie gespielt haben
   - ob die Demonstration erfolgreich war oder nicht.

Grammar

The passive and 'agency' – Who did it?

In the first section on page 127, we saw that the subject of a normal ('active') sentence can be expressed as follows in the passive:

Active: Wissenschaftler testen Medikamente.	*Scientists test drugs.*
Passive: Medikamente werden **von** Wissenschaftlern **getestet**.	*Drugs are tested by scientists.*

Wissenschaftler is now 'the agent', rather than the subject. As a rough rule, you introduce the agent with *von* if it's a person or persons, or *durch* if the agent is a thing or things.

Medikamente werden **durch** Versuche getestet.	*Drugs are tested by means of experiments.*

Avoiding the passive

In English, we often use the passive because we don't know (or don't want to mention) the subject, or in order to place something other than the subject at the start of the sentence. In German, the passive isn't needed to achieve this – you can use the pronoun *man*, or, because word order is so flexible, simply place the object first.

Man findet Stammzellen in Embryonen *or* Stammzellen findet man in Embryonen.	*Stem cells are found in embryos.*
München betrachtet man als entspannt.	*Munich is seen as easy-going.*

Stammzellenforschung, Klonen, In-vitro-Fertilisation

9 Ein paar Tatsachen ...

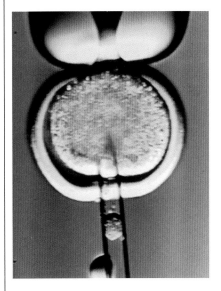

1996 wurde das Schaf „Dolly" geklont. Sie war das erste Tier, das Forscher erfolgreich geklont hatten. Obwohl Dolly gesund zu sein schien, waren viele Fragen offen. Man wusste zum Beispiel nicht, ob sie schneller als ein normales Schaf ältern würde.

Ärzte und Wissenschaftler halten die Risiken des Klonens von Menschen für sehr hoch. Niemand weiß, wie weit die Versuche zur Erzeugung eines geklonten menschlichen Babys schon vorgegangen ist.

Stammzellen sind besondere Zellen, die aus menschlichen Embryonen stammen. Im Anfangsstadium der menschlichen Entwicklung differenzieren sich die Stammzellen des Embryos in alle anderen Zelltypen des Körpers, wie zum Beispiel Gehirnzellen, Knochenzellen, Hautzellen, Herzmuskelzellen usw. In nicht allzu ferner Zukunft könnte Stammzellenforschung die Medizin revolutionieren.

Gegenwärtig lagern in der EU mindestens 100.000 menschliche Embryonen in den Tiefkühltruhen der Fertilitätskliniken. Das heißt, dort lagern auch ungenutzte Stammzellen. In vielen Ländern gab es langezeit gar keine explizierten Gesetze zur Regulierung der Forschung mit menschlichen Stammzellen. In Deutschland soll die Entnahme von Stammzellen aus einem menschlichen Embryo gesetzlich verboten bleiben – nach der Meinung vieler Leute.

In letzter Zeit hat es in der Presse eine Menge Diskussionen über das Klonen von Menschen gegeben. Die große Mehrheit der Forscher ist allerdings an der Herstellung geklonter Menschen nicht interessiert. Jedoch wollen sie einzelne Zellen klonen, die bei der Verhandlung verschiedener Krankheiten eingesetzt werden könnten.

Viele Wissenschaftler meinen, dass Krankheiten wie Diabetes, Alzheimer, Parkinson, Herzkrankheiten oder einen Schlaganfall mit Hilfe von Stammzellen geheilt werden könnten. Werden Menschen eine solche Heilungschance wollen, auch wenn die Stammzellen aus menschlichen Embryonen gewonnen werden?

Eine alternative Methode zur Erzeugung von Stammzellen ist Klonen. Klonen bedeutet, eine genetisch identische Kopie zu erzeugen. Man kann heute ganze Tiere klonen oder theoretisch auch einen Menschen.

Es gibt Menschen, die das Klonen akzeptieren würden, um ein Kind zu bekommen. Diese könnten Eltern sein, die ein Kind verloren haben und es ersetzen wollen. Andere könnten Menschen sein, die keine Kinder auf dem üblichen Weg bekommen können. Zum Beispiel könnte ein Mann, der kein Sperma produzieren kann, seine eigene DNA in die Eizelle seiner Partnerin einsetzen lassen und damit seinen eigenen Klon erzeugen.

Suchen Sie im Text Ausdrücke mit der gleichen Bedeutung wie diese Wörter oder Ausdrücke.

1 wenn der Fötus noch ganz klein ist
2 ziemlich bald
3 die Gelegenheit, eine Krankheit nicht mehr zu haben
4 im Augenblick
5 illegal

6 produzieren
7 blieb vieles unbekannt
8 die Gefahren
9 die meisten
10 in der normalen Weise

 **Füllen Sie die Lücken mit Wörtern aus der Wortkiste aus.**

Wissenschaftler freuen sich auf große __1__ in der Medizin. Sie wissen, dass Stammzellenforschung das Leben vieler Menschen __2__ könnte. Aber die __3__ von diesen Stammzellen ist kontrovers. Eine Möglichkeit ist, dass Paare, die bei einer In-vitro-Fertilisation nicht alle Embryonen __4__, diese restlichen Embryonen der Forschung zur Verfügung stellen könnten. In Europa gibt es auch genügend __5__ Embryonen, die noch nicht benutzt wurden. Eine letzte Möglichkeit ist die Erzeugung von Embryonen, die ausschließlich für medizinische __6__ benutzt werden. Dies wird allerdings von vielen Menschen als ethisch nicht __7__ angesehen.

> Ideen zerstören
> Fortschritte Zukunft
> Zwecke gesetzlich
> weit entwickelte
> retten
> Quelle vertretbar
> wegwerfen
> tiefgefrorene Leute
> benötigen

C **Es gibt viele Meinungen über Stammzellenforschung und Klonen. Forschen Sie im Internet nach und finden sie so viel wie möglich heraus. Was meinen:**

- Politiker?
- kirchliche Organisationen?
- Wissenschaftler?
- Eltern?

Grammar

The passive of verbs with direct/indirect objects

Direct and indirect objects – what does it mean?

Most verbs have just one object (the thing or person on the receiving end of the action) – the direct object. Sometimes, however, there are two:

*She gives **her son** (indirect object) **a present** (direct object).*

The first thing affected by the action 'gives' is **a present** – only when **she** has given it can **her son** receive it. So **a present** is the direct object (which is in the accusative case) and **her son** is the indirect object (in the dative).

An easy check is that you could put 'to' (or sometimes 'for') in front of the indirect object:

Sie gibt ihrem Sohn ein Geschenk.　　　　*She gives a present to her son.*

The passive and direct/indirect objects

In German, only the direct (accusative) object can become the subject (nominative) of a passive construction.

Ein Geschenk wurde ihrem Sohn gegeben.　　*A present was given to her son.*

If you use the indirect (dative) object, it stays in the dative.

Ihrem Sohn wurde ein Geschenk gegeben.　　*Her son was given a present.*

Here are some more examples:

Als **mir** vom Arzt erklärt wurde, dass ...　　*When it was explained to me by the doctor that ...*

Mir wäre viel Leid erspart worden.　　*I would have been spared a lot of suffering.*

Es ist nicht recht, dass **einer Frau** ein Kind
　　aufgezwungen werden kann.　　*It's unjust for a woman to be forced to have a child.*

These constructions with a dative 'subject' are quite rare – speakers usually prefer something simpler.

⑩ Das erste deutsche Retortenbaby

Im Januar 1982 meldete der Frauenarzt Siegfried Trotnow einen Riesenerfolg. In seinem Labor war menschliches Leben erzeugt worden.

Im Labor wurden Eizellen und Samen gemischt und zehn Stunden zur Befruchtung in einen 37 Grad warmen Brutschrank geschoben. Als die befruchteten Zellen sich einige Male geteilt hatten, verpflanzten die Mediziner die winzigen Embryonen in die Gebärmutter der Frauen. Dann hieß es: Warten und Hoffen – auf eine erfolgreiche Schwangerschaft.

Mit der Geburt von Oliver, dem ersten sogenannten Retortenbaby, flammte eine öffentliche Debatte auf: Ist die künstliche Befruchtung ethisch vertretbar? Die folgenden Zitate zeigen, wie kontrovers das Thema bleibt:

„Also, ich finde das nicht gut, weil ich eine Gefahr sehe für die Zukunft."

„In Europa gibt es keine einheitliche Gesetzgebung zur Reproduktionsmedizin. Wenn ein Paar genug Geld hat, kann es sich das beste Land aussuchen. Warum denn nicht Deutschland? Eine existierende Technik zu verbieten, wäre jetzt dumm. Wir müssen uns als Europäer einfach damit auseinandersetzen."

„Ja, man muss doch mal an die Frauen denken, die sonst unerfüllt bleiben, wenn sie nicht schwanger werden und das Erlebnis nicht haben."

„Ich weiß nicht, das ist vielleicht eine reine Gefühlssache, aber ich find' das unnormal und unnatürlich."

„Es herrschte sehr viel Unerkenntnis damals. Heute ist die Prozedur viel sicherer."

„Es gibt zu viele Missbrauchsmöglichkeiten. Na klar – das Embryonenschutzgesetz ist gemacht worden, aber wie kann man sicher sein, dass Wissenschaftler dieses Gesetz respektieren?"

„Dass eines Tages eben Babys vom Fließband kommen, dass man Babys also durch die Genforschung richtig herstellen kann – wie man sie haben will. Dass der eine eben unheimlich schlau ist auf einem Gebiet Mathematik oder so, also ich hab' da richtig Angst davor."

„Die meisten Ehepaare wählen diesen Weg, weil ihnen sonst nichts übrig bleibt. Ihnen wird natürlich erklärt, dass gewisse Probleme auftauchen könnten. Trotzdem machen sie weiter."

„Absolute Sicherheit, dass das Kind gesund zur Welt kommt und keine genetische Krankheit bekommt, können die Ärzte nicht geben."

„Es gibt zu viele Meinungen darüber unter Politikern. Die In-vitro-Fertilisation sollte eine völlig persönliche Entscheidung sein."

A 📖 ✏️ **Lesen Sie den ersten Teil des Texts über das erste deutsche Retortenbaby und beantworten Sie die folgenden Fragen auf Deutsch.**

1 Was ist ein Frauenarzt?
2 Was war Siegried Trotnow 1982 gelungen?
3 Wie fühlte er sich wahrscheinlich und warum?
4 Wie reagierten wohl andere Forscher auf seinen Erfolg?
5 Warum musste die Befruchtung in einem Brutschrank stattfinden?
6 Warum flammte gleich eine öffentliche Debatte auf?

B 📖 ✏️ 💬 **Lesen Sie die Zitate. Welche Argumente sind für und welche sind gegen In-vitro-Fertilisation? Machen Sie zwei Listen. Besprechen Sie die Ideen in der Gruppe. Welches Argument entspricht am besten Ihrer Meinung?**

C 🔊 **Kinderwunsch! Ein junges Ehepaar spricht über ihre Erfahrungen mit IVF. Hören Sie zu und füllen Sie die Lücken aus mit den Wörtern in der Wortkiste.**

1 Für das junge Paar war es lange Zeit ____, ein Kind zu haben.
2 Am Anfang dachten beide, dass sie ____ bleiben mussten.
3 Ihnen wurde von einem Arzt erzählt, dass es eine mögliche ____ geben könnte.
4 Sie fanden die Behandlung in der Klinik ____.
5 In den Gesprächen fühlten sie sich ____.
6 Während des Aufenthalts dachten sie nicht an ihre ____.
7 Die Frau ist jetzt ____.

schwanger	ledig	relaxt	Gefahr	verständnisvoll
Lösung	gestresst	kompliziert	Zukunft	unfruchtbar
unmöglich	kinderlos	Berufe	unglücklich	

D ✏️ 💬 **Bereiten Sie eine Rede vor, in der Sie auf das Thema „Organspenden" eingehen. Forschen Sie im Internet, um Informationen darüber herauszufinden. Benutzen Sie Powerpoint, um die Hauptthesen Ihres Arguments zu präsentieren. Vergessen Sie nicht, die nützlichen Ausdrücke, die Sie in diesem Kapitel gelernt haben, zu benutzen. Am Ende Ihrer Rede sollen die anderen in der Gruppe Fragen stellen oder die andere Seite des Arguments aufnehmen.**

E ✏️ **Übersetzen Sie diesen Text ins Deutsche.**

Many people think that scientists have too much power. Medical research is necessary, but nobody knows exactly what the risks are. Stem cell research, for example, seems to be successful. However, it could be linked to human cloning. Most people think that this is not ethically justifiable.

Zusammenfassung

Diese Liste wichtiger Vokabeln und Redewendungen ist eine gute Prüfungsvorbereitung.

Ein Bundesland

gelten als	to be regarded as
das Gebiet	area, region
auf etwas Wert legen	to set store by something/to attach importance to something
die Sitte	custom
das Jahrzehnt	decade
die Wirtschaft	economy
der Einheimische	local person
die Vergangenheit	past

Abtreibung

eine Schwangerschaft abbrechen	to terminate a pregnancy
eine Entscheidung treffen	to make a decision
eine Verhütungsmethode anwenden	to use contraception
die Verantwortung tragen	to take responsibility
schwerbehindert	severely disabled
die Beratungsstelle	advice centre
die Zahl	number
über etwas reden	to talk about something

Gleichberechtigung

benachteiligen	to disadvantage
bevorzugen	to prefer, to give preference to
sich für etwas engagieren	to be committed to something
schwul	gay
das Gesetz	law
sich mit etwas auseinandersetzen	to tackle something
die multikulturelle Gesellschaft	multicultural society
das öffentliche Leben	public life

Tierversuche

rechtfertigen	to justify
Tierversuche durchführen	to carry out animal tests
Fortschritte machen	to make progress
die Grundlage	basis
zu etwas beitragen	to contribute to something
die Tierquälerei	animal torture
vermeiden	to avoid
auf etwas verzichten	to do without something

Stammzellenforschung, Klonen, In-vitro-Fertilisation

die Entwicklung	development
der Wissenschaftler	scientist
gesetzlich verboten	forbidden by law
Stammzellen erzeugen	to produce stem cells
die Gebärmutter	womb
ethisch vertretbar	ethically justifiable
die Gesetzgebung	legislation
die Unerkenntnis	lack of knowledge, ignorance

Translation

1 Translate the following passage **into German**.

> Last year Paul spent Christmas with his exchange partner Inge and her family in a little village in the north of Bavaria. He quickly discovered that this is the most important festival in the country. Decorated trees and pretty candles could be seen in windows everywhere. In the town centres, market stalls sold toys and sweets. On Christmas Eve Inge's parents and two brothers celebrated together and gave each other expensive gifts while a wonderful aroma came from the kitchen.

Creative Writing or Discursive Essay

2 Bearbeiten Sie **eine** der folgenden Aufgaben. Schreiben Sie **240–270 Wörter auf Deutsch**.

Creative Writing

a Ein traditionelles Fest. Erzählen Sie die Geschichte.
b „Wir fanden uns plötzlich auf einer Insel mit ganz anderen Sitten und Gebräuchen …"
   Erzählen Sie weiter.

Discursive Essay

c „Für die Kosmetik- und die Medikamentenforschung sind Tierversuche immer noch
   sehr wichtig." Wie stehen Sie dazu?
d Abtreibung: Moralisch richtig oder falsch?

Research-based Essay

3 Beantworten Sie **eine** der folgenden Fragen auf **Deutsch**. Schreiben Sie 240–270 Wörter.
e Welche wirtschaftlichen Faktoren gibt es in der Region oder in der Stadt, die Sie
   studiert haben? Wie wichtig sind diese wirtschaftlichen Faktoren, und warum?
f Welche politischen Figuren sind für das Gebiet, das Sie studiert haben, besonders
   wichtig? Erklären Sie die Bedeutung dieser Figuren.

Phrases for essays and oral examinations	
auf der einen/anderen Seite	on the one/other hand
aus folgenden Gründen	for the following reasons
das ist sehr vernünftig	that's very sensible
der Eindruck verstärkt sich, dass …	one has the increasing impression that
die oben angeführten Punkte zusammenfassend	to summarise the above points
ehrlich gesagt	to be honest
ein nicht zu unterschätzendes Problem	a problem which shouldn't be underestimated

8 Lebensstile, Gesundheit, Bildung und Arbeit

Über dieses Thema...

★ **Neben den klassischen Formen von Abhängigkeit, wie Alkohol, Nikotin und Drogen gibt es neue Formen wie Kauf- und Spielsucht.**

★ **Viele Ernährungsexperten und Mediziner warnen vor der hohen Zahl von Menschen mit Ess-Störungen.**

★ **Immer mehr Länder reagieren auf die Gefahren und Risiken des Rauches mit Rauchverboten.**

★ **Bei der Legalisierung von Cannabis gehen die europäischen Länder unterschiedliche Wege.**

★ **Für viele Frauen heißt die Frage immer noch: Kind oder Karriere?**

★ **Arbeitet man, um zu leben oder lebt man, um zu arbeiten?**

Diese Einheit behandelt folgende Grammatik:
★ **Die indirekte Rede**

Diese Einheit gibt Ihnen folgende Lerntipps und Prüfungstraining:
★ **Wie argumentiere ich richtig und effektiv?**
★ **Die mündliche Prüfung im Fokus.**
★ **Wie bringe ich mein Argument vor?**
★ **Wie erläutere und veranschauliche ich meine Argumente?**
★ **Wie rechtfertige ich ein Argument?** ★ **Wie lenke ich ein?**
★ **Redewendungen fürs Argumentieren.**

Zum Einstieg:

★ Obwohl sich die meisten Menschen der Gefahren und Risiken von Nikotin, Alkohol und Drogen bewusst sind, konsumieren sie sie. Warum ist das so?

★ Insbesondere junge Frauen leiden überdurchschnittlich oft an Ess-Störungen, wie zum Beispiel Bulimie. Warum gerade junge Frauen?

★ Welche Gründe sprechen für und gegen eine Legalisierung von Cannabis?

★ Warum ist es richtig, dass der Staat die Bürger durch Rauchverbote schützt?

★ Gibt es gute Beispiele dafür, dass eine Frau liebende Mutter vieler Kinder ist und gleichzeitig in einem Unternehmen Karriere macht?

★ Was sind typische Stress-Situationen und wie sollte man mit ihnen umgehen?

Abhängigkeit und Sucht

1 Abhängigkeit

Was genau bedeutet der Begriff „Abhängigkeit"?

In der Medizin spricht man von Abhängigkeit, wenn man ein starkes Verlangen nach bestimmten Stoffen oder Verhaltensformen hat. Durch diese Stoffe und Verhaltensformen wird ein Erlebniszustand erreicht, der als angenehm und befriedigend empfunden wird, der aber manchmal nur sehr kurzzeitig sein kann.

Was sind Rauschmittel?

Unter Rauschmitteln versteht man alle Stoffe, die Menschen zu sich nehmen, um einen veränderten Bewusstseinszustand hervorzurufen. Statt Rauschmittel benutzen viele den Begriff „Drogen". Dazu zählen Stoffe wie Alkohol, Nikotin, Cannabisprodukte, Amphetamine, Schnüffelstoffe, Kokain und Heroin und alle anderen Stoffe, die aus diesen Rauschmitteln produziert werden können.

Wie kann es zur Abhängigkeit kommen?

Viele Rauschmittel können abhängig machen. Die entsprechenden Substanzen führen erst zu einer Gewöhnung, das heißt, man konsumiert sie hin und wieder. Wenn der Erlebniszustand als besonders positiv empfunden wird, kann es zu psychischer Abhängigkeit kommen, das heißt, der psychisch Abhängige glaubt, dass er nur noch mit Hilfe des Rauschmittels den positiven Erlebniszustand bekommen kann. Bei einer körperlichen Abhängigkeit ist der Abhängige auf das Rauschmittel angewiesen, er muss regelmäßig konsumieren. Andernfalls hat er massive körperliche Probleme.

 A Sie arbeiten für einen Verlag, der Lexika produziert, und sollen die beiden Begriffe „Abhängigkeit" und „Rauschmittel" definieren. Dabei stehen Ihnen pro Begriff maximal 20 Wörter zur Verfügung.

B Diskutieren Sie diese Fragen in Ihrer Gruppe.

1 Von welchen dieser Dinge in der Wortkiste kann man Ihrer Meinung nach abhängig sein? Begründen Sie Ihre Meinung.
2 Welche der genannten Begriffe gehören für Sie eher zu Drogen, welche eher nicht?

Poker Wein Fernsehen Zigaretten Computerspiele Einkaufen
Eltern Haschisch Cola Schokolade Heroin Schlaftabletten
Partner Klebstoff Laufen Handy Liebe Spielautomaten Chef Bier
Arbeit Geld Sex Fußball

 Aufgabe: Eine moderne Krankheit see Dynamic Learning

② Eine Spielerkarriere

Friedhelm – Gefangen im Spielrausch

Friedhelm ist 32 Jahre alt und blickt auf eine lange und schwere Glücksspielkarriere zurück.
Wie wurde er zum pathologischen Spieler, wie hat er es geschafft wieder aufzuhören?

Er erinnert sich: „Alles begann vor ungefähr 14 Jahren. Am Anfang waren es harmlose Wetten im Internet. Ich habe einen Teil meines Taschengeldes für Sportwetten benutzt. Am liebsten waren mir Wetten auf Fußballspiele. Ziemlich oft habe ich auch was gewonnen. Also habe ich höhere Beträge gespielt, habe mir von meinen Geschwistern, Großeltern und Freunden Geld geliehen. Irgendwann konnte ich die Schulden nicht mehr zurückzahlen. Erst habe ich die Einsätze erhöht. Natürlich habe ich häufiger verloren als gewonnen, dadurch wurde das Problem immer größer. Immer weniger Leute wollten mir Geld leihen. Ich fing an, meine Eltern und Geschwister zu beklauen. Manchmal habe ich etwas im Kaufhaus mitgehen lassen und hinterher zu Geld gemacht. Doch nur meine Schulden sind immer höher geworden.

Wegen meiner Freundin habe ich dann mit dem Spielen im Internet aufgehört. Aber nach der Arbeit habe ich oft in der Bahnhofs-kneipe am Spielautomaten gestanden, am Wochenende habe ich mit Freunden Karten gespielt, alles natürlich geheim. Natürlich ist meine Freundin dahinter gekommen. Meine Freundin hat mich zu einem Sozialarbeiter geschickt. Der hat für mich einen Therapieplatz gefunden, wo ich mit anderen Spielsüchtigen zusammengekommen bin. Ich musste akzeptieren, dass meine Sucht eine Krankheit ist. Sie wird nie ganz weggehen, aber ich habe gelernt, sie zu kontrollieren. Mit der Bank habe ich vereinbart, die ca. 75.000 Euro Schulden in 20 Jahren zurückzuzahlen. Die größte Versuchung bleibt das Internet. Manchmal bin ich auf einer ganz normalen Webseite und plötzlich erscheint eine Anzeige für ein Internetkasino. Dann hart zu bleiben, ist wahnsinnig schwer. Aber ich will ein normales Leben mit meiner Freundin. Das geht nur ohne Zocken!"

 A   **Beantworten Sie die Fragen auf Englisch.**

1 How did Friedhelm start gambling?
2 How did his family get involved?
3 How did he raise the money?
4 Why did he stop gambling on the internet?
5 What was he unable to give up?
6 What did his girlfriend finally do?
7 What kind of agreement does he have with the bank?
8 How does Friedhelm feel about his situation?

 B   **Diskutieren Sie in der Gruppe.**

1 Gibt es in Ihrem Land viele Glücksspiele?
2 Wer ist besonders gefährdet?
3 Haben Sie selbst schon einmal gespielt?
4 Warum können Glücksspiele gefährlich sein?

C   **Hören Sie zu. Was sagt Thomas Hahne, was sagt er nicht? Vier Antworten sind richtig.**

1 Früher waren alle süchtigen Spieler Männer.
2 Heutzutage sind mehr Frauen als Männer spielsüchtig.
3 Das Internet ist eine Ursache dafür, dass die Spieler immer jünger werden.
4 In den meisten Bahnhöfen in Deutschland wird Poker gespielt.
5 Viele Spieler schaffen es selbst nicht, mit dem Spielen aufzuhören.
6 Bei Schulden können am besten spezielle Berater helfen.
7 Hahne glaubt, dass die Zahl der Spieler wieder abnehmen wird.
8 Hahne denkt, dass ehemalige Spieler Schüler vor der Sucht schützen können.

EINHEIT 8: *Lebensstile, Gesundheit, Bildung und Arbeit* **145**

Indirect or reported speech

When reporting what someone else has said, Germans often use a special tense called *Konjunktiv 1*.

For the *er/sie/es* form of the *Konjunktiv 1* just drop the final **-n** from the infinitive (even for *sein!*):

Direct speech

> Sie sagte: „Ich **will** ein ganz normales Leben führen."
> Er meint, „Das **ist** wahnsinnig schwer."

Indirect speech

> Sie sagte, sie **wolle** ein ganz normales Leben führen.
> Er meint, das **sei** wahnsinning schwer.

● This form of the verb is not often used in informal conversation, but is common in news reports, for instance, as it saves having to repeat phrases such as *he said that...*, *she added that...* to show that what's said is being reported rather than plain fact.

● Reported speech often isn't introduced by *dass*, even though it's a subordinate clause.

● The tense of the introduction makes no difference to the tense of the reported speech, as it would in English. The only thing you need to worry about is the tense of the original statement.

Direct speech

> Er sagt/Er hat gesagt/Er würde sagen: „Die größte Versuchung bleibt das Internet."

Indirect speech

> Er sagt/er hat gesagt/er würde sagen, die größte Versuchung **bleibe** das Internet.
> *He says/said/would say the biggest temptation remained/remains the internet.*

Ess-Störungen

③ Anormales Essverhalten

Ess-Störungen im Überblick

Menschen mit Ess-Störungen zeigen ein anormales Essverhalten und beschäftigen sich emotional und zwanghaft mit dem Thema „Essen". Was steckt hinter den Ess-Störungen? Die Ess-Störung ist eine Art Sucht. Psychologen sprechen bei Ess-Störungen von einer stellvertretenden Suche nach Liebe, Glück und Zufriedenheit, die auf diesem Wege erfolglos bleibt. Hier haben wir drei typische Fälle von Ess-Störungen, die neben der Bulimie am häufigsten auftreten.

1 „Hallo! Mein Name ist Georg und ich leide an Ess-Sucht. Mit anderen Worten, ich denke dauernd ans Essen und bin eigentlich den ganzen Tag am Mampfen. Vor zwei Jahren habe ich noch 148 kg gewogen. Ein Spezialarzt hat mir klargemacht, dass wenn ich so weitermache, ich in drei bis fünf Jahren sterben könnte. Seitdem habe ich 27 kg abgenommen und zweimal die Woche gehe ich in eine Selbsthilfe-Gruppe. Ich esse zwar immer noch mehr als andere, aber darf nur zu bestimmten Zeiten essen. Daneben hat eine Diätärztin schrittweise ungesunde Nahrung durch gesunde Dinge wie Obst, Gemüse und Fruchtsäfte ersetzt. Am schwersten fällt es mir, regelmäßig Sport zu treiben."

2 „Ich heiße Maria und habe Magersucht. Meine Freunde sagen, ich bin ein echter Hungerkünstler. Obwohl ich nach Aussage meiner besten Freundin Katja schon viel zu dünn bin, fühle ich mich immer noch zu dick. Ich zähle bei jeder Mahlzeit die Kalorien, kann genau sagen welches Produkt wie viele Kalorien hat. Ich trage Kleidung „size zero" und darauf bin ich sehr stolz und tue alles dafür, dass es so bleibt. Mein Vorbild ist Victoria Beckham, ihren Modestil finde ich wirklich toll, außer ihre Sonnenbrillen. In meinem Badezimmer steht eine Waage, die mir bis aufs Gramm genau das Gewicht angibt. Wenn ich gesündigt habe und 400 Gramm zugenommen habe, lege ich einfach einen Tag ohne Essen ein. Das macht mir gar nichts aus."

3 „Ich bin der Benny und habe häufig Fress-Attacken. Dann überkommt mich ein Heißhungergefühl und ich stopfe dann in kurzer Zeit riesige Mengen an Nahrungsmitteln in mich rein. Angefangen hat das vor vier Jahren, als ich meine Verwandten in Chicago besucht habe. Wir sind mittags in ein Burgerrestaurant gegangen und abends wurde gegrillt. Das Frühstück war auch riesig und alle haben mitgegessen. Manchmal war mir richtig schlecht, aber ein paar Stunden später ging es wieder.

Mein Arzt hat gesagt, dass ich an Binge-Eating leide. Seitdem ist unser Kühlschrank fast immer leer und meine Mutter schließt bestimmte Lebensmittel vor mir weg. Es kommt vor, dass ich den ganzen Tag normal esse und dann plötzlich überkommt es mich, und ich muss dann essen so viel wie ich kriegen kann."

 Beantworten Sie die Fragen zum Text.

1 Was ist Ess-Sucht?
2 Was macht Georg gegen seine Ess-Sucht?
3 Was ist Magersucht?
4 Wie geht Maria mit Ihrer Krankheit um?
5 Was versteht man unter Binge-Eating bzw. Fress-Attacken?
6 Wie ist es bei Benny zu der Ess-Störung gekommen?

 Forschen Sie im Internet und versuchen Sie die folgenden Fragen zu beantworten.

1 Wie viele Menschen in Ihrem Land/in Deutschland leiden unter Ess-Störungen?
2 Was für Gründe oder Ursachen für Ess-Störungen könnte es geben?
3 Welche Personengruppen sind besonders betroffen? Was meinen Sie? Warum ist das so?
4 Welche Therapien werden vorgeschlagen?

Folgende deutsche Webseiten sind bei der Suche hilfreich:
www.wikipedia.de
www.bzga-essstoerungen.de
www.bundesfachverbandessstoerungen.de

 Bearbeiten Sie die folgenden Fragen zum Text schriftlich.

1 Was ist laut dem Text mit „anormalem Essverhalten" gemeint?
2 Was bedeutet der Begriff „Kalorien zählen"?
3 Was ist Fasten?
4 Was versteht man unter einer Fress-Attacke?

 Diskutieren Sie folgende Fragen in der Gruppe.

1 Welche Rolle spielt das Essen in Ihrem Leben?
2 Wie gehen die Medien mit dem Thema „Essen" um?
3 Ist das Fernsehen für einen Ess-Gestörten eine Hilfe oder eher nicht? Warum?

4 Bulimie

Eine Expertin im Interview

Bastian (B) jobbt bei einer Lokalzeitung. Seine Chefin hat ihn zur Ernährungspsychologin Dr. Christine Schilt (C) geschickt. Das Thema lautet Bulimie.

B: Frau Dr. Schilt, wofür steht Bulimie eigentlich?

C: Du wirst lachen, Bulimie kommt aus dem Griechischen und heißt „Ochsenhunger". Streng genommen beschreibt die Bulimie eigentlich nur den Heißhunger. Die meisten Leute denken bei Bulimie sofort an magersüchtige Models, die Ess-Störungen haben. Aber nicht jede Bulimiekranke ist magersüchtig.

B: Aber Bulimie ist doch eine Ess-Brechsucht, oder?

C: Sehr gut, du bist gut vorbereitet. Die Mediziner sprechen von der „Bulimia nervosa".

B: Stimmt es, dass überwiegend Frauen betroffen sind?

C: Ja, 90–95%. Gerade junge Frauen sind für diese Krankheit besonders anfällig.

B: Man sagt, dass die meisten Fotomodels Bulimie haben.

C: Das ist Unsinn. Richtig ist, dass bei bestimmten Berufsgruppen, bei denen ein geringes Körpergewicht vorteilhaft ist, die Krankheit häufiger vorkommt.

B: Also doch die Models!

C: Nicht nur, auch Tänzerinnen, Sängerinnen, Sportlerinnen gehören dazu.

B: Wie äußert sich die Bulimie?

C: Die Betroffenen bekommen Fress- oder Heißhungerattacken, bei denen sie sehr viel ohne jegliche Kontrolle essen. Was würdest du nach solchen Attacken machen, Bastian?

B: Mir wäre schlecht und ich würde danach weniger essen.

C: So ähnlich reagieren die Betroffenen auch, nur extremer: Sie wollen unbedingt ihr Gewicht kontrollieren und versuchen das durch Erbrechen, Hungern, Diäten. Andere treiben ganz viel Sport oder nehmen Abführmittel.

B: Wie oft kommt es zu solchen Essanfällen?

C: Das ist sehr unterschiedlich, täglich oder manchmal auch nur einmal pro Woche. Typisch ist der Verlust der Kontrolle über sich selbst und das, was man isst. Deshalb ist das Erbrechen danach die beste Form, mit der Angst vor Übergewicht oder der Scham über das eigene Versagen klarzukommen.

B: Ich verstehe, durch Trainieren wäre das viel schwieriger.

C: Genau! Junge Frauen mit Bulimie und magersüchtige Mädchen haben gemeinsam, dass sie sich immer als zu dick empfinden. Magersüchtige haben aber immer Untergewicht, Bulimiekranke können normalgewichtig sein.

B: Was steckt dahinter, spielen da nicht psychologische Gründe eine Rolle?

C: Respekt Bastian! Weißt du, was ein Selbstbild ist?

B: Das Bild, was man von sich selbst hat?

C: Genau, das kann der eigene Körper sein oder auch die ganze Persönlichkeit. Man sagt, die Selbstwahrnehmung ist gestört. Einfach gesagt, findet man sich nicht gut.

B: Ich habe gelesen, dass Bulimiekranke auch oft andere Probleme haben, Depressionen und so was.

C: Da hast du Recht. Das können Alkoholprobleme sein, Selbstverletzungen oder Frustkäufe. Aber Bulimie ist aus einem ganz anderen Grund gefährlich. Wer sich ständig erbricht, der gefährdet seine Gesundheit. Die Magensäure kann Speiseröhre und Zähne schädigen, es kann auch zu Herzrhythmusstörungen kommen.

B: Und daran kann man sterben, wie magersüchtige Models, nicht wahr?

C: Das sind Einzelfälle, Gott sei Dank. Aber die jungen Frauen verstecken ihre Krankheit sehr gut und dann ist es schwierig, ihnen zu helfen.

B: Ich denke, sie brauchen dann einen guten Psychologen, oder?

C: Ja, besser noch einen guten Psychotherapeuten, der die Gründe für die Krankheit findet und das Essverhalten normalisieren kann. So Bastian, bist du zufrieden?

B: Super, ich habe fast alles verstanden und ich denke, meine Leser auch. Danke schön!

 Wer sagt das: Bastian oder Christine Schilt?

1 Bulimie und Magersucht ist nicht das Gleiche.
2 Ess-Brechsucht ist ein anderer Begriff für Bulimie.
3 Nach einer Fress-Attacke würde ich nicht mehr so viel essen.
4 Aus Furcht vor dem Dicksein erbrechen sich die Betroffenen.
5 Bulimie ist häufig nicht das einzige Problem.

Beantworten Sie die Fragen zum Text.

1 Woher kommt der Begriff „Bulimie"?
2 Was genau ist Bulimie?
3 Ist Bulimie eine typische Model-Erkrankung?
4 Warum erbrechen sich viele Betroffene?
5 Was bedeutet „gestörte Wahrnehmung"?
6 Was sind typische andere Probleme, die Bulimieerkrankte haben können?
7 Welche Gefahren bringt Bulimie mit sich?
8 Wie kann man Betroffenen helfen?

Sie schreiben für Ihre Schülerzeitung einen Artikel (240–270 Wörter) mit dem Titel „Alle reden von Problemen mit Drogen, Alkohol und Nikotin. Doch oft sind Ess-Störungen schlimmer und gefährlicher." Sind Sie auch dieser Meinung?

Hören Sie zu und beantworten Sie dann die Fragen.

1 Wie haben die anderen auf Manuelas anfängliche Gewichtsabnahme reagiert?
2 Was war an ihrem Geburtstag?
3 Wie hat sie auf den Tod des Models reagiert?
4 Was denkt sie heute übers Schlanksein?

Study skills

Debating skills (1)

The first part of Edexcel Unit 3 requires you to present, discuss and take a clear stance on any controversial issue of your choice.

Choosing and researching your issue

● Choose any issue that interests you and that you feel strongly about: the more provocative and controversial the issue, the easier it will be to have a lively debate about it.
● The issue does not have to relate either to the General Topic Areas or to German-speaking countries, but it may help as far as vocabulary is concerned to choose a topic which you have already touched on at AS and revisited at A2.
● Consider whether the issue affords enough material for an opposing view and what counter-arguments are likely to be expressed by the examiner. If an opposing view would be difficult to sustain, e.g. on moral grounds or because of lack of material, then it would probably be best to rethink your choice.
● If you're having trouble deciding, try choosing an area of general interest that has been covered in class, e.g. health, then do some initial reading and research to narrow it down to a more specific issue that grabs your interest.
● Try speaking to your teacher or language assistant to firm up your ideas.
● Research your issue well (see *Research skills 1 and 2*, Chapter 7, pages 123 and 128.)

Presenting your issue

● Have clear in your mind a progression of key points that you want to make, rather than reciting swathes of pre-learned material – the examiner will interrupt any pre-rehearsed sections.
● Be absolutely sure of your own opinions on all aspects of your chosen issue and be able to justify them.
● Have plenty of facts and figures, topic-specific vocabulary and useful phrases at your fingertips.
● Do lots of timed practices – alone at first, then to an audience (e.g. teacher/study partner/classmates) when you're more confident.

During the presentation you are required to take a clear stance on your chosen issue and justify your opinions. Here are some other possibilities.

● Explain why you chose this issue and evaluate its importance (Personal significance for you? Why is it worth debating? What implications for what groups of people?).
● Briefly state what particular aspects you want to cover and in what order.
● Set the issue in context (Since when? Who? Where?).
● Describe the extent of the problem (How widespread? How serious a threat?).
● Explain the causes (How? Why? What reasons?).
● Describe the effects (Now? In the future?).
● Offer a way forward (Possible solutions? Who needs to act?).
● Summarise the perceived view (Do you agree with it? Is it based on prejudice or wrong assumptions?).
● Summarise expert opinion (Any statistics? Striking facts?).
● Summarise your stance in a short but compelling conclusion: a brief list of the main arguments and a final statement of what you believe.

Zwischen Rauchverboten und Legalisierungsdebatten

5 Unterschiedliche Regelungen

Wer geht wie mit dem Thema um?

1 Reizthema Cannabis

Keine illegale Droge ist weiter verbreitet und über keine andere Droge werden so viele kontroverse Diskussionen geführt. „Cannabis ist nicht Heroin!", meinen die Toleranten, die Befürworter eines liberalen Umgangs mit der Droge. Viele gehen noch weiter, halten Cannabis für harmloser als Alkohol oder Nikotin und würden es am liebsten legalisieren. „Trotzdem ist Cannabis eine Droge!", antworten die Gegner. Für viele sind die Cannabisprodukte Haschisch und Marihuana eine Art Teufelszeug, das Jugendliche in die Hölle bringt.

2 Andere Länder – andere Regelungen

Die Diskussion wird nicht einfacher, wenn man sieht, dass es in anderen Ländern deutlich liberalere Gesetze gibt, die den Umgang mit Marihuana regeln. Kanada war beispielsweise im Jahre 2002 das erste Land, das Cannabis für medizinische Zwecke legalisiert hat. Ärzte dürfen dort Patienten Marihuana verschreiben, die an bestimmten Krankheiten leiden oder am Sterben sind. Cannabis als Genussmittel für die Freizeit bleibt in Kanada verboten, ist aber in Holland in so genannten „Coffeeshops" erlaubt. Sicher ist Cannabis harmloser als die meisten anderen illegalen Drogen. Doch die Wahrheit liegt wahrscheinlich in der Mitte. Denn wie bei allen anderen Drogen auch, besteht bei Cannabis die Gefahr der Abhängigkeit.

3 Mehr Verbote für Raucher

Angesichts von über 15 Millionen Rauchern, beschloss die deutsche Bundesregierung im Jahre 2007, den Schutz der Nichtraucher gesetzlich zu regeln. Während in anderen europäischen Ländern bereits umfassende Rauchverbote seit Jahren gelten, zum Beispiel in Irland seit 2004 in Kneipen, Restaurants oder bei der Arbeit, wurde in Deutschland erst im September 2007 ein entsprechendes Verbot wirksam. So darf in allen öffentlichen Verkehrsmitteln und Taxis nicht mehr geraucht werden, gleiches gilt für Behörden und öffentliche Gebäude. Wer sich nicht an das Gesetz hält, dem droht ein Bußgeld von bis zu 1000 Euro. Einzige Ausnahme sind abgetrennte, besonders gekennzeichnete Raucherzimmer, in denen aber nicht gearbeitet werden darf. Dies gilt auch für Kneipen und Restaurants.

 Um welchen Text geht es: 1, 2 oder 3?

1 Sie behaupten, dass Rauchen gefährlicher als Cannabis ist.

2 In anderen Ländern wurde es schon früher verboten.

3 Als Schmerzmittel darf es dort benutzt werden.

4 Die Befürworter möchten den freien Verkauf erlauben.

5 In einem Land ist es erlaubt, im anderen nicht.

6 Wer erwischt wird, der muss eine Strafe bezahlen.

 Diskutieren Sie folgende Fragen.

1 Warum ist die Diskussion über Cannabis kontrovers?

2 Welche Länder haben den Umgang mit Cannabis anders geregelt? Wie sehen die Regelungen aus? Sind sie für oder gegen eine Liberalisierung?

3 „Das Rauchverbot ist eine Niederlage für die Freiheit und Selbstverantwortung der Bürger. Nicht der Einzelne kann entscheiden, was richtig und falsch ist, sondern der Staat erlaubt und verbietet!" Wie stehen Sie dazu?

C ✏ **„Nikotin und Cannabis sind beides gefährliches Teufelszeug und müssen daher verboten werden!" Was meinen Sie? Schreiben Sie 240–270 Wörter auf Deutsch.**

Was hältst du vom Rauchverbot?

In Deutschland ist in den letzten Jahren schrittweise eine Ausweitung des gesetzlichen Rauchverbots durchgeführt worden. Was spricht grundsätzlich für und was gegen ein gesetzliches Rauchverbot?

Mark, 21 Jahre

„Raucher können von Nichtrauchern ein wenig Toleranz und Verständnis erwarten. Ein Verbot ist eine Einschränkung meiner persönlichen Freiheit und ist erst dann sinnvoll, wenn alle anderen gesundheitsgefährdenden Dinge, z.B. Fast Food, Alkohol, auch verboten beziehungsweise eingeschränkt werden."

Tina, 23 Jahre

„Ich fordere Rücksicht. Ich bin schwanger. Ich sorge mich um meine Gesundheit und um die meines ungeborenen Kindes. Als passiver Raucher bin ich gefährdet, deshalb muss ich verrauchte Orte, wie Kneipen oder Diskos meiden. Das schränkt meine Freiheit ein."

Suse, 19 Jahre

„Zigaretten schmecken mir, ich genieße es, es ist ein Stück Lebensqualität für mich. Ich möchte nicht auf diesen Genuss nach einem schönen Essen verzichten. Meine Freunde rauchen nicht, aber sie akzeptieren mich als Raucher so wie ich sie als Übergewichtige, Trinker, Süßmäuler und Sonnenanbeter akzeptiere."

Tom, 29 Jahre

„Das Gemüse im Restaurant schmeckt wieder nach Gemüse und die Haare und die Kleidung stinken nicht mehr. Der Atem meiner Freundin – sie hat endlich aufgehört – riecht nicht mehr wie ein gefüllter Aschenbecher. Endlich haben die Politiker kapiert, dass das Volk mehrheitlich rauchfreie Zonen will. Was die Menschen zu Hause machen, ist ihre Sache. So funktioniert Demokratie!"

Chris, 24 Jahre

„Mit jeder Zigarette, die ich rauche, zahle ich Steuern für Schulen und Autobahnen. Die Tabakfirmen machen Gewinne und schaffen neue Arbeitsplätze. Ein Verbot bedeutet weniger Steuern und, dass die Raucher nicht mehr in die Kneipen gehen. Als nächstes sind die Trinker dran; und dann wird eine Fast-Food-Steuer eingeführt. Hauptsache der Staat bekommt unser Geld, egal wie!"

Mareike 25 Jahre

„Endlich ist Schluss mit den Raucherpausen, in denen die Nichtraucher weiterarbeiten und die Arbeit für die Raucher mitmachen. Meiner Meinung nach kann man die Raucherräume in Kneipen und Restaurants auch abschaffen. Helft den Süchtigen vom Nikotin wegzukommen. Wenn die Raucher weniger Gelegenheiten haben, zu rauchen, dann werden sie auch weniger rauchen. Die meisten wollen doch sowieso aufhören."

 Wer sagt das: Mark, Tina, Suse, Tom, Chris oder Mareike?

1 Das Geld aus der Tabaksteuer wird in Projekte investiert, von denen alle profitieren.

2 Die meisten Menschen finden das Rauchverbot gut.

3 Es ist nicht vernünftig, nur das Rauchen zu verbieten.

4 Jeder hat Schwächen, die ungesund sind, die man aber tolerieren sollte.

5 Durch das Rauchverbot ist es bei der Arbeit wieder gerechter.

6 Es ist mit weiteren Verboten zu rechnen.

7 Es kann nicht sein, dass jemand, der nicht raucht, trotzdem mitrauchen muss.

8 Wer in seiner Wohnung rauchen möchte, soll das auch weiterhin tun können.

Übersetzen Sie diesen Zeitungsbericht ins Deutsche.

Germany has joined many other European countries where smoking is banned in cafés, bars and restaurants. The ban covers all German states, but it will not be actively enforced for six months. The rules allow for special smokers' rooms, and smoking in nightclubs remains permissible. Anyone caught lighting up in a café will face a fine of up to 450 euros. A third of Germans smoke.

 Hören Sie zu. Sieben Prozentangaben werden gemacht. Wofür stehen sie?

70%	In Korea rauchen 70% aller Männer.
66%	
37%	
34%	
23%	
22%	
13%	

 Aufgabe: Wer hat recht | see Dynamic Learning

Die Rolle der Frau in Arbeit und Beruf
⑦ Frauen und Kinder in Deutschland

Frauen und Kinder in Deutschland – keine Lust auf Babys?

Die Bevölkerung in Deutschland schrumpft. Dies liegt vor allem an den stark sinkenden Babyzahlen in Deutschland. Während Mitte der neunziger Jahre noch über 600.000 Babys pro Jahr geboren wurden, sind es 10 Jahre später 250.000 Babys weniger. Auch in vielen anderen Ländern Europas ist es so. Das bedeutet: immer mehr alte und immer weniger junge Menschen. Da mag es über-raschen, dass jede Umfrage unter Jugendlichen zeigt, dass die Zahl der Jugendlichen, die sich eine Familie und ein Leben mit Kindern wünschen, von Jahr zu Jahr steigt. Das ist eigentlich ein Widerspruch!

Doch in den meisten Fällen bleibt der in jungen Jahren geäußerte Wunsch nach Kindern ein Traum, denn die Wirklichkeit sieht anders aus:

Mitte der achtziger Jahre war es noch die Gruppe der 25–29-Jährigen, die die meisten

Geburten hatten. 15 Jahre später sind es schon die 29–34-Jährigen. Über 40% der 25–40-Jährigen sind Singles und die Zahl der Kinder pro Familie wird immer geringer. Was sind die Gründe für die sinkenden Babyzahlen? Erstens: Wie in keinem anderen Land haben die Menschen Angst vor: steigenden Kosten, zu wenig Geld im Alter, Arbeitslosigkeit, Krankheit und Terrorismus. Zweitens, das spezifische deutsche Bildungssystem führt zu Lebensläufen mit langer Ausbildung. Das heißt konkret: Viele junge Erwachsene treten erst mit 35 Jahren in den Beruf ein. Insbesondere für die Frauen bedeutet der späte Berufseintritt eine kurze Entscheidungsphase im Hinblick auf die Frage „Baby oder Karriere?" Man spricht auch von der „Rushhour des Lebens". Ein Kind ist in dieser Phase gleich-bedeutend mit schlechteren Aufstiegschancen sowie einem höheren Risiko, arbeitslos zu werden. Einen dritten Grund kann man mit dem Begriff „Zeitgeist" umschreiben. Für viele junge Paare bedeuten Kinder Konsumverzicht und weniger Freizeit. Die genannten Gründe erklären auch das, was alle Umfragen zeigen: Die große Mehrheit der Deutschen, rund 65%, glaubt, dass Kind und Karriere schwer zu vereinbaren sind. Jeweils ein Fünftel der Deutschen glaubt, dass eine weitere Ursache der niedrigen Babyzahlen „die kinderfeindliche Gesellschaft" ist und, dass „der Staat zu wenig für Familien tut".

 Beantworten Sie die Fragen zum Text mit Ihren eigenen Worten.

1 Warum schrumpft die Bevölkerung in Deutschland?
2 Worin besteht der große Widerspruch, wenn man Jugendliche in Deutschland zum Thema Familie befragt?
3 Was war Mitte der Achtziger Jahre noch anders?
4 Erläutern Sie die vier genannten Ängste im Text.
5 Was ist mit „Rushhour des Lebens" gemeint?
6 Warum bedeutet ein Kind Konsumverzicht und weniger Freizeit?

 Diskutieren Sie in der Gruppe.

1 Teilen Sie den Wunsch der deutschen Jugendlichen nach einer Familie mit Kindern?
2 Welche der genannten Ängste verstehen Sie, welche nicht? Warum?
3 Was genau meint der Text mit „spezifischem deutschen Bildungssystem"?
4 Welche Beispiele fallen Ihnen zum Stichwort „kinderfeindliche Gesellschaft" ein?
5 Wie kann der Staat Familien mit Kindern helfen?
6 Würde eine größere finanzielle Unterstützung für Familien dazu führen, dass mehr Kinder geboren werden?

Debating skills (2)

Debating the issue

- Learn how to argue a case – in English first if necessary.
- In the section where you defend your standpoint on your chosen issue you must not concede ground or acquiesce. You can admit that the examiner has a good point, but continue nevertheless to defend your own standpoint, e.g. „Ja, klar, aber…"; „Ja, das mag wohl sein, aber…"
- When debating/discussing the following issues that are chosen by the examiner, you are not required to defend a particular viewpoint, and you can be more open to other opinions and arguments. Good debating can be passionate and heated but should also involve some give and take: rather than stubbornly insisting on your point of view, you need to show that you're reasonable, can concede a point and recognise other opinions (see below). On the other hand, don't cave in completely – stick to your guns and maintain your stance if you do believe something strongly!
- Convince the other person you're right; not by bulldozing them and their opinions, but by the persuasive, logical and varied nature of your arguments, and your ability to justify your opinions with hard facts and compelling examples.
- When researching your issue, try to predict how the examiner might counter the opinions you are going to give, so that you are ready to defend your point of view with further counter-arguments.
- The examiner may ask you to describe, explain, clarify, justify, hypothesise or speculate in relation to the issues being discussed, so have appropriate phrases and structures ready to do this.
- Prepare for hypothesis and speculation in your research, e.g. by pursuing thought experiments – what would happen if…
- If you have the confidence, you could ask the examiner to justify or clarify their statements – it's a conversation/two-way debate after all.

Play for time with filler phrases if you get stuck, and use paraphrasing if you forget key vocabulary (see Arbeitsblatt: *Ways to keep the conversation going*).

- Use your listening skills to permit a natural and logical interaction with the examiner (N.B. listening skills are assessed at A2 exclusively through this speaking task).

Know some useful phrases for sustaining the discussion (again, see Arbeitsblatt: *Ways to keep the conversation going*).

Justifying your opinion

You could:

- demonstrate logical progression of reasoning by linking causes and effects (if this is true… then this must be true … which in turn leads to this…; or, this happened and these are the consequences…).
- cite others, especially experts or eminent people, who hold the same view as you.
- give examples (see below).

Giving examples

Make examples as concrete and specific as possible, e.g.

- a person, event or fact in the news which proves your point (give source if possible)
- your own personal experience of the issue
- personal knowledge of other people affected by the issue
- expert opinion (give source)
- expert research (give source)
- statistics (give source and explain their significance).

Conceding a point

- Try conceding a point, but then immediately add another opposing point to support your case, e.g. „Ja, freilich müssen stillende Mütter die Hauptlast der Kinderbetreuung in den ersten Monaten tragen, aber nach dem Abstillen gibt es meiner Meinung nach überhaupt keinen Grund, weshalb der Vater das Kind nicht betreuen kann."
- Alternatively, try conceding a point, then turn the same point around to your own advantage, e.g. „Ja, ich bin auch der Meinung, dass Frauen das Recht haben, ihr Schicksal selbst zu bestimmen, aber kann man wirklich sagen, dass dieses Recht vor den Rechten des ungeborenen Kindes Vorrang hat?"

„Frauen in Führungspositionen"

A **Wählen Sie die fünf Sätze, die dem Text am besten entsprechen.**

1 In Deutschland gibt es immer mehr Frauen in Führungspositionen.
2 47% aller Beschäftigten sind Führungskräfte.
3 70% aller Führungskräfte sind Männer.
4 Bei den Top-Führungskräften gibt es sogar noch weniger Frauen.
5 Im Osten gibt es mehr weibliche als männliche Chefs.
6 Im Osten gibt es mehr weibliche Chefs als im Westen.
7 In den neuen Ländern gibt es 32% mehr weibliche Chefs als in den alten Ländern.
8 In manchen Branchen haben Frauen und Männer die gleichen Karrierechancen.
9 Die Karrierechancen für Männer sind im Baugewerbe am größten.
10 Die Chancen im Dienstleistungsgewerbe werden für Frauen immer besser.

B 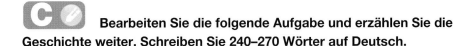 **Diskutieren Sie in der Gruppe.**

● Wie ist die Situation in Ihrem Land? Gibt es mehr Frauen in Führungspositionen als in Deutschland?
● Was denken Sie sind die Gründe dafür?

C **Bearbeiten Sie die folgende Aufgabe und erzählen Sie die Geschichte weiter. Schreiben Sie 240–270 Wörter auf Deutsch.**

Frau Weber kommt nach Ihrem ersten Arbeitstag heulend nach Hause. „Du glaubst nicht, wie die Frauen in dieser Firma diskriminiert werden – wie vor 100 Jahren!" Heute morgen bin ich pünktlich um…

Grammar

Forms of the verb in indirect speech

● The *Konjunktiv 1* is based on the infinitive of the verb, and there are no exceptions to this rule, even for *sein*.

● Here is the full set of endings for a weak verb (*kaufen*), a strong verb (*fahren*), a modal verb (*können*) and *sein* (see page 275 for information on weak and strong verbs):

	kaufen	fahren	können	sein
ich	kauf**e**	fahr**e**	könn**e**	sei
du	kauf**est**	fahr**est**	könn**est**	sei**st**
er/sie/es	kauf**e**	fahr**e**	könn**e**	sei
wir	kauf**en**	fahr**en**	könn**en**	sei**en**
ihr	kauf**et**	fahr**et**	könn**et**	sei**et**
sie/Sie	kauf**en**	fahr**en**	könn**en**	sei**en**

● You will notice that the form of the verb in *Konjunktiv 1* is sometimes the same as the normal present tense. When this happens, Germans use the *Konjunktiv 2* form, to make it clear that what is said is being reported. See page 105 for further information and a list of *Konjunktiv 2* forms.

- In brief, *Konjunktiv 2* is based on the stem of the imperfect tense, plus an umlaut on the vowel (but see the next point). The endings are the same as for *Konjunktiv 1*:

fahren	ich führ**e**, du führ**est**, er führ**e**, *etc.*
können	ich könnt**e**, du könnt**est**, er könnt**e**, *etc.*
sein	ich wär**e**, du wär**est**, er wär**e**, *etc.*
haben	ich hätt**e**, du hätt**est**, er hätt**e**, *etc.*
werden	ich würd**e**, du würd**est**, er würd**e**, *etc.*

- The *Konjunktiv 2* of weak verbs doesn't add an umlaut, so it's the same as the imperfect tense (e.g. *ich kaufte, du kauftest*). This leaves the reported speech with the same problem as with *Konjunktiv 1*! So to make clear that it is being reported, use the *würde + infinitive* form of *Konjunktiv 2* instead. In this example, *würde … kaufen* is preferable to *kaufen* or *kauften*.

  Direct speech
  Er sagte: „Wir kaufen ein Haus."

  Indirect speech
  Er sagte, sie **würden** ein Haus **kaufen**. (*He said they were buying a house.*)

- Germans often prefer *würde + infinitive* forms even when things are clear; so in the second example below, *dächten* is correct, but sounds very formal.

  Direct speech
  Sie sagt: „Negative Äußerungen kommen oft von älteren Leuten."

  Indirect speech
  Sie sagt, negative Äußerungen **kämen** oft von älteren Leuten. (*She says that negative views are often expressed by older people.*)

  Direct speech
  Ihr Freund meint: „Viele der Jüngeren denken wie ihre Eltern."

  Indirect speech
  Ihr Freund meint, viele der Jüngeren **würden** wie ihre Eltern **denken**. (*Her friend thinks that lots of young people think like their parents.*)

- Fortunately, the most common form of *Konjunktiv 1* used in reported speech, the third person singular (*er/sie/es*), is never the same as the normal present tense.

Doppelt belastet!

Beides zusammen ist einfach zu viel!

Irene Gerlach ist 46 Jahre alt, verheiratet und hat zwei Kinder, 12 und 15 Jahre. Sie arbeitet seit zwei Jahren wieder voll als Chemikerin in einem Labor. Doch letzte Woche hatte sie einen Schwächeanfall und ist seitdem in ärztlicher Behandlung. Hier äußert sie sich zu Ihrer Situation und zu den Gründen, wie es zum Zusammenbruch kommen konnte:

1. Ich habe die Doppelbelastung Familie und Beruf nicht mehr ausgehalten. Mein Beruf ist mir wichtig und das Geld können wir für den Kredit aufs Haus gut gebrauchen. Außerdem sind die Hobbies meiner Kinder sehr kostspielig.

2. Meiner Firma geht es sehr gut. Wir haben viele neue Aufträge aus China. Allerdings musste ich in den letzten drei Monaten schon viermal nach Peking fliegen. Ein neues Land, eine neue Kultur, das war

aufregend, aber auch sehr anstrengend. Ich hatte nach den Geschäftsreisen immer große Probleme mit dem Jetlag.

3. Meine Tochter findet es gut, dass ich wieder arbeite. Sie hat jetzt ihr eigenes Pferd. Mein Sohn meckert nur, da ich jetzt mittags nicht mehr für ihn kochen kann und ihm wenig bei den Hausaufgaben helfen kann. Mein Mann war von Anfang dagegen, dass ich wieder Vollzeit arbeite. Aber wozu war ich auf der Uni?

4. Endlich habe ich einen Job, in dem ich Verantwortung habe und Anerkennung von meinen Kollegen und meinem Vorgesetzten bekomme. Klar, dass ich öfter mal Überstunden mache und am Wochenende Arbeit mit nach Hause nehme. Eine Sekretärin muss das nicht, aber das ist der Preis des Erfolgs.

5. Wenn ich dann mal später nach Hause komme, wartet die ganze Hausarbeit auf mich. Das ewige „Wäsche waschen und Bügeln" stinkt mir am meisten. Schlimmer noch, meine Kinder und mein Mann weigern sich, die Waschmaschine zu benutzen. Und beim Bügeln sagen sie nur: „Keiner kann das besser als du!"

6. Mein Mann beteiligt sich selten an der Hausarbeit. Außerdem arbeitet er jetzt auch häufig länger und isst dann mit Kollegen im Restaurant. Meine Kinder lieben Tiefkühlpizza, außerdem gibt es einen leckeren Schnellimbiss um die Ecke. Meist bin ich auch zu erschöpft, um abends noch etwas zu kochen.

7. Die Noten meines Sohnes sind schlechter geworden. Aber wir können uns einen guten Nachhilfelehrer leisten. Am Wochenende brauche ich meinen Schlaf, mein Mann spielt dann Golf und meine Tochter ist im Reitstall. Früher haben wir wenigstens gemeinsam gefrühstückt, aber die Kinder werden halt älter.

 Beantworten Sie die Fragen zum Text.

1 Was meint Irene mit „Doppelbelastung"?
2 Warum sind die Geschäftsreisen nicht nur aufregend?
3 Wie findet es die Familie, dass Irene wieder arbeitet?
4 Wie beurteilt Irene ihren Job?
5 Wie ist bei Familie Gerlach die Hausarbeit organisiert?
6 Welche Auswirkungen auf die Familie hat Irenes Job?

 Diskutieren Sie in der Gruppe.

1 Warum hatte Irene einen Schwächeanfall?
2 Was müsste sich in Irenes Leben ändern? Muss nur sie sich verändern?
3 Ist Irenes Geschichte typisch?

Bearbeiten Sie die folgende Aufgabe. Schreiben Sie 240–270 Wörter.

„Es ist eine Illusion zu glauben, dass eine Frau gleichzeitig erfolgreich im Beruf ist und dazu noch problemlos Familie und Haushalt organisiert!" Sind Sie auch dieser Meinung?

 Übersetzen Sie diesen Zeitungsbericht ins Deutsche.

In the 20th century various laws have given women the vote, and made sexual discrimination illegal at work and in many other areas of life. The battle for equal rights by women has been a long one. Has it finally been won? In most cases men are still the main wage earners. But should men earn more than women? In theory, women should get the same wage if they are doing the same job as a man. But according to a European study, women in the EU get 15% less for the same work.

Die richtige Lebensbalance

⑩ Arbeitszufriedenheit

Die Umfrage

Frage 1: Wie zufrieden sind Sie momentan mit Ihrer Arbeit, wie zufrieden waren Sie vor 12 Monaten?

	Momentan	Vor 12 Monaten
Sehr zufrieden	11%	29%
Zufrieden	28%	46%
Es geht so	31%	19%
Nicht zufrieden	22%	5%
Sehr unzufrieden	8%	1%

Der Sportartikelhersteller „Hase" hat ein großes Kaufhaus in Hamburg. In letzter Zeit hat es häufiger Beschwerden über zu viel Stress bei der Arbeit gegeben. Einige Mitarbeiter sind öfter schlecht gelaunt, es gibt häufiger Streit und es fehlen mehr Mitarbeiter wegen Krankheit. Deshalb hat sich die Personalabteilung entschlossen, eine Umfrage unter den 145 Mitarbeitern durchzuführen. Hier sind die zusammengefassten Ergebnisse:

Frage 2: Welche Dinge stören Sie bei der Arbeit am meisten?

1	Zu wenig Personal	89%
2	Meine Arbeit wird nicht anerkannt (nur Kritik, kein Lob)	82%
3	Zu viel Arbeit	77%
4	Arbeit wird schlecht organisiert	72%
5	Schlecht gelaunte/Unfaire Chefs	71%
6	Häufige Überstunden	59%
7	Unfreundliche Kollegen	42%
8	Schlechtes Betriebsklima	41%
9	Wenig Karrierechancen	28%
10	Unfreundliche Kunden	12%

A ✎ **Sie sind Mitglied einer Beratergruppe und schreiben einen Bericht für das Management. In dem Bericht beantworten Sie folgende Fragen.**

1 Wie hat sich die Zufriedenheit in den letzten 12 Monaten verändert?
2 Welche Dinge stören die Mitarbeiter am meisten? Erläutern Sie die Punkte und geben Sie ein Beispiel (z.B. „Häufige Überstunden": das heißt, die Mitarbeiter müssen früher mit der Arbeit anfangen, länger arbeiten oder am Wochenende arbeiten).

B ✎ **Geben Sie dann dem Management Empfehlungen (mindestens 150 Wörter), wie man die Zufriedenheit der Mitarbeiter wieder vergrößern könnte. Begründen Sie Ihre Vorschläge.**

C **Diskutieren Sie in der Gruppe.**

- Denken Sie an Familie, Freunde und Bekannte? Was stört sie an ihren Jobs? Was könnte gegen die Unzufriedenheit getan werden?
- Wenn Sie die Ergebnisse aus Frage 2 auf Ihre Schule übertragen, wie fällt dann Ihr Urteil aus? Was fehlt, was könnte besser sein?

⑪ Stress

Stress – eine Volkskrankheit?

Bereits jeder fünfte Deutsche soll unter Stress leiden. Viele Manager sagen, dass Stress zum Leben dazugehört. Viele Mediziner warnen, dass Stress auf Dauer krank macht. Hier sind einige Antworten auf diese Fragen:

1. Was kann Ihnen Stress bereiten?
2. Wie äußert sich das?
3. Was tun Sie dagegen?

Horst, 47 Jahre, Angestellter

„Ich habe oft auf der Arbeit Stress. Wir müssen bestimmte Projekte in kurzer Zeit bearbeiten, da gibt es Termindruck. Leider verstehen wir uns mit unserem Chef nicht sehr gut. Er ist sehr autoritär und spricht nicht mit uns. Alle haben ein wenig Angst vor ihm. In Stresssituationen fange ich an zu schwitzen. Nachts schlafe ich schlecht, ich bin gereizt und lasse meinen Frust an anderen aus. Bei der Arbeit trinke ich mehr Kaffee, Gott sei dank dürfen wir im Büro noch rauchen. Ich habe schon Schwimmen und Yoga probiert, aber das hilft mir nicht wirklich. Ich muss eben warten, bis der Termindruck wieder weg ist."

Angela, 39 Jahre, Friseuse

„Obwohl ich meinen Job liebe, verdiene ich sehr wenig. Da kommt es gegen Ende des Monats vor, dass ich mir Geld leihen muss, um alles bezahlen zu können. Das finde ich extrem stressig. Ich fühle mich total unwohl, wenn ich Freunde oder Familienmitglieder um Geld bitten muss, ich kann ihnen dann nicht in die Augen gucken. Mit Schulden macht mir das Ausgehen keinen Spaß. Ich bleibe dann lieber zu Hause und sehe fern, das ist billiger. Hin und wieder jobbe ich in einer Kneipe, dann kann ich das Geld schneller zurückzahlen. Ich hasse es, von anderen abhängig zu sein."

Ludwig, 57 Jahre, Vertreter

„Stress? Das haben nur andere. Aber ich kann mich über viele Dinge ärgern. Über die Staus auf den Autobahnen. Ich muss viel reisen und zähfließender Verkehr bedeutet, dass ich unpünktlich bin oder nicht alle Kunden besuchen kann. Wenn mein Medikament gegen Bluthochdruck wieder teurer geworden ist; dann kann ich mich richtig aufregen und werde dann auch mal laut und schreie rum. Die lärmenden Kinder aus der Nachbarschaft nerven, besonders wenn ich mal ausschlafen kann. Aber ich habe ja meine Tabletten und Beruhigungstropfen, die tun mir gut. Aber gestresst bin ich eigentlich nie!"

Lea, 21 Jahre, Studentin

„Ich studiere seit sechs Monaten in München und musste 400 km umziehen. Ich vermisse meine Heimat sehr, besonders im Moment, denn da habe ich sehr viel Prüfungs-Stress. Ich bin mit den Nerven völlig am Ende, habe Angst zu versagen. Meine beiden Brüder haben auch Medizin studiert und arbeiten jetzt erfolgreich als Ärzte. Ich hätte lieber Journalismus studiert, aber ich soll die Praxis meiner Mutter übernehmen. Wir müssen wahnsinnig viel auswendig lernen. Es fällt mir sehr schwer, die lateinischen Begriffe zu behalten. Nachts habe ich Alpträume oder kann nicht schlafen, morgens fühle ich mich dann schlapp und kann mich kaum konzentrieren. Ich habe schon verschiedene homöopathische Mittel probiert, aber ich glaube das ist auf Dauer auch keine Lösung. Ich bin total verzweifelt, denn eigentlich möchte ich ganz anders leben!"

 Wer sagt das? Horst, Angela, Ludwig oder Lea?

1 Sport hilft mir bei Stress nicht.
2 Ich bin sehr lärmempfindlich.
3 Ich wäre gern zu Hause.
4 Ausgehen macht Spaß, wenn ich mit meinem Geld bezahlen kann.
5 Die Erwartungen von zu Hause sind sehr hoch.
6 Sich ärgern bedeutet nicht Stress.
7 Mir fällt es schwer, Hilfe anzunehmen.
8 Andere müssen unter meiner stressbedingten Laune leiden.

 Beantworten Sie die Fragen zum Text.

1 Warum haben die vier Personen Stress?
2 Wie unterschiedlich äußert sich der Stress bei ihnen?
3 Wie versuchen sie den Stress abzubauen?

 Diskutieren Sie in der Gruppe.

● Gehört Stress zum Leben dazu?
● Wann ist Stress gut, wann nicht?
● Was bereitet Ihnen persönlich Stress?
● Wie äußert sich bei Ihnen Stress?
● Was tun Sie dagegen? Was wäre gut?

Fragen an eine berühmte Persönlichkeit

**Heute: Der Arbeits-
forscher Prof.
Dr. Bernhard Walter**

An was arbeiten Sie im Moment?
Ich schreibe gerade ein Buch über Lebensbalance, mit dem Titel „Auf der Suche nach dem individuellen Gleichgewicht." Immer mehr Menschen sind gestresst oder so unglücklich mit ihrem Leben, dass Sie nicht weiterwissen. Ich möchte diesen Menschen helfen, ihre Mitte wieder zu finden. Das Ziel muss sein, Zeit und Muße für sich und seine Familie zu finden, ja, richtig zu planen. Wer sich beruflich langweilt, der muss sich sinnvolle ehrenamtliche Tätigkeiten suchen. Die eigene Gesundheit ist das Wichtigste, was man hat, nicht das große Geld.

Was ärgert Sie?
Frauen sind viel klüger im Umgang mit Stress und Krankheit als Männer. Die meisten Männer glauben immer noch: „Wenn etwas weh tut, dann gehe ich etwas früher ins Bett, am nächsten Morgen ist es bestimmt weg. Oder: Wenn ich Ärger oder Stress im Beruf habe, dann löse ich das durch Verdrängung, am besten mit sehr viel Bier."

Wovon träumen Sie?
Von einer Welt, in der mehr Frauen Chefs sind, in der wirklich der- oder diejenige den Job bekommt, der/die am besten dafür qualifiziert ist und nicht, wer die meisten Beziehungen hat, am nettesten aussieht oder sich im Interview am besten verkaufen kann.

A ✎ **Beantworten Sie die Fragen mit Ihren eigenen Worten.**

1 Wovon handelt Prof. Dr. Walters Buch?
2 Wobei möchte Prof. Dr. Walter den Menschen helfen?
3 Wie unterschiedlich gehen Männer und Frauen mit potentiellen Krankheiten um?
4 Wie sieht Prof. Dr. Walters Traum aus?

B 🔊 **Hören Sie sich „Stress I und seine Ursachen" an.**

1 Nach Angaben von Dr. Schlegel, was sind die Hauptursachen für Stress bei der Arbeit? Vervollständigen Sie die Sätze.
  a Als erstes _____
  b Als zweites _____
2 Welche drei Gründe erwähnt Dr. Schlegel noch?
  a Mehr Überstunden
  b Mangelnde Karrierechancen für Frauen
  c Schlechte Kantine und Parkmöglichkeiten
  d Zu viel Arbeit am Computer
  e Kein gutes Verhältnis zum Chef
  f Zu niedriges Gehalt

C 🔊 **Hören Sie sich „Stress II " an. Welche Aussage ist laut Dr. Schlegel richtig?**

1 Frauen/Männer sind flexibler.
2 Frauen/Männer kommen besser mit Stress klar.
3 Frauen/Männer sind häufiger stressbedingt krank.

D 💬 **Was denken Sie? Welche Aussage ist richtig, welche falsch? Diskutieren Sie in der Gruppe.**

● Männer regen sich leichter auf als Frauen!
● Frauen können mehrere Dinge gleichzeitig tun, Männer nicht!
● Männer denken mehr an die Karriere, Frauen mehr an die Familie!
● Frauen machen mehr Fehler als Männer!

Tenses in reported speech

Past tenses

Although there are three past tenses – perfect, imperfect and pluperfect – there is only one way to express these in reported or indirect speech, and that is with *haben* or *sein* plus a past participle.

Direct speech	Indirect speech
Imperfect Er sagte: „Alles **begann** vor 20 Jahren."	→ Er sagte, alles **habe** vor 20 Jahren **begonnen**.
Perfect Er sagte: „Alles **hat** vor 20 Jahren **begonnen**."	*(He said everything had started 20 years earlier.)*
Pluperfect Er sagte: „Alles **hatte** vor 20 Jahren **begonnen**."	

The *Konjunktiv 2* form of *haben* is used if the *Konjunktiv 1* form is the same as the normal present tense. The problem doesn't arise with *sein*.

Direct Er sagt: „Meine Freunde konnten mir nicht helfen."
Indirect Er sagt, seine Freunde **hätten** ihm nicht helfen **können**. (*He said his friends couldn't help him.*)

Future tense

Use the *Konjunktiv 1* form of *werden* plus the infinitive.

Direct Sie sagte/Sie sagt: „Das Problem **wird** nie ganz weggehen."
Indirect Sie sagte/Sie sagt, das Problem **werde** nie ganz weggehen.
(*She says the problem will never really disappear/she said the problem would never...*)

If the *Konjunktiv 1* form of *werden* is the same as the normal present tense, use the *Konjunktiv 2* form:

Direct Sie sagte: „Die Probleme **werden** nie ganz **weggehen**."
Indirect Sie sagte, die Probleme **würden** nie ganz **weggehen**.

Conditional tense

If you report a statement in the conditional, no change to the verb is needed, as it's already in the *Konjunktiv 2* form required.

Direct Er meinte: „Du würdest das Problem nie verstehen!"
Indirect Er meinte, ich **würde** das Problem nie verstehen.

Questions, orders and requests

Questions are simply introduced with the question word as the conjunction (sending the verb to the end, of course). If there's no question word (i.e. yes/no questions), use *ob* (whether). For requests and commands, the *Konjunktiv* of *sollen* (should) is used.

Sie fragte: „Warum ist alles so schwer?" Sie fragte, warum alles so schwer **sei**.
Er sagte: „Rufen Sie mich an!" Er sagte, ich **solle** ihn anrufen.

Pronouns

When changing from direct to reported speech, remember to change pronouns, etc. (e.g. *ich, mir, mein*).

Sie sagte: „Ich gebe dir meine Adresse." Sie sagte, sie gebe **mir ihre** Adresse.

⑬ Einfach mal abschalten

Was ist die erholsamste Art, Urlaub zu machen? Wie bekommt man Abstand vom Berufsalltag und tankt neue Kräfte?

Viele Leute wissen nicht wie. Selbst im Urlaub hängen sie am Handy oder haben ihren Laptop dabei. Experten sehen das sehr kritisch. Wer sich nicht richtig erholen kann, der schadet nicht nur seiner Gesundheit, sondern auch den Beziehungen mit Partnern und Freunden.

A 💬 **Lesen Sie diesen Text und diskutieren Sie in der Gruppe.**

- Was ist die erholsamste Art, Urlaub zu machen und warum?
- Warum nehmen viele Leute ihr Handy und ihren Laptop mit?
- Inwieweit kann es der Gesundheit und den Beziehungen schaden, wenn man sich nicht richtig erholen kann?

14 Einen Ausgleich finden

Studenten im Prüfungsstress

Hans Borkmann ist Leiter eines großen deutschen Studentenwerkes und gibt ein Interview für die Studentenzeitung.

Interviewer: Herr Borkmann, viele Studenten haben Probleme mit Prüfungsstress, oder?

Borkmann: Ja, viel zu viele. Sie leiden unter einer Art Burn-out-Syndrom. Typische Symptome sind Depressionen, Angstattacken, Versagensängste und Magenkrämpfe.

Interviewer: Wie sollte man mit solchen stressigen Situationen richtig umgehen?

Borkmann: Zuerst, Hände weg von Medikamenten. Aufputschmittel oder Beruhigungsmittel sind keine Lösung. Viele Stundenten machen den Fehler, dass sie keine Freiräume für individuelle Tätigkeiten mehr haben und nur noch von morgens bis abends lernen. Es wäre besser, einen Ausgleich zu finden: ein Instrument spielen, Sport treiben, ins Fitness-Studio gehen oder körperlich arbeiten.

Interviewer: Aber das hilft nicht wirklich für die Prüfung und gegen die Angst, oder?

Borkmann: Doch! Denn wenn man dann lernt, sagen wir, acht Stunden pro Tag, ist man konzentrierter und belastbarer. Viele Studenten machen den Fehler, dass sie erst ein paar Wochen vor den Prüfungen mit dem Lernen anfangen. Besser ist es, kontinuierlich zu lernen. Wer Angst hat, sollte eine Arbeitsgruppe finden. Es gibt sehr gute Ratgeber und Seminare, wo man zwei Dinge lernen kann: richtig zu lernen and richtig zu entspannen.

A 📖 **Beantworten Sie die Fragen zum Text mit Ihren eigenen Worten. Nach Aussagen von Herrn Borkmann...**

1 Worunter leiden viele Studenten?
2 Was sollten Studenten auf keinen Fall machen?
3 Welchen Fehler begehen viele Studenten?
4 Wie könnte ein sinnvoller Ausgleich aussehen?
5 Wie kann man den Prüfungsdruck verringern?
6 Welche Art professioneller Hilfe ist sinnvoll?

B ✏️ **Bearbeiten Sie die Aufgabe und erzählen Sie weiter. Schreiben Sie 240–270 Wörter.**

Vor einem halben Jahr war ich noch durch die Prüfung gefallen. Ich hatte aber auch in der Vorbereitung alles falsch gemacht. Doch diesmal hat alles perfekt geklappt und ich werde eine super Note bekommen. In den letzten drei Monaten vor der Prüfung habe ich alles richtig gemacht. Denn ich habe...

C 🔊 **Hören Sie zu und beantworten Sie die Fragen auf Deutsch.**

1 Was möchte Andi und wie will er das erreichen?
2 In welchem Punkt hat Andi eine andere Meinung als sein Großvater?
3 Was für ein Verhältnis hat Lisa zu Geld?
4 Wie glaubt Lisa ihr Glück zu finden?
5 Was ist für Björn wichtiger als Geld?
6 Welches Problem haben reiche Leute nach Ansicht von Björn?
7 Warum glaubt Yvonne, arm und reich zu sein?
8 Was ist laut Yvonne für andere Utopie?

Zusammenfassung

Diese Liste wichtiger Vokabeln und Redewendungen ist eine gute Prüfungsvorbereitung.

Abhängigkeit und Sucht

abhängig sein von	to be addicted to
sich verschulden	to run into debt
die größte Versuchung	the biggest temptation

Ess-Störungen

Ess-Störungen	eating disorders
zunehmen/abnehmen	to put on weight/to lose weight
überwiegend Frauen sind betroffen	it mainly concerns women
es ist gesundheitsgefährdend	it is hazardous to health

Zwischen Rauchverboten und Legalisierungsdebatten

der/die Drogenabhängige	the drug addict
Cannabis legalisieren	to legalise cannabis
Marihuana verschreiben	to prescribe marihuana
ein gesetzliches Verbot	a legal ban
Toleranz und Verständnis erwarten	to expect tolerance and sympathy
die Freiheit beschränken	to restrict the freedom/liberty
auf jemanden Rücksicht nehmen	to be considerate of somebody
verrauchte Orte vermeiden	to avoid places filled with smoke
verzichten auf	to do without
rauchfreie Zonen	smoke-free areas
Gesetze einhalten	to abide by laws/to observe laws
bestrafen für	to penalise/punish for
entkriminalisieren	to decriminalize

Die Rolle der Frau in Arbeit und Beruf

sinkende Babyzahlen	falling numbers of babies
Angst haben vor	to be afraid of
sich eine Familie wünschen	to want/wish for a family
schlechte Aufstiegschancen	bad promotion prospects
der Anteil von Frauen	the proportion of women
Führungspositionen	executive/senior positions
gleicher Lohn für gleiche Arbeit	equal pay for equal work
eine kinderfeindliche Gesellschaft	an anti-children society
die Doppelbelastung	the double burden

Die richtige Lebensbalance

Überstunden machen	to work overtime
Stress abbauen	to relieve/alleviate stress
Termindruck haben	to have time pressure
zu schwitzen anfangen	to start sweating
sich schlapp fühlen	to feel exhausted
mit den Nerven völlig am Ende sein	to be a nervous wreck
mit Stress klarkommen	to cope with stress
verzweifelt sein	to feel desperate
ein Ausgleich für	a compensation for
belastbar sein	to be able to cope with a heavy workload
richtig entspannen	to have a proper rest

Translation

1 Translate the following passage **into German**.

> Although Birgit had always enjoyed her classes, she never arrived home until four o'clock and always needed at least a couple of hours for her homework. She rarely had time for her friends or favourite leisure activities. She had not yet decided whether she should go to university or find a job in the nearest town. Therefore, as soon as she left school she went abroad for a year to work in a furniture factory in the south of Greece.

Creative Writing or Discursive Essay

2 Bearbeiten Sie **eine** der folgenden Aufgaben. Schreiben Sie **240–270 Wörter auf Deutsch**.

Creative Essay

a Die Arbeit machte ihr so viel Spaß, aber…

b Schreiben Sie einen Zeitungsbericht über dieses Projekt:

> **SCHULE GEGEN ESS-STÖRUNGEN!**
> Schülerinnen und Schüler eines Gymnasiums in Nürnberg beschäftigen sich mit dem Thema Ess-Störungen.

Discursive Essay

c Bereitet die Schule unsere Kinder auf die Welt der Arbeit vor?

d „Alkohol, Nikotin und Cannabis sollten alle verboten werden!" Was meinen Sie?

Phrases for essays and oral examinations	
es freut mich, dass…/ich bin froh, dass…	I'm pleased that…
ich freue mich darauf	I'm looking forward to it
ich hatte Glück	I was lucky
ich war glücklich	I was happy
es handelt sich um…	it's about…
es ist nicht zu leugnen, dass…	it can't be denied that…
es ist unvorstellbar/unbegreiflich, dass…	it's inconceivable that…
es kommt darauf an	it depends

 **9**

Nationale und internationale Ereignisse der Vergangenheit

Über dieses Thema...

★ **Die Ernennung Hitlers zum Reichskanzler und wie das Leben in Deutschland im Dritten Reich war.**

★ **Der Zweite Weltkrieg und was für Folgen das deutsche Volk dabei erlitt.**

★ **Die Teilung Deutschlands und der Bau der Berliner Mauer.**

★ **Die Gastarbeiter, die Aussiedler und andere Ausländer in Deutschland – wie sie leben und was für Probleme sie haben.**

★ **Der Fall der Berliner Mauer und die Wiedervereinigung Deutschlands.**

★ **Die Presse in Deutschland.**

Diese Einheit behandelt folgende Grammatik:

★ **Wortstellung**

★ **Wiederholung des Perfekts**

★ **Modalverben im Perfekt**

Diese Einheit gibt Ihnen folgende Lerntipps und Prüfungstraining:

★ **Wie man einen diskursiven Aufsatz plant und schreibt.**

★ **Weitere Tipps für eine Debatte.**

★ **Wie man seine Meinung sagen und rechtfertigen kann.**

★ **Wie man Wörter aus einer Debatte auch schriftlich verwenden kann.**

★ **Wie man einen kreativen Aufsatz schreibt.**

★ **Wie man seine Arbeit überprüft.**

Zum Einstieg:

★ Was haben Sie schon über Deutschland im Zweiten Weltkrieg in der Schule oder vielleicht durch die Medien gelernt?

★ Warum haben die Deutschen vielleicht Hitler zum Führer gewählt?

★ Wie müsste das Leben Ihrer Ansicht nach in einer geteilten Stadt sein?

★ Wie war wohl die Reaktion in Berlin, als die Mauer nach 28 Jahren fiel?

★ Welche Vorteile bringen Ausländer in ein Gastland? Was meinen Sie?

Der Zweite Weltkrieg

1 Bildunterschriften

a **Nach Wahlen im Januar 1933 wurde Hitler zum Führer.**

b **WENIGER ALS EINEN MONAT NACH HITLERS MACHTÜBERNAHME BRANNTE DER REICHSTAG NIEDER.**

c Die Verfolgung der Juden durch die Nazis eskalierte im November 1938, als Synagogen in ganz Deutschland brannten.

d **Im September 1939 marschierten deutsche Truppen über die polnische Grenze und der Zweite Weltkrieg begann.**

e Nach sechs Jahren Krieg lag Berlin in Schutt und Asche und Deutschland war zerstört.

f Damit Westberlin überleben konnte, transportierten die Alliierten 1948 alles durch die Luft.

g Im Jahre 1949 kam es zur politischen Teilung Deutschlands und zur Gründung zweier Staaten.

h Im Jahre 1953 versuchten die Ostberliner gegen die Regierung zu protestieren, aber Panzer kamen auf die Straße.

i **ANFANG DER SECHZIGER JAHRE WURDE EINE MAUER DURCH BERLIN GEBAUT.**

j Nach 28 Jahren fiel die Mauer wieder.

k **Weniger als ein Jahr später wurde Deutschland wiedervereinigt.**

A Wann war das? Was passt zusammen: a–k und 1–11? Besprechen Sie das mit Ihrem Partner/Ihrer Partnerin!

1 Gründung der Bundesrepublik Deutschland und der DDR
2 Fall der Mauer
3 Aufstand in Ostberlin
4 Reichstagsbrand
5 Ausbruch des Zweiten Weltkrieges
6 Wiedervereinigung Deutschlands
7 Hitler zum Reichskanzler ernannt
8 Luftbrücke
9 Bau der Berliner Mauer
10 Kristallnacht
11 Ende des Zweiten Weltkrieges in Europa

B Jetzt hören Sie sich die Aufnahme an. Haben Sie es richtig gemacht?

C Wählen Sie eines dieser historischen Ereignisse aus und suchen Sie Informationen darüber im Internet. Dann bereiten Sie einen kurzen Vortrag – vielleicht etwa zwei Minuten – für Ihre Klasse vor. Wer hält den interessantesten Vortrag? Denken Sie an Folgendes:

- Wann passierte dieses Ereignis?
- Was führte zu diesem Ereignis?
- Wie wichtig war dieses Ereignis?
- Was waren die Folgen des Ereignisses?

2 Propaganda

PROPAGANDA IN DER NAZIZEIT

Um das Volk zu beeinflussen, haben die Nazis Propaganda gemacht. Der Propagandaminister hieß Joseph Goebbels. Durch seine Reden und die Medien wollte er das deutsche Volk zu fanatischen Nazis machen. Auch durch Filme wurden die Deutschen beeinflusst – zum Beispiel durch das Werk von Leni Riefenstahl und den Film „Triumph des Willens". Goebbels rief die Deutschen auf, jüdische Geschäfte zu boykottieren, wie im Plakat rechts, das nach dem Mord an einem Händler in München erschien.

A **Lesen Sie diesen Text. Besprechen Sie dann diese Fragen zu zweit oder in der Gruppe.**

1 Wie werden die Juden auf diesem Plakat dargestellt? Suchen Sie im Text Wörter, die benutzt werden, um die Juden zu demütigen.
2 Wie wird das deutsche Volk beschrieben? Suchen Sie Wörter im Text, die die Deutschen charakterisieren sollen!
3 Warum werden alle Menschen zu dieser Aktion aufgerufen?

BOYKOTTRUF DER NSDAP!

Deutsche Volksgenossen!

Die Schuldigen an diesem wahnwitzigen Verbrechen sind die Juden in Deutschland! Sie haben ihre Rassengenossen im Ausland zum Kampf gegen das deutsche Volk aufgerufen! Sie haben Lügen durch das Land verbreitet!

Darum hat die nationalsozialistische Partei sich entschlossen, am Samstag dem 1. April ab 10 Uhr vormittags, über alle jüdischen Geschäfte und Warenhäuser ein Boykott zu verhängen.

Dazu rufen wir euch auf, deutsche Frauen und Männer!

Kauft nichts in jüdischen Geschäften und Warenhäusern! Geht nicht zu jüdischen Rechtsanwälten! Meidet jüdische Ärzte! Zeigt den Juden, dass sie nicht ungestraft Deutschland in seiner Ehre beschmutzen können!

Es lebe der Führer und Reichskanzler Adolf Hitler! Es lebe das deutsche Volk und das heilige deutsche Vaterland!

3 Die HJ und der BDM

DIE HITLERJUGEND UND DER BUND DEUTSCHER MÄDEL

Eine sehr wichtige Methode, die junge Generation zu beeinflussen, war die Mitgliedschaft der HJ (Hitlerjugend) oder des BDM (Bund deutscher Mädel). Es wurde von vielen als Pflicht gesehen, diesen Organisationen beizutreten. Obwohl es sicherlich den Jugendlichen Spaß gemacht hat, Sport zu treiben und an anderen Aktivitäten teilzunehmen, war das Hauptziel der Organisationen junge Menschen als gute Nazis auszubilden und sie auf den kommenden Krieg vorzubereiten.

A **In diesem Text hören Sie zwei Geschwister, Ernst und Gudrun, die über die HJ und den BDM sprechen. Sie haben verschiedene Meinungen darüber. Hören Sie auch zu und beantworten Sie dann die Fragen. Ergänzen Sie die folgenden Sätze mit einem passenden Wort aus der Wortkiste.**

1 Die Mitgliedschaft der HJ findet Ernst…
2 Im BDM werden die Frauen zu guten … vorbereitet.

3 Deutschland braucht … Männer für die Zukunft.
4 In der HJ sagt man, man müsse … auf Deutschland sein.
5 In der Schule lernt man, … wollen das Land zerstören.
6 Ernst glaubt nicht, dass die … Lügen erzählen.

Unsinn	stolz	Männer	gar nicht
Deutschen	brave	Müttern	glücklich
sehr gut	Vernünftiges	starke	die Juden

B **Warum glauben Sie, dass alle Jugendlichen zur HJ und zum BDM gehen sollten? Besprechen Sie das in der Gruppe.**

C **Ergänzen Sie den Dialog zwischen dem Gruppenleiter und Gudrun.**

4 Die Nacht des Schreckens

**Im November 1938 verschärfte sich die Verfolgung der Juden stark. Lesen
Sie den folgenden Text darüber und machen Sie die Aufgaben.**

DIE NACHT DES SCHRECKENS

In der Nacht vom 9. November 1938 gingen die Synagogen im damaligen Deutschen Reich in Flammen auf, Geschäfte wurden zerstört und geplündert, Juden in ihren Wohnungen überfallen, gedemütigt, misshandelt, ermordet oder verhaftet. Diese Aktion hatte als Ziel, die Juden endgültig aus dem wirtschaftlichen, sozialen und kulturellen Leben zu entfernen.

Die schon sichtbare Diskriminierung und Verfolgung jüdischer Bürger kulminierte in diesem Pogrom, in dem GESTAPO-, SA- und SS-Angehörige eine führende Rolle spielten. So wurde der Polizei das Eingreifen untersagt und der Befehl ausgegeben, ausländische Staatsangehörige nicht zu belästigen, möglichst viele Juden zu verhaften und ihr Eigentum zu beschlagnahmen.

Die Aufrufe der nationalsozialistischen Führung nach dem Novemberpogrom, die ungezügelte Zerstörung – von Menschenleben ist nicht die Rede – zu beenden, überdeckten zum einen die Planung der Aktion und markierte zum anderen den Beginn der Phase kontrollierter, systematischer Vertreibung der Juden bis zum Holocaust.

A 📖 **Welche vier der folgenden acht Sätze sind richtig? Korrigieren Sie die falschen Sätze.**

1 Alle Kirchen in Deutschland gingen am 9. November 1938 in Flammen auf.
2 Alle Juden wurden angegriffen.
3 Manche Juden wurden erniedrigt.
4 Die geheime Staatspolizei half beim Organisieren des Pogroms.
5 Die Polizei in jeder Stadt nahm auch am Pogrom teil.
6 Viele Juden haben ihren Besitz verloren.
7 Die Nazis meinten, sie hätten die Aktion organisiert.
8 Die Kristallnacht war ein Sprungbrett für eine organisierte Judenverfolgung.

5 Widerstand im Zweiten Weltkrieg

Im Zweiten Weltkrieg war es nicht der Fall, dass alle Deutschen die Nazi Regierung unterstützten. Das Problem war, dass man sein Leben riskierte, wenn man Widerstand leisten würde – es hätte den Tod durch Fallbeil oder Galgen bedeuten können!

Die Weiße Rose

Eine Gruppe, die sehr tapferen Widerstand leistete, war die „Weiße Rose". Der Kern der Gruppe bestand aus fünf Studenten: Hans und Sophie Scholl, Willi Graf, Christoph Probst und Alexander Schmorell.

Im Sommer 1942 veröffentlichten sie mehrere Flugblätter, die an der Universität München verbreitet wurden. Mit vielen Zitaten aus der klassischen Literatur wurde zu passivem Widerstand gegen die nationalsozialistische Regierung aufgerufen.

Beim Verteilen von Flugblättern in München wurden die Geschwister Scholl von einem Hausmeister erwischt und festgenommen. Vier Tage später standen sie mit Christoph Probst vor Gericht. Die Todesurteile wurden am gleichen Tag vollstreckt. Keine Gnade wurde gezeigt und alle drei wurden vom radikalen Nazi-Richter Roland Greisler schrecklich beleidigt und beschimpft.

Vor ihrem Tod sagte Sophie zu ihrem Bruder: „Wir sehen uns in der Ewigkeit wieder".

A 📖 **Lesen Sie den Text und beantworten Sie die Fragen auf Deutsch.**

1 Warum war es in Nazi-Deutschland schwer, Widerstand zu leisten?
2 Was für eine Gruppe war die „Weiße Rose"?
3 Wie wollte die Gruppe Widerstand leisten?
4 Was erfahren wir über Sophie durch ihren letzten Satz?

B ✏️ **Durch ein Attentat in der Wolfsschanze in Ostpreußen wollte Graf Claus von Stauffenberg Hitler töten. Suchen Sie Informationen über Graf Claus von Stauffenberg und das Attentat im Internet! Schreiben Sie 240–270 Wörter auf Deutsch zu dem Thema.**

Writing a creative essay

- **Plan your essay** by making note first: what happens, when, where, how, to whom, and why?
- **Judge the register and tone required**: formal, no-nonsense journalistic style for a newspaper report; probably a less formal style for story-writing, depending on the 'voice' that you choose as the narrator.
- **Know the correct vocabulary** for a newspaper report involving a crime or other incident, e.g. *der Augenzeuge* (eye witness), *die Polizeiuntersuchung* (police investigation), *jdn verhaften* (to arrest sb.), etc.
- **Address all the elements of the written or visual stimulus.** Don't ignore any of the details/clues provided, e.g. if you are given the opening words: *Stefan saß aufgeregt auf seinem Bett und checkte noch mal seine Brieftasche, in der seine Tickets waren. Es waren nur noch wenige Stunden, bis...* Remember to explain why he is *aufgeregt*, why there is more than one ticket in his wallet, and why there are only a few hours left. If you choose to write the story from the picture stimulus, remember that the picture is as important as the sentence or phrase underneath and you must make sure your story encompasses both aspects. For a newspaper report, make sure you explain or amplify all the information in the headline.

- If you are asked to continue a story, make sure you actually **continue the narrative action rather than just enlarge on the scene** already given.
- If you are writing a story from a picture stimulus, consider whether to use the **first person *ich*** or **third person *er/sie*** to narrate the tale – which would tell the story more effectively?
- **Decide on a beginning, middle and end.** For a story, will the ending be happy, sad, or will it have an unexpected twist? For a newspaper report, does the piece end with a witness statement, a statement from the police or a relevant expert (good excuses to show off your ability to use the subjunctive in indirect speech), a summary of the police enquiry so far, or a description of what will happen next?
- Decide if you are going to include any **dialogue**; will the story be conveyed mainly through conversation or narrative?
- Can you invent any **relevant details** that would add to your story or report, e.g. people's characteristics, feelings or appearance; description of places or the weather (think of the five senses); a sense of urgency or foreboding, and so on? Learn vocabulary and phrases to express such detail.
- **Write imaginatively but not so that the result is totally implausible or surreal**: your essay must be convincing and have some sense of internal logic.

⑥ Die Schlacht um Stalingrad

Neun eisige Wochen ist die 6. deutsche Armee im Winter 1942/43 in Stalingrad eingekesselt. „Muniti-on praktisch verschossen", funkt General Paulus nach Berlin. Hitler befiehlt: „Festung Stalingrad" halten.

Noch im Frühjahr 1942 sah es so aus, als ob die Rote Armee keine Chance hätte, die deutsche Wehrmacht jemals zurückzuschlagen. Doch schon im Herbst, in Stalingrad an der Wolga, erlebte die deutsche Wehr-macht ihre erste vernichtende Niederlage im Krieg

gegen die Sowjetunion – der Wendepunkt an der Ostfront.

Stalingrad gilt noch immer als die berüchtigste Schlacht des Zweiten Weltkriegs. Sie führte am 31. Januar 1943 zur Kapitulation der deutschen Truppen.

Mehr als eine Million Menschen starben bei den Kämpfen, Soldaten wie Zivilisten, Russen, Deutsche und andere – gefallen, erfroren, verhun-gert.

Im August 1942 erreichten deutsche

Truppen dann erstmals die Wolga.

Erst Mitte September schafften es deutsche Verbände, bis in das Stadt-zentrum vorzudringen. Die Schlacht wurde zu einem erbitterten Kampf, Mann gegen Mann.

Am 19. November 1942 begann die Rote Armee mit einer groß ange-legten Gegenoffensive. Am Ende kapitulierte der deutsche General Paulus mit 91.000 Soldaten. Nur 6000 von ihnen sollten – nach langen Jahren der Gefangenschaft –

A 📖 **Ergänzen Sie die folgenden Sätze mit dem passenden Wort oder den passenden Wörtern aus der Wortkiste.**

1 Die deutsche Armee erlitt in Stalingrad ... .
2 Die Horrorschlacht führte zu vielen ... .
3 Soldaten wie normale ... sind bei der Schlacht ums Leben gekommen.
4 Stalingrad gilt als ... im Krieg.
5 Die Deutschen brauchten ..., um die Stadtmitte zu erreichen.
6 Erst nach ... konnten die Russen zurückkämpfen.
7 Die deutschen Truppen mussten sich ... .
8 Deutsche Gefangene hatten eine ... Chance, die Heimat wiederzusehen.

> einen Sieg   ein Wendepunkt   ergeben   eine Woche   Todesfällen
> drei Monaten   geringe   einen Misserfolg   Hinrichtungen   nur Soldaten
> ein Glücksfall   einen Monat   starke   fünf Monaten   Bürger   vergeben

Das geteilte Deutschland

7 Ankunft der Alliierten

Der Weg zur Teilung Deutschlands begann mit dem Einzug der Truppen aus Großbritannien, Frankreich, den USA und der Sowjetunion. Die Deutschen hatten gemischte Gefühle. Die Briten und

Hamburg

DEUTSCHLAND

die Amerikaner waren willkommen, aber vor den Sowjets hatten viele Deutsche – wegen der Grausamkeiten der Deutschen in der Sowjetunion – Angst.

Eine junge Deutsche, Lisa, spricht mit ihrer Oma, Frau Long, die 1945 in Hamburg wohnte und einen englischen Soldaten heiratete, der bei der Befreiung Bergen-Belsens dabei gewesen war.

A 📖 🔊 **Hören Sie sich das Gespräch an und beantworten Sie dann die Fragen.**

1 Wie haben sich Lisas Großeltern kennen gelernt?
2 Warum war es für Frau Long schwer, Kontakt mit den Engländern zu haben?
3 Wie fühlte sich Lisas Oma, als sie ihren Mann zum ersten Mal sah?
4 Warum hatte sie Glück, in Hamburg und nicht in der sowjetischen Zone zu wohnen?
5 Wie war das Leben für die Hamburger im Jahre 1945?
6 Was passierte im Sommer 1946?

B ✏️ **Wählen Sie entweder Übung 1 oder 2 und schreiben Sie einen kreativen Aufsatz über das Thema. Schreiben Sie 240–270 Wörter und benutzen Sie die Tipps auf Seite 169.**

1 „Liebe nach dem Krieg!" Erzählen Sie eine Liebesgeschichte und benutzen Sie Frau Longs Geschichte, um Ihnen zu helfen.
2 „Ich, ein britischer Soldat, sah das vor mir!" Erzählen Sie weiter.

8 Vertreibung und Neubeginn

Western zone / Eastern zone / Unter Polnischer Verwaltung / Unter Sowjetischer Verwaltung / SOWJETUNION / Danzig (Gdansk) / Britische Zone / Berlin / POLEN / Solingen / Sowjetische zone / Französische / Amerikanische Zone / TSCHECHOSLOWAKEI / FRANK-REICH zone / SCHWEIZ / ÖSTERREICH

Vertreibung und Neubeginn

Nach dem Ende des Krieges wurde Deutschland in Zonen geteilt und die ehemaligen deutschen Länder östlich von der sogenannten Oder-Neiße-Linie kamen unter polnische bzw. sowjetische Verwaltung. Alle Deutschen, die hier lebten, mussten ihre Wohnung verlassen und Richtung Westen marschieren. In diesem Text erzählt ein Junge, Herbert Weber, über diesen langen Marsch von Danzig (Gdansk) nach Solingen.

„Im Juni 1945 verbreitete sich ein Gerücht, dass alle Deutschen aus Danzig evakuiert werden sollten. Ein polnischer Soldat sprach mich ganz scharf auf der Straße an: „Was machst du denn hier? Die Deutschen müssen alle in den nächsten zwei Stunden die Stadt verlassen haben!" Meine Mutter, meine Schwester und ich bereiteten schnell unsere Rucksäcke vor und gingen zum Bahnhof.

Nicht, dass wir mit dem Zug fahren würden! Wir wurden alle zu einem Treck zusammengestellt und es ging los. Unterwegs wurden wir von polnischen Soldaten ausgeplündert. Ich vergesse nie den polnischen Soldaten, der uns bedrohte: „Denjenigen, die ihren Ehering nicht freiwillig abgeben, werde der Ring mit dem Finger abgeschnitten!"

Weiter ging es Richtung Stettin (Szcezcin) und Deutschland. Vor Hunger und Erschöpfung brachen viele Menschen zusammen. Die Autobahnböschung bei Kobitzow war voll mit Toten – alte Menschen und Kinder.

Anfang 1946 gelang es uns, mit einem Transportzug über die Zonengrenze nach Lübeck zu kommen. Hier kamen wir in ein Lager für Vertriebene und zum ersten Mal konnten wir in der Wärme essen und trinken. In den nächsten Tagen schrieben wir an meinen Onkel in Solingen. Die Antwort kam von meinem Vater, der aus britischer Gefangenschaft nach Solingen gekommen war. Wie ich mich freute, als er uns zwei Tage später am Solinger Bahnhof in die Arme nahm!"

Ergänzen Sie diesen Text mit Wörtern aus der Wortkiste.

höfliches	Mütter
fort	Körper
grausam	
freundlich	Straße
besetzten	Anruf
Mantel	
zurück	Bahn
amerikanischen	Brief
Fluss	
Schmuck	Leichen
herzliches	Alte
Zug	

Alle Deutschen im …(1)… Osten mussten aus ihrer Heimat …(2)… .
Die polnische Armee benahm sich sehr …(3)… den Deutschen gegenüber.
Zum Beispiel musste man seinen …(4)… abgeben, als danach verlangt
wurde. Viele …(5)… starben unterwegs und neben der …(6)… lagen
…(7)… Zum Glück kam Herbert mit der …(8)… nach Lübeck. Durch
einen …(9)… erfuhr er, dass sein Vater überlebt hatte. Am Bahnhof gab
es ein …(10)… Wiedersehen.

B **Schreiben Sie einen kreativen Aufsatz von 240–270 Wörter über
das folgende Thema: „Der lange Marsch durch den Schnee!"**

9 Die Berliner Luftbrücke und die Trennung

Die vier Besatzungsmächte in Deutschland kontrollierten ihre eigenen
Zonen und alle arbeiteten zusammen in Berlin. Es wurde bald aber klar,
dass die Sowjets sich eine ganz andere Zukunft für Deutschland vorstellten
als die Westmächte. Die Westmächte wollten Deutschland wieder zu
einem wirtschaftlich starken Land machen, die Sowjets wollten ein
schwaches Deutschland.

Berlin lag mitten in der Sowjetzone, geografisch von den anderen Zonen
abgeschnitten. Um mehr Einfluss in Berlin zu haben, versuchten die
Sowjets durch eine Blockade, die Westmächte aus Berlin zu vertreiben.
Alle Straßen und Eisenbahnen wurden blockiert.

So begann die Luftbrücke. Die Amerikaner und die Briten transportierten
alles, was Westberlin brauchte, durch die Luft. Essen, Brennstoffe, alles!
Die Westberliner hielten durch und nach etwa 11 Monaten wurde die
Blockade aufgehoben.

Die Luftbrücke zeigte, dass eine Einigung zwischen den Besetzungs-
mächten über die Zukunft Deutschlands nicht möglich wäre. Der Weg der
Trennung lag bevor. 1949 wurden die Bundesrepublik Deutschland (West
– aus den britischen, amerikanischen und französischen Zonen) und die
Deutsche Demokratische Republik (Ost – aus der sowjetischen Zone)
gegründet.

 **Lesen Sie den Text und beantworten Sie die Fragen auf
Englisch.**

1 Where in Germany did all four occupation powers work together?
2 Why was it difficult for them to work together?
3 What was the geographical problem for the western powers?
4 Why did the Soviets begin the blockade?
5 What was the reaction of the western powers?
6 What was the result of this in 1949?

⑩ Das Leben in der DDR

Wie war das Leben in der neuen DDR? Sechs DDR-Bürger beschreiben das Leben dort.

1 Herr Polkowski

> Ich bin in der DDR in die Schule gegangen. Nach der Schule wussten wir alle, dass wir eine Arbeitsstelle haben würden, aber wir konnten nicht immer unseren eigenen Beruf aussuchen.

4 Frau Bäcker

> Ich war sehr glücklich, dass ich nicht so lange in der DDR wohnen musste. Wir hatten keine Chance, eine neue Regierung zu wählen. Der Staat war eine Diktatur.

2 Frau Stern

> Wir mussten in unserer Fabrik einen Plan erfüllen – das heißt, in einem Jahr so viel produzieren, wie der Staat verlangte. Aber ehrlich gesagt, gab es zu viele Arbeiter und manche hatten nicht viel zu tun.

5 Herr Zwingli

> Nicht alles war schlecht in der DDR. Wir hatten drei Kinder und alle haben kostenlose Plätze im Kindergarten bekommen. Aber ich verstehe schon, dass die Tatsache, dass man von anderen verleumdet werden konnte, zeigt, wie neurotisch die DDR-Regierung war!

3 Herr Schwarz

> In der DDR waren die Mieten für unsere Wohnungen sehr billig und alles Nötige war da. Autos oder Fernseher waren aber sehr teuer und sehr schwer zu bekommen. Man musste 15 Jahre auf ein Auto warten!

6 Frau Hoffmann

> Ich glaube, die DDR hat nicht immer die Güter produziert, die die Bürger wollten. In den Geschäften gab es immer Schlangen.

A **Sehen Sie sich den Text oben noch einmal an. Wer sagt das?**

1 Die DDR war nicht demokratisch.
2 Die DDR-Bürger hatten Nachbarn nicht wirklich vertrauen können.
3 Man musste sehr lange in den Läden warten.
4 Um sich Luxusgüter zu besorgen, musste man lange sparen.
5 Man hatte keine freie Beschäftigungswahl.
6 Die Industrie in der DDR war nicht so effizient.

B ✏ **Schreiben Sie einen diskursiven Aufsatz von 240–270 Wörtern über das folgende Thema auf Deutsch: „Man könnte, wie viele Menschen in der DDR, ohne Auto oder Fernseher leben!" Sind Sie auch dieser Meinung?**

Word order – revision

Word order with *und, aber, oder, denn*

Clauses joined by *und, aber, oder* (or) or *denn* (because) are coordinating conjunctions and join two main clauses or two subordinate clauses.

Sie **protestierten**, *aber* Panzer **kamen** auf die Straße.	*They protested, but tanks came onto the streets.*
… weil sie ins Gefängnis **kam** *und* ihre Familie verfolgt **wurde**, …	*…because she was sent to prison and her family was persecuted.*

The *Vorfeld*

As we know, the verb is the second element in a main clause. But what can come first? Apart from the subject, the first element can be an adverb, a subordinate clause, or even the object. Often this refers back to something that's already been mentioned. In these examples, the words in bold type are the main idea mentioned in a preceding sentence.

Sie waren entsetzt. **So** hatten sie sich das nicht vorgestellt.	*They were horrified. They hadn't imagined it would be like that.*
Erst Mitte September schafften es deutsche Verbände, …	*It was only in the middle of September that German units managed to…*
Die Juden erklärte man zu Bürgern zweiter Klasse.	*Jews were declared second-class citizens.*

Adverbs

An adverb is a word or phrase which adds some information to the verb, such as **time** (*gestern, um 7 Uhr*), **manner** (i.e. how: *langsam, mit dem Auto*), or **place** (*dort, vor dem Rathaus*). When two or more of these occur together, the adverb of time usually (but not always) comes first; the order of the other two is flexible.

Ich bin <u>gestern</u> <u>mit dem Bus</u> <u>in die Stadt</u> gefahren.	*I went into town by bus yesterday.*
Time Place Manner	
Er hat <u>gestern</u> <u>in Berlin</u> <u>sehr gut</u> gespielt.	*He played well in Berlin yesterday.*
Time Manner Place	
Alle arbeiteten <u>zusammen</u> <u>in Berlin</u>.	*They all worked together in Berlin.*
Manner Place	

Position of *nicht*

● To make the whole clause negative, *nicht* is usually placed **after the verb** which is in second position (main clause), and stays there, even if the verb shifts to the end (subordinate clause).

Er hatte **nicht** viel zu tun.	*He didn't have much to do.*
Weil er **nicht** viel zu tun hatte, …	*Because he didn't have much to do, …*

● However, if there is an **object**, or the subject comes after the verb, *nicht* comes after that.

Man konnte seiner eigenen Familie **nicht** vertrauen.	*You couldn't trust your own family.*
Seiner eigenen Familie konnte man **nicht** vertrauen.	*You couldn't trust your own family.*
Sie achten die Menschenrechte **nicht**.	*They don't respect human rights.*

● This means that *nicht* comes *before* an infinitive, past participle or prefix of a verb, or an adjective, or a phrase starting with a preposition.

Ich kann es gar **nicht** fassen, dass…	*I just can't believe that…*
Die parlamentarische Demokratie funktionierte **nicht** mehr.	*Parliamentary democracy no longer functioned.*
Sie hatten Glück, **nicht** in der sowjetischen Zone zu wohnen.	*They were lucky not to be living in the Soviet zone.*

● If you want to make a particular word or phrase negative, place *nicht* in front of it:

Nicht alles war schlecht.	*It wasn't all bad.*
Man hatte **nicht** das Recht, das Land zu verlassen.	*People didn't have the right to leave the country.*

⑪ Die sieben Weltwunder der DDR

---

[1] Obwohl keiner arbeitslos ist, hat <u>die Hälfte</u> nichts zu tun.

[2] Obwohl die Hälfte nichts zu tun hat, fehlen <u>Arbeitskräfte</u>.

[3] Obwohl Arbeitskräfte fehlen, erfüllen und übererfüllen <u>wir</u> die Pläne.

[4] Obwohl wir die Pläne erfüllen und übererfüllen, gibt <u>es</u> in den Läden nichts zu kaufen.

[5] Obwohl es in den Läden nichts zu kaufen gibt, haben <u>die Leute</u> fast alles.

[6] Obwohl die Leute fast alles haben, meckert <u>die Hälfte</u>.

[7] Obwohl die Hälfte meckert, wählen <u>99,9 Prozent</u> die Kandidaten der Nationalen Front.

 Was passt zusammen? Welcher Satz entspricht am besten den Sätzen oben?

1 Das Leben ist akzeptabel aber, viele sind unzufrieden. *Satz 6*
2 Viele haben eine sinnlose Arbeit.
3 Das Leben ist nicht so hart, trotz weniger Konsumprodukte.
4 Die Arbeiter im Land haben oft die falsche Ausbildung.
5 Auch wenn man unzufrieden ist, wählt man dieselbe politische Partei.
6 Das Land produziert Waren wie geplant, aber nichts kann gekauft werden.
7 Der Plan ist erfolgreich, obwohl keine geschickten Arbeiter da sind!

 Besprechen Sie die folgenden Fragen zu zweit oder in der Gruppe.

1 Warum haben viele Arbeiter vielleicht nichts zu tun?
2 Was für Arbeitskräfte fehlen vielleicht?
3 Was kann man vielleicht nicht in den Läden kaufen?
4 Worüber meckern vielleicht die Leute?
5 Warum wählen vielleicht fast alle die regierende Partei?

 Übersetzen Sie den folgenden Text ins Deutsche.

Life in Germany today is sometimes hard. Although most people have a job, many complain about the economy. In the former GDR many people still vote for the 'Linke' party, although they can now vote for any party in the country. The shops are all full and there are lots of lovely things to buy, although it is not always easy if one is unemployed. The government hopes to reduce unemployment in the next few years.

WESTBERLINER ZEITUNG

Ganz Westberlin abgesperrt!

Sonntag, den 13. August 1961

Als die Stadt heute Morgen aufwachte, fand sie sich wie in einem abgeriegelten Gefängnis. In der Nacht wurde die Stadt durch Einsatzgruppen der DDR-Volkspolizei und „Kampfgruppen der Arbeiterklasse" von Ostberlin und der DDR abgeschnitten. Die ganze Stadt und die Alliierten sind empört, weil die DDR-Bürger durch ihre eigenen mit Stacheldraht und einer Betonmauer eingeschlossen worden waren. In den frühen Morgenstunden rissen Einheiten der Volkspolizei das Straßenpflaster auf. Sie rammten Betonpfähle ein, zogen Gräben und verlegten Stacheldraht. Der durchgehende Verkehr von S- und U-Bahn wurde unterbrochen. Es wird erwartet, dass in ein paar Tagen eine Betonmauer gebaut wird. Man muss jetzt an die heuchlerische Rede des SED-Chefs Walter Ulbricht denken, der erst vor kurzen sagte:

„Niemand hat die Absicht, eine Mauer zu errichten!" Was waren das für leere Worte!

Heute stehen die Westberliner vor einer Krise. Wie wird man Kontakt zu seinen Verwandten im Osten der Stadt oder in der DDR aufnehmen können? Wie wird man zur Arbeit oder zur Schule kommen, wenn sie auf der anderen Seite der Grenze liegt? Wie sieht die Zukunft für uns alle aus? Wir brauchen jetzt Hilfe!

 Was meinen Sie, ist dieser Zeitungsartikel aus der Sicht der Westberliner oder der Ostberliner geschrieben? Warum glauben Sie das? Suchen Sie Wörter und Ausdrücke aus, die Ihre Meinung verstärken! Schreiben Sie eine Liste.

B **Schauen Sie sich diese sechs Sätze an. Sind diese Sätze neutral oder zeigen Sie eine klare Meinung?**

1 Die Berliner Mauer wurde im August 1961 gebaut.

2 Familien durften keinen Kontakt zueinander haben – mit grausamen Konsequenzen!

3 Die U-Bahn fuhr nicht mehr von West nach Ost.

4 Mütter mussten mit Tränen in den Augen an der Mauer stehen, wo sie nur ihren Kindern zuwinken konnten.

5 Ein Staat, der seine Bürger hinter Gittern halten muss, falls sie fliehen, sollte sich schämen.

6 Die Stacheldraht an der Grenze wurde kurz danach mit einer Betonmauer ersetzt.

C **Sollte eine Zeitung einen neutralen Standpunkt halten oder darf der Journalist seine Meinung äußern? Besprechen Sie das in der Klasse.**

D **Sehen Sie sich die Fragen unten an.**

Wo genau befand sich die Berliner Mauer?
Warum wurde die Mauer gebaut?
Wann wurde sie gebaut?
Wer baute die Mauer?
Welche Folgen hatte der Bau der Mauer für die Berliner?

Diese Fragen betreffen den Mauerbau. Erforschen Sie im Internet oder in anderen Büchern den Mauerbau oder ein anderes Ereignis im geteilten Deutschland. Beschreiben Sie jetzt ein wichtiges Ereignis im geteilten Deutschland. Was waren die Folgen für das Land? Schreiben Sie 240–270 Wörter.

⑬ Stasi!

ACHTUNG! STASI!

Haben Sie schon von der Stasi gehört? Vielleicht haben Sie den deutschen Film „Das Leben der Anderen" gesehen? Was war die Stasi? Die Stasi (Staatssicherheitsdienst) war ein offizielles Organ der Deutschen Demokratischen Republik, das die Sicherheit des Staates erhalten sollte.

Es ist aber deutlich zu sehen, wie neurotisch die DDR-Regierung offenbar war, denn kein anderes Land spionierte gegen sein einziges Volk so wie die DDR. Außer den offiziellen Arbeitern gab es unzählige Mitarbeiter, die bei ihren Nachbarn oder sogar Familien herumschnüffelten, und die Stasi über ihr Vorgehen informierten. Jeder, der der Stasi nach die Sicherheit des Landes gefährdete, wurde verhaftet und oft gefangengenommen. Eine Kleinigkeit könnte eine Verhaftung bedeuten – wie zum Beispiel Kritik eines Politikers oder das Hören der falschen amerikanischen Musik!! Überall in öffentlichen Gebäuden waren versteckte Kameras und Wanzen zu finden, um alle Menschen unter Kontrolle zu halten.

A 📖 Lesen Sie den Text und setzen Sie die Satzhälften zusammen.

1 Die Arbeit von der Stasi war es, …
2 Man konnte seiner eigenen Familie nicht vertrauen, …
3 Das viele Spionieren zeigt, …
4 Wenn man die Regierung kritisierte, …
5 Durch ungesehene Mikrofone…
6 Popmusik aus dem Westen…

a …denn es gab viele Mitarbeiter bei der Stasi.
b …konnte jeder abgehört werden.
c …das Land vor seinen Feinden zu verteidigen.
d …dass die DDR demokratisch war.
e …dass die Politiker Angst vor dem Volk hatten.
f …konnte man inhaftiert werden.
g …war in der DDR unerwünscht.
h …alle Menschen zu verhaften.

B 🔊 Die meisten politischen Häftlinge in der DDR kamen in die Haftanstalt Hohenschönhausen im Nordosten von Berlin. Darunter Michael Bradler. Hören Sie ein Interview mit ihm und beantworten Sie diese Fragen.

1 Was passierte mit Herrn Bradlers Mutter, als er noch jung war?
2 Warum durften seine Großeltern ausreisen?
3 Warum wollte Herr Bradler in den Westen gehen?
4 Woher wissen Sie, dass Herr Bradlers Vater mit dem Verhalten seines Sohnes nicht glücklich war?
5 Wie reagierten die Behörden auf seine Ausreiseanträge?
6 Wie fühlte sich Herr Bradler bei der Reaktion der Behörden?
7 Was passierte in der Sonnenallee?
8 Was war die Reaktion des Grenzpolizisten?
9 Was für ein Verbrechen sollte Herr Bradler begangen haben?
10 Was macht er heute?

C ✏️ Übersetzen Sie den folgenden Text ins Deutsche.

Stefan Leberwurst was born in 1965 in Zittau in the GDR. His father moved to Karlsruhe in the west when he was ten. Stefan was very unhappy in Zittau and requested an exit visa, but this was turned down four times. Eventually he travelled to the frontier at Marienborn and asked to leave the GDR. At once he was arrested and taken to the Stasi prison in Berlin. He was held there for a year before he was allowed to go to his father.

D ✏️ Schreiben Sie einen diskursiven Aufsatz über das folgende Thema. Schreiben Sie 240–270 Wörter: „Kein Staat sollte durch versteckte Kameras oder Wanzen sein eigenes Volk ausspionieren." Was meinen Sie?

Gastarbeiter, Ausländer, Aussiedler

14 Willkommen in Deutschland?!

WILLKOMMEN IN DEUTSCHLAND?!

Anfang der fünfziger Jahre begann die Wirtschaft in Westdeutschland zu boomen. Der Staat brauchte dringend neue Arbeitskräfte, da viele Männer im Krieg gestorben waren.

Die westdeutsche Regierung schaute in den Süden – nach Italien, Griechenland, Spanien – und vor allem in die Türkei. Viele Türken reisten nach Deutschland, um Arbeit zu finden – und bald danach folgten ihre Familien.

Inzwischen ist Berlin die größte türkische Stadt außerhalb der Türkei! In anderen Ballungsräumen wohnen auch viele Türken – manchmal jetzt in der dritten Generation.

Ausländer Menschen aus anderen Ländern, die in Deutschland leben
Gastarbeiter Menschen aus anderen Ländern – oft aus Südeuropa und der Türkei – denen Arbeit in Deutschland angeboten worden ist
Aussiedler Menschen deutscher Abstammung – oft aus der ehemaligen Sowjetunion oder Rumänien, die nach Deutschland gekommen sind
Asylbewerber Menschen aus anderen Ländern, die wegen politischer oder sozialer Verfolgung Schutz in Deutschland suchen

A Hören Sie das Interview zwischen Irfan, einem Türken aus Stuttgart, und einem Journalisten einer Jugendzeitschrift. Sind diese Sätze richtig oder falsch? Korrigieren Sie die falschen Sätze.

1   Irfan findet das Leben in Deutschland unerträglich.
2   Sein Großvater kam mit seiner Frau nach Stuttgart.
3   Irfans Oma spricht toll Deutsch.
4   Die dritte Generation ist besser integriert als die ältere.
5   Irfan meint, die deutsche Sprache ist unwichtig für Türken.
6   Irfans Vater sprach nur Türkisch in der Schule.
7   Irfans Großeltern haben wenig Kontakt zu Deutschen.
8   Irfans Eltern finden seine Freundin ganz in Ordnung.

15 Türken in Deutschland

A Sehen Sie sich diesen Text und das Diagramm rechts an.

Wie viele Türken sind nach Berlin ungezogen?

Von den sechziger Jahren bis 2008:

1960	225
1970	39.134
1980	114.306
1990	133.878
2008	Mehr als 200.000

Einwohner in Deutschland

Deutschland 82,5 Millionen Einwohner

☐ Deutsche 75,2 Millionen
☐ Ausländer 7,3 Millionen
▨ Türken 1,8 Millionen

In Deutschland sind 8,8 Prozent der Gesamtbevölkerung Ausländer!

Was für Folgen haben diese Statistiken für Deutschland? Besprechen Sie das in der Gruppe.

 Übersetzen Sie den folgenden Text ins Deutsche.

Ali is Turkish and lives with his family in the district of Wedding in Berlin. His grandfather came to Germany in the fifties in order to work in a factory there. His grandfather learned some German but he wasn't able to speak fluently. When his father was born, the family had to move to Dortmund, because he wanted to earn more money. The move was successful, although Ali's grandfather didn't really want it. They are now quite well integrated into the society.

Schreiben Sie einen Aufsatz auf Deutsch zum folgenden Thema. Schreiben Sie 240–270 Wörter.

1 „Hier spricht man Deutsch!
In allen Schulen in Bayern wird Deutsch als Fremdsprache für alle in Bayern wohnenden Ausländer angeboten!"
Schreiben Sie einen Zeitungsbericht.

2 „Alle Ausländer, die in einem anderen Land leben, sollen die Sprache des Gastlandes lernen." Was meinen Sie?

Grammar

The perfect tense – revision

In Chapter 2 (page 23) we looked at how to form the perfect tense, and its main use – to talk about past events. Make sure you know how to form weak and strong past participles, and when to use *haben* or *sein* as the auxiliary, e.g.

Weak: Er hat fleißig **gearbeitet**.
Strong: Sie sind nach Deutschland **geflohen**.

He worked/has worked hard.
They fled/have fled to Germany.
(geflohen from fliehen – to flee)

Chapter 5 (page 95) showed the difference in use between the perfect and the imperfect tenses, and there are some more notes on this in Chapter 12 (page 240). In this chapter, we look at a few other uses of the perfect tense.

The immediate past

The perfect tense is often used when we want to show that something has happened in the immediate past, or when it is relevant to the present.

Er hat sich das Bein gebrochen und kann nicht in die Schule gehen.
Warum ist die einstige Musterschule so tief gefallen?

He's broken his leg and can't go to school.
Why has a school once seen as a model sunk so low?

Modal verbs – perfect tense

- The perfect tense of modal verbs is sometimes used, especially in the south of Germany; Northerners usually prefer the imperfect tense. The past participle is the same as the infinitive:

Er hat keine Arbeit finden **können**.
Zu Hause hat er nur Türkisch sprechen **dürfen**.

He was/has been unable to find work.
At home he was only allowed to speak Turkish.

- Note the unusual position of *haben* in a subordinate clause with a modal verb in the perfect tense:

…, weil er keine Arbeit **hat** finden können.

…because he's been unable to find work.

- Very occasionally, you'll find a modal verb without another infinitive. The past participle then is *gekonnt, gemusst, gemocht*, etc.

Ich habe die Musik nicht **gemocht**.
Davor hat er die Sprache nicht **gekonnt**.

I didn't like the music.
Before that he couldn't speak the language.

- You will also find what's called the 'infinitive perfect', usually after a modal verb.

Sie müssen so etwas oft **erlebt haben.**
Die Deutschen müssen alle in den nächsten zwei Stunden die Stadt **verlassen haben**.
Die Zahl der Asylbewerber soll **zurückgegangen sein**.

You must have experienced things like this often.
All Germans are to have left the city within the next two hours.
The number of asylum applicants is said to have fallen.

Die Rütli-Schule in Berlin-Neukölln   see Dynamic Learning

16 Die Russen kommen

2 Die ersten Jahrzehnte der Siedler waren aber geprägt von Armut. Nach rund 40 Jahren deutscher Einwanderung hatte sich die Bevölkerung mehr als verdoppelt.

1 Fast 30.000 Menschen zogen im 18. Jahrhundert ins menschenleere Russland, darunter 25.000 Deutsche.

3 Die deutschstämmige Bevölkerung in der Sowjetunion wurde politisch und rechtlich nie völlig rehabilitiert.

DIE ANKUNFT DER AUSSIEDLER AUS RUSSLAND

4 In den ersten zwanzig Jahren nach dem Zweiten Weltkrieg hatten Deutschstämmige kaum Chancen, die Sowjetunion zu verlassen. Obwohl sich die Situation in den sechziger und siebziger Jahren verbesserte, bestand in vielen Teilen der deutsch-russischen Bevölkerung der Wunsch, in die Bundesrepublik auszureisen.

6 Das Bild der deutschen Gesellschaft haben diese Migranten nachhaltig verändert.

5 Mit der Öffnung der Grenzen 1989 stieg die Anzahl der Aussiedler dramatisch an. Zwischen 1990 und 2000 reisten jährlich über 100.000 Menschen als Aussiedler in die Bundesrepublik ein.

A Sehen Sie sich dieses Diagramm an. Welcher Titel (a–f) passt zu welchem Absatz (1–6) oben?

a Große Wirkung auf die Gesellschaft!
b Ein Leben am Rande der Gesellschaft.
c Großer Umzug in ein anderes Land.
d Begrenzte Ausreisegelegenheiten.
e Ein hartes Leben!
f Der Anfang eines Volksstroms Richtung Heimat!

B Lesen Sie diese Sätze. Setzen Sie die richtigen Satzhälften zusammen.

1 Russland war im 18. Jahrhundert...
2 Mehrere Deutsche zogen nach Russland, ...
3 Die Lebensqualitäten waren...
4 In den nächsten Jahren kamen...
5 Die deutsche Bevölkerung war niemals...
6 Viele Russlanddeutsche wollten...
7 Erst nach der Wende konnte man...
8 Die Aussiedler haben eine klare Wirkung auf...

a ...sehr gut integriert.
b ...schrecklich.
c ...das Leben in der Gesellschaft gehabt.

d ...um neue Siedlungen zu bauern.
e ...voller Menschen.
f ...sehr dünn besiedelt.
g ...immer mehr Deutsche nach Russland.
h ...als Außenseiter gesehen.
i ...in die alte Heimat zurück.
j ...leicht in den Westen fahren.

C Besprechen Sie dieses Thema in der Gruppe.

In der Tat ist es schwierig für manche Russland-deutsche, sich zu integrieren. Da sie deutsches Blut haben, haben sie genau dieselben Rechte wie alle anderen Deutschen – wie zum Beispiel das Recht auf eine Wohnung. Dies führt manchmal zu Neid und Unzufriedenheit. Manche Russlanddeutsche sprechen wenig Deutsch und fühlen sich einsam. Was sollte man machen, damit die Russlanddeutschen besser integriert werden? Was könnte die Regierung tun? Was sollte das deutsche Volk tun? Was könnten die Russlanddeutschen selber tun?

D Schreiben Sie einen diskursiven Aufsatz zum folgenden Thema. Schreiben Sie etwa 240–270 Wörter: „Auch wenn sie deutsches Blut haben, haben die Aussiedler keinen Platz in Deutschland!" Was meinen Sie?

Asylbewerber in Deutschland

Warum kommen junge Menschen als Asylbewerber nach Deutschland? Und treffen sie immer die richtige Entscheidung? Wir haben vier junge Leute gefragt.

Kwasi

Ich bin nach Deutschland gekommen, weil es ein demokratisches Land ist und hier fühle ich mich sicher. Bei mir zu Hause haben wir keine demokratischen Rechte. Aber, da ich schwarze Haut habe, bin ich ab und zu von den Menschen auf der Straße beschimpft worden.

Minh

Ich bin nach Deutschland gekommen, weil mein Vater von der chinesischen Regierung verfolgt wurde. In Deutschland kann ich eine tolle Ausbildung bekommen. Ich habe die Sprache schnell gelernt und studiere jetzt Medizin in München. Die Unis in Deutschland haben einen tollen Ruf.

Ali

Ich bin schwul und als Homosexueller im Iran könnte ich hingerichtet werden. Ich finde Deutschland viel liberaler und hier in Berlin kann ich leben, wie ich möchte. Auf der anderen Seite ist das Wetter hier so schlecht!

Amira

Zu Hause in Saudi Arabien wurde meine Familie aus religiösen Gründen verfolgt und die Chancen für Frauen waren unheimlich eingeschränkt. Hier in Köln arbeite ich jetzt als Rechtsanwältin. Was mir aber nicht gefällt, ist, dass die Frauen hier manchmal als Sexobjekte angesehen werden.

A **Lesen Sie diesen Artikel aus einer Jugendzeitschrift. Wer sagt das?**

1 Zu Hause hätte ich getötet werden können!
2 Manche Männer hier zeigen mir keinen Respekt!
3 In meinem Land existiert keine Gleichberechtigung unter den Geschlechtern!
4 Ein Studium hier ist viel wert.
5 Unterwegs bin ich manchmal unfreundlich behandelt worden.
6 Ich friere ständig, wo ich jetzt wohne.

B **Schreiben Sie eine Liste der Gründe, warum junge Ausländer vielleicht in Deutschland leben wollen. Besprechen Sie die Listen in der Gruppe. Welche Nachteile könnte aber das Leben in Deutschland für diese Jugendlichen haben?**

C **Schreiben Sie einen kreativen Aufsatz zum folgenden Thema. Schreiben Sie etwa 240–270 Wörter: „In Deutschland angekommen!" Erzählen Sie weiter.**

 Aufgabe: Im Namen des Volkes see Dynamic Learning

18 Welche Ausländer wohnen in Deutschland?

Asylbewerber sind gefährdet – nicht gefährlich!

Sie fliehen, weil die Regierungen in ihren Heimatländern die Menschenrechte nicht achten und politisch Anders-denkende verfolgen: sie fliehen, weil sie Angehörige bedrängter ethni-scher und religiöser Minderheiten sind. Und sie fliehen, weil in ihrer Heimat das tägliche Überleben immer schwieriger wird und die wirtschaftliche Not die Menschen in Verelendung und Verzweiflung treibt.

Niemand, der in der Bundesrepublik Zuflucht sucht, hat seine Heimat aus Übermut oder Leichtsinn verlassen.

Nicht die Existenz der Deutschen steht auf dem Spiel. Sondern die der Flüchtlinge.

Informieren Sie sich über eines der Herkunftsländer der Asylbewerber in Deutschland – vielleicht Afghanistan, Irak, Iran, Kuba oder Simbabwe als Beispiele. Halten Sie einen kurzen Vortrag in der Gruppe oder schreiben Sie einen Artikel. Denken Sie an Folgendes:

- Größe (im Vergleich zu Deutschland)?
- Einwohnerzahl?
- Klima?
- Exportprodukte?
- Staatsform?
- Ethnische Zusammensetzung?

Aufgabe: Was für Arbeit machen die Ausländer? see Dynamic Learning

Die Wiedervereinigung Deutschlands

⑲ Die Mauer fällt!

Am 9. November 1989 war es soweit. Nach 28 Jahren konnten die Ostberliner zum ersten Mal ungehindert in den westlichen Teil der Stadt fahren, als die DDR ihre Grenzen öffnete. In den nächsten Wochen öffneten sich mehrere Übergänge entlang der Mauer und kurz vor Weihnachten durfte man durch das Symbol der Teilung laufen – das Brandenburger Tor!

DIE ZEITUNG

Samstag den 23. Dezember 1989

Frohe Weihnachten Deutschland!

Das wird das schönste Weihnachtsfest, das Deutschland nach dem Krieg erlebte! Das Brandenburger Tor, Symbol für die Einheit unseres Vaterlandes, ist nach 28 Jahren wieder offen. Gestern um 14.59 Uhr durchschritt Bundeskanzler Kohl als erster den neuen Übergang. DDR-Ministerpräsident Modrow empfing ihn unter dem Tor mit einem herzlichen Händedruck. Er hatte kurz davor das Tor für offiziell geöffnet erklärt. Ein Jubelsturm brach los. Zehntausend liefen los, fielen sich in die Arme, lachten, weinten und sangen. „Dies ist der glücklichste Tag in meinem Leben!" sagte der Kanzler ergriffen – und die Menschen empfanden genauso. Sie begrüßten ihn mit tausendfachen „Helmut – Helmut" Rufen. Dann ließen Kohl und Modrow zwei weiße Friedenstauben fliegen. Junge Ostberliner waren unbemerkt auf das Podium geklettert und hatten sie ihnen einfach in die Hände gedrückt. Überglücklich rief Berlins Regierender Bürgermeister Momper den Menschen zu: „Berlin, nun freue dich!" *Die Zeitung* sagt: „Frohe Weihnachten Deutschland!"

DER BOTE

Samstag den 23. Dezember 1989

Freudentaumel am Brandenburger Tor

BERLIN: Das Brandenburger Tor ist wieder offen. Der Durchbruch der Mauer zu beiden Seiten des Tores für zwei Fußgängerübergänge beendete gestern nach 28 Jahren symbolisch die Teilung Berlins. In einer bewegten Atmosphäre besiegelten Bundeskanzler Kohl (CDU) und DDR-Ministerpräsident Modrow (SED-PDS) mit kurzen Ansprachen den historischen Moment, den Tausende von Berlinern auf beiden Seiten des Brandenburger Tores mit brausendem Jubel begleiteten.

 Lesen Sie die zwei Zeitungsberichte über den Fall der Mauer. Welcher Bericht gefällt Ihnen besser? In welchem Bericht gibt es mehr Emotionen zu spüren? Welcher Bericht ist neutraler? Welche Wörter in den Berichten führen Sie zu diesem Ergebnis? Besprechen Sie das in der Gruppe.

B Ihrer Meinung nach, wie werden wir durch die Presse beeinflusst und manipuliert? Diskutieren Sie das in der Gruppe.

C Stellen Sie sich vor, Sie sind Westberliner und treffen einen Ostberliner an diesem Tag in Berlin. Schreiben Sie mit einem Partner einen kurzen Dialog. Wenn Sie Lust haben, spielen Sie ihn in der Klasse vor!

Aufgabe: Interview mit Helmut Kohl
see Dynamic Learning

Study skills

Writing a discursive essay
(See also Edexcel Exam Unit 4, Exam Skills, page 256)

Structure
- Plan your essay by organising your main points into a clear and balanced structure, e.g. introduction – pro argument + contra argument – link – pro argument + contra argument – link – pro argument + contra argument – conclusion. Alternatively: introduction – pro argument + pro argument + pro argument – link – contra argument + contra argument + contra argument – conclusion.
- Make sure you explore all implications of the title, e.g. *Gewaltfilme und brutale Computerspiele sollten total verboten werden. Was meinen Sie?* Here the key word is *total*. Would a total ban limit freedom of expression and individual rights? What sorts of partial ban might work better?
- Sometimes a key word in the title might need to be defined first, e.g. *Umweltfreundlicher Tourismus: Realität oder Traum?* Explain in your introduction how you would define 'environmentally-friendly tourism'; *Ist die Globalisierung eine Gefahr?* Explain your personal understanding of the concept of globalisation.
- Aim for a balanced analysis and evaluation of both 'for' and 'against' arguments.
- Link your paragraphs in a logical sequence or progression. Each paragraph should ideally build

upon the previous one in some way, so that the overall thread of your essay is developed throughout.
- Keep your points focused and brief: the word limit of 240–270 words means that every word counts, so avoid repetition and don't waffle!
- Justify any opinions or assertions with concrete examples, facts and statistics (see Debating skills, Chapter 8, pages 149 and 154)
- Finally, come down clearly on one side or the other in your conclusion.

Language
- Use complex A2 grammatical structures (see the list on Arbeitsblatt: *Using A2 level vocabulary and structures*) but only those you are confident at manipulating accurately.
- Add the occasional rhetorical question for variety, e.g. *Wie könnte diese wirtschaftliche Tendenz gebremst werden?*
- Try using the subjunctive to hypothesise, speculate or explore the implications of an idea, e.g. *Wie wäre es, wenn…*
- Use pre-learned essay phrases, but be careful (sometimes you'll need to adjust the grammar according to the context you're using them in) and use them sparingly (an essay consisting entirely of these phrases will fail to address the question in any depth as you'll use up a lot of your word allocation!).

Aufgabe: Historische Stunden in Berlin
 see Dynamic Learning

㉚ Und wie ging es weiter …?

Von der Euphorie…

Ich war fasziniert. Es war wie eine andere Welt, ein ganz anderes Lebensniveau. Wenn man etwas braucht, kann man es haben. Ich konnte es gar nicht fassen, dass uns jetzt auch einiges offenstand. Mein Eindruck war auch, dass mehr Ostberliner im Westen unterwegs waren als Westberliner. Aber die Wessis waren trotzdem nett und haben sich für uns gefreut. Manche aus der Bundesrepublik hatten falsche Vorstellungen von der DDR. Ich glaube, West- und Ostberliner werden in Zukunft gemeinsame Wege gehen. Ich hoffe friedlich. Möglich ist alles!

(Ostdeutsches Mädchen, den 16. November 1989)

…zur Skepsis…

Die Wiedervereinigung kostet uns zu viel Geld. Mit diesem Solidaritätsgeld sind wir im Westen ärmer geworden. Warum sollte ich als westdeutscher Kaufmann diese Menschen im Osten unterstützen? Die sind sowieso ziemlich faul und wollen nicht arbeiten. Die wissen auch nicht, wie man einen Schnaps serviert. Ich habe ihn in einem Dresdner Restaurant lauwarm bekommen! Die Regierung sollte die Mauer in Berlin neu bauen – und diesmal noch höher!

(Westdeutscher Kaufmann, November 1995)

…bis hin zur Ostalgie

Nach einigen Jahren war es dann soweit und man vermisste das mittlerweile Vergangene. Die Ostalgie war geboren. Einige DDR-Lebensmittelmarken wie beispielsweise Vita-Cola, Burger Knäckebrot und Spreewald-Gurken überlebten die Wende und wurden damit zu Ikonen der Ostalgie. Noch heute werden in Berlin an Touristen alte NVA-Uniformen, DDR-Orden und russische Fellmützen verkauft. Einige Läden haben sich sogar auf den Verkauf von Ostalgieprodukten spezialisiert. Auch viele Bands aus dem Osten existieren nach wie vor, wie zum Beispiel die Puhdys. Bis heute sind DDR-Münzen und DDR-Briefmarken sehr beliebt. Aber auch andere Attraktionen wie Trabbi-Touren sind pure Ostalgie, die die Erinnerungen an die gute alte Zeit wieder erwecken lassen.

(Ostberliner Verkäuferin, November 2005)

A 📖 **Sehen Sie sich die folgenden Sätze an. Welche vier Sätze entsprechen am besten dem Text?**

1 Direkt nach dem Mauerfall waren die meisten Deutschen überglücklich.
2 Viele Westdeutsche wussten alles über die DDR.
3 Viele Westdeutsche müssen dem Osten finanziell helfen.
4 In der DDR war die Bedienung im Restaurant nicht so, wie man es erwartet hätte.
5 Manche Westdeutsche wollen mehr Kontakt zum Osten.
6 In der ehemaligen DDR sehnen sich viele nach einer neuen Mauer.
7 Man vermisst im Osten alte Freunde.
8 DDR-Briefmarken werden eifrig gesammelt.

B 🗣 **Vermissen Sie etwas aus Ihrer früheren Kindheit? Vielleicht etwas zu essen oder eine besondere Fernsehsendung? Was möchten Sie wieder in den Geschäften oder im Fernsehen sehen? Warum? Warum sind wir manchmal nostalgisch? Besprechen Sie das in der Gruppe.**

C ✏🗣 **Schreiben Sie vier Listen mit den folgenden Überschriften. Besprechen Sie Ihre Listen mit Ihrem Partner/Ihrer Partnerin oder in der Gruppe.**

☺		☹	
Positives an der Bundesrepublik	Positives an der DDR	Negatives an der Bundesrepublik	Negatives an der DDR

Aufgabe: Willkommen in Berlin – der Hauptstadt eines vereinten Deutschlands!　　see Dynamic Learning

Aufgabe: Das Deutschlandbild in der Welt　　see Dynamic Learning

Zusammenfassung

Diese Liste wichtiger Vokabeln und Redewendungen ist eine gute Prüfungsvorbereitung.

Der Zweite Weltkrieg

die Niederlage	defeat
die Machtübernahme	takeover of power
der Jude	Jew
die Nationalsozialisten	National Socialists
die Verfolgung	persecution
die Mitgliedschaft	membership
demütigen	to humiliate
die Hitlerjugend	the Hitler Youth
der Bund deutscher Mädel	the Organisation of German Girls
der Sieg	victory
die Wehrmacht	the German army

Gastarbeiter, Ausländer, Aussiedler

der Gastarbeiter	guest worker
der Ausländer	foreigner
der Aussiedler	immigrant
der Russlanddeutsche	German of Russian extraction
sich integrieren	to integrate
das Wirtschaftswunder	economic miracle
der Türke	Turk
die Abstammung, die Herkunft	extraction (ancestry)
die Gesellschaft	society

Das geteilte Deutschland

die Alliierten	the allies
die DDR, Deutsche Demokratische Republik	the GDR, German Democratic Republic, East Germany
die Bundesrepublik Deutschland	the Federal Republic of Germany, West Germany
die Luftbrücke	air lift
die Mauer	the Wall
sich benehmen	to behave
besetzen	to occupy
vertreiben; der Vertriebene	to expel; exile
der Staatssicherheitsdienst (Stasi)	East German state security police
die Entnazifizierung	denazification
die Besatzungsmacht	occupying power

Die Wiedervereinigung Deutschlands

gedenken (+ Gen)	to remember (e.g. victims)
das Mahnmal	place of memory, memorial
die Wiedervereinigung	reunification
die Wende	(lit.) turn (used to describe the point when Germany was unified)
eröffnen	to open (a building or place)
der Übergang	crossing point
sich freuen auf (+ Akk)	to look forward to
sich freuen über (+ Akk)	to be pleased about
das Abhörgerät	listening device
die Versöhnung	reconciliation

Translation

1 Translate the following passage **into German**.

> When Alexandru arrived in Munich from Romania thirty-six years ago, he was a young man. He was given a flat on the edge of the city and soon found work. He had no intention of spending the rest of his life in the Bavarian capital. If he had planned to stay, he would have learnt to speak the language fluently. After reunification, however, he moved to Leipzig to live with relatives to whom he had always sent money every month.

Creative Writing or Discursive Essay

2 Bearbeiten Sie **eine** der folgenden Aufgaben. Schreiben Sie **240–270 Wörter auf Deutsch**.

Creative Essay

a

Seit 60 Jahren verheiratet und so viele historische Ereignisse erlebt!

Discursive Essay

b „Wir können aus der Geschichte der Völker lernen, dass die Völker aus der Geschichte nichts gelernt haben!" Sind Sie auch dieser Meinung?

Research-based Essay

3 Beantworten Sie **eine** der folgenden Fragen **auf Deutsch**. Schreiben Sie **240–270 Wörter**.

c Beschreiben Sie zwei historische Persönlichkeiten, die Sie studiert haben. Erklären Sie die Bedeutung dieser Persönlichkeiten.

d Erörtern Sie ein historisches Ereignis, das Sie erforscht haben. Warum war dieses Ereignis Ihrer Meinung nach so wichtig?

Phrases for essays and oral examinations	
es liegt auf der Hand, dass…	it's clear/obvious that…
es wäre am besten	it would be best
gar/überhaupt nicht	not at all
ich bin davon überzeugt, dass…	I'm convinced that…
ich bin der Meinung, dass…	I'm of the opinion that
ich freue mich auf…	I'm looking forward to…
ich habe vor, …/ich habe die Absicht,…	I intend to…
ich interessiere mich für…	I'm interested in…

Interessen und Sorgen der Jugend/Unsere Welt

Über dieses Thema...

★ **Was es bedeutet, obdachlos zu sein. Wie Obdachlosen in Berlin geholfen werden.**

★ **Der Einfluss der Werbung im heutigen Leben. Wie die Werbung bestimmte Zielgruppen erreicht.**

★ **Wie man über das Internet andere Leute kennen lernt und einkaufen geht. Teleshopping.**

★ **Die Gefahren für die Umwelt, wenn der Regenwald weiter zerstört wird. Das Aussterben von Tierarten.**

★ **Die Atompolitik in Deutschland. Bis wann werden alle Kernkraftwerke stillgelegt?**

Diese Einheit behandelt folgende Grammatik:

★ **Infinitiv-Konstruktionen**
★ **Die vollendete Zukunft**
★ **Konditional in der Vergangenheit**

Diese Einheit gibt Ihnen folgende Lerntipps und Prüfungstraining:

★ **Wie man Bedeutung aus dem Englischen ins Deutsche überträgt.**
★ **Eine Liste der Konstruktionen, die häufig vorkommen.**
★ **Wie man zu der richtigen Konstruktion kommt.**
★ **Strategien für unbekannte Wörter.**
★ **Wie man eine Arbeit überprüft und eine Checkliste zusammenstellt.**

Zum Einstieg:

★ Wie wäre es, wenn Sie obdachlos wären?
★ Welchen Einfluss hat die Werbung auf Sie?
★ Wozu nutzen Sie das Internet?
★ Was passiert, wenn es keinen Regenwald mehr gibt?
★ Sollen wir neue Kernkraftwerke bauen?

Obdachlosigkeit

1 Obdachlos in Berlin

Obdachlosigkeit wird als der Zustand definiert, in dem Menschen über keinen festen Wohnsitz verfügen und im öffentlichen Raum, im Freien oder in Notunterkünften übernachten. „Platte machen" bezeichnet umgangssprachlich z.B. in Parkanlagen, auf Bänken, unter Brücken, in Hauseingängen, Baustellen und Bahnhöfen zu nächtigen. Der Begriff „Obdach" bedeutet Unterkunft oder Wohnung. Langzeitobdachlose sind heute in den meisten Großstädten zu finden. Die Mehrzahl der Obdachlosen sind Männer, unter den alleinstehenden Obdachlosen machen sie ca. 80–85% aus. Sie sind in Deutschland meist zwischen 20 und 50 Jahre alt. Ein Fünftel der Obdachlosen sind ehemalige Strafgefangene.

In Berlin wie in vielen deutschen Großstädten gibt es Organisationen, die Obdachlosen Hilfe anbieten. In Berlin gibt es z.B. mob e.V., die Folgendes anbietet:

Die Zeitung „Straßenfeger". „Der Straßenfeger" ist Medium zur Öffentlichmachung brennender sozialer Entwicklungen und Probleme. Die Zeitung erscheint vierzehntägig montags und erreicht eine durchschnittliche verkaufte Auflage von 20 bis 22.000 Exemplaren. Verkauft wird „der Straßenfeger" von sehr unterschiedlichen Menschen. Sie sind alle in einem sehr konkreten Sinne arm. Durch den Zeitungsverkauf können sie sich etwas dazu verdienen. Sie bekommen einen Euro pro verkauftes Exemplar. „Der Straßenfeger" wird von etwa 80–100 Personen regelmäßig verkauft.

Kaffee Bankrott. In Berlin-Prenzlauer Berg betreibt der Verein mob e.V. einen offenen Treffpunkt für Obdachlose. Zu den Angeboten des Treffpunktes gehören:

- soziale Kontakte und Selbsthilfe
- kostenloses Surfen im Internet
- Gelegenheit zum Aufenthalt und zum Aufwärmen
- Kaffee, Tee und weitere Getränke
- Frühstück und Mittagessen.

Es gibt folgende Regeln:

- keine Gewaltandrohung und -anwendung
- keine sexuelle Belästigung
- kein Drogenkonsum in unseren Räumen.

Notübernachtung. Die ganzjährige Notübernachtung bietet Leuten, die akut obdachlos sind, einen Übernachtungsplatz an. Hunde können nach Absprache mitgebracht werden.

Es gibt Schlafplätze für acht Männer und vier Frauen in getrennten Räumen. Ein Kostenbeitrag in Höhe von 1,50 Euro pro Nacht wird erhoben.

 Suchen Sie die zehn richtigen Aussagen zum Text.

1 Obdachlose schlafen immer im Freien.
2 Obdachlose sind Leute, die kein festes Zuhause haben.
3 Achtzig Prozent der Obdachlosen sind unter fünfzig Jahre alt.
4 Ein typischer Obdachloser ist männlich und hat keine Partnerin.
5 Wenn man „Platte macht", übernachtet man im Freien.
6 Die Zeitung „Straßenfeger" ist eine offizielle Zeitung der Stadt Berlin.
7 „Straßenfeger" erscheint zweimal im Monat.
8 Die Leute, die „Straßenfeger" verkaufen, verdienen 20 Euro pro Tag.
9 Obdachlose dürfen den ganzen Tag im „Kaffee Bankrott" verbringen.
10 Zwanzig Prozent der Obdachlosen waren schon im Gefängnis.
11 Obdachlose können zu der Notübernachtung gehen, wenn sie keine andere Unterkunft haben.
12 Die Notübernachtung ist nur in den Wintermonaten geöffnet.
13 In der Notübernachtung sind Tiere nicht erlaubt.
14 Im „Kaffee Bankrott" können Obdachlose Kontakt mit anderen Leuten finden.
15 Obdachlose können in der Notübernachtung gratis übernachten.
16 „Kaffee Bankrott" hat Regeln. Kunden dürfen z.B. keine Drogen nehmen.
17 Im „Kaffee Bankrott" ist Rauchen verboten.
18 Mob e.V. ist eine Organisation, die Obdachlose unterstützt.

B 🗨 Partnerarbeit. Bilden Sie einen Dialog, in dem Sie
Ihre Meinungen über Obdachlose äußern. Beantworten
Sie dabei die folgenden Fragen.

1 Was für Probleme haben Leute, die obdachlos sind?
2 Warum gibt es viele Obdachlose in den Großstädten?
3 Die Zeitung „Straßenfeger" ist so etwas wie „The Big Issue".
  Sind solche Zeitungen eine gute Sache?
4 Ist „Kaffee Bankrott" nützlich? Warum? Warum nicht?
5 Wie würden Sie einen typischen Obdachlosen beschreiben?
6 Haben Leute das Recht, auf der Straße zu leben?

② Crashkurs Obdachlos

„Crashkurs Obdachlos in Berlin"

Sind sie der Meinung...

- ...wer obdachlos ist, ist letztlich selbst daran schuld?
- ...wer ernsthaft Wohnung und Arbeit sucht, findet auch welche?
- ...dass niemand in dieser Stadt betteln muss?
- ...dass es kein Problem ist, Nahrung, Kleidung und eine Unterkunft zu finden?
- ...dass einem Obdachlosen jederzeit auf dem Sozialamt geholfen wird?
- ...dass die bestehenden Angebote für Obdachlose sind ausreichend?
- ...es genügt, einem Obdachlosen einen Platz in einer Notübernachtung anzubieten?
- ...dass überhaupt für Obdachlose in Berlin genug getan wird?
- ...dass Bettler und Zeitungsverkäufer ein bequemes Leben führen?

Sie wollen wissen, wie es ist...

- ...auf der Straße zu leben, ohne Geld
- ...auf die Unterstützung von Ämtern und Hilfeeinrichtungen angewiesen zu sein
- ...kein Dach überm Kopf und keine Privatsphäre zu haben
- ...im Notfall betteln und schnorren zu müssen oder vom Verkauf von Straßenzeitungen zu leben?

Wenn Sie eine dieser Fragen mit „Ja" beantworten können, sollten Sie an unserem „Crashkurs Obdachlos in Berlin" teilnehmen! Damit Sie mitreden können!

Das Szenario

Sie beginnen morgens um acht Uhr mit einem Frühstück in unserer Notübernachtung. Zwei Tassen Kaffee, Milch, Zucker, zwei Brötchen, Margarine, Marmelade sowie zwei Zigaretten auf Kosten des Hauses. Aus unseren Kleiderspendenvorräten werden Sie sich neu einkleiden – unter Umständen ist für Sie etwas Passendes dabei. Punkt neun Uhr werden Sie vor die Tür gesetzt und sind für die nächsten 24 Stunden auf sich allein gestellt. Sie hatten ein Frühstück und besitzen nur die Kleidung, die Sie am Leib tragen.

Die Voraussetzungen

Um realistische Bedingungen vorzufinden, werden Sie zu Beginn auf folgende Hilfsmittel verzichten:

- kein Geld, Scheck- oder Kontokarten, keine Sparbücher (auch nicht versteckt)
- keine Telefonkarte, kein Terminkalender, keine Uhr
- keine Telefonnummern, Fahrscheine, Monatsmarken
- kein Führerschein, Dienstausweis oder sonstige Personaldokumente
- keine Schlüssel
- keine Decken, Schlafsäcke, Zelte, Rucksäcke, Taschen oder Ähnliches
- keine Wäsche zum Wechseln, Seifen, Handtücher, Rasierzeug
- kein Papier, keine Kugelschreiber oder sonstiges Schreibgerät
- keine Lebensmittel- oder Getränkevorräte

- kein Tabak, keine Zigaretten, Feuerzeuge oder Streichhölzer
- keine Kontaktpersonen aus Ihrer Familie, Ihrem Freundes- oder Bekanntenkreis, die Sie im Verlauf der 24 Stunden mit den o.g. Hilfsmitteln versorgen oder Sie seelisch unterstützen wollen.

Der Service

Zu Ihrer Sicherheit wird ein obdachloser Mitarbeiter unseres Projekts regelmäßig mit Ihnen Kontakt halten und Ihnen auf Wunsch Tipps und Hinweis in allen Lebenslagen geben können. Sollten Sie den Kontakt verlieren, stehen Ihnen tagsüber (9.00–20.00 Uhr) unser Vertriebsbus am Zoo und nachts (20.00–9.00 Uhr) unsere Notübernachtung als Anlaufstellen zur Verfügung.

Die Obdachlosen, die Sie im Verlauf von 24 Stunden kennen lernen werden, können Ihnen Strategien und Tricks mitteilen, wie Sie zurecht kommen. Sie können sich informieren über alle Möglichkeiten, an Geld zu kommen und auf der Straße zu überleben. Es liegt an Ihnen – wir begleiten Sie nur!

In einem Nachgespräch werden Sie mit uns Ihre Erfahrung auswerten. Sie erhalten die Gelegenheit, mit Unterstützung unserer Redakteure einen Erfahrungsbericht zu verfassen, den wir – Ihr Einverständnis vorausgesetzt – auch gerne in unserer Zeitung veröffentlichen.

A 📖 ✏️ **Sind die folgenden Aussagen zum Text richtig oder falsch? Korrigieren Sie die falschen Sätze.**

1 Der Crashkurs beginnt mit einer Nacht in der Notübernachtung.
2 Teilnehmer dürfen Straßenzeitungen verkaufen, um Geld zu verdienen.
3 Teilnehmer haben keine Unterstützung, wenn sie auf der Straße leben.
4 Man muss auf alle Ausweise verzichten.
5 Als Schreibmittel darf man nur einen Bleistift behalten.
6 Man kann Information und Hilfe von anderen Obdachlosen bekommen.
7 Nach dem Crashkurs muss man einen Erfahrungsbericht schreiben.
8 Am ersten Morgen bekommt man alte Kleider, die man tragen muss.
9 Man muss sein eigenes Frühstück in der Notübernachtung kaufen.
10 Man darf Kontakt mit einer Person in der Familie haben.

B ✏️ **Übersetzen Sie den folgenden Text ins Deutsche.**

Have you ever wondered what it's like to live on the streets? Do you think nobody has to beg? Do you think we already do enough for homeless people?

Yes? Then perhaps you should spend 24 hours on our 'Crash course for Homelessness'. You'll be given breakfast at 8 o'clock and by 9 you'll be on the streets with only the clothes you're wearing.

By the next morning you will have spent 24 hours without money, without a credit card or without even a bag.

3 Crashkurs Obdachlos in Berlin

A 🔊 **Eine Zeitungsreporterin macht den „Crashkurs Obdachlos in Berlin" mit. Sie beschreibt wie der Tag beginnt. Hören Sie gut zu und beantworten Sie die folgenden Fragen auf Deutsch.**

1 Wo ist das „Schlafzimmer", in dem die acht Männer geschlafen haben?
2 Was müssen die Männer machen, bevor sie frühstücken können?
3 Was machen die Männer, weil sie neugierig sind?
4 Was meint die Reporterin dazu, 24 Stunden auf der Straße zu leben?
5 Was für Kleider bekommt sie für den Kurs?
6 Wie findet sie ihre neuen Kleider?
7 Wer meint, dass sie gut aussieht?
8 Was hat die Reporterin neulich mit ihren eigenen Altkleidern gemacht?
9 Was hat sie für den Notfall mitgebracht?
10 Welche Wirkung hatte die fremde Kleidung?

B 💬 **Partnerarbeit. Bilden Sie einen Dialog, in dem Sie Ihre Meinungen über den Crashkurs äußern. Beantworten Sie dabei die folgenden Fragen.**

1 Würden Sie gern an diesem Crashkurs teilnehmen? Warum?
2 Was könnten Sie an dem Kurs lernen?
3 Was würden Sie für den Notfall mitnehmen?

C ✏️ **Schreiben Sie einen Aufsatz (240–270 Wörter) auf Deutsch zu dem folgenden Thema: „Obdachlose fallen der Gesellschaft zur Last."**

Werbung

4 Werbung in Deutschland

Deutsche Werbung hat eigentlich einen schlechten Ruf: wenig Humor, staubtrocken und wenig Phantasie. Trotzdem gilt Werbung für rund 70 Prozent der deutschsprachigen Bevölkerung ab 14 Jahren als „Entscheidungshilfe, eine Grundlage für Kommunikation und selbstverständlicher Teil des Alltags". Dies ist das Ergebnis einer Studie „Werberezeption" der ZeitungsMarketing Gesellschaft.

Mehr als ein Viertel der Konsumenten schätzt es, durch Werbung nützliche Einkaufstipps zu erhalten. Bestätigt wird die Werbeakzeptanz auch von der Verbraucher Analyse 2006. Danach finden 53 Prozent der Bevölkerung, dass die Werbung eine wichtige Informationsfunktion bei neuen Produkten hat und 44 Prozent sind der Meinung, dass die Werbung hilfreich für den Verbraucher sei. TV-Werbung halten mehr als 38 Prozent der Befragten für informativ und 48 Prozent der Befragten finden Anzeigen in Zeitungen und Zeitschriften nützlich.

Danach sind nur acht Prozent der Bevölkerung der Auffassung, dass ein Leben ohne Werbung viel schöner wäre – ein Wert, der seit 2004 auf diesem extrem niedrigen Niveau verharrt und den Umkehrschluss zulässt: 92 Prozent der Bevölkerung sehen in Werbung für Waren und Dienstleistungen einen integralen Bestandteil des Lebens.

Fernsehsendungen in Deutschland werden ungefähr alle 25 Minuten durch Werbung unterbrochen. Ein Werbeblock dauert bis zu 5 Minuten. 42 Prozent der Deutschen finden Werbespots im Fernsehen unterhaltsam und informativ. Trotzdem würden 71 Prozent aller Befragten lieber Werbung im Fernsehen überspringen. Besonders die werberelevanten Zielgruppen zwischen 14 und 49 Jahren sind mit nahezu 80 Prozent ausgesprochen offen für „Ad Skipping", also das Überspringen von Werbung.

A  Suchen Sie Ausdrücke im Text, die zu den folgenden passen.

1 nützlich
2 Meinung
3 Einbildung
4 Reklame im Fernsehen
5 weit unten

B Erklären Sie mit ihren eigenen Worten was die folgenden Ausdrücke auf Deutsch bedeuten.

1 8 Prozent meinen, dass ein Leben ohne Werbung viel schöner wäre.
2 53 Prozent meinen, dass die Werbung eine wichtige Informationsfunktion bei neuen Produkten hat.
3 42 Prozent finden Werbespots im Fernsehen unterhaltsam und informativ.
4 92 Prozent sehen in Werbung für Waren und Dienstleistungen einen integralen Bestandteil des Lebens.
5 71 Prozent würden die Werbung im Fernsehen lieber überspringen.

C Partnerarbeit. Bilden Sie einen Dialog, in dem Sie die Werbung besprechen. Geben Sie Ihre Meinung dazu. Beantworten Sie dabei die Fragen unten.

1 Lesen Sie die Werbung in Zeitungen und Zeitschriften? Wie finden Sie solche Werbung?
2 Wo suchen Sie Information, wenn Sie etwas kaufen wollen?
3 Wie finden Sie Werbespots im Fernsehen?
4 Würden Sie lieber die Werbung im Fernsehen überspringen?
5 Wie finden Sie die Werbung in Ihrem Land? Ist sie humorvoll, phantasievoll?
6 Wie wäre ein Leben ohne Werbung?

5 Deutsche Werbung

A ◀ ✎ 🗩 **Hören Sie gut zu. Zwei Leute sprechen über die Werbung in Deutschland. Machen Sie Notizen auf Deutsch über das Folgende und geben Sie einen mündlichen Bericht darüber:**

- Ihre Meinung über Werbung
- Wo Sie lieber keine Werbung sehen würden.

6 Wie funktioniert die Werburg?

Hier erfahren Sie mehr – www.porsche.de oder Telefon 01805 356 - 911, Fax - 912 (EUR 0,14/min).

Sie wollten niemals sein wie Ihr Chef.

Aber er möchte sein wie Sie.

Der Cayman.

PORSCHE

Kraftstoffverbrauch l/100 km: innerstädtisch 13,8 · außerstädtisch 6,8 · insgesamt 9,3
CO_2-Emission: 222 g/km

Auf die Größe kommt's nicht an? So 'n Blödsinn.

JILL, RITTER SPORT-FREUNDIN UND NUGAT-FAN

www.ritter-sport.de

Ritter SPORT

QUADRATISCH. PRAKTISCH. GUT.

A 🗩 **Beschreiben Sie diese Anzeigen mündlich. Sind sie effektiv? Warum? Welche Eigenschaften haben die Anzeigen? Zum Beispiel:**

- Geben sie eine Illusion der Perfektion?
- Betonen sie etwas, zum Beispiel Freiheit, Unabhängigkeit, Sauberkeit?
- Geben sie den Eindruck, dass der Produkt größer, besser oder schneller ist?

B 🗩 **Beschreiben Sie eine Lieblingsanzeige aus einer Zeitschrift oder einen Lieblingswerbespot.**

Die Zukunft der Werbung

Der klassische 30-Sekunden-Spot in der Reklamepause im Fernsehen hat ausgedient. Viele Leute zappen die Reklamepause weg, und mit einem neuen sogenannten „Personal Video Recorder" kann man mit einfachster Bedienung lästige Werbespots aus Filmen und Fernsehshows herausschneiden, um die gewünschte Sendung abspielbereit und werbefrei auf Festplatte zu speichern. Das Gegenmittel ist „Product Placement". Das heißt, das Platzieren von Markenprodukten in Handlungen von Filmen, Radio- oder Fernsehsendungen. Produkte werden mehr oder wenig unauffällig in das Geschehen eingefügt und verschmelzen so mit der Handlung. Der große Vorteil für das Unternehmen ist, dass das dargestellte Image auf die Marke abfärbt. Dadurch werden Produkte beispielsweise mit Sportlichkeit, Jugendlichkeit, Prestige oder Erotik verbunden.

Laut Studien in den Vereinigten Staaten ist „Product Placement" um ein Drittel wirksamer als herkömmliche Werbung. Die Zuschauer geben zwar nicht ihr Einverständnis für Werbung, aber die „Kauf mich"-Botschaft wird ihnen wenigstens unterhaltsam untergejubelt.

Es hat schon lange „Product Placement" gegeben. Schon 1982 zum Beispiel wurden in dem Sciencefictionfilm „ET" Snacks von „Reese's Pieces" platziert. Dies war eines der ersten Product Placements, welche eine enorme Wirkung zeigten. Der Umsatz dieser Süßigkeit stieg nach der Ausstrahlung des Filmes nämlich um sagenhafte 65%.

Mittlerweile gibt es unzählige Beispiele von „Product Placements" in Filmen und TV-Serien. Solche, die eine besonders starke Emotionalisierung der Marke erreicht haben, sind die „Ray Ban" Sonnenbrillen, die

insbesondere in den Filmen „Top Gun" und „Men in Black" getragen wurden und natürlich der BMW Z3 von James Bond.

Die neueste Technologie ermöglicht es inzwischen, in allen digitalen Medien Produkte virtuell auszutauschen. Nach diesem „Virtual Product Placement" könnte James Bond im selben Film einen BMW, Mercedes, Ford oder Mazda fahren, ganz nach Weltregion und Zielgruppe.

Schon 2006 hat die EU-Kommission in Brüssel eine neue Fernseh-Werberegel vorgeschlagen, die das bezahlte Platzieren von Produkten in Filmen erleichtern soll. Es bleibt aber ethisch fragwürdig, gewisse Produkte wie beispielsweise Tabakwaren, Alkohol oder Waffen in Filmen, insbesondere in solchen für Kinder und Jugendliche, zu platzieren.

Am meisten ließ sich diese Art der Schleichwerbung bislang Volkswagen kosten. Der Autobauer hat mit dem Medienkonzern Universal einen Vertrag über 200 Millionen Euro abgeschlossen. Der garantiert, dass die Konzernmarken regelmäßig in Universal-Filmen zu sehen sind. In den nächsten paar Jahren wird Universal immer mehr VW Autos in ihren Filmen platziert haben. Vergleichsweise günstig kamen da die Sponsoren der Fußball-WM 2006 weg, die sich ihren eigenen Kinofilm drehten. Die Sportfirma Adidas zahlte für das Epos „Goal!" einen einstelligen Millionenbetrag. Fast ein wenig skurril klingt ein weiterer Trend aus den USA: das „Verbal Placement". Die Fast-Food-Kette McDonald's zahlt beispielsweise Geld für die Erwähnung des Wortes „Big Mac" in Popsongs. Wer den Burger besingt, bekommt ein bis fünf Dollar und zwar jedes Mal, wenn das Lied im Radio läuft.

A 📖 ✏️ **Lesen Sie den Text oben and beantworten Sie die folgenden Fragen auf Deutsch mit Ihren eigenen Worten.**

1 Was können Fernsehzuschauer jetzt mit der neuesten Technologie machen?
2 Wie funktiert „Product Placement"?
3 Wann kann „Product Placement" vielleicht effektiver als traditionelle Werbung sein?
4 Inwiefern war „Product Placement" in dem Film „ET" ein Erfolg?
5 Welchen Unterschied gibt es bei „Virtual Product Placement" im Gegensatz zu normaler Werbung?
6 Warum ist es ethisch fragwürdig, bestimmte Produkte in Kindersendungen zu platzieren?
7 Was bekommt VW für 200 Millionen Euro?
8 Was bedeutet „Verbal Placement"?

⑧ Die Rolle der Werbung in der Gesellschaft

A ✏️ **Schreiben Sie einen Aufsatz (240–270 Wörter) auf Deutsch zu dem folgenden Thema: „Die Werbung spielt eine zu große Rolle in unserer Gesellschaft. Was ist Ihre Meinung dazu?"**

Grammar

The infinitive
We have looked at the use of different forms and tenses of verbs; here we deal with its basic form, the infinitive.

Verb + *zu* + infinitive
When do we use *zu* before an infinitive? The rule is very similar to the English use of *to*:

● *Zu* is always placed before an infinitive except after modal verbs (e.g. *müssen*), *gehen*, *lassen*, *sehen* and *hören*.

Wie ist es, auf der Straße **zu** leben?	*What's it like to live on the street?*
Niemand muss betteln.	*Nobody must (needs to) beg.*
Online lässt es sich schlecht mit ihm ein Bier trinken.	*It's hard to have a beer with him online.*
Ich gehe virtuell einkaufen.	*I go shopping online.*

● Remember to complete the main clause before starting the clause with the infinitive:

Ich habe versucht, den Computer zu verstehen. (*not:* Ich habe den Computer zu verstehen versucht.)	*I've tried to understand the computer.*
53 Prozent der Befragten gaben an, das Internet zu nutzen. (*not*: gaben das Internet zu nutzen an)	*53 per cent of those asked claimed to use the internet.*

Zu + infinitive after adjectives and adverbs
This is a common construction in German, and includes *um … zu …* (in order to), and *ohne … zu …* (without).

Was bedeutet es, obdachlos **zu** sein?	*What does it mean to be homeless?*
Es ist ethisch fragwürdig, Produkte in Kindersendungen **zu** platzieren.	*Placing products in children's programmes is ethically questionable.*
…**um** Freundschaften **zu** pflegen und neue Leute kennen **zu** lernen.	*…to maintain friendships and meet new people.*
…**ohne** auf den Bus **zu** warten.	*…without waiting for the bus.*

Infinitives as nouns
The infinitive can be used as a noun, rather like the English '-ing' form of the verb. It is always neuter and singular and starts with a capital letter. It is often used with *zum* or *beim*.

das **Aussterben** von Tierarten	*the extinction of species*
sie sind vom **Aussterben** bedroht	*they're threatened with extinction*
die Nachteile des **Einkaufens** im Internet	*the disadvantages of internet shopping*
die Gelegenheit zum **Aufwärmen**	*the chance to warm up*
keine Wäsche zum **Wechseln**	*no change of clothes*
beim **Fernsehen**	*while watching TV*

Cyber Dating / Einkaufen im Internet / Teleshopping

⑨ Mit einem Klick fängt es an

Eine neue Analyse zeigt, dass es über 40 Millionen deutsche Internetbenutzer gibt; über 20 Millionen nutzen das Internet sogar täglich.

Kein Wunder also, dass sich das auf die sozialen Netzwerke auswirkt. So zeigt die Analyse, dass die Menschen mehr kommunizieren wollen – sei es, um dabei Freundschaften zu pflegen, neue Leute kennen zu lernen, Geschäftskontakte zu intensivieren oder vielleicht die große Liebe zu finden. Vor allem jüngere Menschen nutzen das Internet dafür.

Aber online lässt es sich mit dem besten Freund schlecht ein Bier trinken oder mit der besten Freundin tanzen gehen. Über 85 Prozent der Befragten betonen deshalb, dass ihre Netz-Kontakte enge persönliche Beziehungen nicht ersetzen können. Durch die wachsende Internetnutzung ändert sich auch die Art und Weise, wie sich Menschen über das aktuelle Geschehen informieren. So sind Nachrichten aus aller Welt mit

Hilfe neuer technologischer Entwicklungen jederzeit abrufbar. Aber für viele Internetbenutzer ist das nicht so wichtig. So gaben nur 32 Prozent der Befragten an, dass Computer und Internet für ihre tägliche Information unverzichtbar sind. Nachrichtenmedium Nummer Eins bleibt weiterhin das Fernsehen, gefolgt von Zeitung und Radio – alle drei mit leichten Verlusten.

Das Internet wird daher nicht vorrangig für aktuelle Nachrichten genutzt, sondern dient eher der Information über Produkte und Preise. So gaben 53 Prozent der Befragten an, das Internet dafür zu nutzen. Gleichzeitig wächst auch die Zahl der Online-Käufer. Knapp 60 Prozent der Befragten haben 2007 ihr Geld für Produkte aus dem Netz ausgegeben, 2006 waren es nur etwa 54 Prozent. Doch wer online einkauft, muss meistens seine Adresse preisgeben. Und das finden viele Nutzer nicht gut. So fürchten 61 Prozent der Befragten, dass Unter-

nehmen ihre Daten nutzen, um ihnen Werbung zuzusenden. Und 54 Prozent glauben, dass ihre persönlichen Daten nicht geschützt sind. Wer sich nicht zutraut im Internet einzukaufen, findet vielleicht etwas im Fernsehen. Seit Jahren gibt es Teleshopping in Deutschland. Die Zeiten, als dieses Verkaufsformat als Hausfrauenfernsehen bekannt war, sind allerdings vorbei. TV-Shopping hat sich entwickelt. Im Jahr 2005 überschritt der Umsatz erstmals die Schwelle von einer Milliarde Euro.

In einer Umfrage gab jeder dritte Fernsehzuschauer an, zumindest ab und zu Verkaufssendungen anzusehen. Die Zahl der bisherigen Besteller beläuft sich auf rund zehn Millionen. Und das Zielgruppenpotenzial ist noch lange nicht ausgeschöpft. In der Zukunft sollen verstärkt Männer und Jüngere angesprochen werden. Und in den nächsten Jahren werden immer mehr Leute etwas über Teleshopping gekauft haben.

A **Wählen Sie die richtige Satzendung aus.**

1 Viele Leute nutzen das Internet, weil sie…
 a nicht viele Freunde haben
 b mehr Kontakt mit anderen Menschen haben wollen
 c persönlichen Kontakt mit anderen Menschen vermeiden wollen.

2 Die große Liebe im Internet suchen…
 a ältere Menschen
 b jüngere Menschen
 c vor allem Mädchen.

3 Viele Befragten meinten, sie würden lieber…
 a im Internet surfen als tanzen gehen
 b ein Bier trinken als surfen
 c enge persönliche Kontakte behalten.

4 Die Mehrheit der Befragten suchten…
 a lieber im Fernsehen nach Nachrichten
 b zuerst im Internet nach Nachrichten
 c lieber im Radio nach Nachrichten.

5 Internetbenutzer haben Angst, …
 a wenn sie persönliche Daten im Internet angeben müssen
 b dass bestellte Artikel nicht zugeschickt werden
 c wenn sie mit einer Kreditkarte im Internet zahlen müssen.

6 Beim Teleshopping…
 a kaufen nur Hausfrauen ein
 b wird immer mehr Geld ausgegeben
 c kaufen immer mehr Männer ein.

1 Was haben Sie neulich im Internet gekauft?
2 Kaufen Sie lieber im Internet oder im Einkaufszentrum ein? Warum?
3 Gibt es ab und zu Probleme, wenn man im Internet einkauft?
4 Sehen Sie ab und zu Shoppingkanäle an? Haben Sie neulich etwas beim Teleshopping gekauft?

⑩ MySpace

MySpace

MySpace zählt zu den beliebtesten Internetseiten – und ist das erfolgreichste Beispiel für eine Social-Networking-Site (SNS), einer Internetseite, die Menschen die Möglichkeit gibt, zueinander Kontakt aufzunehmen. Wer sich anmeldet, kann sich eine eigene Unterseite einrichten. Er bezieht ein Zimmer in einem riesigen digitalen Haus, das er gestalten kann und wohin man ihm seine persönliche Post schickt – „my space" eben, „mein Raum". Man durchstöbert die virtuellen Räume der anderen Benutzer, betrachtet ihre Fotos, ihre Lieblingslisten der meistgeschätzten Bands, Filme, Tiefkühlpizzen, schreibt bei Gefallen eine kurze Nachricht und knüpft sich so ein Netzwerk von virtuellen Kumpeln.

Um zu verstehen, was die zumeist jungen Benutzer da treiben, muss man einen grundsätzlichen Unterschied klären. Erwachsene sehen das Internet als Werkzeug, das man zeitweilig und zweckgebunden benutzt: um eine Mail zu schreiben, um online Geld zu überweisen, um ein Buch zu bestellen. Die jungen Menschen, die mit dem Internet aufgewachsen sind, begreifen das Internet anders. Online und Offline-Leben trennen sie nicht mehr bewusst, es ist ihnen einerlei, ob sie jemanden im Chatroom oder in der Eisdiele kennen lernen. Das Internet ist globaler Rumhängeplatz, wo sie mit Freunden reden, an ihrer Selbstdarstellung feilen, popkulturelle Werke konsumieren und produzieren – die digitale Entsprechung zur Bushaltestelle, an der die Dorfjugend früher ganze Nachmittage zubrachte, ohne dabei tatsächlich auf einen Bus zu warten. MySpace ist die mit Abstand erfolgreichste SNS: Medienmogul Rupert Murdoch kaufte die Seite neulich für 580 Millionen Dollar, längst wird sie häufiger angeklickt als Google. Und wie viele Leute werden in fünf Jahren angeklickt haben? Niemand weiß es. Eingerichtet wurde MySpace von Tom Anderson, einem Musiker aus Kalifornien, der immer noch auf der Seite präsent ist: Wer sich neu registriert, findet ihn automatisch als ersten Kumpel auf seiner Freundesliste. Zurzeit hat Tom 68.764.713 Freunde.

Das Erfolgsgeheimnis von MySpace: Es macht scheinbar alles einfacher, was soziale Interaktion im Offline-Leben schwer erscheinen lässt. Das fängt bei der eigenen Präsentation an, zuvorderst die Optik: Beim MySpace gibt es keinen Bad-hair-Day, an dem man zauselig und in Schluderklamotten beim Klopapierkauf ungewollt wichtigen Menschen begegnet. Die Profilbilder der Benutzer sind oft Meisterwerke der Selbstdarstellung: Zumeist sind es Selbstporträts, die von dem Menschen zeigen, was seine Armlänge hergibt. Oft ist der eigene Arm, der Fotohandy oder Digitalkamera hält, auf den Bildern zu sehen. Bevorzugt wird von schräg oben geknipst, aus dem „MySpace-angle", jener Perspektive, die bei Mädchen den wirkungsvollsten Blickwinkel ins Dekolleté, bei Jungen die beste Sicht auf die sorgfältig geschnittene Frisur garantiert – und bei Beiden ein Doppelkinn verhindert.

Suchen Sie Ausdrücke im Text, die zu den folgenden passen.

1 most successful
2 tool
3 fundamental
4 secret of success
5 friend
6 place to hang around

7 most popular
8 rummage through
9 most effective
10 ice cream café
11 most highly prized
12 enormous

 **Beantworten Sie die folgenden Fragen.**

1 Warum wird MySpace mit einem digitalen Haus verglichen?
2 Inwiefern betrachten Erwachsene das Internet anders als junge Menschen?
3 Inwiefern kann man MySpace mit einer Bushaltestelle vergleichen?
4 Woher weiß man, dass MySpace sehr erfolgreich ist?
5 Warum ist Tom Anderson bei MySpace so bekannt?
6 Warum gibt es bei MySpace keinen Bad-hair-Day?
7 Wie werden die meisten Bilder bei MySpace gemacht?
8 Warum wird beim Fotografieren das „MySpace-angle" bevorzugt?

C **Sie wollen sich bei MySpace registrieren. Wie würden Sie sich beschreiben? Schreiben Sie Ihr eigenes Porträt.**

D **Gruppenarbeit. Besprechen Sie die Vor- und Nachteile von MySpace und ähnlichen „Social-Networking-Sites". Äußern Sie Meinungen dazu. Beantworten Sie dabei die Fragen unten.**

1 Vergleichen Sie Ihre Selbstporträts. Stimmen Sie mit den Porträts von anderen überein?
2 Haben Sie sich bei MySpace oder ähnlichen SNS eingetragen? Warum?
3 Beschreiben Sie Ihre guten und schlechten Erfahrungen dabei.
4 Was sind die Vor- und Nachteile bei MySpace?

⑪ Dating online

A 🔊 **Hören Sie zu. Tobias aus Stuttgart und Imke aus Berlin haben sich über eine Dating-Agentur im Internet kennen gelernt. Tobias erzählt, wie es bis jetzt gelaufen ist. Fassen Sie auf Englisch zusammen, was Tobias sagt:**

- first contact with Imke
- the first two weeks
- how Tobias took the initiative
- how he felt in Berlin
- how the relationship progressed
- what will happen next
- how Tobias and Imke feel about each other.

Grammar

The future perfect

- The future perfect refers to an event which will have taken place by a certain time or before another event in the future.

Bis Montag **werde** ich das Buch zu Ende **gelesen haben**.	*By Monday I'll have finished reading the book.*
Bis morgen **wird** er in Tokio **angekommen sein**.	*By tomorrow he'll have arrived in Tokyo.*
Wie viele Leute **werden** in fünf Jahren **angeklickt haben**?	*How many people will have logged on in five years' time?*

- Just as Germans use the present tense rather than the future, if it's clear from the context that they are referring to the future, so they usually prefer the perfect tense to the future perfect – again, if it's clear that they are referring to the future:

Bis nächsten Montag **habe** ich das Buch zu Ende **gelesen**.	*By next Monday I'll have finished reading the book.*

- The future perfect is often used to indicate an assumption rather than any event in the future.

Er **wird** gestern bestimmt mit dem Auto **gefahren sein**.	*He'll definitely have gone by car yesterday.*

Formation

The future perfect is formed like this: *werden* (past participle) + *haben* or *sein* (infinitive).

Sie **wird** es **geschafft haben**.	*She'll have managed it.*
Ich **werde** schon **abgefahren sein**.	*I'll have left already.*

Werden is an irregular verb. See page 44 for more information.

Tiere in Gefahr/Regenwald

⑫ Regenwald

Im Regenwald wird es heiß

Die letzten beiden Jahre im größten Regenwaldgebiet der Erde waren denkwürdig. Die Flüsse waren so trocken wie noch nie seit Menschengedenken. Fischboote lagen auf dem Trockenen, wo in den Jahren zuvor noch reger Schiffs-verkehr herrschte. Tiere suchten vergeblich nach einem Schlückchen Wasser. Die Trockenheit hatte tiefgreifende Folgen für die Versorgung der Menschen im Regenwald. Denn die zahlreichen Flüsse sind die Straßen der Menschen, die den Transport in die nächste Stadt oder zum Arzt sicherstellen.

Große Teile des Amazonas sind schon immer an wechselfeuchte Verhältnisse angepasst, und der Wald kann das Wasser in der Trockenzeit festhalten wie ein Schwamm, doch die Trockenheit 2006 war von einem bis dahin ungekannten Ausmaß und das Ökosystem wird bald überfordert. Es gibt weitgehend Einigkeit über die Ursache dieser alarmierenden Entwicklung. Der Klimawandel hat jetzt auch den Regenwald im Amazonasbecken erreicht.

Dass Wälder wichtig für unser Klima sind, bestreitet niemand in der aktuellen Klimadebatte. Oftmals wird allerdings verkannt, welche zentrale Funktion Wälder für den globalen Klima-Haushalt spielen. Ein Forscherteam von der Universität Jena hat gezeigt, dass die sibirischen Wälder 80 Prozent des

Kohlendioxids aufnehmen, das Menschen in Europa verursachen. Der Rest wird von den europäischen Wälder gebunden. Man kann sich kaum vorstellen was passiert, wenn der Waldgürtel in Nordrussland weiter schrumpft, wonach es zurzeit aussieht.

Ähnlich dramatische Signale erreichen uns aus Indonesien. Auf Sumatra gab es Brände in den meterdicken Torfschichten, nachdem der Wald darauf zur Holzgewinnung zerstört wurde. Große Mengen von Kohlendioxid wurden in die Atmosphäre abgegeben. Florian Siegert von der Uni München schätzt, dass die freigesetze Menge Kohlendioxid durch Torfwaldbrände bis zu 40 Prozent der Menge entsprochen hat, die durch die Verbrennung von Erdöl, Kohle und Gas weltweit in die Atmosphäre geblasen wurde.

 **Suchen Sie Ausdrücke im Text, die zu den folgenden Wörtern passen.**

1 schwere Konsequenzen
2 angewöhnt
3 gewährleisten
4 vielen
5 Übereinstimmung
6 ohne Erfolg

 Beantworten Sie die Fragen.

1 Wie hat die Trockenheit im Amazonsbecken das Leben der Einwohner beeinflusst?
2 Warum konnte der Regenwald das Wasser in der Trockenzeit nicht festhalten?
3 Was verstehen Sie unter dem Ausdruck „wechselhafte Verhältnisse"?
4 Welche wichtige Rolle spielen die sibirischen Wälder bei der Bindung von Kohlendioxid?

5 Welche Frage wird zu den Wäldern in Nordrussland gestellt?
6 Was könnte passieren, wenn der Waldgürtel in Nordrussland kleiner wird?
7 Warum wurden die Wälder auf der Insel Sumatra zerstört?
8 Wie viel Kohlendioxid wurde durch die Brände auf Sumatra freigesetzt?

C **Übersetzen Sie den Text ins Deutsche.**

Climate change affects every part of the world and the influence of human beings is accelerating global warming. The rain forests in Brazil and Sumatra, for example, have suffered serious fire damage. Fires have destroyed the habitats of many species and the amount of carbon dioxide released will have caused almost as much damage as the burning of oil, coal and gas. If the forests in Siberia continue to shrink, there could be disastrous consequences for the climate in Europe.

Artenschutz im Regenwald

Die Menschheit ist für die Artenvielfalt das, was ein riesiger Meteorit einst für die Dinosaurier war: Seit 65 Millionen Jahren verschwanden noch nie derart viele Tiere und Pflanzen in so kurzer Zeit. Doch es gibt gute Gründe, den Reichtum von Flora und Fauna zu bewahren.

Der Artenschutz hat ein peinliches Problem: Niemand weiß, wie viele Arten es überhaupt auf unserem Planeten gibt – die Schätzungen reichen von fünf Millionen bis 100 Millionen. Wer mag da behaupten, 20 Prozent aller Arten seien bedroht, wenn es genauso nur zwei Prozent sein könnten? Da hilft nur nachzählen, sagten sich einige Biologen und sprühten kurzerhand einzelne Bäume im brazilianischen Regenwald mit Gift ein – biologisch abbaubarem versteht sich. Was dann von oben auf sie niederprasselte, überstieg ihre Vorstellungskraft: Unter den Tausenden von Insekten fanden sie allein rund 160 verschiedene Käferarten pro Baum.

Hochgerechnet auf den gesamten Regenwald gehen die Wissenschaftler nun von mehreren Millionen unterschiedlichen Insektenspezies aus.

Allein schon der Gedanke an all die kriechenden, krabbelnden, fliegenden Viecher lässt manchen menschlichen Mitbewohner des Planeten Erde hoffen, nie mit einem dieser Tiere in Kontakt zu kommen. Dieser Wunsch kann Wirklichkeit werden: In den Tropenwäldern sterben derzeit etwa 30.000 Arten pro Jahr aus. Drei pro Stunde. Und in den anderen Regionen der Welt sieht es nicht besser aus. Knapp ein Drittel der bekannten Amphibien ist akut bedroht, und in Asien soll der Anteil der gefährdeten Tier- und Pflanzenarten sogar noch darüber liegen.

Einwandernde Arten, Klimaschwankungen und Krankheiten – diese Faktoren setzten den Öko-Systemen schon immer zu, und es starben auch schon immer Arten aus. Dennoch beschleunigt der Faktor Mensch das Artensterben deutlich. Der Weltklimarat gab Anfang des Jahres eine besorgniserregende Prognose ab. Wenn die globale Durchschnittstemperatur um mehr als 1,5 bis 2,5 Grad Celsius steigen sollte, was wahrscheinlich ist, werden 20 bis 30 Prozent der Tier- und Pflanzenarten vom Aussterben bedroht sein. Bei mehr als vier Grad Celsius könnte es sogar vier von zehn Arten treffen.

Als Folge kämen auch auf die Menschheit ungeahnte Probleme zu. Wir sind in vielen Bereichen direkt von den Serviceleistungen der Natur abhängig: Pflanzen versorgen uns mit Sauerstoff und Energie, regulieren das Klima, dienen als Nahrung, Baumaterial und Heilmittel. Insekten sorgen für die Bestäubung der Pflanzen, Nutztiere für Arbeitskraft und Fleisch. Das komplexe Netzwerk aus Kleinstlebewesen und Mikroben kompostiert Abfall, düngt die Erde, reinigt Gewässer. Experten, die versucht hatten, diese Leistungen in Geldbeträge zu übersetzen, kamen auf einen zweistelligen Billionbetrag pro Jahr.

Nun ist selbst der Bestand unserer nächsten Verwandten, der Menschenaffen, in manchen Regionen um die Hälfte gesunken. Beispiel Orang-Utan: Früher fand man die rotbraunen Affen noch in weiten Teilen Asiens, doch ihre Heimat, die tropischen Regenwälder, wurden zur Holz- und Palmölgewinnung massiv abgeholzt. Heute ist ihr Bestand auf die Inseln Borneo und Sumatra beschränkt. Wilderer fangen auch die wenigen jungen Orang-Utans. Sie sind zu beliebten und hochpreisigen Haustieren geworden – die dann als Erwachsene von ihren Besitzern ausgesetzt oder erschossen werden.

Wählen Sie die richtige Satzendung aus.

1 In der Welt gibt es mindestens…

2 Biologen haben Bäume im Regenwald mit Gift eingesprüht,…

3 Im Regenwald gibt es…

4 Durch den Einfluss von Menschen werden…

5 Experten meinen, dass die Serviceleistungen von Pflanzen und Tieren…

6 Früher gab es Orang-Utans…

a …viele Tierarten sterben.

b …um die Bäume zu schützen.

c …tausend Insekten auf jedem Baum.

d …fünf Millionen Arten.

e …ein Eurowert von Billionen haben.

f …über eine Million Insektenarten.

g …nur auf Borneo und Sumatra.

h …zehn Millionen Arten.

i …viele Tierarten geschützt.

j …im Osten von Asien.

k …um Insekten zu sammeln.

l …kein Eurowert haben.

 Übersetzen Sie den Absatz ins Englische, der folgenderweise beginnt.

„Nun ist selbst der Bestand unserer nächsten Verwandten, der Menschenaffen…"

 Partnerarbeit. Besprechen Sie die Probleme des Regenwalds. Beantworten Sie dabei die Fragen unten.

1 Was für Probleme gibt es heutzutage im Regenwald? Denken Sie an den Wald, die Tiere und die Menschen.

2 Warum gibt es Konsequenzen für die ganze Welt?

3 Warum gibt es ähnliche Probleme in Europa?

4 Kann man etwas machen, um den Regenwald zu schützen?

⑭ Die Arbeit der „World Rainforest Movement"

 Hören Sie den Hörtext „Baum-Plantagen sind keine Wälder". Ein Mitarbeiter bei der World Rainforest Movement (WRM) spricht über die Arbeit der Organisation in Uruguay. Beantworten Sie die folgenden Fragen auf Deutsch.

1 Wie wird die Arbeit im Sekretariat organisiert?

2 Was machen die Mitarbeiter, wenn sie zusammen sitzen?

3 Wen unterstützt die WRM in ihrer Arbeit, die tropischen Wälder zu schützen?

4 Welche Probleme für den Regenwald bilden die Baum-Plantagen?

5 Warum ist es schwierig, etwas gegen die Baum-Plantagen zu machen?

6 Warum hat die WRM ihre Kampagne gegen Baum-Plantagen gestartet?

7 Was könnte große soziale Probleme zur Folge haben?

8 Wofür sorgt die WRM in ihrer Arbeit?

15 Antilopen

A 🔊 Gruppenarbeit. Sie hören einen Text über Antilopen, „Tod in der Dunkelheit". Fassen Sie den Text auf Deutsch zusammen. Machen Sie zuerst Notizen zu den folgenden Punkten:

- wer diese Forschung durchgeführt hat
- wie die Antilopen auf Hitze reagieren
- wie man die Forschung durchgeführt hat
- was den Antilopen passiert ist
- was in der Zukunft geschehen könnte.

B ✏️ Stellen Sie sich vor, Sie sind in einem Gebiet, wo es Regenwald gibt. Schreiben Sie eine E-Mail (240–270 Wörter) auf Deutsch über die Probleme, die Sie sehen. Äußern Sie Ihre Meinungen dazu.

Study skills

Translation skills (1)

Think before you translate!

Don't immediately start translating word for word from the beginning of the passage. Instead, read the whole passage through first, thinking carefully about what structures, idioms, clauses and word order will be required in German.

Convey the meaning accurately and exactly

Translate **only** what is conveyed by the English, without any creative additions and without paraphrasing, e.g. 'he was unemployed' should be translated as *er war arbeitslos* not *er hatte seine Stelle verloren*. Even though *er hatte seine Stelle verloren* is in itself fluent and accurate German, it won't earn any marks as it is not an exact translation. Similarly, the phrase 'with his parents' would be better translated as *mit seinen Eltern* rather than *mit seiner Mutter und seinem Vater*. As long as the meaning is exactly and accurately conveyed, however, a variety of alternatives will be accepted, e.g. 'when he was two years old' = *als er zwei Jahre alt war* or *mit zwei Jahren* or *im Alter von zwei Jahren*.

As well as being accurate, your translation should aim to be natural and idiomatic. Keep an eye open for obvious phrases that will require an idiomatic expression and avoid word-for-word anglicised translations, e.g. 'She had no idea what to do.' = *Sie hatte keine Ahnung, was sie machen sollte* not *Sie hatte keine Idee, was zu machen.*

Don't leave gaps

Don't just omit unknown words, phrases or sentences – always write something. Any attempt in German at least stands a chance of getting a mark; a gap definitely won't earn any marks at all.

If you can't think of the German translation, try thinking of a very close English synonym, which might jog your memory to help you find a German equivalent, e.g. 'he understands **virtually** everything.' A synonym for 'virtually' is 'almost', for which the German is *fast: Er versteht fast alles*.

If you're still stuck, widen your English synonyms still further until you can come up with something in German, e.g. 'virtually' ➤ 'practically' ➤ *praktisch*; or 'virtually' ➤ 'more or less' ➤ *mehr oder weniger*. Anything is better than leaving a gap.

Another technique is to try rewording or expanding the English a little to help you find a way of structuring the German, e.g. 'She had no idea what to do' ➤ 'She had no idea what she should do' ➤ *Sie hatte keine Ahnung, was sie machen sollte.*

Check your accuracy very carefully

Each element within the translation exercise for Edexcel Exam Unit 4 is marked as either fully correct or incorrect: there are no half marks. Therefore, even if your translation is in essence correct, wrong spelling (even a missing umlaut), gender, case ending or word order can lose you the mark.

💿 Devise your own checklist based on your own personal weaknesses so that you can check your written work. You will need to add checks for grammar items specific to A2 level, e.g. passive, conditional, subjunctive, etc. (See list of A2 grammatical structures in: *Using A2 level vocabulary and structures.*)

Atompolitik in Deutschland

⑯ Atompolitik

Atompolitik in Deutschland

Die Lage 2005

SPD (Sozialdemokratische Partei Deutschlands) Im Wahlkampf 2005 sagte die SPD, dass es mit ihr weder Laufzeitverlängerung noch Neubau von Atomkraftwerken geben würde.

Die Grünen Schon bei ihrer Gründung 1980 forderten die Grünen „eine Stilllegung aller Atomanlagen". 2005 waren sie immer noch gegen Atomkraft, obwohl sie 2002 bei der Verlängerung der Laufzeit des Kernkraftwerkes Obrigheim klein beigegeben hatten.

CDU (Christlich-Demokratische Union) Im Wahlkampf kündigte Kanzlerkandidatin Merkel an, die Laufzeiten für Atomkraftwerken zu verlängern. Sie sollten so lange am Netz bleiben, wie die Betreiber es für richtig hielten. Auch den Neubau von Atomkraftwerken in Deutschland hielt sich die CDU offen.

CSU (Christlich-Soziale Union) Im Mai 2005 fand Werner Schnappauf es widersinnig, „unsere modernen und sicheren Kernkraftwerke abzuschalten".

FDP (Freie Demokratische Partei) 2005 forderte die FDP im Wahlkampf längere Laufzeiten von Kernkraftwerken und die Möglichkeiten von Neubauten.

Die Linke Partei/PDS (Partei des demokratischen Sozialismus) Bei ihrer Gründung forderte die Linke Partei/PDS einen schnellen Ausstieg aus der Atomenergie. Eine Umfrage zeigte: Unter den potenziellen Wählern der Linkspartei sind mehr Atomkraftgegner zu finden als unter den Wählern der Grünen.

Die Lage heute

Schon im November 2005 haben sich die CDU und die SPD bei den Koalitionsverhandlungen darauf geeinigt, die Laufzeiten der Atomkraftwerke nicht zu verlängern. Beide Seiten hätten das geltende Gesetz „zur Kenntnis genommen". Laut Atomausstiegsgesetz müssen die deutschen Kernkraftwerke rechnerisch nach 32 Jahren Laufzeit abgeschaltet werden. Das letzte deutsche Atomkraftwerk ginge dann spätestens im Jahr 2021 vom Netz.

Auf einer Energiekonferenz im Juli 2007 betonte die Kanzlerin Angela Merkel, dass die Politik des Atomausstiegs nicht geändert wird. Die Vertreter der Alternativ-Energien werteten die Gipfelkonferenz als Erfolg. „Die Kanzlerin hält Wort", freute sich Ulf Gerder von der Informationskampagne Erneuerbare Energien. „Wir können problemlos bis 2020 die Atomkraft zu 100 Prozent durch Energien aus Sonne, Wind, Biomasse und Wasser ersetzen", sagte Gerder.

Die Grünen und die Linke Partei/PDS bleiben nach wie vor gegen Atomenergie. Die CSU steht immer noch für eine eventuelle Verlängerung der Laufzeit von Kernkraftwerken. Die FDP meinte neulich in einem Beschluss, dass der Verzicht auf die „kostengünstige, CO_2-freie Energie" aus dem Atom die Energiepreise in die Höhe treiben würde und den Klimawandel verschärfe.

 Suchen Sie die richtige Partei. Welche Partei 2005...

1 ...wollte eventuell neue Kernkraftwerke bauen?
2 ...war schon seit über 20 Jahren gegen Atomkraft?
3 ...hoffte mit ihrer Anti-Atompolitik neue Wähler zu gewinnen?
4 ...hielt es für dumm, Atomkraftwerke zu schließen?

B **Suchen Sie Ausdrücke im Text, die zu den folgenden passen.**

1 closure of all atomic plants
2 recognised/took account of
3 stupid
4 renewable energy
5 withdrawal from atomic energy
6 be closed down
7 through the roof
8 the building of new atomic power stations

Pro und Kontra Atomausstieg

Einige Mitglieder der politischen Parteien in Deutschland haben sich zum Thema Atomausstieg geäußert.

PRO

Endlose Strahlung muss nicht extra begründet werden.
Ernst, Die Linke

Da fossile Energiequellen, besonders Uran, nur noch für ca. dreißig Jahre reichen, müssen wir für Deutschland den Umstieg auf regenerative Energiequellen schaffen.
Peter, SPD

Der Atomausstieg ist sowohl ökologisch, als auch ökonomisch sinnvoll. Er wurde im Einvernehmen mit der Atomindustrie vereinbart. Gleichzeitig wurden die erneuerbaren Energien gestärkt und weiterentwickelt. Es gibt keinen vernünftigen Grund, wieder umzukehren.
Antje, SPD

Es gibt kein vernünftiges Konzept für die Lagerung von Atommüll.
Andreas, Unabhängige

Das Problem möglicher Terrorangriffe auf Atomanlagen ist neu und ungelöst.
Walter, Grüne

Wenn wir keine Atomkraft gehabt hätten, hätten wir längst andere Energiequellen entwickelt.
Uli, CDU

Atomenergie und fossile Energieträger (vor allem Erdöl) sind endlich. Atomare Abfälle sind eine unverantwortbare Altlast. Der Ausstieg aus der Atomenergie muss definiert werden, um den Druck für die Nutzung und Entwicklung regenerativer Energieträger zu erhöhen.
Klaus, Grüne

Atomkraft nutzt uns bei der gegenwärtigen Ölkrise nichts, da man Autos nicht mit Atomkraft betreiben kann.
Thomas, Grüne

Alternative Energiequellen bringen Arbeit, Gesundheit, Wachstum, Export.
Ilse, NPD (Nationaldemokratische Partei Deutschlands)

KONTRA

Wir brauchen einen ideologiefreien Energiemix, der Bürger und Wirtschaft vor überhöhten Preisen schützt.
Martin, FDP

Klar ist für mich: kein Neubau von Atomkraftwerken, aber Betrieb der heutigen Kraftwerke, solange der Betrieb sicher möglich ist.
Heiko, CDU

Der Atomausstieg führt dazu, dass die Klimaschutzziele des Kyoto-Abkommens nicht eingehalten werden können.
Christoph, FDP

Durch den Atomausstieg entsteht eine ernste Versorgungslücke.
Gisela, FDP

Wind- und Sonnenenergie stehen nicht rund um die Uhr zur Verfügung, und so muss zusätzlich die gleiche Kraftwerkskapazität mit konventionellen Technologien erstellt werden.
Klaus, BüSo (Bürgerrechtsbewegung Solidarität)

Da Öl, Gas und Kohle zu Ende gehen, ist es nötig, andere Energieformen zu optimieren und die Kernkraft weiter zu modernisieren.
Claus, NPD

Wenn wir mehr Geld in Atomkraft investiert hätten, hätten wir nicht so viele Probleme mit der Endlagerung gehabt.
Vera, FDP

Kernkraft ist notwendig, um einvernehmliche CO_2 Minderungsziele zu erreichen.
Jochen, FDP

Für den Klimaschutz ist Atomstrom besser als Kohle und Öl.
Birgit, FDP

Fällt der Atomstrom weg, so kauft man ihn im Ausland teuer wieder ein, oder es wird massiv Kohle verheizt werden.
Kalman, Unabhängige

Suchen Sie Ausdrücke im Text, die zu den folgenden passen.

1 vierundzwanzig Stunden am Tag
2 von einem finanziellen Standpunkt
3 auszunutzen
4 Weltreserven an Kohle

5 heutigen
6 sinnvoll
7 viel zu hohen
8 Vorratsknappheit

Partnerarbeit. Fassen Sie einige der Argumente oben mit Ihren eigenen Worten zusammen. Eine Person ist für den Atomausstieg, die andere Person ist dagegen.

Lesen Sie den Text noch einmal. Schreiben Sie einen Aufsatz (240–270 Wörter) auf Deutsch zum Thema, „Die Debatte über Atomenergie in Deutschland". Beachten Sie dabei die folgenden Punkte:

- Fassen Sie die Standpunkte der verschiedenen politischen Parteien zusammen.
- Erwähnen Sie die Argumente, die für und gegen Atomenergie gebracht werden.
- Äußern Sie Ihre Meinungen zu den Argumenten.

Grammar

The conditional perfect/pluperfect

As we saw on page 105, the conditional (Konjunktiv 2) is used to talk about possibilities rather than facts.
The past tense of the conditional is used to indicate **what would have happened**.

Wenn man das Auto nicht **erfunden hätte**,
  wäre es viel besser für die Umwelt gewesen.

If the car hadn't been invented, it would have been a lot better for the environment.

Formation

Use the *Konjunktiv 2* of the auxiliary *haben* or *sein* (see page 105 for more information) as appropriate, plus the past participle.

Was **hättest** du **getan**?
Er **wäre** lieber hier **geblieben**.

What would you have done?
He would rather have stayed here.

Modal verbs

- The past participle of modal verbs is the same as the infinitive.

Ich **hätte** sie besuchen **können**.
Du **hättest** das machen **dürfen**.

I could have visited her.
You should have been allowed to do that.

- Note the odd word order in subordinate clauses when there is a modal infinitive.

Wenn ich sie **hätte** besuchen können, …
Wenn du das **hättest** machen dürfen, …

If I could have visited her, …
If you'd been allowed to do that, …

How would you have done things if you could do them again?
Make up some more sentences using the conditional perfect.

18 Die Atompolitik von Greenpeace

A 🔊 ✏️ **Hören Sie sich das Interview an. Ein Sprecher von Greenpeace erklärt die Atompolitik der Organisation. Machen Sie Notizen auf Deutsch zu den folgenden Themen.**

- Warum Atomkraftwerke in Deutschland gefährlich sein könnten.
- Warum eine Explosion in einem Atomkraftwerk in Deutschland sehr gefährlich sein würde.
- Das Problem von radioaktivem Müll.

B 💬 **Bereiten Sie eine Rede vor. Wollen Sie für oder gegen Atomenergie sprechen? Stimmen Sie untereinander ab, wer die beste Rede hält.**

C ✏️ **Schreiben Sie einen Zeitungsartikel mit der folgenden Schlagzeile: „Eine atomfreie Zukunft – Paradies für alle?"**

Study skills

Translation skills (2)

Develop strategies for translating complex sentences

Recognise multiple structures Sometimes a sentence contains more than one structure to think about, e.g. 'Hassan works in a small factory where televisions are made.' Here you need to understand that 'are made' is a passive construction, i.e. *werden* hergestellt not *sind* hergestellt. At the same time you need to recognise that the 'where', translated either as *wo* or *in der*, will send the verb to the end of the clause, i.e. *Hassan arbeitet in einer kleinen Fabrik, wo* (or *in der*) *Fernseher hergestellt werden*.

Spot the pitfalls Longer, more complex sentences with several clauses often have many potential pitfalls, e.g. 'His father hoped that life would be better for his family in Germany because he had been unemployed in Turkey.'

Before launching into a translation you need to go through the sentence with a fine toothcomb to spot all the pitfalls and identify the structures required:

'His father hoped that (*dass* will send verb to the end of the clause) life ('the life' in German: *das Leben*) would be (conditional: *würde … sein* or *wäre*) better for his family in Germany because (*weil* will send the verb to the end of the clause, or use *denn* and don't send the verb to the end) he had been unemployed ('had been'

signals the pluperfect – but don't forget that the verb *sein* takes *sein* rather than *haben* in the perfect and pluperfect, i.e. *war arbeitslos gewesen* not *hat arbeitslos gewesen*) in Turkey ('Turkey' = **die** *Türkei*, so 'in Turkey' = *in* **der** *Türkei*).

Common pitfalls when translating from English include: use of als/wenn; das/dass; seit/seitdem; use of separable and reflexive verbs; use of the passive; word order, plurals of nouns and adjective endings.

Build up long sentences step by step If you find complex sentences difficult, try building them up one bit at a time, only combining clauses together and manipulating the word order right at the end, e.g.

- Life would be better for his family in Germany. *Das Leben wäre besser für seine Familie in Deutschland.*
- He had been unemployed in Turkey. *Er war in der Türkei arbeitslos gewesen.*
- His father hoped that life would be better for his family in Germany. *Sein Vater hoffte,* **dass** *das Leben für seine Familie in Deutschland besser* **wäre/sein würde**.
- …because he had been unemployed in Turkey …**weil** *er in der Türkei arbeitslos gewesen* **war**.

Final translation: *Sein Vater hoffte, dass das Leben für seine Familie in Deutschland besser wäre* (or: *sein würde*), *weil er in der Türkei arbeitslos gewesen war.*

Zusammenfassung

Diese Liste wichtiger Vokabeln und Redewendungen ist eine gute Prüfungsvorbereitung.

Obdachlosigkeit

in Notunterkünften übernachten	to spend the night in emergency shelters
Langzeitobdachlose	long term homeless
Obdachlosen Hilfe anbieten	to offer help to homeless people
Gelegenheit zum Aufwärmen	opportunity to get warm
pro verkauftes Exemplar	per copy sold
Nutzung der Kleiderkammer	use of the clothes locker
...Angebote für Obdachlose sind...	what's offered to the homeless is...
Keine Privatsphäre zu haben	to have no private space

Werbung

Entscheidungshilfe	help in making decisions
nützliche Einkauffstipps	useful shopping tips
hilfreich für den Verbraucher	useful for the consumer
ein Viertel der Konsumenten	a quarter of the consumers
... Prozent halten Werbung für ...	... percent consider advertising to be ...
... Prozent sind der Auffassung	... per cent are of the opinion
ein integraler Bestandteil des Lebens	an integral part of life
Produkte werden mit ... verbunden	products are linked with ...

Cyber Dating/Einkaufen im Internet/Teleshopping

Internetbenutzer	users of the internet
nutzen das Internet täglich	use the internet daily
...Prozent der Befragten betonen	...percentage of those asked, stress...
durch wachsende Internetnutzung	because of increased use of the internet
mit Hilfe neuer Entwicklungen	with the help of new developments
das Internet ist unverzichtbar für	the internet is irreplaceable for
die Zahl der ... wächst	the number of ... is growing
ihre persönlichen Daten	their personal data

Tiere in Gefahr/Regenwald

tiefgreifende Folgen	serious consequences
das Ökosystem wird überfordert	the ecosystem is becoming overloaded
diese alarmierende Entwicklung	this alarming development
niemand bestreitet, dass ...	nobody denies that...
man kann sich kaum vorstellen, dass...	you can hardly imagine that...
Klimaschwankungen	climate swings
der Reichtum von Tieren und Pflanzen	the richness of animals and plants
...sind von Aussterben bedroht	...are threatened with extinction

Atompolitik in Deutschland

die Stilllegung aller Atomanlagen	the closing of all atomic plants
es ist widersinnig	it is stupid
längere Laufzeiten von	prolonging the life
Atomausstieg	abandoning of nuclear energy
Atomkraftgegner	opponents of nuclear power
...können Atomkraft durch ... ersetzen	can replace atomic power with...
eine eventuelle Verlängerung von...	a possible prolonging of...

Translation

1 Translate the following passage **into German**.

> Julia, whose parents are now divorced, lives with her oldest sister in a small Austrian village. She usually wears ecologically-produced clothes and is a big fan of Silbermond, one of the most successful German bands. She met her current boyfriend, a Swiss tram driver, sixteen months ago in a chatroom on the internet. Recently her younger cousin Martin had to go to hospital with alcohol poisoning and Julia regularly warns her friends of the dangers of drinking and drugs.

Creative Writing or Discursive Essay

2 Bearbeiten Sie **eine** der folgenden Aufgaben. Schreiben Sie **240–270 Wörter auf Deutsch**.

Creative Writing

a

Endlich haben wir den Zaun erreicht!

b Anja guckte sich regelmäßig im Internet und in Flirtchatrooms um. Einmal war ihr das Profil mit dem Foto höchst interessant und sie hat sofort gemailt.
Erzählen Sie weiter.

Discursive Essay

c „Freitags um elf geht's mit dem Trinken los!" Glauben Sie, dass Gesetze allein das Problem „Binge-Drinking" lösen können?

d „Es ist zwecklos, den Obdachlosen in unseren Städten zu helfen." Was meinen Sie?

Phrases for essays and oral examinations	
im Allgemeinen	in general
im Gegenteil	on the contrary
im Großen und Ganzen	on the whole
in Bezug auf (Akk.)	with reference to
in dieser/mancher Hinsicht	in this/many respect(s)
in letzter Zeit	recently
in vielen Beziehungen	in many respects
keine Angst	don't worry

Nationale und internationale Ereignisse der Gegenwart

Über dieses Thema...

★ Der Begriff „Entwicklungsland", die Probleme in Entwicklungsländern und die Entwicklungshilfe sind Themen, die im Vordergrund stehen.

★ Wir lernen über das Problem des Rassismus, besonders in Ostdeutschland und in den Fußballstadien.

★ Wir lernen über Gewalt, Verbrechen und Terrorismus und die Folgen des Terrorismus.

★ Wir lernen dann über die Europäische Union.

★ Die Vereinten Nationen, die Olympischen Spiele und wichtige Abkommen und Verträge werden dann behandelt.

Diese Einheit behandelt folgende Grammatik:

★ Konjunktiv in wenn-Sätzen (Plusquamperfekt)

★ Konjunktiv, indirekte Rede

Diese Einheit gibt Ihnen folgende Lerntipps und Prüfungstraining:

★ Wie formuliert man einen Aufsatz?

★ Wie drückt man sich aus, wenn man einen Aufsatz schreibt?

Zum Einstieg:

★ Was unterscheidet ein Entwicklungsland von einem Industriestaat?

★ Haben Sie Angst vor Terror-Anschlägen?

★ Haben Sie je Rassismus erlebt, in der Schule, in einem Fußballstadion oder woanders?

★ Sind Sie für oder gegen die EU? Warum?

★ Wie wichtig sind die internationalen Organisationen wie die Vereinten Nationen und so weiter?

Entwicklungsländer

1 Was charakterisiert ein Entwicklungsland?

Was charakterisiert ein Entwicklungsland?

Bis heute gibt es keine einheitliche Definition des Begriffes „Entwicklungsland". Als wichtigstes Kennzeichen wird oft das Pro-Kopf-Einkommen erwähnt. Aber das Pro-Kopf-Einkommen berücksichtigt nicht Selbstversorgung und informelle Arbeit, von denen viele Einwohner in der Dritten Welt leben. Es gibt also eine Reihe von weiteren Merkmalen, die für die Charakterisierung von Entwicklungsländern wichtig sind.

Eine hohe Arbeitslosenquote und viele Beschäftigte in der Landwirtschaft sind zwei typische Kennzeichen für ein Entwicklungsland. Die Landwirtschaft hat einen sehr hohen Anteil am Bruttosozialprodukt. Landwirtschaftliche Erzeugnisse und Rohstoffe werden deshalb von Entwicklungsländern viel exportiert. Teure Fertigprodukte wie Maschinen müssen importiert werden, was zu einer hohen Auslandsverschuldung führt. Eine unzureichende Infrastruktur und fehlende Fachkräfte behindern den Ausbau der Wirtschaft.

Ein weiteres wichtiges Merkmal von Entwicklungsländern ist ein hohes Bevölkerungswachstum. Die hohe Geburtenrate und auch die sinkende Sterberate sind zwei Gründe, die mit dem medizinischen Fortschritt zu tun haben. Die medizinische Versorgung selbst ist trotz erheblicher Verbesserungen immer noch unzureichend. Die Folgen sind eine niedrige Lebenserwartung und eine hohe Kindersterblichkeit. Ein schlecht ausgebautes Bildungssystem ist auch charakteristisch, so dass viele Menschen in den Entwicklungsländern nicht lesen und schreiben können. Viele Einwohner versuchen in der Stadt einen Weg aus der Armut zu finden. Die Verstädterung in den Ländern der Dritten Welt hat daher in den letzten Jahren dramatisch zugenommen. Politische Instabilität, Korruption und gewalttätige Konflikte kommen oft hinzu.

Alle diese Merkmale beeinflussen sich letztlich gegenseitig. Man spricht daher oft vom Teufelskreis Armut. Die negativen Wirkungen dieses Teufelskreises lassen sich nur schwer durchbrechen.

A 📖 **Finden Sie deutsche Begriffe im Text, die zu diesen englischen Wörtern oder Ausdrücken passen.**

1 per head income
2 high birth rate
3 low life expectancy
4 underdeveloped education system
5 manufactured products
6 unemployment rate
7 inadequate infrastructure
8 vicious circle

B 📖 **Finden Sie Ausdrücke im Text, die die gleiche Bedeutung haben wie die Folgenden.**

1 Das Durchschnittseinkommen wird oft als Beispiel erwähnt.
2 Schlecht ausgebildete Arbeiter machen es schwer, die Wirtschaft auszubauen.
3 (Viele Produkte) müssen daher im Ausland gekauft werden.
4 Viele Leute denken, dass sie in der Stadt reicher werden können.
5 Viele andere Zeichen sind wichtig.
6 Bessere Ärzte und bessere Krankenhäuser haben dazu geführt, dass man länger lebt.
7 Die Städte in Entwicklungsländern sind viel größer geworden.

② Uganda-Tagebuch

In diesem Abschnitt liest Kathrin Müller aus ihrem Tagebuch. Hier beschreibt sie die Reise von ihrem Heimatsort nach Uganda. In Uganda hat sie einige Zeit verbracht, wo sie die Tätigkeiten der Entwicklungshelfer miterlebt hat.

A ① **Zu welchem Tag gehören die Aussagen? Zu jedem Tag könnte es mehr als eine Aussage geben.**

Tag/Datum	Ereignisse
1 Donnerstag, den 13. September	a Kathrin erfährt, wie wichtig es ist, gutes Wasser zu haben.
	b Die Leute im Dorf finden das Krankenhaus der Missionäre besser.
2 Mittwoch, den 19. September	c Kathrin bereitet sich auf ihre Reise vor.
	d Bei einem Projekt lernen die Leute, wie wichtig die Sauberkeit im alltäglichen Leben ist.
	e Die Fahrt mit dem Auto ist schwierig.
3 Sonntag, den 23. September	f Kathrin muss zweimal umsteigen.
	g Kathrin merkt, dass es viel geregnet hat.
	h Kathrin lernt, was es kostet, ein Kind in die Schule zu schicken.
4 Dienstag, den 25. September	i Kathrin ist aufgeregt, dass sie endlich ihre Bekannten in Afrika sieht.

Freitag, den 21. September

Gleich beim Frühstück erwartet uns Dan, ein Arzt bei den International Medical Wards. Er erzählt uns, dass er gerade von einem vierwöchigen Einsatz in Nord-Uganda zurückkommt. Neben medizinischen Behandlungen werden Impfungen durchgeführt, Aids-Vermeidung geschult, Geburtenkontrolle angeboten und Entwurmungen bei Kindern einmal monatlich gemacht. Er war am Rande der Überschwemmungsgebiete und hat Flüsse durchquert, die zuvor Bäche waren. Es sind Hilfsorganisationen vor Ort, aber noch immer sind Dörfer von der Außenwelt abgeschnitten und man kann sich kein genaues Bild vom Ausmaß der Überschwemmungen machen.

Um acht Uhr geht es weiter nach Masaka. Dort besuche ich die William Hill Grundschule mit insgesamt sieben Schuljahren. Diese Schule wurde auf Privatinitiative hin vor fünf Jahren gegründet. Von den 200 Schülern sind 170 Aids-Waisen, deren beide Elternteile an Aids gestorben sind. Die Schule bietet den Schülern neben der schulischen Ausbildung Essen: vor dem Unterricht gibt es Bananen, da die Kinder meist abends bei ihren Familien nicht genug zu essen bekommen und hungrig in die Schule kommen. Es gibt dann Porridge in der Pause und ein Mittagessen.

B ① **Beantworten Sie die folgenden Fragen auf Deutsch.**

1 Was für gesundheitliche Probleme gibt es bei den Leuten in Nord-Uganda?
2 Was verhindert die Arbeit der Hilfsorganisationen in Nord-Uganda?
3 Was behindert die Arbeit der Schule in Masaka?
4 Was tut die Schule für die Kinder, damit sie sich besser konzentrieren können?

C **Partnerarbeit. Stellen Sie sich vor, Sie führen ein Gespräch mit Kathrin. Bereiten Sie zusammen eine Liste der Fragen vor, die Sie an Kathrin stellen würden. Bilden Sie dann einen Dialog, in dem eine Person die Rolle von Kathrin übernimmt und die Fragen beantwortet.**

Sie können mehr über Kathrins Aufenthalt in Uganda lesen, wenn Sie im Internet weiter unter www.landsaid.org/de/tagebuecher/tagebuecher/kathrin-mueller-uganda.html suchen.

3 Entwicklungshilfe mal anders

Bildung
Bildung ist sehr wichtig für Entwicklung: Sie befähigt Menschen, ihre gesellschaftliche und ökonomische Situation zu verbessern; sie verbessert die Chancen für das wirtschaftliche Wachstum eines Landes. Mehr Bildung führt zu einer Verbesserung der Gesundheitssituation, mehr Bildung schafft Umweltbewusstsein.

Not- und Übergangshilfe
Krisen, Konflikte und Naturkatastrophen nehmen weltweit zu. Immer mehr Menschen leiden unter den Folgen. Die Not- und Übergangshilfe hilft, den Übergang von einer Notsituation zum Wiederaufbau zu sichern.

Wasser
Wasser ist Grundlage allen Lebens. Es gibt Wohlstand und Gesundheit, wo Brunnen angelegt und gepflegt werden. Wenn Wasser nicht nachhaltig genutzt wird, dann nehmen Armut und Krankheiten zu.

Gesundheit
Gesundheitsvorsorge ist ein Grundrecht des Menschen. Die Gesundheit ist für die Entwicklung eines Landes wichtig, weil sie Voraussetzung für die Produktivität der Menschen ist.

Entwicklungshilfe mal anders
Weltwärts ist der Freiwilligendienst des deutschen Bundesministeriums für Entwicklung. *Weltwärts* will jungen Menschen helfen, in einem Entwicklungsland zu arbeiten und dabei auch Erfahrungen für das Leben zu sammeln. Was sind die Hauptschwerpunkte von *Weltwärts*? Lesen Sie weiter.

Menschenrechte
Entwicklung und Menschenrechte gehören eng zusammen. Dies gilt auch für andere nicht politische Rechte. Auch das Recht auf Wasser und das Recht auf Gesundheit sind nötig für die Entwicklung eines Landes.

Ernährungssicherung und Landwirtschaft
Hunger ist in ländlichen Gebieten verbreitet. Viele Menschen sind unterernährt und häufig krank. Sie sind von gesellschaftlichen und politischen Entscheidungsprozessen oft ausgeschlossen.

Umwelt- und Ressourcenschutz
Der Schutz der Umwelt und der natürlichen Ressourcen ist für die Menschheit überlebenswichtig. Umweltschutz kann in armen Ländern aber nur dann Erfolg haben, wenn auch die soziale und wirtschaftliche Entwicklung vorankommt.

Demokratieförderung
Demokratische Kontrolle von Macht ist nötig für den gesellschaftlichen Fortschritt. Sie erschwert Menschenrechtsverletzungen oder Amtsmissbrauch. Freie Wahlen, Mehrparteiensysteme, eine unabhängige Justiz und Pressefreiheit sind wichtig für eine Demokratie.

A Welche der folgenden Behauptungen sind richtig, vom Standpunkt des Autors aus?

1 Wenn man eine gute Ausbildung gehabt hat, ist man gesünder und man versteht mehr von der Umwelt.
2 Menschenrechte werden in den Entwicklungsländern immer mehr verbessert.
3 Krisen und Konflikte breiten sich in der ganzen Welt aus.
4 Schulen spielen eine große Rolle in der Verbreitung der Menschenrechte.
5 Wassermangel verhindert sowohl wirtschaftliche als auch medizinische Fortschritte.
6 Es gibt immer mehr Krisen und Konflikte in den Entwicklungsländern.
7 Nicht viele Leute in den Entwicklungsländern haben zu wenig Wasser.
8 Menschenrechte werden in einer Demokratie besser geschützt.

B Übersetzen Sie den folgenden Text ins Deutsche.

Weltwärts is an organisation which sends young volunteers to developing countries. It hopes that its volunteers can help developing countries deal with their problems. Developing countries have many problems. Education must play a major role if the developing countries are to improve their social and economic situation. If the educational system is improved, people become healthier and more environmentally conscious. Education, health, economic growth and environmental awareness are the things to concentrate on for the development of a country.

Erklären Sie mit Ihren eigenen Worten, warum es bestimmte Probleme gibt. Wählen Sie vier Probleme. Hier gibt es zwei Beispiele.

1 **Ernährungssicherung und Landwirtschaft.** Leute auf dem Lande sind oft unterernährt. Sie werden oft krank. Sie können oft keine Rolle in der Gesellschaft oder Politik spielen.

2 **Wasser.** Ohne Wasser kann es kein Leben geben. Wenn man einen Brunnen anlegt und pflegt, gibt es Wohlstand und Gesundheit.

Gruppenarbeit. Besprechen Sie die Probleme, die es in den Entwicklungsländern gibt. Äußern Sie Ihre Meinung dazu. Beantworten Sie dabei die folgenden Fragen.

1 Welche Probleme würden Sie für besonders wichtig halten? Warum?
2 Beschreiben Sie ein bestimmtes Problem. Wie kann man das Problem lösen?

Rassismus

4 Probleme im Osten

Die Hetzjagd von 50 Deutschen auf acht Inder im sächsischen Mügeln am Sonntag hat die Debatte um den Rechtsextremismus neu angeregt. Ursachen und Strategien zur Extremismus-Bekämpfung werden diskutiert. Im Blickpunkt der Debatte ist vor allem die ausländerfeindliche Gewalt in Ostdeutschland.

Traurig und unerträglich
Führende Politiker aller Parteien sind sich darin einig, dass solche Gewalttaten nicht toleriert werden dürfen. Wolfgang Tiefensee (SPD) forderte eine rasche und entschiedene Auf-

klärung des Falls. Volker Kauder (CDU) sprach von einer „Schande". Es mache ihn sehr traurig, dass niemand der Beistehenden eingeschritten sei und, dass es an Zivilcourage gemangelt habe. Der Bürgermeister von Mügeln wurde kritisiert. Er sagte, es gebe in Mügeln keine rechte Szene.

„Gewalttätiger Akzent" im Osten
Bundestagsvizepräsident Wolfgang Thierse bezeichnete gewalttätige Übergriffe auf Ausländer als ein besonderes Problem Ostdeutschlands. In einem Interview sagte der SPD-

Politiker, Rechtsextremismus sei zwar ein gesamtdeutsches Problem, es gebe jedoch einen „besonderen ostdeutschen gewalttätigen Akzent".

Vierzehn Verletzte bei Hetzjagd
Nach der Hetzjagd auf die acht Inder in Mügeln ist die Polizeipräsenz im Ort verstärkt worden. Am Dienstag vernahm die Polizei weitere Zeugen. Etwa 50 zumeist junge Deutsche hatten am Sonntag nach einer Rangelei im Festzelt die Inder verfolgt. Vierzehn Menschen, darunter die acht Inder, wurden verletzt.

 Wählen Sie die richtige Satzendung aus.

1 Alle Politiker waren gleicher Meinung über die...
2 Niemand bot den Indern...
3 Ein CDU-Politiker glaubte, die Bewohner von Mügeln hätten wenig...
4 Der Bürgermeister meinte, die Stadt habe wenige...
5 Es gibt mehr Übergriffe auf Ausländer in...
6 Nach der Hetzjagd gibt es in Mügeln mehr...
7 Vierzehn Leute bekamen bei der Gewalttätigkeit in Mügeln...
8 Die Hetzjagd auf die Inder begann im...

a Zivilcourage
b Hetzjagd
c Rechtsradikale
d Gasthaus
e Westdeutschland
f Polizisten
g Journalisten
h Hilfe
i Ostdeutschland
j Beistehenden
k Festzelt
l Verletzung

B 💬 **Partnerarbeit. Bilden Sie einen Dialog, in dem Sie über die Ereignisse in Mügeln sprechen. Wählen Sie dabei eine Rolle. Sind Sie Zeuge, Polizist, Rechtsradikale oder Inder? Beantworten Sie dabei die folgenden Fragen.**

1   Was haben Sie gesehen?
2   Was haben Sie getan?
3   Warum gibt es wohl Ausländerfeindlichkeit in Ostdeutschland?
4   Wie könnte man die ganze Situation verbessern?

⑤ Radiobericht Mügeln

A 🔊 **Beantworten Sie die folgenden Fragen auf Deutsch.**

1   Was hat die Stadt an dem Wochenende gefeiert?
2   Warum ist der Ruf von Mügeln jetzt ruiniert?
3   Wie hat Heiko Funke auf die Hetzjagd reagiert?
4   Wie war seine Meinung über die Ereignisse in Mügeln?
5   Wie erklärte er, dass man nicht mehr vom Rechtsextremismus hörte?
6   Was kann man aus der Umfrage schließen?
7   Was für Tendenzen sah Heiko Funke in den Parolen, die in Mügeln zu hören waren?
8   Wie sind die Rechtsextremisten organisiert?

B ✏️ **Schreiben Sie einen Artikel auf Deutsch für die Lokalzeitung (240–270 Wörter). Die Schlagzeile für den Artikel ist „Ausländer verfolgt!".**

Study skills

Writing a research-based essay (1)

Plan the structure
- Good planning is essential to avoid a rambling, repetitive essay.
- You need an introduction, three to four paragraphs which flow with a coherent and logical progression, and a conclusion.
- Plan not only the content but also how you will link your paragraphs.
- Work out how many words you can allow per paragraph, based on the 240–270 word limit: make sure you leave enough words for a detailed conclusion.

Check for relevancy
- Keep looking back at the question to make sure you've interpreted it correctly and answered all of its parts as fully as possible, e.g. with a question like:

Beschreiben Sie eine spezifische Persönlichkeit in dem Zeitraum der Geschichte, den Sie studiert haben. Erklären Sie die Bedeutung dieser Persönlichkeit. Be careful not to get carried away with the description of the historical personage and what they did. Remember you must explain the **significance** and **impact** of each of their actions on your chosen historical period.
- Make sure you demonstrate research specifically related to the culture and/or society of a German-speaking country, countries or community.

Demonstrate what you know
- Bring in as much as you can that is relevant to the title – don't just wheel out everything you know regardless.
- Avoid superficially skating over issues; show depth of knowledge by giving examples, facts, statistics and expert opinions to back up your assertions.

6 Rassismus und Fußball: die Meinungen der Fans

Seit einiger Zeit bespricht man das Thema Rassismus im deutschen Fußball und die Maßnahmen, die dagegen getroffen werden können. Hier lesen Sie die Meinungen in einem Online-Forum der Bild-Zeitung:

Das Rassismus-Problem ist (leider) nicht nur auf Deutschland beschränkt. Das Problem ist alt wie die Menschheit.   CASSIA

Ich weiß selbst aus meiner Zeit in den unteren Amateurklassen, dass es selbst dort gezielte Beleidigungen von Deutschen gegenüber Ausländern gab. Und genauso habe ich es selbst erlebt, dass ich von ausländischen Gegenspielern beleidigt wurde. DEMOFF

Gewalt und Rassismus werden häufiger in der Bundesliga sowie in unseren Amateurligen sichtbar. Denken wir an die Begegnung zwischen Borussia Mönchengladbach und Allemania Aachen. Ein großer Teil der Aachener Fans hatte den Gladbacher Spieler Kahe als „Asylant" beschimpft. Und die Gladbacher konterten mit Beleidigungen gegen den Aachener Kicker Sichone. MAX

Das ist ein ausgesprochen schwieriges Thema. Es gibt meiner Meinung nach keine Allgemeinlösung dafür. Bei Ausschreitungen seitens der Fans helfen meiner Meinung nach Punktabzüge und/oder Platzsperren sowie Spiele unter Ausschluss der Öffentlichkeit. HEIMO

Ich glaube, die „Fans" müssen Mitglied in einem Verein sein, um einen Pass, so wie einen Bankpass, zu erhalten, und nur damit ist es dann möglich Karten zu kaufen. WILLI

Ich bin für mehr Strafen! Drakonische Strafen müssten kommen. Die Fans sollten das spüren, auch wenn sie nicht daran beteiligt sind. Alle Fans sind für ihre Mannschaft verantwortlich; wenn da schwarze Schafe sind, sollte ihnen gezeigt werden, dass sie nicht erwünscht sind. MIKEY

Die Vereine müssen mehr machen, damit diese sogenannten Fußballfans sich nicht mehr mit diesem Verein identifizieren können. Warum sind so viele Rassisten in den unteren Ligen zu finden? Eben weil die da noch toleriert werden. Aber wenn man schon unten in den kleinen Ligen anfangen würde, hätten diese Rassisten gar keine Plattform mehr. JONNI

Mit Punktabzügen oder drastischen Geldstrafen werden der Club und die Spieler bestraft. Die können am wenigsten dafür. Das ist ein gesamtpolitisches Problem, nicht die Sache der Clubs. Ich wäre für Geisterspiele, ohne Übertragung im Fernsehen. MANFRED

A **Lesen Sie den Text oben. Wer sagt was? Mehr als eine Lösung ist oft möglich.**

1 Als Spieler wurde ich auch von ausländischen Spielern beschimpft.

2 Härtere Strafen für die Vereine könnten eine Lösung sein.

3 Alle Fans müssen die Verantwortung für ihren Verein übernehmen.

4 Es gibt mehr Gewalt und Rassismus im Profi-Fußball als in anderen Ligen.

5 Wir müssen mit dem Problem des Rassismus zuerst in den unteren Ligen fertig werden.

6 Es hat schon immer Fremdenhass gegeben.

7 Sogenannte Fans, die rassistische Sprüche machen, sollte man rausschmeißen.

8 Als Strafe für den Rassismus sollte man die Spiele ohne Zuschauer austragen.

B 🔊 Rassismus beim Fußball in Ostdeutschland. Martino Gatti spielt für den Berliner Fußballklub Yesilyurt. Dieser Klub hat viele Spieler türkischer Herkunft. Hören Sie gut zu und fassen Sie den Text auf Deutsch zusammen. Machen Sie zuerst Notizen zu den folgenden Punkten.

- Die Stimmung beim Spiel.
- Probleme vor und nach dem Spiel.
- Probleme mit den Schiedsrichtern.

C 🔊 Partnerarbeit. Bilden Sie einen Dialog, in dem Sie über den Rassismus in Sport sprechen. Äußern Sie Ihre Meinung dazu. Beantworten Sie dabei die folgenden Fragen.

1 Wie finden Sie den Rassismus im Fußball?
2 Was würden Sie dagegen machen?
3 Was für Probleme gibt es in anderen Sportarten?
4 Warum gibt es Rassismus im Sport?

D ✏️ Schreiben Sie einen Aufsatz (240–270 Wörter) auf Deutsch zu dem folgenden Thema: „Rassismus könnte den Sport töten".

Grammar

The subjunctive – other uses

The main uses of the subjunctive are:

Konjunktiv 1: reported or indirect speech – see page 146.
Konjunktiv 2: the conditional (see pages 105 and 155) and sometimes reported speech (see page 282).

There are, however, some other uses to which these tenses are put.

Konjunktiv 2 in a request or statement makes it less direct and more polite.

Könnten Sie mir bitte sagen, wo…?	*Could you please tell me where…?*
Möchtest du ins Kino gehen?	*Would you like to go to the cinema?*
Ich hätte noch eine Frage.	*I have another question.*
Ich wäre für Geisterspiele.	*I'd be in favour of matches behind closed doors.*
Hätten Sie sonst noch einen Wunsch?	*Would you like anything else?*
Nein, danke. Das wär's.	*No thanks. That's all.*

The only conjunction which must be followed by *Konjunktiv 2* is **als ob** (as if).

Er tat, als ob er mich nicht gesehen **hätte**.	*He pretended not to have seen me.*

Wishes and commands

- Set phrases:

Es **lebe** der Wein!	*Long live wine!*
Gott **sei** Dank!	*Thank God!*

- Wishes in *wenn* clauses:

Wenn sie nur **anrufen würde**!	*If only she would phone!*
Wenn er nur **angerufen hätte**!	*If only he had phoned!*

The *wenn* can be left out in these wishes, in which case the verb comes at the start.

Hätte ich die Chance, würde ich…	*If I had the opportunity, I'd…*

Gewalt, Verbrechen und Terrorismus

7 Gefährliches Alter? Jugendkriminalität unter der Lupe

Gefährliches Alter? Jugendkriminalität unter der Lupe

Zwei deutsche Professoren wollen es ganz genau wissen: Warum werden junge Menschen kriminell? Welche Delikte begehen sie? Und werden es, wie die deutschen Medien gerne in schauerlichen Bildern zeigen, immer mehr? Um Antworten zu bekommen, fragten die Professoren die, die es wissen müssen: 5300 Kids in Münster und Duisburg. Was sie ihnen erzählten, wird viele überraschen.

Im Jahr 2000 starteten die Professoren Klaus Boers vom Institut für Kriminalwissenschaften der Universität Münster und Jost Reinecke, Soziologe an der Universität Bielefeld, eine neue Studie. Sie fanden insgesamt 5300 junge Menschen, die ihnen jahrelang ausführliche Fragebogen beantworten wollten.

Deutsche Medien zeigen gerne Jugendliche, die Gewalt-, Sex- und Drogen-Exzessen verfallen sind. Wenn man aber etwas genauer hinsieht, so ist diese Generation friedfertiger als vorige Generationen. Denn Fakt ist: Die Jugendkriminalität geht seit dem Ende der 1990er zurück. Sogar bei schweren Delikten sind weniger Jugendliche zu finden als früher. Das scheint im Widerspruch zu den Zahlen der Polizei zu stehen, die eine stetige Zunahme der Körperverletzungen belegen. „Sie nehmen aber bei den Jugendlichen in unserer Studie ab", meint Boers.

Die detaillierten Auskünfte der Jugendlichen sorgen für einige Überraschungen. So fühlen sie sich in der Schule und auf dem Schulweg sicher. Denn in der Schule passiert heute dasselbe wie gestern: Diebstahl und Sachbeschädigungen. Die Angaben zu Alkohol und Drogen erregen Besorgnis. Ein Drittel der 16-Jährigen aus Münster gibt an, öfter als einmal im Monat betrunken zu sein. Jeder Fünfte nimmt mindestens fünfmal pro Jahr Marihuana oder Haschisch. Die Wissenschaftler sehen darin ein großes Problem, da Gewalt häufig nach Alkohol- und Drogenkonsum ausbricht. Dennoch sind Gewaltdelikte die seltensten Verbrechen der Jugendlichen. Die meisten gehen Gewalt aus dem Weg, nur 14 Prozent lassen sich in Konfliktsituationen dazu hinreißen.

Das Eigentum anderer ist auch eine Versuchung für viele Jugendliche: Bis zu einem Fünftel der Befragten gestanden Ladendiebstahl. Insgesamt sind Diebstähle bei den Jugendlichen das häufigste Verbrechen. Im Schnitt begingen 23 Prozent Einbrüche, Kfz- und Automaten-Aufbrüche, Fahrraddiebstahl und sonstige Gaunereien. Spitzenreiter beim Diebstahl waren Internet-Raubkopien. Mehr als 35 Prozent holten sich illegal Filme, Musik und Programme aus dem Netz. Raub mit Gewalt und Waffen ist in der realen Welt mit drei bis vier Prozent hingegen die Ausnahme. Häuserwände und U-Bahnen müssen mehr leiden: 19 Prozent der Jugendlichen gaben an, sie mit Graffiti zu beschädigen.

Was macht Teenager kriminell?

Dazu gehört viel: Soziale Benachteiligungen wie schlechte Bildung, geringes Einkommen der Eltern, schlechte Wohnviertel mit hoher Arbeitslosigkeit sind für alle problematisch. Einheimische Jugendliche sind dann ebenso wie Jugendliche aus Migrantenfamilien besonders gefährdet.

Die Wissenschaftler fanden heraus, dass die meisten Straftäter 14 Jahre alt sind. Mit 15, 16 nimmt die Bereitschaft, den sozialen Regeln zu folgen, zu. Jungen sind deutlich häufiger mit dem Gesetz in Konflikt als Mädchen. Beides gilt auch für die besonders problematischen Täter, die Mehrfach- oder Intensivtäter. Diese begehen fünf oder mehr Delikte im Jahr, aber viele hören damit von sich aus auf. Und dieses Phänomen bestätigt ihre Aussage, dass milde Strafen hilfreicher als harte oder einschüchternde sind.

A Suchen Sie im Text die deutschen Ausdrücke, die zu den englischen passen.

1 in contrast to police figures
2 to cause concern
3 the most common crime
4 social disadvantages
5 to come into conflict with the law

B Suchen sie im Text Ausdrücke, die zu den folgenden passen.

1 Es gibt immer mehr
2 Man versucht, Gewalt zu vermeiden
3 Auf einmal gibt es einen Gewaltakt
4 Junge Leute begehen immer weniger Verbrechen
5 Sachen, die anderen Menschen gehören

1 Woher wissen Sie, dass diese Studie sehr ausführlich ist?
2 Warum ist das Bild der Jugendlichen in den Medien irreführend?
3 Was hat sich in den Schulen geändert, in Bezug auf Verbrechen?
4 Welche Schlussfolgerung kann man aus der Information über Alkohol und Drogen ziehen?
5 Wie ist der Zusammenhang zwischen Gewalt und Alkohol oder Drogen?
6 Was für Verbrechen kommen bei Jugendlichen öfter vor?
7 Welchen Einfluss haben schlechte Lebensbedingungen auf das Problem der Jugendkriminalität?
8 Welche Rolle spielt eine Strafe bei jungen Leuten?

D 🖉 **Partnerarbeit. Machen Sie selbst eine Umfrage in der Klasse zum Thema Jugendkriminalität. Schreiben Sie zuerst einen Fragebogen auf Deutsch. Welche Fragen würden Sie stellen, um Information über junge Leute und Kriminalität zu bekommen? Erwähnen Sie das Folgende:**

● schwere Delikte, z.B. Ladendiebstahl, Einbruch, illegales Kopieren von Filmen, Graffiti, Drogen, Betrunkenheit usw.
● kleinere Delikte, z.B. Rauchen in der Schule, Lehrerbeschimpfung, Stunden schwänzen usw.
● Wie oft werden diese „Delikte" begangen?

E 🖉 **Schreiben Sie jetzt einen Artikel auf Deutsch (240–270 Wörter) für eine Zeitung. Die Schlagzeile ist „Junge Leute sind kriminell – wie nie zuvor!"**

⑧ Internationaler Terrorismus: Die Ermordung Benazir Bhuttos

Bhutto ermordert

Einen Tag nach dem Mordanschlag auf Benazir Bhutto begleiten Hunderttausende ihren Leichnam zum Grab. Die Oppositionspolitikerin soll neben ihrem Vater beigesetzt werden. Überschattet wurde die Prozession von weiteren Anschlägen – und einem prominenten Opfer.

Begleitet wird die Beerdigung von schweren Unruhen, bei denen mindestens 20 Menschen getötet wurden. Unter den Opfern seien auch drei Polizisten, zog Akhtar Zaman, Innenminister der Provinz Sindh eine erste Bilanz der Unruhen. Er rechne damit, dass sich die Situation nach der Beerdigung Bhuttos noch verschlimmern werde, sagte er. Die Polizei hatte ihren Beamten nach der Gewaltwelle in der Nacht am Morgen die Erlaubnis zu schießen erteilt. Demonstranten steckten Autos und Züge in Brand und warfen Steine.

Bei einem Anschlag im Nordwesten Pakistans wurden sechs Menschen getötet. Der Anschlag wurde am Freitag während einer Wahlveranstaltung der Partei verübt, die Position gegen islamische Extremisten und die radikal-islamistische al-Qaida bezieht.

Aus Protest gegen Bhuttos Ermordung gingen im Nordwesten des Landes rund 4000 ihrer Anhänger auf die Straße. In Sprechchören wurde Staatschef Pervez Musharraf von Anhängern Bhuttos als Mörder beschimpft.

Im indischen Teil von Kaschmir kam es zu Auseinandersetzungen zwischen der Polizei und hunderten steinewerfenden Demonstranten, die gegen Bhuttos Ermordung protestierten. Die Polizei setzte Tränengas ein. Geschäfte und Unternehmen in dem vorwiegend von Muslimen bewohnten Kaschmir folgten dem Aufruf zu einem Generalstreik und blieben geschlossen. Die Polizei wurde in höchste Alarmbereitschaft versetzt.

In Hyderabad verletzte die Polizei fünf Menschen, als sie eigenen

Angaben zufolge gegen gewalttätige Demonstranten vorging. „Auf jeden, der unschuldige Bürger und öffentliches Gemeingut angreift, wird sofort geschossen", sagte der dortige Innenminister Akhtar Zaman.

Bhutto stand als Politikerin und Befürworterin von Säkularismus und Demokratie im Fadenkreuz praktisch aller militanten islamischen Gruppen in Pakistan. Sicherheitsexperten äußerten sich verwundert, dass es dem Attentäter gelingen konnte, bewaffnet und mit Sprengstoff versehen durch die Polizeiabsperrung zu schlüpfen.

A Ergänzen Sie diesen Lückentext mit Worten aus der Wortkiste.

Benazir Bhutto wurde am Tag nach ihrem ____(1)____ neben ihrem Vater beigesetzt. Das Attentat hat zu Unruhen geführt und am selben Tag sind 20 Menschen ums Leben gekommen. Drei Polizisten sind Opfer der ____(2)____ geworden, sagte der Innenminster der Provinz Sindh. Autos und Züge wurden in Brand gesteckt, und ____(3)____ warfen Steine. 4000 Anhänger von Bhutto gingen auf die Straße und beschimpften ____(4)____ Musharraf als Mörder. In Kaschmir gab es auch Proteste und __(5)____ wurden geschlossen.

> Schulen   Protestierende   Tod   Läden   Premierminister   Angriffe   Unfall
> Jugendliche   Präsident   Ausschreitungen

B Übersetzen Sie den folgenden Text ins Deutsche.

Benazir Bhutto will be remembered as a popular and influential figure in the political life of Pakistan. She had lived in exile for many years before returning to Pakistan in the autumn of 2007 to contest a general election. Her death at an election rally shortly before the planned election caused widespread unrest and demonstrations. Who murdered her? The official view is that, if it was an attack by terrorists, then there were possibly links to al-Qaida. Many of her supporters blamed Head of State Pervez Musharraf and called him a murderer.

C Hören Sie sich den Bericht zur Ermordung Benazir Bhuttos in Pakistan an. Wählen Sie die richtige Satzendung.

1	Als Folge der Ermordung gab es überall...	a ausgeraubt
2	Im Regierungsviertel wurden Gebäude...	b Proteste
3	Autos wurden...	c Demonstration
4	Bhutto wurde in ihrer Heimatprovinz...	d stören
5	Narwaz Sharif will die Parlamentswahlen...	e gestohlen
6	Die Bombe explodierte nach einer...	f zerstört
		g begraben
		h Gewalttaten
		i verschieben
		j Wahlversammlung
		k erschossen

D Sie waren Augenzeuge in Rawalpindi an dem Tag, an dem Bhutto ermordet wurde. Fassen Sie in einem Bericht (240–270 Wörter) zusammen, was Sie erlebt haben.

Die Europäische Union

Was wissen Sie über die Europäische Union?

Die Europäische Union (EU) ist stolz auf das, was ein vereintes Europa geleistet hat. In diesen zwei Texten beschreibt sie ihre Erfolge.

---

1   Was wissen Sie über die Europäische Union?

Wussten Sie schon:

- Die EU hat Tierversuche für die Herstellung von Kosmetikprodukten verboten und Vorschriften zur Kennzeichnung von Konsumgütern festgelegt, so dass Sie immer genau wissen, was Sie kaufen.

- Die EU hat es mehr als zwei Millionen jungen Menschen ermöglicht, im Ausland zu studieren.

- Die EU hat Europa dank gemeinsamer technischer Normen zur Nr. 1 bei der Nutzung und Herstellung von Mobiltelefonen gemacht.

- Die EU ist der weltweit größte Geber von Entwicklungshilfe.

- Die EU ist seit 60 Jahren Garant für den Frieden zwischen ihren Mitgliedsstaaten.

- Die EU-Regionalbeihilfen haben den Lebensstandard in den ärmeren Regionen Europas verbessert.

- Die EU ermöglicht es Ihnen, sich in jedem EU-Land, meistens ohne Grenzkontrollen oder Formulare, frei zu bewegen, zu leben und zu arbeiten.

- Die EU steht an der Spitze der Kyoto-Initiative zur Verringerung der für die Erderwärmung verantwortlichen Luftverschmutzung.

- Die EU wendet die klare Vorschrift an, dass Männer und Frauen für gleiche Arbeit gleich bezahlt werden müssen.

- Die EU hat die Preise für Telefongespräche und Flugtickets gesenkt, weil der Binnenmarkt und die gemeinsame Währung zu Preissenkungen und mehr Wettbewerb führen.

---

2   WAS MACHT DIE EU?

A Weniger Grenzen, mehr Chancen

In die meisten EU-Mitgliedsstaaten können Sie ohne Pass- und Grenzkontrollen reisen. Sie können in anderen Mitgliedsstaaten, in denen es preisgünstiger ist, einkaufen. Der Euro, die einheitliche Währung, erlaubt einen direkten Preisvergleich in den dreizehn Ländern, die ihn verwenden. Der Wettbewerb im EU-Binnenmarkt hat die Qualität verbessert und die Preise gesenkt. Telefongespräche, Internetanschlüsse und Flüge sind billiger geworden.

B Aktiver Umweltschutz

Die Menschen in Europa sind sehr umweltbewusst. Daher ist die EU Vorreiter in der Welt beim Schutz der Umwelt und der Förderung einer nachhaltigen Entwicklung.

Da die Umweltverschmutzung nicht an den nationalen Grenzen Halt macht, haben die EU-Mitgliedsstaaten gemeinsame Maßnahmen in vielen Bereichen ergriffen, um die Umwelt zu schützen. Daher sind die Flüsse und Strände in Europa sauberer geworden, Fahrzeuge produzieren weniger Abgase und es gibt strenge Regeln für die Abfallentsorgung. Beispielsweise dürfen gefährliche Abfälle aus Europa nicht mehr wie früher in armen Ländern entsorgt werden.

C Im Ausland lernen

Rund zwei Millionen junge Menschen haben bereits EU-Programme für ihre Studien und ihre persönliche Weiterentwicklung in einem anderen europäischen Land genutzt.

D Der Euro – die gemeinsame Währung der Europäer

Der Euro ist die am deutlichsten sichtbare Errungenschaft der EU. Er bildet die gemeinsame Währung von dreizehn Ländern, in denen nahezu zwei Drittel der EU-Bevölkerung leben.

E Gleiche Chancen für alle

Unsere Gesellschaft wird fairer und leistungsfähiger ohne eine Diskriminierung aus Gründen der Nationalität, des Geschlechts, einer Behinderung, der Rasse oder aufgrund anderer Faktoren. Deshalb ist jegliche Diskriminierung in der EU verboten.

F Ein Raum der Freiheit, der Sicherheit und des Rechts

Wir alle wollen in Sicherheit leben und vor Verbrechen und Terrorismus geschützt werden. Deshalb arbeiten die EU-Mitgliedsstaaten bei der Bekämpfung des internationalen Terrorismus und zur Verhinderung des grenzüberschreitenden Drogen- und Menschenhandels zusammen.

G Frieden und Stabilität

Dank der immer engeren Zusammenarbeit in Europa in den letzten 50 Jahren ist ein Krieg zwischen den EU-Mitgliedsstaaten heutzutage völlig undenkbar.

Die Europäische Union hat ein besonderes Interesse, ihren Nachbarn im Osten (ehemalige Sowjetunion) und im Süden (Mittelmeerregion) zu helfen, größere Stabilität und mehr Wohlstand zu erlangen.

A 📖 **Lesen Sie die zwei Texte oben und suchen Sie Ausdrücke, die zu den folgenden passen.**

1 Regeln
2 nicht vorstellbar
3 Konkurrenz
4 Müllentfernung
5 Verminderung
6 Benachteiligung
7 Leistung
8 Kampagne (gegen)

B 📖 **Lesen Sie den Text auf Seite 220. Ordnen Sie die Aussagen unten den Absätzen des Textes zu.**

1 Immer mehr junge Leute haben die Gelegenheit, Weiterbildungskurse in anderen europäischen Ländern zu besuchen.
2 Wenn sie miteinander arbeiten, haben die EU-Länder die Möglichkeit, etwas gegen schwere Verbrechen zu machen.
3 Wenn man von EU-Land zu EU-Land fährt, kann man leicht abschätzen, ob bestimmte Waren billiger oder teurer sind.
4 Nur eine kleine Minderheit der Menschen in den EU-Ländern benutzt den Euro nicht.
5 Die EU hat viele Maßnahmen ergriffen, um Umweltprobleme zu lösen.
6 Die EU steht für finanzielle und soziale Sicherheit sowohl innerhalb der Union als in den Nachbarländern.

C ✏️ **Machen Sie kurze Notizen (nicht mehr als 100 Wörter) über die Erfolge der EU unter folgenden Stichpunkten. Es gibt ein Beispiel.**

1 Gleiche Chancen für alle. *Dank der EU gibt es in den EU-Ländern viel weniger Diskriminierung als früher.*
2 Bildung.
3 Konsum-Gesellschaft.
4 Freiheit und Sicherheit.
5 Beziehungen zu anderen Ländern.
6 Umwelt.

D ✏️ **Partnerarbeit. Stellen Sie sich Fragen über die Themen in Übung C und bilden Sie einen Dialog dazu.**

Beispiel: Bildung – Was hat die EU für die Bildung junger Bürger gemacht?
Mit Hilfe der EU haben über zwei Millionen junge Menschen im Ausland studiert. Sie haben sich persönlich weiterentwickelt.

Participles

The present participle

The present participle, which is like the English **-ing** form, is formed by adding -d to the infinitive. Its main use is as an adjective (with the appropriate ending!) and as a noun. It's never used as part of a verb.

führende Politiker	*leading politicians*
niemand der **Beistehenden**	*none of the bystanders*
einschüchternde Strafen	*deterrent fines*
wegen seiner **unzureichenden** Infrastruktur	*because of its inadequate infrastructure*

The present participle is often used, especially in the news media, instead of a relative clause.

eine **für die moderne Welt unzureichende** Infrastruktur	*an infrastructure (which is) inadequate for the modern world* (*instead of*: eine Infrastruktur, die für die moderne Welt nicht zureicht)

The past participle

● The past participle is simply the part of the verb normally used for the perfect tense. It, too, is used as an adjective or a noun.

ein schlecht **ausgebautes** Bildungssystem	*a poorly-developed education system*
schlecht **ausgebildete** Arbeiter	*poorly-trained workers*
gezielte Beleidigungen	*deliberate insults*
die **Angegriffenen**	*those attacked*

● Past participles are often used, in news media in particular, instead of a whole clause in the passive, and can look quite complicated:

die **mit zerstörten Autos blockierten** Straßen   *the streets blocked with wrecked cars*
(*instead of*: die Straßen, die mit zerstörten Autos blockiert waren)
der erste **durch Doping verursachte** Unfall   *the first accident caused by drug abuse*
(*instead of*: der erste Unfall, der durch Doping verursacht wurde)
in einer **von Konflikten heimgesuchten** Welt   *in a world which is plagued by conflict*
(*instead of*: in einer Welt, die von Konflikten heimgesucht ist)

⑩ Die EU hat viel geleistet

A 📖   **Lesen Sie wieder die Texte auf Seite 220 und vollenden Sie diese Sätze. Achtung: Sie schreiben vom Standpunkt eines Befürworters der EU!**

EU-Länder, die den Euro verwenden
EU-Länder, die den Euro nicht verwenden

Beispiel: *Es hätte mehr Kriege in Europa gegeben,* wenn man die EU nicht gegründet hätte.

1 ..., wenn die EU die Grenzkontrollen nicht abgeschafft hätte.

2 ..., wenn es keine einheitliche Währung gegeben hätte.

3 ... , wenn EU-Bürger nicht so umweltbewusst gewesen wären.

4 ..., wenn die EU Bildungs-Programme wie Socrates, Erasmus und Leonardo nicht eingeführt hätte.

5 ..., wenn die EU alle Art von Diskriminierung nicht verboten hätte.

B ✏️   **Schreiben Sie nun fünf weitere solche Sätze.**

Writing a research-based essay (2)

Refer to your sources

- Candidates in Edexcel Exam Unit 4 are expected to make appropriate references to specific German-language sources that they have consulted. This is especially important for verbatim quotations or statistics and is a good way of showing how widely you have researched.
- You could refer to the source in brackets after the relevant quotation, fact or statistic, or integrate the reference into your sentence with an appropriate phrase.
- Other than a few brief direct quotations you should synthesise information from your various sources in your own words.

Evaluate/analyse facts and give your own opinions

- Rather than just stating facts or statistics you need to present your own personal reaction to them and draw conclusions.
- Try to delve beneath the accepted wisdom to get at the real truth.

- Justify your opinions in two ways: either by drawing on a broader perspective (e.g. describe current trends or give a historical perspective) or by getting down to small details and concrete examples.

Use a range of vocabulary and structures appropriate to A2

- Show off as much abstract and topic-specific vocabulary as you can.
- Show the examiner that you can use complex A2 grammatical structures such as the subjunctive in conditional clauses or indirect speech, the passive, *lassen* with infinitive, or the future perfect.

Check your work thoroughly

- Add new items based on the A2 level grammar lists, e.g. the passive: Is it correctly formed using *werden* + past participle at the end? Does *werden* agree with the subject of the sentence?

⑪ Fakten und Zahlen zur EU

A 📖 ⊜ **Forschen Sie nach anderen Fakten und Zahlen zur EU. Machen Sie diese Aufgabe entweder allein oder als Gruppenarbeit. In diesem Fall teilen Sie die Arbeit auf. Referieren Sie über das, was sie herausgefunden haben. Denken Sie zum Beispiel an:**

- Allgemeine Zahlen (z.B. Wie groß ist die EU? Wie viele Menschen leben in der EU? Können Sie die Mitgliedsstaaten nennen?)
- Lebensstandard (z.B. Welche Staaten haben den höchsten Lebens-standard? Wie gesund sind die Europäer? Wie zufrieden sind die Europäer?)
- Bildung (z.B. Wie viel geben die Staaten für Bildung aus? Wie viele 18-Jährige nehmen an der Bildung noch teil? Was geben die Staaten für Forschung aus?)
- Arbeit (z.B. Wie viele Menschen arbeiten in der EU? In welchen Sektoren?)
- Umwelt (z.B. In welchen Ländern sind Treibhausgas-Emissionen gesunken oder gestiegen?)

Fakten, Zahlen, Statistiken und weitere Informationen finden Sie auf der Website der EU: http://europa.eu/abc/index de.htm

Für und gegen die EU. Nicht alle befürworten die EU. Hier bestreiten einige EU-Bürger die Öffnung aller Grenzen in Europa.

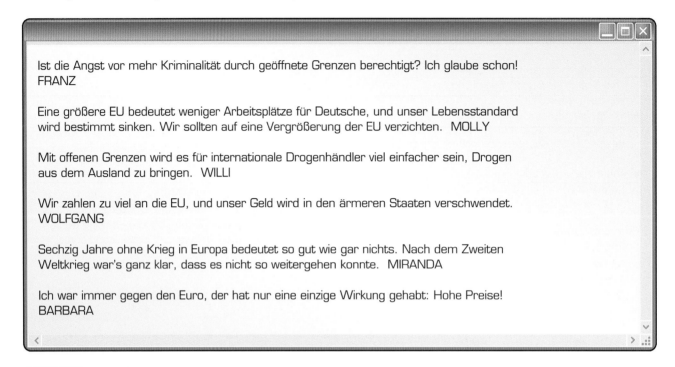

Ist die Angst vor mehr Kriminalität durch geöffnete Grenzen berechtigt? Ich glaube schon!
FRANZ

Eine größere EU bedeutet weniger Arbeitsplätze für Deutsche, und unser Lebensstandard wird bestimmt sinken. Wir sollten auf eine Vergrößerung der EU verzichten. MOLLY

Mit offenen Grenzen wird es für internationale Drogenhändler viel einfacher sein, Drogen aus dem Ausland zu bringen. WILLI

Wir zahlen zu viel an die EU, und unser Geld wird in den ärmeren Staaten verschwendet.
WOLFGANG

Sechzig Jahre ohne Krieg in Europa bedeutet so gut wie gar nichts. Nach dem Zweiten Weltkrieg war's ganz klar, dass es nicht so weitergehen konnte. MIRANDA

Ich war immer gegen den Euro, der hat nur eine einzige Wirkung gehabt: Hohe Preise!
BARBARA

A **Partnerarbeit. Was halten Sie davon? Was sind die bedeutendsten Erfolge der EU? Oder glauben Sie, dass wir eine EU nicht brauchen? Machen Sie eine Liste aller möglichen Argumente für und gegen die EU und debattieren Sie diese Frage.**

B **Schreiben Sie einen Aufsatz (240–270 Wörter) auf Deutsch zum Thema: „Eigentlich hat die EU nichts für uns gemacht".**

Internationale Verhältnisse

⑬ Fragen und Antworten zu den Vereinten Nationen (UNO)

Fragen und Antworten zu den Vereinten Nationen (UNO)

Wien ist neben New York, Genf und Nairobi einer der vier Amtssitze der Vereinten Nationen. Wien ist seit dem 23. August 1979 Sitz verschiedener UNO-Einrichtungen. Über 4000 Beschäftigte aus mehr als 100 Ländern arbeiten hier bei den internationalen Organisationen. Etwa ein Drittel davon sind Österreicher.

Was sind die Vereinten Nationen?
Die Vereinten Nationen (UNO) sind eine einzigartige internationale Organisation, der 191 souveräne Staaten angehören. Sie wurde nach dem Zweiten Weltkrieg gegründet, um den Weltfrieden und die internationale Sicherheit zu wahren, freundschaftliche Beziehungen zwischen den Nationen zu entwickeln sowie sozialen Fortschritt, einen besseren Lebensstandard und die Menschenrechte zu fördern.

Wozu brauchen wir eigentlich die Vereinten Nationen?
Man hört oft, dass die Vereinten Nationen erfunden werden müssten, wenn es sie nicht schon gäbe. In einer von Konflikten heimgesuchten Welt bieten die Vereinten Nationen die Möglichkeit sofortiger Konsultationen zwischen den Regierungen. Viele weltweite Probleme, wie Armut, Arbeitslosigkeit, Umweltzerstörung, internationale Verbrechen, Aids,

Drogenhandel und internationale Wanderbewegungen, können nur auf dem Weg der internationalen Zusammenarbeit angegangen werden.

Sind die Vereinten Nationen eine Weltregierung?
Die Vereinten Nationen sind keine Weltregierung und waren auch nie dazu vorgesehen. Sie sind eine Organisation souveräner und unabhängiger Staaten. Sie tun nur das, worüber sich diese souveränen Staaten einig sind, dass sie es tun dürfen: sie sind ihr Instrument.

Was macht die Generalversammlung?
Die Generalversammlung, in der alle Mitgliedsstaaten vertreten sind, könnte am ehesten als Parlament der Nationen bezeichnet werden. Es kommen dort alle dringendsten Weltprobleme zur Sprache.

Was ist die Aufgabe des Sicherheitsrats?
Nach der Charta ist der Sicherheitsrat dasjenige Organ der Vereinten Nationen, das in erster Linie für die Wahrung des Weltfriedens und der internationalen Sicherheit verantwortlich ist. Das Abstimmungssystem im Rat misst den fünf ständigen Mitgliedern – China, Frankreich, der Russischen Föderation, dem Vereinigten Königreich und den Vereinigten Staaten – mehr Gewicht bei. Jedes dieser Länder kann einen Vorschlag durch die Abgabe einer Nein-Stimme blockieren, selbst wenn die vier anderen ständigen Mitglieder und sämtliche nichtständige Mitglieder mit „Ja" stimmen. Man spricht hier von einem „Vetorecht".

Was ist die Aufgabe des Generalsekretärs der Vereinten Nationen?
Der Generalsekretär leitet die Vereinten Nationen und ist ihr höchster Verwaltungsbeamter. In den Augen der Öffentlichkeit ist er die Symbolfigur der Organisation.

Wie wird der Generalsekretär ernannt?
Der Generalsekretär wird von der Generalversammlung auf Empfehlung des Sicherheitsrats ernannt.

A Richtig oder falsch? Sind die folgenden Aussagen zum Text richtig oder falsch? Korrigieren Sie die falschen Sätze.

1 Wien ist jetzt Hauptsitz der UNO.
2 Die UNO soll den Frieden in der Welt schützen.
3 Die UNO will versuchen, dass die Länder der Welt sich besser verstehen.
4 Die UNO will auch die Lebensbedingungen der Völker verbessern.
5 Die UNO spielt keine Rolle beim Umweltschutz.
6 Ohne die UNO würden Länder in Zeiten der internationalen Unruhe nicht miteinander sprechen können.
7 Die UNO kann ohne die Einigkeit der souveränen Staaten nicht handeln.
8 Viele wichtige Probleme können in der Generalversammlung nicht besprochen werden.
9 Die UNO ist nicht nur das Parlament der Nationen, sie ist auch eine Weltregierung.
10 Der Sicherheitsrat hat eine besondere Verantwortung für den Weltfrieden.
11 Alle Mitglieder haben ein Vetorecht und können Vorschläge blockieren.
12 Der Generalsekretär wird von den Mitgliedsstaaten gewählt.

B Finden Sie die Gegensätze zu diesen Ausdrücken.

1 nationale Organisation
2 Reichtum
3 Vollbeschäftigung
4 Stagnation
5 Weltkrieg
6 Umweltschutz
7 nationale Probleme
8 einzelne
9 internationalen Streit
10 niedrigster

C Gruppenarbeit. Organisieren Sie eine Debatte, in der Sie entweder für oder gegen die UNO sprechen. Äußern Sie Ihre Meinungen dazu. Beantworten Sie dabei die folgenden Fragen.

1 Was machen die 4000 Leute, die bei der UNO in Wien arbeiten? Sind das vielleicht zu viele Leute?
2 Ist die UNO wirklich unersetzbar?
3 Was macht der Generalsekretär eigentlich? Was hat er in der letzten Zeit geleistet?

Weitere Informationen finden Sie unter „Fragen und Antworten" beim Informationsdienst der UNO in Wien. www.unis.unvienna.org

D Schreiben Sie einen Aufsatz (240–270 Wörter) auf Deutsch zum Thema: „Die UNO ist ein bürokratischer Dinosaurier. Sie tut nichts für die Welt."

Die Olympische Bewegung

1 Die ersten Olympischen Spiele der Neuzeit wurden 1896 in Athen ausgeführt. Sie wurden als „Treffen der Jugend der Welt" bezeichnet und sollten dem sportlichen Vergleich und der Völkerverständigung helfen. 1896 nahmen 262 Athleten aus 13 Ländern teil und bei den Sommerspielen in Athen war diese Zahl auf 10.500 Athleten aus 202 Ländern an 301 Wettbewerben gestiegen.

2 Die olympische Bewegung ist mehrmals in eine Krise geraten. Die Spiele von 1900 in Paris und 1904 in St Louis wurden kaum beachtet. Die Spiele von 1916 und 1944 konnten wegen der zwei Weltkriege nicht stattfinden. Die Sommerspiele 1936 wurden von den Nazis als Propagandaforum missbraucht, und während der Sommerspiele 1972 in München wurden elf Mitglieder der israelischen Mannschaften von palästinischen Terroristen gefangen genommen. Eine missglückte Befreiungsaktion führte zum Tod aller dieser Athleten. Die Spiele sind auch mehrmals aus verschiedenen politischen Gründen boykottiert worden.

3 Eines der Hauptprobleme für die Bewegung ist die unerlaubte Leistungssteigerung durch Doping. Zu

Beginn des 20. Jahrhunderts nahmen viele Athleten Drogen zu sich; so war die Verwendung von Kokain weit verbreitet. Thomas Hicks, der Gewinner des Marathonlaufs bei den Sommerspielen 1904, erhielt beispielsweise von seinem Trainer selbst während des Rennens Brandwein, der mit Strychnin angereichert war. Das Trinken von Wasser war damals verboten.

4 Als die Athleten zu immer extremeren Methoden griffen, wurde es allmählich klar, dass dies nicht mehr mit dem Ideal von „Gesundheit durch Sport" zu vereinbaren war. Der erste durch Doping verursachte Todesfall an Olympischen Spielen ereignete sich 1960 in Rom, als der Däne Knut Enemark Jensen von seinem Fahrrad fiel und starb. Später wurde entdeckt, dass er mit Amphetaminen gedopt gewesen war.

5 Die Regeln und Richtlinien für die Olympischen Spiele sind in der Olympischen Charta festgehalten. Im Zentrum der Bewegung steht das Internationale Olympische Komitee (IOC), das für die Austragung der Spiele zuständig ist. 202 nationale olympische Komitees und 35 internationale Sportverbände gehören zurzeit der internationalen Bewegung an.

 A **Welche Aussagen passen zu welchen Absätzen im Text?**

1 Am Anfang der Neuzeit gab es nicht viel Interesse für die Spiele.
2 Früher war Alkohol als Leistungssteigerer erlaubt.
3 Die Spiele tragen dazu bei, dass Menschen aus verschiedenen Ländern sich besser verstehen.
4 Es war der erste Angriff auf die Olympischen Spiele.
5 Ein Fahrradfahrer war der erste Teilnehmer, der wegen Drogen starb.
6 Die modernen Spiele begannen kurz vor dem Ende des neunzehnten Jahrhunderts.
7 Manchmal hat die Politik eine zu große Rolle gespielt.
8 Es gibt Amtssitze für die Olympischen Spiele in vielen Ländern.
9 Am Anfang des zwanzigsten Jahrhunderts waren Langstreckenläufer wahrscheinlich dehydriert.
10 Leider haben Athleten sich nicht an dieses Ideal gehalten.

 B **Beantworten Sie diese Fragen auf Deutsch.**

1 Wo wurden die ersten Spiele ausgetragen?
2 Was war das Ziel der ersten Spiele?
3 Aus welchen Gründen fanden die Spiele nicht statt?
4 Was wollen Athleten erreichen, indem sie Drogen nehmen?
5 Was ist die Rolle des IOC?

C **Partnerarbeit. Bilden Sie einen Dialog, in dem eine Person für und die andere Person gegen die Olympischen Spiele spricht. Behandeln Sie dabei die folgenden Fragen.**

1 Sind die Olympischen Spiele heute zu groß und zu teuer?
2 Welche Rolle spielt die Politik bei den Olympischen Spielen?
3 Welche Vorteile und Nachteile bringen die Spiele für das Gastgeberland mit?

Das Kyoto-Protokoll wurde 1997 beschlossen und tritt erst 2005 in Kraft. Das Bali-Abkommen wurde im November 2007 ausgehandelt und bereitete den Weg für ein weiteres Abkommen in der Zukunft.

Internationale Diplomatie: Die letzte Rettung für die Umwelt?

Das Kyoto-Protokoll

Mit dem Kyoto-Protokoll haben sich die Unterzeichner-Staaten auf eine Reduktion ihrer Treibhausgas-Emissionen um 5,2 Prozent bis 2012 im Vergleich zu 1990 geeinigt. Obwohl dieses Ziel nicht besonders ehrgeizig ist, werden viele Staaten die zugesagte Verringerung ihrer Treibhausgas-Emissionen bis 2012 nicht erreichen. Deutschland hat sich auf eine Reduktion der Treibhausgas-Emissionen von 21 Prozent bis 2012 verpflichtet. Bislang kam es zwar bis 2003 deutschlandweit zur Verringerung der CO_2-Emissionen um 18,5 Prozent seit 1990, in den letzten Jahren stagnierten die Emissionen, und sie stiegen 2006 sogar wieder leicht an.

Die teilnehmenden Staaten können die Emissionen direkt durch Gesetze oder andere Maßnahmen im eigenen Land verringern, sie können aber auch bestimmte flexible Mechanismen nutzen. Diese flexiblen Mechanismen sind:
- der internationale Emissionshandel
- gemeinsame Klimaschutzprojekte zwischen Industrieländern
- gemeinsame Klimaschutzprojekte zwischen Industrieländern und Entwicklungsländern.

Ein großes Problem ist es, dass das Kyoto-Protokoll keine Sanktionen vorsieht für Staaten, die ihre Klimaschutz-Verpflichtungen nicht erfüllen.

Klimagipfel auf Bali zu Ende   *November 2007*

Beim UN-Klimagipfel auf Bali haben die mehr als 180 Teilnehmerstaaten nach tagelangen Verhandlungen doch noch eine Einigung erzielt. Sie gaben am Samstag den Startschuss für einen neuen Klimavertrag, der in den kommenden zwei Jahren ausgehandelt werden und das Kyoto-Protokoll aus dem Jahre 1997 ablösen soll.

Das Mandat, die „Bali Roadmap", wurde von allen 190 Delegationen einmütig akzeptiert, nachdem noch kurz zuvor erbitterter Streit darüber ausgebrochen war. UN-Generalsekretär Ban Ki Moon hatte am Samstagmorgen noch einmal dringend an die Unterhändler appelliert, ihre Differenzen beizulegen.

Die UN-Konferenz mit 11.000 Teilnehmern hatte 13 Tage lang über das Verhandlungsmandat gestritten. Das fünfseitige Papier legt nun bereits einige Grundlagen für das kommende Abkommen, das 2009 fertig sein soll.

Ziel ist eine drastische Verminderung der Treibhausgase, um die Erwärmung der Erde zu bremsen. Zuletzt hatte ein Streit über die Anstrengungen der Entwicklungsländer beim Klimaschutz die Konferenz stundenlang blockiert.

A 📖   **Beantworten Sie die folgenden Fragen auf Deutsch.**

1 Kann Deutschland Ihrer Meinung nach stolz auf die Verringerung seiner Treibhausgas-emissionen sein?
2 Warum kann man das Kyoto-Protokoll als ziemlich schwach betrachten?
3 Was für Probleme hat es in Bali gegeben?
4 Warum ist der zukünftige Erfolg von dem „Bali Roadmap" so wichtig für die Welt?

B ✒   **Übersetzen Sie den folgenden Text ins Deutsche.**

The Kyoto Protocol was an attempt to get an agreement between nations to reduce CO_2 emissions. The target was to reduce CO_2 emissions by 5.2% by 2012 compared to 1990. Germany showed how unambitious this was by reducing CO_2 emissions by 18.5% by 2003.

The climate summit of 2007 established a basis for a new climate agreement. The Bali Roadmap was only agreed after two weeks of bitter negotiations. If UN General Secretary Ban Ki Moon had not made a last-minute appeal, agreement would not have been reached.

Diese Liste wichtiger Vokabeln und Redewendungen ist eine gute
Prüfungsvorbereitung.

Entwicklungsländer

zwei typische Kennzeichen für...	two typical characteristics for…
ein Grundrecht des Menschen	a basic human right
immer mehr Menschen leiden unter ...	more and more people suffer from…
die negativen Wirkungen von...	the negative effects of…
es befähigt Menschen,... zu verbessern	it enables people to improve…
unterernährt	undernourished
überlebenswichtg	important for survival

Rassismus

eine Hetzjagd auf...	a hounding of…
Politiker sind sich darin einig, dass...	politicians are in agreement that…
gewalttätige Übergriffe	violent attacks
ein gesamtdeutsches Problem	a German-wide problem
Fremdenfeindlichkeit	antagonism towards foreigners
rechtsradikale Parole	extreme right-wing chants/chanting
Beleidigungen von Deutschen gegenüber...	insults of Germans towards…
ein ausgesprochen schwieriges Thema	an exceptionally difficult topic

Gewalt, Verbrechen und Terrorismus

ausführliche Fragebogen beantworten	to complete extensive questionnaires
eine stetige Zunahme an...	a steady increase in…
...sorgen für einige Überraschungen	…cause a few surprises
gestandener Ladendiebstahl	admitted shoplifting
das häufigste Verbrechen	the most frequent crime
steckten ... in Brand	set fire to…
es kam zu Auseinandersetzungen zwischen...	it came to clashes between…
wurde in höchste Alarmbereitschaft versetzt	were put on high alert

Die Europäische Union

die EU hat vielen Menschen ermöglicht...	the EU has enabled many people (to)…
wendet die klare Vorschrift an, dass...	imposes the clear rule that…
der Binnenmarkt	the internal market
die gemeinsame Währung	the common currency
eine nachhaltige Entwicklung	a sustainable development
die immer engere Zusammenarbeit	the ever closer cooperation
Geld wird verschwendet	money is (being) wasted
die bedeutendsten Erfolge der EU	the most important successes of the EU

Internationale Verhältnisse

viele Probleme können angegangen werden	many problems can be addressed
... misst den ... mehr Gewicht bei	accords the ... more weight/value/importance
auf Empfehlung des Sicherheitsrats	on the recommendation of the Security Council
eine missglückte Befreiungsaktion	a rescue attempt that went wrong
der erste durch Doping verursachte Tod	the first death caused by taking drugs
... für die Austragung der Spiele zuständig ist	responsible for holding the Games
die zugesagte Verringerung	the promised reduction
wurde einstimmig akzeptiert	was accepted unanimously

Translation

1 Translate the following passage **into German**.

> Now that the war in the Middle East was finally over, Amira decided to go back to the large city in Eastern Europe which she had first visited twenty years earlier. As a result of international agreements, much had changed. The inhabitants no longer seemed to fear crime, violence or terrorism, and there were few signs of the racism which had existed there before. The air was clean, the traffic was light, and there were no beggars on the streets.

Creative Writing or Discursive Essay

2 Bearbeiten Sie **eine** der folgenden Aufgaben. Schreiben Sie **240–270 Wörter auf Deutsch**.

Creative Writing

a „Die beiden schauten ängstlich nach draußen...“

Discursive Essay

b „Die Europäische Union: Segen oder Fluch?“

c „Es ist nie nötig, Gewalt zu benutzen!“ Wie stehen Sie dazu?

Research-based Essay

3 Beantworten Sie **eine** der folgenden Fragen. Schreiben Sie **240–270 Wörter auf Deutsch**.

d Überdenken Sie einen Aspekt der modernen deutschsprachigen Gesellschaft, den Sie erforscht haben. Erläutern Sie, warum Sie diesen Aspekt für besonders wichtig halten.

e Beschreiben Sie ein wichtiges politisches Ereignis, das in letzter Zeit in der deutschsprachigen Gesellschaft geschehen ist. Warum ist dieses Ereignis von solcher Bedeutung?

Phrases for essays and oral examinations	
keinesfalls	under no circumstances
man gewinnt häufig den Eindruck, dass...	one often gets the impression that...
meiner Meinung nach	in my opinion
möglichst bald	as soon as possible
nicht minder wichtig erscheint jedoch, dass...	however, of no less importance is the fact that...
schließlich	after all, finally
Sie haben Recht	you're right
übrigens	by the way

Literatur, Kunst und Musik

Über dieses Thema...

Das Thema dieser Einheit ist Literatur, Musik und Kunst in den deutschsprachigen Ländern.

★ Einige wichtige Persönlichkeiten der deutschen Kultur werden vorgestellt.

★ Wir lesen kurze Auszüge aus ihren Werken und aus den Werken moderner deutscher Autoren.

★ Sie werden lernen, wie man beginnt, literarische Texte (Märchen, Gedichte, Romane, Theaterstücke und Kurzgeschichten) zu analysieren.

★ Wir werden auch etwas über den Hintergrund zur deutschen Kultur erfahren.

Diese Einheit behandelt folgende Grammatik:

★ Das historische Präsens

★ Wiederholung des Präteritums

Zum Einstieg:

★ Was lesen Sie lieber: ein Gedicht oder ein Märchen? Warum?

★ Wie wichtig ist die Literatur und die Kunst in einem Land?

★ Ist das Kino wichtiger als das Theater in der heutigen Gesellschaft?

★ Warum sollen wir Literatur aus dem 18. oder 19. Jahrhundert lesen?

★ Was halten Sie von der modernen Architektur? Diskutieren Sie über Beispiele, die Sie kennen!

Berühmte Persönlichkeiten

① Johann Wolfgang von Goethe

Johann Wolfgang von Goethe – Deutschlands größter Dichter
Unser Reporter lernt den berühmtesten deutschen Dichter besser kennen

Reporter: Herr Goethe, was können Sie uns über Ihre Kindheit erzählen?

Goethe: Ich bin 1749 in Frankfurt am Main geboren und meine Familie war ziemlich wohlhabend. Ich wollte immer schreiben, aber mein Vater bestand darauf, dass ich Rechtswissenschaft studiere. Er meinte, ich könnte als Schriftsteller nicht genug Geld verdienen. Nach Abschluss des Studiums bin ich Rechtsanwalt in Frankfurt geworden, aber die Arbeit hat mir keinen Spaß gemacht.

Reporter: Aber Sie haben trotzdem geschrieben?

Goethe: Ja, in den Jahren zwischen 1770 und 1790 gehörte ich zu einer Gruppe junger, rebellischer Autoren. Diese Periode nennt man in der Literatur die „Sturm und Drang" Zeit. In dieser Zeit habe ich mein erstes Schauspiel *Götz von Berlichingen* geschrieben, und einige Jahre später das Trauerspiel *Egmont*. Mein Roman, *Die Leiden des jungen Werthers*, ist ein Bestseller geworden.

Reporter: Haben Sie immer in Frankfurt gewohnt?

Goethe: Nein. 1775 bin ich nach Weimar umgezogen, wo ich als Minister für den jungen Herzog, Karl-August, gearbeitet habe. Aber ich hatte viel Zeit zum Schreiben und habe Balladen wie *Der Erlkönig* und *Der Fischer* geschrieben. Ich habe auch den Dichter Friedrich Schiller kennen gelernt, der zu der Zeit auch ein Haus in Weimar hatte.

Reporter: Sie sind auch viel gereist?

Goethe: Ja. 1786 bin ich nach Italien gefahren: Eine Reise, die zwei Jahre gedauert hat. Das war der Anfang meiner „klassischen" Periode. Die Dramen *Iphigenie* und *Torquato Tasso* stammen aus dieser Zeit.

Reporter: Und wie finden Sie es, so eine berühmte Persönlichkeit zu sein?

Goethe: Als Promi hat man fast kein Privatleben. Es kommen heute so viele Leute aus vielen Ländern nach Weimar. Und sie wollen alle mein Haus sehen. Aber, da ich jetzt älter bin, vermeide ich den Kontakt mit den Menschen. Ich mache jetzt Forschungen in der Natur und ich schreibe meine Lebenserinnerungen auf: *Dichtung und Wahrheit* soll das heißen. Und mein Drama Faust will ich auch vollenden.

Reporter: Weiter kann Herr Goethe nicht berichten, weil er 1832 im hohen Alter von 82 Jahren gestorben ist. Aber eins ist sicher: er gehört zu den großen Figuren der Weltliteratur.

A 📖 **Sind die folgenden Sätze falsch oder richtig? Korrigieren Sie die falschen Sätze.**

1. Goethes Familie hatte nicht viel Geld.
2. Goethe fand seine Arbeit als Rechtsanwalt interessant.
3. In Weimar hat Goethe viele Balladen geschrieben.
4. Goethe und Schiller haben beide in Weimar gelebt.
5. Goethe hat eine Reise nach Italien gemacht.
6. Der alte Goethe hatte Besucher gern.
7. Goethe hat ein langes Leben gehabt.
8. Goethe hat keine Autobiografie geschrieben.

B 📖 **Ergänzen Sie diese Tabelle von Goethes Werken.**

Gattung	Beispiel	Englisch
	Götz von Berlichingen	
Trauerspiel		
		Novel
Ballade		
	Faust	
		Life story / autobiography

Friedrich Schiller, ein großer deutscher Dichter

1 Das letzte Drama von Schiller ist *Wilhelm Tell*. In diesem Drama beschreibt Schiller, wie die Schweizer unter der Führung Wilhelm Tells um die Freiheit kämpfen.

2 Aus dieser Zeit stammt Schillers *Liebe zur Freiheit*. In diesen Jahren schrieb er (heimlich) sein erstes Schauspiel *Die Räuber*.

3 Friedrich von Schiller wurde 1759 in Marbach am Neckar in der Nähe von Stuttgart geboren. Sein Vater war ein Offizier in der Armee des Herzogs von Württemberg. Seine Mutter war aber eine stille, fromme Frau, die viel gebetet hat. Unter ihrem Einfluss wollte der kleine Schiller Pfarrer werden.

4 Später zog Schiller nach Weimar. Dort kaufte er ein Haus für sich und seine Familie. Seine Freundschaft mit Goethe hat ihm geholfen, viele Geschichtsdramen zu schreiben. Er hatte schon das Schauspiel *Don Carlos* geschrieben. Jetzt folgten die Dramen *Wallenstein*, *Die Jungfrau von Orleans* und *Maria Stuart*.

5 Schiller war ein fleißiger Arbeiter. Er verlangte viel von sich. Weil er so viel arbeitete, war er oft krank. Und seine Krankheit führte 1805 zu seinem frühen Tod im Alter von 46 Jahren. Man meint, dass er nach Goethe der zweitgrößte Dichter Deutschlands sei.

6 Schiller musste sein Elternhaus verlassen, als er 13 Jahre alt war. Der Herzog von Württemberg hatte befohlen, dass er eine Militärakademie bei Stuttgart besuchen musste. Er blieb acht Jahre dort. Aber es hat ihm nicht gefallen, weil die Schüler wenig Freiheit hatten, und die ganze Zeit gehorsam sein mussten.

7 In den Jahren von 1782 bis 1789 wanderte Schiller durch Deutschland. Er war oft krank und hatte wenig Geld. Manchmal wurde ein Gedicht vom ihm veröffentlicht. Auch in diesen Jahren wurde sein Schauspiel *Kabale und Liebe* aufgeführt.

8 Jena lag ganz in der Nähe von Weimar. Schiller hat also in den folgenden Jahren Goethe näher kennen gelernt. Eine enge Freundschaft entwickelte sich zwischen den beiden Dichtern.

9 Auf der Schule hat Schiller etwas Medizin lernen müssen. Nach dem Ende der Schulzeit wurde er also Militärarzt. Aber der Beruf machte ihm überhaupt keine Freude.

10 1789 hat Goethe Schiller geholfen, eine Stelle als Professor für Geschichte in Jena zu bekommen. Das bedeutete, dass er jetzt ein sicheres Einkommen hatte.

 **A** **Bringen Sie die Texte in die richtige Reihenfolge. Schreiben Sie die Nummern von den Auszügen auf.**

B **Beantworten Sie die folgenden Fragen.**

1 Was war Schillers Berufswunsch, als er klein war?
2 In welchem Beruf wurde Schiller ausgebildet?
3 Welches Ideal hat Schiller zu dieser Zeit entwickelt?
4 Was wurde Schiller schließlich von Beruf?
5 Wie ging es Schiller in den Jahren 1782–1789?
6 Warum war die Universitätsstelle für Schiller wichtig?
7 Was für ein Thema hatten viele der Dramen Schillers?
8 Wie ist die Freundschaft zwischen Goethe und Schiller entstanden?
9 Was ist das Thema von dem letzten Drama Schillers?
10 Warum ist Schiller so früh gestorben?

③ Bertolt Brecht

Bertolt Brecht

Der Schriftsteller und Regisseur Bertolt Brecht (vielleicht der einflussreichste Dramatiker des 20. Jahrhunderts) wurde am 10.02.1898 in Augsburg geboren und starb am 14.08.1956 in Berlin.

Ein Rebell

Schon früh stellte sich Bertolt Brecht gegen die Tradition. Als Schüler während des Ersten Weltkriegs musste er fast das Gymnasium verlassen, weil er die Aussage „Süß ist's und ehrenvoll, für's Vaterland zu sterben" ablehnte. Als Medizinstudent leistete er Kriegsdienst in einem Lazarett. Der Anblick der verwundeten Soldaten machte ihn zum unbedingten Kriegsgegner.

Der junge Dramatiker

In den zwanziger Jahren war Berlin die führende Theaterstadt der Welt. Unter dem Einfluss von seiner zweiten Frau, der Schauspielerin Helene Weigel, hat Brecht die Schriften von Karl Marx kennen gelernt. Mit diesem politischen Hintergrund schreibt Brecht *Lehrstücke* für das Theater. Zu seinen frühen bedeutenden Werken gehört *Die Dreigroschenoper* (1929).

Die Hauptwerke

Als die Nazis 1933 an die Regierung kommen, wandert Brecht aus und lebt 14 Jahre lang in verschiedenen Ländern. In dieser Zeit entstehen die Meisterdramen: *Das Leben des Galilei* (1938), *Mutter Courage und ihre Kinder* (1939), *Der gute Mensch von Sezuan* (1938–41) und *Der kaukasische Kreidekreis* (1944).

Die Theorie vom epischen Theater

Brechts Stücke unterscheiden sich sehr vom alten, klassischen Theater (Goethe, Schiller, usw.). Dem Zuschauer soll immer bewusst sein, dass er sich im Theater befindet und er soll über die Situation auf der Bühne nachdenken. Wie die Handlung sich entwickelt, ist für Brecht uninteressant. Die einzelnen Szenen in den Dramen Brechts stehen lose für sich; sie folgen nicht aufeinander, wie im klassischen Theater. Manchmal wird der Zuschauer *vor der Szene* durch ein Plakat oder ein Lied über den Inhalt der Szene informiert. Diese Theorie hat Brecht „episches Theater" genannt.

Ist die Theorie richtig?

Aber Brecht hat oft seine eigenen Ideale in seinen Theaterstücken nicht erfüllt. Manche seiner Stücke sind echt dramatisch. Und er hat das klassische Theater auch falsch verstanden. Die Dramen von Goethe und Schiller beschäftigten sich mit gesellschaftlichen Fragen und haben aktuelle Probleme auf die Bühne gebracht.

Ein eigenes Theater

1949 kehrt Bertolt Brecht nach Ostberlin zurück und gründet mit Helene Weigel seine Theatertruppe, das „Berliner Ensemble", mit dem er weltberühmt wird. Auf die Frage, welches Buch auf seine Sprache am meisten gewirkt habe, antwortet er „Sie werden lachen: die Bibel!"

A 📖 **Füllen Sie die Lücken in diesem Text aus. Benützen Sie die Wörter aus der Wortkiste.**

Schon in der ___(1)___ hat Bertolt Brecht gegen traditionelle Werte rebelliert. Als Student hat er ___(2)___ studiert, aber seine Erfahrungen im Ersten Weltkrieg haben ihn zum ___(3)___ gemacht. Unter dem Einfluss von seiner Frau ist Brecht ___(4)___ geworden. *Die Dreigroschenoper* ist ein bekanntes Theaterstück von Brecht aus den ___(5)___ Jahren. Die Theorie von Brechts Dramen nennt man ___(6)___ Theater. Der Zuschauer darf sich nicht für die ___(7)___ interessieren, sondern für die Situation auf der ___(8)___ . 1933 hat Brecht Deutschland verlassen, weil die ___(9)___ an die Macht gekommen sind. 1949 ist er nach Deutschland ___(10)___ und hat das Berliner Ensemble ___(11)___ . Brecht meinte, seine Sprache wäre sehr stark von der ___(12)___ beeinflusst.

ausgewandert   Bibel Bühne   dreißiger episches   Frau gebaut   gegründet Handlung   klassisches Kommunist Medizin   Musik Pazifist   Politik Politiker   Nazis Schule   Soldat Sozialist   Theater Universität zurückgekehrt zwanziger

- Was für ein Verhältnis gab es zwischen ihrem Leben und ihrem Werk?
- Inwiefern haben die drei Schriftsteller gegen ihr Familienleben und die Gesellschaft rebelliert?
- Welche Einflüsse hat es auf sie gegeben?
- Welche Unterschiede gibt es zwischen den drei Schriftstellern?
- Warum war jeder von den drei Schiftstellern in der deutschen Literatur wichtig?

4 Wolfgang Amadeus Mozart

Mozart – ein Wunder der Musik

Er wurde nur 35 Jahre alt und hat über 600 Werke geschaffen – eine unfassbare Leistung in solch einem kurzen Leben. Die Musik von Mozart wird weltweit geliebt.

1 Mozarts Vater Leopold stammte aus Augsburg in Süddeutschland. Sein Sohn Wolfgang Amadeus wurde am 27. Januar 1756 in Salzburg in Österreich geboren. Der kleine Wolfgang hatte ein unglaubliches Talent für Musik. Mit fünf Jahren komponierte er sein erstes kleines Klavierstück.

2 Von Wolfgangs sechstem Lebensjahr an machte der Vater mit ihm und seiner Schwester Konzertreisen durch halb Europa, nach Paris und London. Überall wurde das Talent des jungen Mozarts bewundert. Die Gesellschaft war von seinem Klavierspielen begeistert.

3 1764 komponierte Wolfgang seine ersten Violinsonaten und seine erste Sinfonie, mit 12 Jahren die erste Oper. In Rom im Vatikan hörte er eine neunstimmige Messe nur zweimal und schrieb sie auswendig nieder!

4 1772 bekam Mozart eine Stelle als Konzertmeister beim Salzburger Erzbischof. Hier komponierte er viele Messen für den Gottesdienst. Aber der Erzbischof behandelte ihn wie einen Diener. 1781 kündigte er seine Stelle dort und ging nach Wien.

5 Mozart wurde in Wien nicht so freundlich empfangen, wie er es hoffte. Man erkannte sein Können, aber er ging musikalisch seinen eigenen Weg. Seine Musik war für manche Leute zu „schwierig".

6 Wegen seiner Meinungen wurde er ziemlich unbeliebt. Er kritisierte Menschen und Autoritäten, wie die katholische Kirche, was man nicht so gerne hörte.

7 Trotzdem waren die ersten Jahre in Wien eine schöne Zeit für Mozart. Er heiratete Constanze Weber und war glücklich mit ihr. 1786 folgte die Oper *Figaros Hochzeit*. Der ältere Komponist Josef Haydn wurde sein Freund und bewunderte ihn. Diese Jahre waren die glücklichsten im Leben Mozarts. Auch finanziell ging es ihm relativ gut.

8 Aber dann blieben die Besucher aus seinen Konzerten fort. Seine Frau und er waren leider beide verschwenderisch. So hatte er oft kein Geld und musste Bettelbriefe an seine Bekannten schreiben.

9 1791 wurde seine letzte Oper *Die Zauberflöte* uraufgeführt. Wenige Wochen später starb Mozart. Sein *Requiem* blieb unvollendet. Er wurde in einem unbekannten Grab für arme Leute beerdigt – eins der größten musikalischen Genies.

A Geben Sie jedem Absatz im Text den richtigen Titel.

- Der Kritiker
- Ein gutes Ohr für die Musik
- Ein trauriges Ende
- Ein Wunderkind
- Erfolg in Wien

- Es geht abwärts
- Kühler Empfang
- Reisen durch Europa
- Unzufrieden in Salzburg

 B Schreiben Sie mit Ihren eigenen Worten, warum diese Titel jeweils zu den Absätzen passen.

 5 Friedensreich Hundertwasser

Friedensreich Hundertwasser: Ein etwas ungewöhnlicher Künstler

Friedensreich Hundertwasser wurde 1928 als Friedrich Stowasser in Wien geboren, wo er auch seine Kindheit und Jugend verbrachte. Als Sohn einer Jüdin waren die Kriegsjahre eine schwere Zeit für ihn, dennoch begann er in diesen Jahren, die Natur zu malen. Ein Leben im Einklang mit der Natur war danach immer sein Ziel.

Ein Weltreisender

Nach der Matura besuchte er die Akademie der Bildenden Künste in Wien. Dann begann er andere Länder zu bereisen, unter anderem die Toskana und Frankreich. In Paris entschied er sich für den Namen Friedensreich Hundertwasser. Seinen Namen hatte er oft geändert: früher hatte er sich auch Dunkelbunt oder Regentag genannt.

Die zahlreichen Reisen des Meisters führten ihn auch nach Neuseeland. Für dieses Land entwickelte er eine besondere Vorliebe, und es wurde ihm zur zweiten Heimat.

Das Hundertwasser-Haus

Die Gemeinde Wien war von den Werken Hundertwassers sehr beeindruckt und bat ihn, ein ganz besonderes Haus zu entwerfen: Hundertwasser sollte das Gebäude Ecke Löwengasse/Kegelgasse im 3. Bezirk nach seinen eigenen Ideen neu planen und gestalten. Der Meister gestaltete die Fassade des Hauses in den verschiedensten Farben; jede Wohnung hat eine andere Farbe als die Nachbarwohnungen. Laut Hundertwasser bestehen Häuser nicht aus Mauern, sondern aus Fenstern. Sein Haus hat 13 verschiedene Fenstertypen, alle unterschiedlich in Größe, Farbe und Form.

Mensch und Natur

Hundertwasser ist der Ansicht, dass der Mensch durch den Bau von Häusern der Natur etwas wegnimmt. Das muss er zurückbezahlen. Um die Harmonie mit der Natur wiederherzustellen also, schmückte er das Haus mit vielen Pflanzen; das ganze Dach ist mit Gras, Blumen und Pflanzen bedeckt.

Farbe und Form

Das Haus hat viele Säulen, alle in Form und Farbe unterschiedlich, und auch zwei prächtige Zwiebeltürme. Der eine Turm ist schwarz, der andere golden. Da gerade Linien in der Natur nicht vorkommen, gibt es sie im Hundertwasserhaus nicht: Die Fußböden sind uneben. Von besonderer Schönheit sind die farbigen Mosaiken, die Blumen, Vögel und Schmetterlinge darstellen.

Ende des Lebens

Ab 1999 lebte Hundertwasser in Neuseeland. Er starb dort am 19. Februar 2000 an Bord der Queen Elizabeth II während einer Fahrt auf dem Pazifischen Ozean.

A 📖 **Welche fünf Sätze sind richtig?**

1 Friedensreich Hundertwasser hat als Kind mit seiner Mutter viele Reisen unternommen.
2 Hundertwasser meinte, der Mensch sollte versuchen, in Harmonie mit der Natur zu leben.
3 Während seines Lebens hat Hundertwasser eine Reihe von ungewöhnlichen Namen gehabt.
4 Hundertwassers Reisen haben ihn auf die südliche Halbkugel geführt.
5 Die Stadt Wien hielt die Ideen Hundertwassers für verrückt.
6 Hundertwasser meinte, die Türen wären das wichtigste Element eines Hauses.
7 Das Hundertwasser-Haus ist ein Versuch, das Gleichgewicht zwischen Menschen und Natur wiederherzustellen.
8 Beim ersten Blick scheint eine große Unordnung am Haus zu herrschen.
9 Die Mosaiken haben ein anderes Thema als der Rest des Hauses.
10 Friedensreich Hundertwasser ist in Wien gestorben.

B ✏️ **Beschreiben Sie mit Ihren eigenen Worten die Besonderheiten an dem Hundertwasser-Haus in Wien.**

● Wie ist Ihre Meinung darüber?
● Möchten Sie das Haus sehen?
● Möchten Sie in so einem Haus leben?

C ✏️ **„Kunst und Künstler spielen keine Rolle in der modernen Gesellschaft." Sind Sie auch dieser Meinung? Schreiben Sie 240–270 Wörter.**

D 💬 **„Künstler stehen immer etwas abseits von der Gesellschaft, in der sie leben." Diskutieren Sie mit einem Partner/einer Partnerin über dieses Thema. Denken Sie an die Künstler, über die Sie gelesen haben.**

● Inwiefern trifft das Zitat auf sie zu?
● Gilt das auch für andere Schriftsteller und Künstler (deutsche oder englische), die Sie kennen?

Werke der deutschen Literatur

6 „Der Erlkönig"

Der Erlkönig

Wer reitet so spät durch Nacht und Wind?
Es ist der Vater mit seinem Kind;
Er hat den Knaben wohl in dem Arm,
Er fasst ihn sicher, er hält ihn warm.

«Mein Sohn, was birgst du so bang dein Gesicht?»
Siehst, Vater, du den Erlkönig nicht?
Den Erlenkönig mit Kron und Schweif?
«Mein Sohn, es ist ein Nebelstreif.»

«Du liebes Kind, komm, geh mit mir!
Gar schöne Spiele spiel' ich mit dir;
Manch bunte Blumen sind an dem Strand,
Meine Mutter hat manch gülden Gewand.»

Mein Vater, mein Vater, und hörest du nicht,
Was Erlenkönig mir leise verspricht?
«Sei ruhig, bleibe ruhig, mein Kind;
In dürren Blättern säuselt der Wind.»

«Willst, feiner Knabe, du mit mir gehn?
Meine Töchter sollen dich warten schön;
Meine Töchter führen den nächtlichen Reihn,
Und wiegen und tanzen und singen dich ein.»

Mein Vater, mein Vater, und siehst du nicht dort
Erlkönigs Töchter am düstern Ort?
«Mein Sohn, mein Sohn, ich seh' es genau:
Es scheinen die alten Weiden so grau.»

«Ich liebe dich, mich reizt deine schöne Gestalt;
Und bist du nicht willig, so brauch' ich Gewalt.»
Mein Vater, mein Vater, jetzt fasst er mich an!
Erlkönig hat mir ein Leids getan!

Dem Vater grauset's, er reitet geschwind,
Er hält in Armen das ächzende Kind,
Erreicht den Hof mit Mühe und Not;
In seinen Armen das Kind war tot.

Johann Wolfgang von Goethe

Grammar

The historic present

The present tense is usually used to describe something which **happens** or **is happening now**:

Ich lerne Deutsch. — *I learn/am learning German.*

It can be used to describe future events (see page 279):

Morgen fahren wir nach Zürich. — *Tomorrow we're going to Zürich.*

It can also be used to describe **past events** in the following contexts:

● With *seit* (for, since) or similar words for events which started in the past and continue into the present:

Sie wohnt seit 1989 hier. — *She's been living here since 1989.*
Ich warte schon lange auf den Bus. — *I've been waiting for the bus for ages.*

● As the **historic present**; this is often used in written German (especially in fiction and in newspaper headlines) as a device to increase the immediacy of the past events.

Mitten in der Nacht erwachen wir. — *In the middle of the night we woke up.*
Die Erde dröhnt. Schweres Feuer liegt über uns. — *The earth rumbled as heavy gunfire screeched overhead.*
(*Remarque*)
Ölpreis knackt wieder 100-Dollar-Marke. (*Die Welt*) — *Oil price smashes 100 dollar barrier again.*

**In the poem *Der Erlkönig* the narrative is in the present tense, except for the last line.
What effect does this have?**

A 📖   Das Gedicht hat vier Personen: Der Erzähler, der Vater, der Sohn und der Erlkönig. Wer spricht welche Zeilen? Schreiben Sie die Nummern der Zeilen auf, die jede Person spricht, zum Beispiel: Der Erzähler – 1:1 (Strophe 1, Zeile 1). Oder machen Sie eine Kopie von dem Gedicht und benutzen Sie vier Leuchtstifte von verschiedenen Farben, um die Zeilen hervorzuheben, die jede Person spricht.

B 📖 ✏️   Was passiert im „Erlkönig"? Wie sind die Personen? Kopieren Sie und füllen Sie den Rest der Tabelle aus.

Strophe	Welche Personen?	Was passiert?	Wie ist die Stimmung der Personen?
1	Vater und Kind	Der Vater reitet mit seinem Sohn im Arm auf einem Pferd.	Das Kind fühlt sich sicher in den Armen seines Vaters. Der Vater ist fürsorglich um seinen Sohn bemüht.
2	Vater, Kind, der Erlkönig	Das Kind beginnt zu fantasieren. Es sieht den Erlkönig. Der Vater fragt, was los sei. Der Sohn fragt: „Siehst, Vater, du den Erlkönig nicht?" Der Vater gibt eine logische Erklärung: Das ist der Nebel.	Das Kind hat Angst. Der Vater ist besorgt.
3	Der Erlkönig	Der Erlkönig verspricht dem Kind schöne Sachen und Spiele.	Der Erlkönig klingt „freundlich", aber das Kind hat Angst.
4			
5			
6			
7			
8			

C 💬   In einer Gruppe von vier Personen sprechen Sie das Gedicht vor. Jede Person spielt eine Rolle. Präsentieren Sie das Gedicht der Klasse.

7 „Die Bremer Stadtmusikanten"

A 🔊 **Hören Sie zu. Füllen Sie die Lücken in den Sätzen aus. Benutzen Sie die Wörter aus der Wortkiste.**

1 Der Herr des Esels will ihn _____ .

2 Der Hund kann nicht mehr _____ .

3 Die Katze kann nicht mehr Mäuse _____ .

4 Die Köchin will aus dem Hahn eine _____ machen.

5 Die Tiere dachten, dass es in dem Haus etwas zum _____ geben würde.

6 Die Räuber sind geflohen, weil sie _____ hatten.

7 Die Tiere haben gegessen, bis sie _____ wurden.

8 Die Tiere sind _____ nach Bremen gekommen.

Angst	essen	fangen	Hunger	kochen	krank
laufen	morgen	Hauptgericht	nie	satt	
schlafen	singen	Suppe	töten	verkaufen	

„Die Bremerstadtmusikanten" der Brüder Grimm

B 🔊 ✎ **Hören Sie noch einmal zu. Beantworten Sie die Fragen.**

1 Welche Tiere gibt es in der Geschichte?

2 Was haben die Tiere früher für ihren Besitzer gemacht?

3 Warum dürfen sie jetzt nicht mehr bei ihren Besitzern bleiben?

4 Wo wollen sie hingehen und was werden sie dort machen?

5 Beschreiben Sie ganz genau, wo die Tiere übernachten wollen.

6 Warum dürfen Sie nicht in dem Haus übernachten?

7 Beschreiben Sie ganz genau, wie die Tiere ins Haus kommen. (Sie dürfen das Bild als Hilfe benutzen.)

8 Wie endet die Geschichte? Gehen die Tiere überhaupt nach Bremen?

C 🗣 **Erzählen Sie Ihrem Partner/Ihrer Partnerin mit Ihren eigenen Worten auf Deutsch die Geschichte von den Bremer Stadtmusikanten.**

Grammar

The imperfect tense – revision

As a general rule, Germans use the perfect tense as the main past tense in conversation, except for *haben*, *sein* and the modal verbs (e.g. *können*), where the imperfect is usually preferred.

● In southern Germany, the imperfect is almost never used in conversation, even with *haben*, *sein* or the modals:

Ich **habe** meinen I-Pod nicht **finden können**.   *I couldn't find my i-pod. It was under the bed.*
Es **ist** unter dem Bett **gewesen**.

● The imperfect tense is the preferred past tense in books and other publications:

Ein Mann **hatte** einmal einen Esel, …   *There was once a man who had a donkey.*

- A report of a past event in a newspaper will often start in the perfect tense, then continue in the imperfect tense:

210 Kilometer über dem Pazifik **hat** die US-Marine einen defekten Satelliten **abgeschossen**, der dort mit 27 000 Kilometern pro Stunde **kreiste**. Russland und China **kritisierten** die Abschusspläne der Amerikaner scharf. (*Die Welt on-line 21.2.08*)

The US Navy has shot down a defective satellite which was orbiting at 27,000 km per hour. Russia and China sharply criticised the Americans' plans to shoot it down.

- The imperfect is used with *seit* (for or since) for an action which began in the past, and was still continuing – English uses the pluperfect here (see also page 265).

Ich **wartete** seit einer Stunde, als sie endlich ankam. *I'd been waiting for an hour when she finally arrived.*

8 „Fernsehabend"

Fernsehabend

„Vater, Mutter, hallo!"
„Pssst!"
„Ich bin..."
„Später!"
„Also ich wollte nur..."
„Ruhe!"
„Dann geh ich..."
„Momentchen. Gleich haben sie den Mörder.
So, was wolltest du sagen, mein Kind? – –
Jetzt ist es wieder weg.
Nie kann man in Ruhe reden mit ihm."

Hans Manz

1 Wie viele Personen sprechen in diesem Gedicht?
2 Wer spricht welche Zeile?
3 Beschreiben Sie mit Ihren eigenen Worten die Situation in dem Gedicht.
4 Vollenden Sie die unvollendeten (...) Zeilen.
5 Was machen die Eltern?
6 Was für eine Sendung ist das? Woher wissen Sie das?
7 Wann ist die Sendung zu Ende? Woher wissen Sie das?
8 Was ist das Problem am Ende des Gedichts?
9 Was will Hans Manz mit diesem Gedicht sagen?

A 📖 💬 **Besprechen Sie die Antworten auf die folgenden Fragen mit einem Partner. Besprechen Sie dann Ihre Antworten in der Klasse.**

B ✏️ **Schreiben Sie eine E-Mail von dem Jungen im Gedicht an einen Freund, in dem er die Situation beschreibt und sich über seine Eltern beschwert.**

9 „Das Leben des Galilei" (1)

BERTOLT BRECHT: DAS LEBEN DES GALILEI: ERSTES BILD (1)

GALILEO GALILEI, LEHRER DER MATHEMATIK ZU PADUA, WILL DAS NEUE KOPERNIKANISCHE WELTSYSTEM BEWEISEN.

In dem Jahr sechzehnhundertundneun
Schien das Licht des Wissens hell
Zu Padua aus einem kleinen Haus.
Galileo Galilei rechnete aus:
Die Sonn steht still, die Erd kommt von der Stell.

Das ärmliche Studierzimmer des Galilei in Padua. Es ist morgens.
Ein Knabe, Andrea, der Sohn der Haushälterin, bringt ein Glas Milch und einen Wecken.

Galilei	*sich den Oberkörper waschend, prustend und fröhlich:* Stell die Milch auf den Tisch, aber klapp kein Buch zu.
Andrea	Mutter sagt, wir müssen den Milchmann bezahlen. Sonst macht er bald einen Kreis um unser Haus, Herr Galilei.
Galilei	Es heißt: Er beschreibt einen Kreis, Andrea.
Andrea	Wie Sie wollen. Wenn wir nicht bezahlen, dann beschreibt er einen Kreis um uns, Herr Galilei.
Galilei	Während der Gerichtsvollzieher, Herr Cambione, schnurgerade auf uns zu kommt, indem er was für eine Strecke zwischen zwei Punkten wählt?
Andrea	*grinsend:* Die kürzeste.
Galilei	Gut. Ich habe was für dich. Sieh hinter den Sterntafeln nach. *Andrea fischt hinter den Sterntafeln ein großes hölzernes Modell des Ptolemäischen Systems hervor.*
Andrea	Was ist das?
Galilei	Das ist ein Astrolab; das Ding zeigt, wie sich die Gestirne um die Erde bewegen, nach Ansicht der Alten.
Andrea	Wie?
Galilei	Untersuchen wir es. Zuerst das erste: Beschreibung.
Andrea	In der Mitte ist ein kleiner Stein.
Galilei	Das ist die Erde.
Andrea	Drum herum sind, immer übereinander, Schalen.
Galilei	Wie viele?
Andrea	Acht.
Galilei	Das sind die kristallnen Sphären.
Andrea	Auf den Schalen sind Kugeln angemacht...
Galilei	Die Gestirne.
Galilei	Und jetzt lass die Sonne laufen.
Andrea	*bewegt die Schalen:* Das ist schön. Aber wir sind so eingekapselt.
Galilei	*sich abtrocknend:* Ja, das fühlte ich auch, als ich das Ding zum ersten Mal sah. Einige fühlen das. *Er wirft Andrea das Handtuch zu, dass er ihm den Rücken abreibe.* Mauern und Schalen und Unbeweglichkeit! Durch zweitausend Jahre glaubte die Menschheit, dass die Sonne und alle Gestirne des Himmels sich um sie drehten. Der Papst, die Kardinäle, die Fürsten, die Gelehrten, Kapitäne, Kaufleute, Fischweiber und Schulkinder glaubten, unbeweglich in dieser kristallenen Kugel zu sitzen. Aber jetzt fahren wir heraus, Andrea, in großer Fahrt. Denn die alte Zeit ist herum, und es ist eine neue Zeit.

 **Beantworten Sie die folgenden Fragen auf Deutsch.**

1 Was wissen wir aus der Überschrift und dem Vers, bevor die Szene beginnt?
2 Was wissen wir über die finanzielle Lage Galileos?
3 Welche mathematischen Ausdrücke werden in dieser Szene benutzt?
4 Woher wissen wir aus dieser Szene, dass Galileo Wissenschaftler ist?
5 Was sehen wir in dieser Szene von dem normalen, täglichen Leben Galileos?
6 Zu welcher Tageszeit spielt diese Szene? Wie ist das symbolisch zu verstehen?
7 Was steht in dem Modell von dem Ptolemäischen System in der Mitte des Weltalls?
8 Wie kann man die Liste in Galileos letzte Rede („Der Papst, die Kardinäle ...") mit dem Ptolemäischen System vergleichen?
9 Welche Zeile fasst das Thema der Szene (und des ganzen Stücks) zusammen?

B **Schreiben Sie mit Ihren eigenen Worten auf Deutsch eine Zusammenfassung von dieser Szene.**

„Das Leben des Galilei" (2)

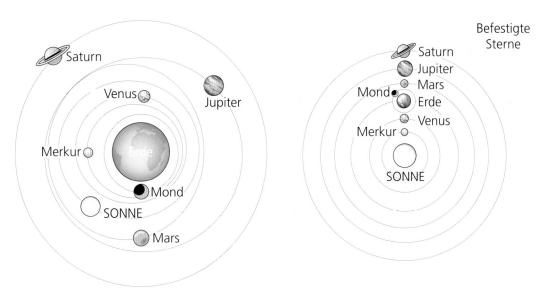

Das Ptolemäische Weltbild

Das Kopernikanische Weltbild

	BERTOLT BRECHT: DAS LEBEN DES GALILEI: ERSTES BILD (2)
Galilei	Hast du, was ich dir gestern sagte, inzwischen begriffen?
Andrea	Was? Das mit dem Kippernikus seinem Drehen?
Galilei	Ja.
Andrea	Nein. Warum wollen Sie denn, dass ich es begreife? Es ist sehr schwer, und ich bin im Oktober erst elf.
Galilei	Ich will gerade, dass auch du es begreifst. Dazu, dass man es begreift, arbeite ich und kaufe die teuren Bücher, statt den Milchmann zu bezahlen.
Andrea	Aber ich sehe doch, dass die Sonne abends woanders hält als morgens. Da kann sie doch nicht stillstehen! Nie und nimmer.
Galilei	Du siehst! Was siehst du? Du siehst gar nichts. Du glotzt nur. Glotzen ist nicht sehen. *Er stellt den eisernen Waschschüsselständer in die Mitte des Zimmers.* Also das ist die Sonne. Setz dich. *Andrea setzt sich auf den einen Stuhl. Galilei steht hinter ihm.* Wo ist die Sonne, rechts oder links?
Andrea	Links.
Galilei	Und wie kommt sie nach rechts?
Andrea	Wenn Sie sie nach rechts tragen, natürlich.
Galilei	Nur so? *Er nimmt ihn mitsamt dem Stuhl auf und vollführt mit ihm eine halbe Drehung.* Wo ist jetzt die Sonne?
Andrea	Rechts.
Galilei	Und hat sie sich bewegt?
Andrea	Das nicht.
Galilei	Was hat sich bewegt?
Andrea	Ich.
Galilei	*brüllt:* Falsch! Dummkopf! Der Stuhl!
Andrea	Aber ich mit ihm!
Galilei	Natürlich. Der Stuhl ist die Erde. Du sitzt drauf.
Frau Sarti	*ist eingetreten, das Bett zu machen. Sie hat zugeschaut:* Was machen Sie eigentlich mit meinem Jungen, Herr Galilei?
Galilei	Ich lehre ihn sehen, Sarti.
Frau Sarti	Indem Sie ihn im Zimmer herumschleppen?
Andrea	Lass doch, Mutter. Das verstehst du nicht.

 **Besprechen Sie mit einem Partner/einer Partnerin die Antworten auf diese Fragen.**

1 Woher wissen wir, dass Andrea nur ein kleines Kind ist?
2 Was macht Galileo mit dem Geld, das er verdient? Was macht er nicht? Was wissen wir also?
3 Galileo benutzt die zwei Verben „glotzen" und „sehen". Was ist der Unterschied?
4 Welches System des Weltalls vertritt Andrea in dieser Szene?
5 Wie zeigt Galileo Andrea, dass ein anderes Weltsystem möglich ist?
6 Was benutzt er, um das zu machen? Was repräsentieren die Sachen?

7 Wer ist Frau Sarti?
8 Wie reagiert sie auf die Szene in dem Arbeitszimmer?

B ✏ **Stellen Sie sich vor, Sie sind Frau Sarti. Was denken Sie über Ihren Untermieter, Herrn Galileo? Was halten Sie von seinem Verhältnis zu Ihrem Sohn? Schreiben Sie eine Rede, in der Frau Sarti ihrer Nachbarin die Situation beschreibt.**

C 💬 **Spielen Sie mit Ihrem Partner/Ihrer Partnerin diese Szene „Bertolt Brecht: Das Leben des Galilei: Erstes Bild (2)" vor.**

⑪ „Der Milchmann"

Peter Bichsel

DER MILCHMANN

Der Milchmann schrieb auf einen Zettel: „Heute keine Butter mehr, leider." Frau Blum las den Zettel und rechnete zusammen, schüttelte den Kopf und rechnete noch einmal, dann schrieb sie: „Zwei Liter, 100 Gramm Butter. Sie hatten gestern keine Butter und berechneten sie mir gleichwohl."

Am andern Tag schrieb der Milchmann: „Entschuldigung." Der Milchmann kommt morgens um vier, Frau Blum kennt ihn nicht, man sollte ihn kennen, denkt sie oft, man sollte einmal um vier aufstehen, um ihn kennen zu lernen.

Frau Blum fürchtet, der Milchmann könnte ihr böse sein, der Milchmann könnte schlecht denken von ihr, ihr Topf ist verbeult.

Der Milchmann kennt den verbeulten Topf, es ist der von Frau Blum, sie nimmt meistens 2 Liter und 100 Gramm Butter. Der Milchmann kennt Frau Blum. Würde man ihn nach ihr fragen, würde er sagen: „Frau Blum nimmt 2 Liter und 100 Gramm, sie hat einen verbeulten Topf und eine gut lesbare Schrift." Der Milchmann macht sich keine Gedanken. Frau Blum macht keine Schulden. Und wenn es vorkommt – es kann ja vorkommen – dass 10 Rappen zu wenig daliegen, dann schreibt er auf einen Zettel: „Zehn Rappen zu wenig." Am andern Tag hat er die 10 Rappen anstandslos und auf dem Zettel steht:

„Entschuldigung." „Nicht der Rede wert", oder „keine Ursache", denkt dann der Milchmann und würde er es auf den Zettel schreiben, dann wäre das schon ein Briefwechsel. Er schreibt es nicht.

Den Milchmann interessiert es nicht, in welchem Stock Frau Blum wohnt, der Topf steht unten an der Treppe. Er macht sich keine Gedanken, wenn er nicht dort steht. In der ersten Mannschaft spielte einmal ein Blum, den kannte der Milchmann, und der hatte abstehende Ohren. Vielleicht hat Frau Blum abstehende Ohren.

Milchmänner haben unappetitlich saubere Hände, rosig, plump und verwaschen. Frau Blum denkt daran, wenn sie seine Zettel sieht. Hoffentlich hat er die 10 Rappen gefunden. Frau Blum möchte nicht, dass der Milchmann schlecht von ihr denkt, auch möchte sie nicht, dass er mit der Nachbarin ins Gespräch käme. Aber niemand kennt den Milchmann, in unserem Quartier niemand. Bei uns kommt er morgens um vier. Der Milchmann ist einer von denen, die ihre Pflicht tun. Wer morgens um vier die Milch bringt, tut seine Pflicht, täglich, sonntags und werktags. Wahrscheinlich sind Milchmänner nicht gut bezahlt und wahrscheinlich fehlt ihnen oft Geld bei der Abrechnung. Die Milchmänner haben keine Schuld daran, dass die Milch teurer wird. Und eigentlich möchte Frau Blum den Milchmann kennen lernen.
Der Milchmann kennt Frau Blum, sie nimmt 2 Liter und 100 Gramm und hat einen verbeulten Topf.

A

 **Besprechen Sie in der Klasse die Antworten auf die folgenden Fragen.**

1 Was weiß der Milchmann über Frau Blum?
2 Was weiß er nicht?
3 Was weiß Frau Blum über den Milchmann?
4 Was weiß sie nicht?

5 Ist „Der Milchmann" der richtige Titel für diese Geschichte?
6 Was ist das Thema der Geschichte?
7 Finden Sie, dass Peter Bichsel Aspekte der heutigen Gesellschaft kritisiert?

B

Diskutieren Sie mit einem Partner/einer Partnerin. Fassen Sie Ihre Antworten für die Klasse auf einem Poster zusammen.

- Wie sieht Frau Blum aus?
- Wie alt ist sie?
- Was ist sie (oder was war sie) von Beruf?
- Ist sie (oder war sie) verheiratet?
- Wie oft geht sie aus dem Haus?

- Wohin geht sie?
- Wie fühlt sie sich?
- Was für Freunde hat sie?
- Wie sieht der Milchmann aus?
- Ist er verheiratet?
- Hat er Familie/Kinder?
- Was für Hobbys hat er?
- Was für ein Auto hat er?
- Was macht er, wenn er seine Runde gemacht hat?

C

Schreiben Sie über eine ähnliche Person, die Sie „kennen", z.B. den Briefträger; den Zeitungsjungen; den Fahrer im Schulbus; eine Person, die täglich an Ihrem Haus vorbeigeht; einen Verkäufer in einem Geschäft, in dem Sie regelmäßig einkaufen.

Peter Bichsel

Eigentlich möchte Frau Blum den Milchmann kennenlernen

Peter Bichsel
Eigentlich möchte
Frau Blum
den Milchmann
kennenlernen

Der kulturelle Hintergrund

12 „Markierung einer Wende"

Ernst Jandl: Markierung einer Wende

1944	1945
Krieg	Krieg
Krieg	Krieg
Krieg	Krieg
Krieg	Krieg
Krieg	Mai
Krieg	
Krieg	
Krieg	
Krieg	
Krieg	
Krieg	
Krieg	

A

Lesen Sie das Gedicht „Markierung einer Wende". Besprechen Sie dann mit einem Partner/einer Partnerin die Bedeutung des Gedichts. Was ist die „Wende", die in dem Titel des Gedichts erwähnt wird?

Die Stunde Null

Das Jahr 1945 wird in der deutschen Kunst und Literatur als „die Stunde Null" bezeichnet: „Null", weil man in allen Gebieten wieder neu anfangen musste. Wie konnte, wie sollte, wie durfte Kunst in Deutschland nach 1945 aussehen?

Literatur nach 1945

Die Erfahrungen der jüngsten Zeit bildeten den Stoff für die Schriftsteller und Künstler der Nachkriegsjahre. Am Anfang drückten sich die Schriftsteller nur in kleinen Formen aus, in Gedichten und Erzählungen, oder in Theaterstücken wie Wolfgang Borcherts *Draußen vor der Tür*. Die „Gruppe 47", zu der Heinrich Böll gehörte, beschäftigte sich mit einer neuen deutschen Literatur. Und heute versuchen deutsche Schriftsteller immer noch, sich mit dieser dunklen Periode der deutschen Vergangenheit zurecht zu kommen.

Theater nach 1945

Nur wenige Monate nach Kriegsende wird der Spielbetrieb von Oper, Schauspiel und Tanz unter schwierigsten Bedingungen wieder aufgenommen. Das Land liegt in Trümmern – aber die Menschen stehen nicht nur für Lebensmittel, sondern auch für Theaterkarten Schlange. Zuschauer sitzen in dicken Mänteln und Decken eingemummt in eiskalten Zuschauerräumen. An der Kasse haben sie mit Kohle oder Butterbroten bezahlt.

So schnell es ging, öffneten die Bühnen wieder, nachdem fast alle in den letzten Kriegsmonaten geschlossen waren. Stücke, die während der Nazi-Diktatur verboten waren, kamen auf die Bühne; die Werke vieler ausländischen Dramatiker wurden aufgeführt.

Bildende Kunst nach 1945

Alle wichtigen Vertreter der zeitgenössischen Kunst, von den Expressionisten, Dadaisten über die Fauvisten zu den Kubisten, waren während der Zeit des Nationalsozialismus als „entartet" diffamiert worden. Zum Teil fielen sie den Nazis zum Opfer, zahlreiche wichtige Künstler/innen waren in die USA emigriert.

Architektur nach 1945

Die Bomben des Zweiten Weltkriegs haben wenig von den deutschen Städten übrig gelassen. 90 Prozent der Kölner Innenstadt waren zerstört, im Ruhrgebiet und in fast allen deutschen Großstädten sah es ähnlich aus. Für die Architekten bedeutete das einen Neubeginn. In den meisten Städten versuchte man, das vertraute Bild der Innenstadt wieder herzustellen und gleichzeitig breite Autostraßen zu bauen: Ein Kompromiss aus Sehnsucht nach dem Alten und den Anforderungen der Gegenwart.

 **Beantworten Sie die folgenden Fragen auf Deutsch.**

1 Was ist die Bedeutung von der „Stunde Null"?
2 Was für Werke haben die Schriftsteller der Nachkriegsjahre geschrieben?
3 Worüber schreiben die Schriftsteller von heute?
4 Wie war die Lage des Theaters in den letzten Monaten des Krieges?
5 Wie hat das Publikum auf die Wiedereröffnung der Theater reagiert?
6 Warum war die Situation der Malerei besonders schwierig?
7 Wie sahen viele deutsche Innenstädte in den Nachkriegsjahren aus?
8 Was für eine Lösung haben die damaligen Architekten gesucht?

Das Jüdische Museum Berlin ist eins der meistbesuchten Museen Berlins und zeigt dem Besucher zwei Jahrtausende deutsch-jüdische Geschichte. Das Museum besteht aus zwei Gebäuden: einem Altbau im Barockstil und einem neuen, zickzackförmigen Gebäude, das von dem berühmten Architekten, Daniel Libeskind, entworfen wurde. Dieser Neubau wurde am 9. September 2001 eröffnet. Die Architektur des neuen Gebäudes – aus Glas und einem silbernen Metall – ist wirklich modern. Das Gebäude soll einen geborstenen Davidsstern symbolisieren: es gibt keine Rechtecken, die Fenster sind in verschiedenen Höhen und der Boden ist oft schief.

Der Eingang zum Museum und die Kasse befinden sich in dem alten Gebäude. Besucher kommen dann über eine schwarze, unterirdische Treppe ins Untergeschoss des Neubaus.

Hier findet man drei lange Korridore („Achsen" genannt): die Achse der Kontinuität, die Achse des Exils und die Achse des Holocausts.

Die Achse des Exils führt aus dem Gebäude hinaus in den Garten des Exils. Hier stehen 49 sechs Meter hohe Betonstelen, auf denen Ölweiden gepflanzt sind – Bäume, die in der jüdischen Tradition Frieden und Hoffnung symbolisieren. Die Zahl 49 symbolisiert das Gründungsjahr des Staates Israel, 1948, mit einer weiteren Stele in der Mitte, die für Berlin steht. Sie ist mit Erde aus Jerusalem gefüllt. Die Zahl 7 ($7 \times 7 = 49$) ist im Judentum eine heilige Zahl. Man kann im Garten die Erfahrung des Exils hautnah erfahren. Der Besucher fühlt sich fremd. Der Boden ist schief und wegen der Betonsäulen ist die Sicht in die nahe Umgebung beschränkt.

Die Achse des Holocausts endet am Holocaust-Turm. Dies ist ein dunkler, kalter, hoher Raum. Das Tageslicht kommt nur durch eine Spalte in der Decke herein. Wenn die große, schwere Stahltür hinter einem zugemacht wird, kommt es den meisten Menschen vor, als ob man in einem Gefängnis sei. In dem Turm gibt es eine Leiter an der Wand, aber sie beginnt erst in zweieinhalb Meter Höhe. Viele Besucher meinen, diese Leiter sei ein Symbol für einen Rettungsweg, den man nicht erreichen kann.

Im Museumsneubau gibt es mehrere sogenannte „Voids", vollkommen leere Räume, die vom Keller bis zum obersten Geschoss reichen. Man kann nicht durch diese Räume gehen, aber man kann in sie hineinsehen. Sie sollen an die leeren Stellen erinnern, die der Holocaust in Deutschland hinterlassen hat.

 Welche Sätze sind richtig?

1 Das Jüdische Museum hat einen modernen und einen alten Teil.
2 Man betritt das Museum durch den modernen Teil.
3 Die Verbindung zwischen den zwei Gebäuden kann man von außen nicht sehen.
4 Der Garten des Exils ist für den Besucher sehr angenehm.
5 Die Pflanzen im Garten des Exils sind ein Symbol der Hoffnung.
6 Im Holocaust-Turm gibt es wenig Licht.
7 Der Museumsbesucher kann durch die „Voids" gehen.
8 Das Museum hat eine sehr hohe Besucherzahl.

 Beschreiben Sie mit Ihren eigenen Worten die symbolische Bedeutung des neuen Gebäudes. Schreiben Sie Ihre Meinung dazu. Mögen Sie moderne Architektur überhaupt?

15 Das Denkmal für die ermordeten Juden Europas

Das Denkmal für die ermordeten Juden Europas in Berlin

Das Denkmal für die ermordeten Juden Europas ist eins der umstrittensten und am heftigsten debattierten Projekte in Berlin, wenn nicht in Deutschland.

Nach dem Fall der Berliner Mauer und der Wiedervereinigung der beiden deutschen Staaten 1989/90 entstand die Idee, das Denkmal zu errichten. Im Zentrum Berlins, wo zuvor der Todesstreifen der Mauer verlief, stellte die Bundesregierung ein Grundstück in der Nähe von dem Brandenburger Tor für das geplante Denkmal zur Verfügung. Es liegt dort, wo sich einst die Machtzentrale der Nazidiktatur befand, in unmittelbarer Nähe zur einstigen Reichskanzlei Hitlers.

Die Denkmaldebatte und der Entwurf von Peter Eisenman

1994 wurde ein Wettbewerb für das Denkmal ausgeschrieben. Nach einer langen Debatte wurde der renommierte New Yorker Architekt Peter Eisenman gewählt. Dieser schlug die Errichtung eines Denkmals mit 4100 Betonpfeilern (Stelen) vor. Mit diesem Denkmal, so meinte das Parlament, will Deutschland die sechs Millionen Juden ehren, die von den Nationalsozialisten ermordet wurden. Man wollte auch die Erinnerung an eine schreckliche Periode in der deutschen Geschichte wachhalten.

Das Konzept

Eisenmans Entwurf für das Stelenfeld ist kein normales Denkmal. Er versucht, eine „neue Idee der Erinnerung zu entwickeln". Das Denkmal besteht aus einem begehbaren Feld aus 2711 grauen Betonstelen. Der

Architekt hat ganz bewusst keine Interpretation des Denkmals vorgeschlagen. Die Besucher sollen selbst darüber nachdenken und eine eigene Interpretation finden. Das Denkmal ist Tag und Nacht offen, und kann rund um die Uhr besucht werden.

Die Eröffnung des Stelenfeldes fand am 10. Mai 2005 statt. Die Feier wurde von ARD (Arbeitsgemeinschaft der öffentlich-rechtlichen Rundfunkanstalten der Bundesrepublik Deutschland) und ZDF (Zweites Deutsches Fernsehen) live übertragen; weit über 600 Journalisten waren dabei. Sechs Jahrzehnte nach Kriegsende hat Deutschland nun ein Denkmal in der Mitte Berlins, das der Ermordung von sechs Millionen europäischen Juden gewidmet ist.

Seit der Übergabe des Denkmals an die Bevölkerung am 12. Mai 2005 erkundeten Hunderttausende Gäste, darunter viele junge Menschen, das Stelenfeld. Viele legen Blumen, Kränze oder – gemäß jüdischer Tradition – Steine auf die Stelen. Ungefähr 800.000 Menschen aus aller Welt besuchen jährlich das Denkmal.

 A   **Beantworten Sie die Fragen auf Englisch.**

1 Where exactly in Berlin is the memorial situated?
2 What is the significance of the memorial's situation?
3 What was the German government's aim in creating the memorial?
4 What are the differences between this memorial and a normal memorial?
5 What symbolic interpretation did Peter Eisenman want to suggest with his design for the memorial?
6 How do we know that the memorial is important for the German people?

7 How do people show their reaction to the memorial?

B   **Besprechen Sie das folgende Thema mit einem Partner/einer Partnerin.**

Viele junge Leute besuchen das Denkmal für die ermordeten Juden Europas. Warum sind das Denkmal und seine Bedeutung für junge Leute wichtig?

C   **Denken Sie an die Literatur und die Kunst, die mit der neueren deutschen Geschichte zu tun haben. Erläutern Sie, warum sie für das heutige Deutschland wichtig sind. Schreiben Sie 240–270 Wörter auf Deutsch.**

Strategies for reading literary texts

As you read or revise a literary text:

- What does the author want to do?
- How do they do it?
- What do I like/dislike about the result, and why?

1 What does the author want to do?

Which of the following aims do you think the author had in mind when he/she wrote their work?

- Tell an entertaining story – funny/moving/nostalgic/ exciting/action/adventure/cliff-hangers at the end of each chapter.
- Reflect reality and show life as it is.
- Delve beneath reality to find a deeper truth.
- Create an alternative fantasy/imaginary/surreal world – transport the reader to another time/place.
- Create a mood, e.g. dark/foreboding/tense, cheerful/ exuberant, dreamlike.
- Convey a moral message – explicitly (through the mouth of the narrator or a character) or implicitly (e.g. through the actions of characters or by symbolism).
- Paint a portrait of a period in time – historical/present day; political/social observations; critical/satirical or affectionate; biased or neutral; broad canvas or small snapshot.
- Show fate/destiny/historical forces at work.
- Show the absurdity of the human condition.
- Explore human nature/psychology – put characters in extreme situations and see how they react.
- Explore human relationships – emotions (e.g. jealousy, betrayal, love, loyalty); family relationships; relationship between lovers.
- Convey a religious/political/philosophical conviction.
- Convey an artistic ideal/eternal or timeless truth.
- Stir/manipulate the reader's emotions (awaken sympathy/disgust; move or shock the reader; stir the reader's conscience).
- Inform the reader/teach the reader something new.
- Make the reader think/puzzle out an enigma.

2 How do they do it?

Which techniques does the author use to portray a character?

a Character portrayal

- Description of character's appearance used to convey character.
- Wealth of detail or a few key characteristics.
- Thoughts/internal monologue given as well as external dialogue/conversation.
- Feelings/personality explicitly described by the narrator or shown through actions/conversation/ reaction to extreme events.
- Diary entries or letters used to convey character's inner feelings.

Which of the following techniques does the author employ to achieve his/her aims?

b Structure and plot

- Pace: relentless action or lots of description to set the scene.
- Descriptive detail: descriptions of nature/cultural detail/local colour – any recurring symbols or images?
- Timescale: a snapshot in time, e.g. action takes place during a single day or a few weeks, or an epic saga spanning years/decades/centuries.
- Structure: simple linear development or flashbacks to the past/projections into the future.
- Location: action limited to one or two locations, or broad canvas with multiple locations.
- Plot: one simple thread or complicated with multiple subplots and twists and turns. Which is more important: external action and plot or internal psychology and development?
- Narrative voice: omniscient narrator or subjective narration from the point of view of a character. Single standpoint or multiple points of view. Do we hear the author's thoughts and opinions or are they hidden within the characters and story?

c Use of language

- Sentences long and flowing or short and abrupt.
- Language flowery and with abundant adjectives, or spare and restrained.
- Precise/vivid/dreamlike descriptions.
- Sensuous descriptions (sights/colours/sounds/tastes/ textures/smells).
- Strong contrasts (of mood/atmosphere/sights/sounds).
- Unusual verbs and adjectives.
- Lots of verbs to convey movement and speed or calmness and tranquillity.
- Use of repetition for emphasis.
- Ambiguity.
- Concrete objects used as symbols for abstract ideas.
- Strongly rhythmic language.
- Onomatopoeia (use of words that make an appropriate sound, e.g. 'bang!', 'pop!').
- Assonance (use of words that don't rhyme but have the same vowel sound; can be used to enhance a mood or atmosphere).
- Alliteration (use of words that start with the same sound; can be used to enhance a mood or atmosphere).
- Rhetorical questions.
- Use of elevated, formal language or colloquial language.

3 What do I like/dislike about the result, and why?

- Do you find the text interesting, boring, simple, challenging, fascinating, funny, strange, moving? Why? (Give examples to back up your opinions.)
- Do you like the way the author has structured the plot? Why? (Give examples.)
- Do you like the way the characters have been portrayed? Why? (Give examples.)
- Do you like the way the author uses language? Why? (Give examples.)

Das Funke-Phänomen: Deutsche Kinderbücher gehen auf Weltreise

Über den internationalen Erfolg von Cornelia Funke und anderen Kinderbuchautoren

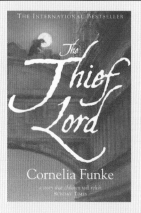

Spätestens, seit das US-Magazin *Time* der Kinderbuchautorin Cornelia Funke vor zwei Jahren den Titel „Die einflussreichste Deutsche der Welt" verliehen hat, ist klar: Selbst in den USA werden Kinderbücher „made in Germany" nicht nur wahrgenommen, sondern oftmals auch bejubelt. Bei den deutschsprachigen Verlagen ist dieser Trend schon länger spürbar: Sie haben in den vergangenen zwanzig Jahren weltweit bis zu fünfmal mehr Lizenzen von Kinder- und Jugendbüchern verkauft.

„Die Nachfrage nach deutschen Kinderbüchern aus dem Ausland nimmt zu. Das liegt daran, dass diese als hochwertig, gut recherchiert und von hoher schriftstellerischer Qualität gelten. Daher genießen sie im Ausland einen guten Ruf", sagt Dominik Nüse vom Loewe-Verlag.

Bislang waren die amerikanischen und englischen Buchmärkte den deutschen Verlagen weitgehend verschlossen. „Das liegt zum einen an dem übergroßen eigenen Angebot in diesen Ländern, zum anderen aber auch daran, dass die Fähigkeit der Entscheidungsträger selber deutsch zu lesen, gleich null ist", diagnostiziert Renate Reichstein vom Hamburger Verlag Oetinger.

Angesichts des Mangels an deutschsprechenden Lektoren in angelsächsischen Verlagshäusern hat Cornelia Funke ihr Buch *Herr der Diebe*, mit dem ihr 2002 der internationale Durchbruch gelang, selbst ins Englische übersetzt und so den *Harry Potter*-Verleger Barry Cunningham gewonnen. Seither haben es deutsche Kinderbücher auf dem englischsprachigen Markt leichter. Einen weiteren Grund nennt Johanna Just vom Ravensburger Buchverlag: „Vor *Harry Potter* wurde ein Roman, der mehr als 180 Seiten aufwies, oft nicht geprüft. Und weil die deutschen Romane traditionell immer umfangreicher waren, waren sie von vornherein ausgeschlossen."

Generell verkaufen sich die Bücher im Ausland am besten, die in Deutschland bereits Bestseller sind. Gefragt sind vor allem Sachbücher, Romane mit realistischen Stoffen und auch immer noch Fantasy-Romane. Ein überraschender Trend zeigt sich neuerdings in China: Hier sind deutsche Bilderbücher mit stark emotionalen Themen stark im Kommen.

A 📖 **Wählen Sie die richtige Antwort.**

1 Übersetzungen von deutschen Kinderbüchern…
  a …gibt es selten.
  b …werden immer beliebter.
  c …sind oft zu teuer.

2 In den englischen Verlagen…
  a …meinte man, dass deutsche Bücher langweilig wären.
  b …wollte man nur englische Bücher veröffentlichen.
  c …gab es niemanden, der Deutsch lesen konnte.

3 Cornelia Funke …
  a …war die eigene Übersetzerin von *Herr der Diebe*.
  b …hat *Herr der Diebe* auf Englisch geschrieben.
  c …wollte keine Übersetzung von *Herr der Diebe*.

4 Ein weiteres Problem mit deutschen Büchern war, …
  a …sie waren viel zu traditionell.
  b …sie waren normalerweise zu lang.
  c …sie waren nicht so gut wie *Harry Potter*.

5 Deutsche Bücher verkaufen sich im Ausland am besten, …
  a …wenn sie schon in Deutschland erfolgreich sind.
  b …wenn die Handlung besonders spannend ist.
  c …wenn sie ungewöhnliche Themen haben.

6 Ein Lieblingsthema bei chinesischen Kindern ist…
  a …Horror.
  b …Liebe.
  c …Science-Fiction.

Zusammenfassung

Diese Liste wichtiger Vokabeln und Redewendungen ist eine gute Prüfungsvorbereitung.

Berühmte Persönlichkeiten

das Märchen	fairy tale
das Gedicht	poem
der Roman	novel
das Theaterstück/ das Schauspiel	play
die Kurzgeschichte	short story
die Architektur	architecture
der Schriftsteller	writer
das Trauerspiel	tragedy
der Bestseller	bestseller
die Ballade	ballad
das Drama (Plural: die Dramen)	drama
der Regisseur	producer
der Zuschauer (die Zuschauer)	spectator (audience)
die Bühne	stage
die Handlung	plot, action
die Szene	scene
komponieren	to compose
die Sinfonie	symphony
der Komponist	composer
die Oper	opera
der Künstler	artist
entwerfen	to design

Werke der deutschen Literatur

der Erzähler	narrator
die Zeile	line
die Strophe	verse
die Erzählung	story

Der kulturelle Hintergrund

die Vergangenheit	(the) past
der Zuschauerraum	auditorium
entartet	degenerate
der Zweite Weltkrieg	Second World War
der Architekt	architect
das Gebäude	building
symbolisieren	to symbolise
der Holocaust	holocaust
das Denkmal	memorial, statue
der Jude (die Juden)	Jew (the Jews)
der Beton	concrete
widmen (+ Dativ)	to dedicate (to)
der Verlag	publisher
übersetzen	to translate

Translation

1 Translate the following passage **into German**.

> After spending several hours in the magnificent art galleries in the middle of Munich, Natascha decided to visit the world-famous Bavarian State Opera. Unfortunately she had to queue for an hour and a half but finally succeeded in buying a ticket for *Parsifal* by Wagner, one of Germany's most important nineteenth-century composers. During the second interval she ordered something delicious to eat. She really enjoyed the wonderful music and is already looking forward to seeing another performance of the work.

Creative Writing or Discursive Essay

2 Bearbeiten Sie **eine** der folgenden Aufgaben.
Schreiben Sie **240–270 Wörter auf Deutsch**.

Creative Writing

a Zum ersten Mal in der Gemäldegalerie.

Discursive Essay

b „In der heutigen Gesellschaft ist die Literatur total zwecklos!"
Sind Sie auch dieser Meinung?

c „Klassische Musik ist immer so langweilig." Wie stehen
Sie dazu?

Research-based Essay

3 Beantworten Sie **eine** der folgenden Fragen auf Deutsch. Schreiben Sie **240–270 Wörter**.

d Beziehen Sie sich auf einen Charakter in dem von Ihnen gewählten Buch, Schauspiel oder Film. Diskutieren Sie dessen Rolle und erwägen Sie, wie erfolgreich der Autor/Direktor in der Darstellung dieses Charakters ist.

e Beziehen Sie sich auf eine Szene in dem von Ihnen gewählten Buch, Schauspiel oder Film. Diskutieren Sie diese Szene und erwägen Sie, wie erfolgreich der Autor/Direktor in der Darstellung dieser Szene ist.

f Welche Aspekte des von Ihnen studierten Buchs/ Schauspiels/ Films finden Sie besonders interessant und warum?

g Wie entwickelt sich die Hauptperson in dem von Ihnen gewählten Werk/Film? Inwieweit ist es dem Autor/Direktor gelungen, diese Entwicklung überzeugend darzustellen?

h Was hat das von Ihnen gewählte Werk bzw. der von Ihnen gewählte Film uns heute noch zu sagen? Aus welchen Gründen würden Sie das Werk bzw. den Film für empfehlenswert halten?

i Welche Aspekte des von Ihnen studierten Autors finden Sie besonders interessant, und warum?

Phrases for essays and oral examinations	
um dem Titel gerecht zu werden	to do justice to the title
vor allem	above all
was … betrifft	as far as … is concerned
was meinen Sie?	what do you think?
wie lange sind Sie schon in…?	how long have you been in…?
wie wäre es mit (einem Spaziergang)?	how about (a walk)?
zum Schluss	in conclusion

Exam techniques

AS

Unit 1: Spoken Expression and Response in German

(See also: Speaking skills: Tips for the speaking task, page 77; also Chapter 4 Arbeitsblatt *Ways to keep the conversation going*.)

Unit 1 provides 30% of the total AS marks and 15% of the total GCE marks.

For the Unit 1 exam you will be given a short stimulus passage in German (about 70–90 words) relating to the general topic area that you have chosen in advance. You have 15 minutes in which to read the stimulus and make notes on it (on a separate piece of paper), in preparation for four questions on the stimulus and a further general discussion on the chosen topic area. You can refer to the stimulus and your notes in the exam, which lasts 8–10 minutes in total (of which 4 minutes or fewer are for the questions on the stimulus).

General advice

- A visiting examiner will address you as 'Sie' rather than 'du'. Don't let this throw you if you are used to your teacher using 'du'.
- Try to keep eye contact with the examiner and speak clearly.
- Try not to rush or mumble if you're nervous – slow down to give yourself more time to think out word order, structures and ideas as you speak.

Ways to show off your German: going beyond the basic

- Use your own words rather than quoting directly from the stimulus text: use synonyms and change word order or grammatical structures.
- Use alternatives for common words and phrases like 'es gibt', 'das Problem' (see Chapter 6, Revision tips (2): Revising vocabulary, page 111).
- Speak from headings and brief notes and make sure you react to everything the examiner says, rather than reading out long sentences or reciting large chunks of pre-learned material regardless: you get marks for spontaneous, flexible and relevant responses.
- Learn phrases and structures for your chosen topic that can be combined on the spot with the appropriate vocabulary to suit any issue or question that comes up.

- Add complexity to your sentence structure – don't always start sentences with subject + verb: start with words like *Eigentlich…/ Jedoch… /Dagegen…* (+ verb), adverbial phrases of time (*In Zukunft…/Immer wieder…* + verb).
- Use conjunctions, relative clauses, infinitive constructions (*um … zu, ohne … zu*), the conditional – whatever AS-level constructions you are most confident with.
- Add adjectives, adverbs, comparatives and superlatives to basic sentences.
- Aim above all to use verbs accurately, as they in particular can affect the level of communication taking place.
- Be aware of your pronunciation and intonation.

Marks are awarded for:

- accuracy – including accuracy of pronunciation and intonation (avoid: errors that impede communication).
- range of lexis and variety of structures appropriate to AS level (avoid: use and repetition of basic vocabulary and structures that are more appropriate at GCSE level). See 'Going beyond the basic', above, and also the Edexcel examination specification for a list of AS level grammatical structures.
- spontaneity and fluency of response, and the ability to develop and sustain discourse in your own words (avoid: too much hesitation, needing to be prompted all the time, inability to respond to or develop ideas, too much reliance on the examiner's language).
- understanding of the stimulus, shown through full and detailed answers to the questions (avoid: limited or irrelevant answers).
- understanding of the general topic area, shown by providing lots of relevant ideas and opinions (avoid: limited or irrelevant ideas and opinions).

Marks are allotted as follows:

- Quality of language: accuracy 8 marks, range of lexis 8 marks
- Response/development: 20 marks
- Understanding (relevance, opinion): stimulus-specific 4 marks
- Understanding (relevance, opinion): general topic area 10 marks

Don't spend all of your preparation time preparing for the stimulus-specific questions: be aware of the importance of being able to respond and develop the conversation in a spontaneous and sustained way.

Unit 2: Understanding and Written Response in German

Unit 2 provides 70% of the total AS marks and 35% of the total GCE marks.

This paper is 2 hours 30 minutes long and assesses listening, reading and writing skills. After 45 minutes you are obliged to stop working on the listening tasks and move on. Thereafter you can decide how much time to allot to the reading and writing tasks. You may decide to move on from the listening section before 45 minutes are up if you have finished all the tasks. Once you have moved on, however, you are not allowed to relisten to the CD, although you can revisit the questions on the paper.

Timekeeping in the exam – general advice:

- Spend a maximum of 40–45 minutes on the listening section and 40–45 minutes on the reading section. This will then leave a proportionate amount of time (60 to 70 minutes) for the writing task, bearing in mind that it is worth more marks (30 marks) than the listening or reading sections (20 marks each).

Unit 2: Listening tasks

(See also: Tips for listening tasks (1) and (2), Chapter 2 pages 31 and 37.)

Task types are as follows:

- multiple-choice questions
- choosing sentences that best correspond to the content of the extract
- completing sentences about the content with words chosen from a box
- answering questions in German.

Timekeeping in the exam:

DO:

- keep an eye on the clock so that you leave enough time to write up your answers; after 45 minutes you have to move on to the reading and writing sections of the exam.
- keep an eye on how many marks (shown in brackets) you can earn for each task – this will help you to judge how much information is required.
- use the length of each listening extract (shown at the start of the paper) to help you plan how much time to devote to each one.

DON'T:

- get stuck on a difficult task and lose track of the time so that you miss the opportunity to gain marks on other, perhaps easier, tasks.
- get obsessed with words or phrases you just can't understand: make an informed guess and move on!

Unit 2: Reading tasks

(See also: Developing good reading skills (1) and (2), Chapter 3 pages 50 and 57.)

Task types are as follows:

- allocating sentences to, for example, names or headlines
- questions in German
- questions in English.

General advice:

- keep an eye on the number of marks shown in brackets after questions: if 2 marks can be earned, you need to give two different pieces of information in your answer; if 1 mark, you only need give one piece of information.
- answers in English must relate exclusively to the stimulus passage and convey the relevant information provided: don't be tempted to waffle because it's in English.
- answers to German questions need not be in whole sentences as long as they are clear, grammatical and **in your own words**: there are no marks for lifting material straight out of the stimulus text.
- don't get caught out or confused by distractors (e.g. sometimes there are extra words in a gap-fill box that don't get used at all) or tasks where a word or name can occur more than once.
- always write something for every question, even if it's a guess – you might be lucky! If you write nothing, you definitely won't earn any marks.
- don't get stuck on a difficult task and lose track of the time so that you miss the opportunity to gain marks on other, perhaps easier, tasks.
- don't spend too long on the reading tasks at the expense of the writing section: after about 40–45 minutes move on. This will then leave a proportionate amount of time (60 to 70 minutes) for the writing task, bearing in mind that it is worth more marks (30) than the listening or reading sections (20 each).

Unit 2: Writing task

(See also: Tips for the writing task (1) and (2), Chapter 5, pages 86 and 94.)

Marks are awarded for:

- **content and response:** the written answer should be relevant, convincing, well developed and show good understanding of the task (avoid: misunderstandings, irrelevance, repetition, omission of important points).
- **quality of language:** good communication, good level of accuracy, language fluent, varied and appropriate (avoid: limited, basic or inaccurate language, too much repetition).

Mark schemes are applied positively, i.e. you are rewarded for what you have shown you can do rather than penalised for omissions. You must make sure that any text you write is legible and that spelling, punctuation and grammar are as accurate as possible in both German and English. You should select and use a form and style of writing appropriate to the purpose, and should organise information clearly and coherently.

Remember that the word limit is 200–220 words: excess material beyond 220 words will not even get read or marked, so would be a waste of precious time. Better to spend the time a) writing a shorter amount of better quality and b) checking your work for accuracy once you've finished writing. Remember also that to be able to access the full range of available marks you must write at least 200 words.

Marks are allotted as follows:

- Section A: Listening: 20 marks
- Section B: Reading and transfer of meaning: 20 marks
- Section C: Written response to a stimulus: 30 marks (15 for content and response, 15 for quality of language).

Time-keeping in the exam:

- As half of the marks for the writing section are awarded for quality of language, including accuracy, don't forget to leave plenty of time at the end to check through your written answer carefully.

A2

Note that there are **no separate listening and reading assessments at A2**; listening and reading (in the form of research) are assessed as an integral part of your performance in Unit 3, and reading (again in the form of research) is further assessed as part of your performance in Unit 4.

Unit 3: Understanding and Spoken Response in German

(See also: Debating skills (1) and (2), Chapter 8, pages 149 and 154.)

Unit 3 provides 35% of the total A2 marks and 17.5% of the total GCE marks.

The Unit 3 exam lasts for 11–13 minutes and consists of the following:

- 1 minute (maximum) to introduce your chosen issue and present your point of view; you can take in a brief written statement outlining your stance on the issue. The issue does not have to relate either to the prescribed general topic areas or to German-speaking countries or cultures.
- 4 minutes of debate on your chosen issue where you must defend and justify your stance.
- 6–8 minutes for a spontaneous discussion of a minimum of two further unpredictable general issues chosen by the examiner; these will relate to the general topic areas from the syllabus specification and may or may not relate to your chosen issue; they will not, however, require specialised factual knowledge and will not necessarily relate to German-speaking countries or cultures. You are not required to argue either for or against these issues: it is more of an open debate or discussion.

The first 5 minutes of the exam assess reading/research skills, understanding and factual knowledge of your chosen issue, ability to argue and justify your opinions, and listening skills.

The last 6–8 minutes of discussion are not designed to test factual or specialised knowledge. They **are** designed to assess your ability to:

- read and research at an advanced level prior to the exam
- analyse/argue/debate logically and maturely
- justify your opinions when put on the spot
- listen to, understand and deal with questions
- listen, understand and react spontaneously to sustain a discussion
- apply abstract vocabulary and complex structures to new situations.

In addition, the Unit 3 exam assesses your ability to:
- use spoken language with confidence and fluency
- react spontaneously to complex questions and unfamiliar language
- manipulate grammar accurately
- use idioms rather than anglicisms
- use good pronunciation, intonation and appropriate register.

Marks are awarded for:

Response (initiative, development and abstract language):
Aim for: high incidence of spontaneous discourse; good range of lexis and structures.
Avoid: no use of abstract language; minimal spontaneous discourse; limited range of lexis and structures.

Quality of language (pronunciation, intonation, vocabulary, idiom, range of lexis, application of grammar and structures as listed in the Edexcel specification):
Aim for: good level of accuracy (errors only minor and occasional); good pronunciation and intonation.
Avoid: basic errors which impede comprehension; inauthentic pronunciation and intonation.

Reading and research (knowledge of issue and other topics):
Aim for: evidence of in-depth/wide reading and research into the chosen issue and other topics discussed; good level of detail.
Avoid: little evidence of reading and research; gaps in knowledge; superficiality; lack of breadth and detail; inconsistencies.

Comprehension and development (understanding and ability to deal with questioning):
Aim for: good level of comprehension; high level of response to a wide range of complex and challenging question forms; good development of arguments.
Avoid: minimal comprehension and development; problems with more complex or even basic question forms.

50 marks in total are allotted as follows:
Response: 20 marks
Quality of language: 7 marks
Reading and research: 7 marks
Comprehension and development: 16 marks.

Unit 4: Research, Understanding and Written Response in German

The whole of Unit 4 provides 65% of the total A2 marks, and 32.5% of the total GCE marks.

Timekeeping in the exam

This paper is 2 hours 30 minutes long and is divided into three sections. You can answer questions in any order and determine the pace of the exam yourself. Bearing in mind the amount of marks awarded for each section, it would make sense to spend approximately 20 minutes on the translation, and approximately 55 minutes on each of the two essays, leaving 10 minutes' checking time for each essay.

Section A: Translation

You will be given an 80-word English passage (related to one of the seven prescribed general topic areas) to be translated into German. The translation task is designed to assess your ability to manipulate complex language at an advanced level and to write accurate German. You will need to develop language skills that will enable you to translate from English into German, communicating the original text effectively, accurately and confidently. The translation task gives you the opportunity to show the examiners how well you know and understand the prescribed grammar and structures and how well you are able to handle them accurately.

10 marks (out of a total of 100 marks for Unit 4) are awarded for the translation. The passage will be divided into 30 assessable elements, each worth 1 mark. You will be given a mark out of 30, which the examiners will then divide by 3 and round up or down as appropriate to produce a mark out of 10.

Bear in mind that each element is considered to be either fully correct or incorrect. There are no half-marks. Therefore, even if your translation is in essence correct, wrong spelling, gender, case ending, or word order can lose you the mark. If an Umlaut is missing or wrongly added, this is regarded as a spelling error and no mark is awarded for the element. The examiner will also be unable to give you a mark the first time you use lower case or upper case wrongly (i.e. a maximum of two marks is withheld).

Examiners mark for accuracy in translation, in use of grammar, and in spelling. They always watch for possible consequential or repeated errors – you won't be penalised again and again for making the same error.

Make sure that you spend time practising translating as many phrases and sentences as possible into idiomatic, accurate

German. You should find frequent opportunities to translate short pieces of English into German, perhaps based on topics or texts which you already know. In this way, you will become more confident about handling the language effectively at this level.

Make sure that you know exactly where to put the verb. Tenses, verb forms, cases, articles, adjective endings and word order are really important if you want to gain high marks in this task.

Only translate into German what is given in English, rather than writing creatively. This is not an exercise in paraphrase, but a test of your ability to translate. For example, 'three quarters of an hour' cannot be rewarded if you just write '45 Minuten'. If a number is given (e.g. thirty-six), translate this by using the parallel word form (*sechsunddreißig*) rather than merely giving the digits '36'.

Always take care to avoid clumsy translations that are really English expressions given in German (anglicisms). For example, *sie bekam nicht was sie wünschen für* (for 'she didn't get what she was wishing for') or *warum tun so viele Jungen das Haus verlassen?* (for 'why do so many young people leave home?'). You should take care not to leave gaps by omitting any words or phrases.

You should read the passage through carefully to start with. You should not begin to translate it until you have studied it closely and thought about the words and structures which it contains.

Ideally you will write a draft answer first, producing your final answer on alternate lines. This will give you the opportunity to cross out any mistakes and to insert your corrections, as well as making it easier for the examiners to mark.

You should always make sure you have left yourself enough time to check your work carefully.

Section B: Creative or discursive essay

You will be asked to write **one** essay of 240–270 words out of a choice of seven titles.

There will be a visual stimulus, a continuation of text, a journalistic piece and four discursive essays (i.e. discussing the pros and cons of an issue). Each essay choice will be linked to one of the seven prescribed general topic areas.

General tips:

Choose the right essay

One third of the marks is awarded for understanding and response, and a further third for the way you organise and develop your answer, so your choice of question is important. The main criteria are 1) that you fully understand the title or stimulus and all its implications, and 2) that you know lots of suitable vocabulary and structures. Don't choose a question for which you have lots of arguments or ideas but not enough vocabulary to express them. If you've been planning to do a discursive essay and have researched and revised with this in mind, it may be rash to opt suddenly for a creative essay, however tempting the options appear (unless of course there are no discursive options on the paper that you are confident enough to attempt). Likewise, if you have mainly practised writing creative essays it may be best to stick to this unless none of the creative options inspires you at all.

Before you start writing

- Carefully consider all the implications of the title or stimulus. Weigh up the various ways you could approach the task before deciding how you are going to tackle it.
- Brainstorm ideas, vocabulary, useful phrases and constructions, jotting them down in any order as they come into your head – you can dip into this list later for inspiration.
- Referring to your brainstorming list for ideas, plan out your answer. Organise your material into paragraphs rather than one long, meandering passage.

Writing your essay

- Relevance to the title or stimulus is very important – keep referring back as you write to check that you're still on track and that you are addressing all the necessary points. Wholly irrelevant essays attract no marks at all. Don't be tempted to reproduce large chunks of pre-learned material that don't really fit the task.
- Make your answer as full and as detailed as possible, but keep to the word limit. If your essay is too long, you'll lose marks for content as the structure and organisation of the material will be judged defective. An essay that is too short will not be able to access the full range of marks.
- Use A2 level vocabulary and structures. For high marks the vocabulary and structures you use in your essay must be well beyond GCSE and AS level. See Arbeitsblatt: *Using A2 level vocabulary and structures*.
- Fill out the exam answer booklet correctly, and remember to show clearly on the script which answer you are attempting. Cross out rough work neatly with a single line, and avoid using gel pens or correction fluid. Write on alternate lines to allow room for corrections/amendments. Avoid footnotes, arrows, asterisks, etc., as these can be hard for the examiner to decipher.
- Keep an eye on the clock and leave yourself enough time to check through your work for relevancy, clear structure, and accuracy of spelling and grammar. Make a checklist of grammatical errors and memorise it/them, adding checks for grammar points specific to A2.

Marks are awarded for:

Understanding and response:
Creative writing:

Aim for: good understanding of question and imaginative response to stimulus.
Avoid: irrelevance, minimal use of stimulus, unimaginative use of stimulus.

Discursive essay:
Aim for: good understanding of question; implications of question fully grasped/addressed.
Avoid: limited understanding of question and lack of relevant discussion.

Organisation and development:
Aim for: clear and effective organisation and logical development of ideas.
Avoid: lack of coherence; disorganisation.

Range and application of language:
Aim for: rich and complex language; successful manipulation of language; wide range of appropriate lexis and structures.
Avoid: restricted range of lexis and structures, limited ability to manipulate complex structures.

Accuracy of target language:
Aim for: high degree of accuracy with minimal and minor errors.
Avoid: major errors that impair communication; basic errors, e.g. agreements, verb forms.

45 marks (out of a total of 100 for Unit 4) are allotted as follows:
Understanding and response: 15 marks
Organisation and development: 15 marks
Range and application of language: 10 marks
Accuracy of target language: 5 marks.

Section C: Research-based essay

You will be asked to write **one** essay of 240–270 words out of a choice of four titles. One question is set for each of the four prescribed research areas:

- Geographical area (key people; key events; demographic, environmental, economic, social or political issues; customs, traditions, beliefs, religions)
- Historical study (specific period of history; key people, events, issues)
- Aspects of modern society (key events and issues: social, cultural, political plus impact)
- Literature and the arts (characters, themes and issues: social and cultural setting, styles and techniques in a book, play or film).

This unit aims to encourage wide reading, creativity and personal initiative.

You need to undertake wide research and demonstrate extensive, detailed knowledge and understanding of one of the above research areas. **Your research must relate to the target language culture and society.**

You should aim to produce an essay that reflects your own views and opinions (i.e. that presents and summarises your research from your own personal perspective) and has an understanding of the key issues and use your material to illustrate and develop an argument, give opinions and justify them, and reach a sustainable conclusion. The essay should demonstrate your ability to organise and develop ideas, and to write accurately and effectively in German, using a range of vocabulary and grammatical structures specific to A2 level.

Marks are awarded for:

Reading, research and understanding:

Aim for: good understanding, clear evidence of extensive and in-depth reading and research.

Avoid: minimal understanding; little or no evidence of reading and research.

Organisation and development:

Aim for: good organisation and development: material effectively marshalled and developed/sequenced within a carefully planned framework.

Avoid: structure lacking in coherence; rambling and/or repetitive material; patchy/ambiguous development.

Quality of language:

Aim for: good communication; fluent, varied and appropriate language; wide range of lexis and structure; good handling of complex structures and use of idioms; high level of accuracy with errors rarely impeding comprehensibility.

Avoid: inaccurate language which impedes comprehensibility; communication only on a basic level; inappropriate register; basic sentence construction; inability to use more complex structures.

45 marks (out of a total of 100 for Unit 4) are allotted as follows:

Reading, research and understanding: 30 marks

Organisation and development: 9 marks

Quality of language: 6 marks.

Grammar summary

German usually uses the article very much as in English; the following important differences should be noted.

Articles

Uses

You use an article in German, but not in English:

- with masculine and feminine place names:
  *in **der** Schweiz*   in Switzerland
  *in **der** Bahnhofstraße (N.B. Er wohnt Bahnhofstraße 15)*

- dates, seasons, months, parts of the day:
  am 6. April, im Herbst; im Juni; am Morgen

- with names preceded by an adjective:
  ***das** heutige Frankreich*   modern France
  ***die** arme Anna!*   poor Anna!

- colloquially with names:
  *Kennst du **den** Peter?*   Do you know Peter?

- with *meist* (most):
  ***die** meisten Leute*   most people

- in a number of set phrases:
  beim Frühstück   over/during breakfast
  zum Mittagessen   for lunch
  *mit **der** Bahn*   by train
  *nach **der** Schule*   after school
  *in **die** Stadt*   into town

Omission of the article

An article is used in English, but not in German, for:

- nationality, profession, rank:
  Er ist Ausländer.   He is a foreigner.

- where no adjective is used:
  Sie ist Engländerin.   She is an Englishwoman.
  Er arbeitet als Verkäufer.   He works as a salesman.

- a number of set phrases:
  Ich habe Fieber.   I have a temperature.
  Er bekommt viel Besuch.   He has a lot of visitors.
  mit lauter Stimme   in a loud voice

Other variations

- An article is often used instead of the possessive in German with parts of the body and clothing:

*Er schüttelte mir **die** Hand.*	He shook my hand.
Ich zog das Sweatshirt aus.	I took off my sweatshirt.

- Measures, amounts:

3 Euro die Flasche	3 euros a bottle
einmal im Monat	once a month

- Both German and English omit the article with groups of nouns related in context:

Es geht um Leben und Tod.	It's a matter of life and death.
Krieg und Frieden	war and peace

'Some', 'any' (partitive article)

- German doesn't normally use a word for 'some' or 'any':

Hast du Geld dabei?	Have you got any money with you?
Wir haben Brot.	We've got some bread.

- If the amount is to be emphasised, use:

ein bisschen (sing.)	a bit, a little	*einige* (pl.)	some, several
ein wenig (sing.)		*ein paar* (pl.)	a few
etwas			

mit etwas Salz würzen	flavour with some salt (from recipe)

Nouns

The notes here deal only with the two **irregular** types of noun. Most nouns are completely normal, of course. When you note down a new noun, check its gender and plural. There are very few nouns where these make any difference to the meaning, but they're important for writing accurate German.

Adjectival nouns

Adjectives can be used as nouns, as can the present and past participles of a verb. They still take adjective endings, as if they were still followed by a noun – see page 262 for these, e.g.

der Deutsche   the German (man)

	Singular – definite article	Singular – indefinite article	Plural
Nominative	*der Deutsche*	*ein Deutscher*	*die Deutschen*
Accusative	*den Deutschen*	*einen Deutschen*	*die Deutschen*
Genitive	*des Deutschen*	*eines Deutschen*	*der Deutschen*
Dative	*dem Deutschen*	*einem Deutschen*	*den Deutschen*

Other examples:

die Deutsche, eine Deutsche	a German (woman)
die Anwesenden (pl.)	those present (uses present participle of verb)
der Kriegsgefangene	prisoner of war (uses past participle of verb)

Masculine and **feminine adjectival nouns** refer to people. **Neuter
adjectival nouns** refer to things or ideas.

der Alte	the old man
die Alte	the old woman
das Alte	the old (things)
Das Neue ersetzt das Alte.	The new replaces the old.
Er bleibt beim Alten.	He sticks to the old ways.

Adjectival nouns are often used with *nichts*, *etwas*, *allerlei* and *alles*.
Note the endings:

*Ich habe **etwas Schönes** für sie zum Geburtstag gekauft.*	I've bought something nice for her birthday.
*Er hat für das Wochenende **nichts Besonderes** vor.*	He's not planning anything special for the weekend.
N.B. ***Alles Gute** zum Geburtstag!*	Happy Birthday! (no *-s* on the adjective after ***alles***)

Weak masculine nouns

Almost all of these refer to people, and add *–(e)n* in all cases, singular and
plural, except nominative singular.

	Singular	Plural
Nominative	*der* Franzose	*die* Franzosen
Accusative	*den* Franzosen	*die* Franzosen
Genitive	*des* Franzosen	*der* Franzosen
Dative	*dem* Franzosen	*den* Franzosen

It's useful to think of weak nouns in the following groups:

● Masculine nouns ending in *-e*, including several nationalities:
    der Junge, der Kunde (customer)
    ein Schotte, ein Russe (Russian)

● Many foreign nouns:
    der Photograph (photographer)
    der Demokrat, der Soldat, der Polizist, der Sozialist, der Präsident, der Student

● A number of other nouns:
    der Bauer (farmer), *der Bayer* (Bavarian), *der Christ* (Christian),
    der Herr (gentleman), *der Mensch* (human being), *der Nachbar* (neighbour)

● A very few weak masculine nouns refer to objects:
    der Automat (vending/slot machine), *der Paragraph, der Planet*
    N.B. A few weak masculine nouns add *-s* in the genitive singular:
    der Gedanke (thought), *der Glaube* (belief), *der Name*

The cases

Case endings

Group	Case	SINGULAR			PLURAL
		Masculine	**Feminine**	**Neuter**	
1	Nom	*der gute Mann*	*die junge Frau*	*das kleine Kind*	*die jungen Frauen*
	Acc	*den guten Mann*	*die junge Frau*	*das kleine Kind*	*die jungen Frauen*
	Gen	*des guten Mannes*	*der jungen Frau*	*des kleinen Kindes*	*der jungen Frauen*
	Dat	*dem guten Mann*	*der jungen Frau*	*dem kleinen Kind*	*den jungen Frauen*
2	Nom	*ein guter Mann*	*eine junge Frau*	*ein kleines Kind*	*keine guten Männer*
	Acc	*einen guten Mann*	*eine junge Frau*	*ein kleines Kind*	*keine guten Männer*
	Gen	*eines guten Mannes*	*einer jungen Frau*	*eines kleinen Kindes*	*keiner guten Männer*
	Dat	*einem guten Mann*	*einer jungen Frau*	*einem kleinen Kind*	*keinen guten Männern*
3	Nom	*guter Wein*	*frische Milch*	*kaltes Wasser*	*gute Weine*
	Acc	*guten Wein*	*frische Milch*	*kaltes Wasser*	*gute Weine*
	Gen	*guten Weines*	*frischer Milch*	*kalten Wassers*	*guter Weine*
	Dat	*gutem Wein*	*frischer Milch*	*kaltem Wasser*	*guten Weinen*

Tips:
- Groups 1 and 2 are the most commonly used. Learn these first.
- In groups 1 and 2 the adjectives always end in **-en** except after the 'basic' words *der/die/das* and *ein/eine/ein*.
- The plural words for 'the' are easily remembered: the first two words in the feminine box (*die, die*) followed by the first two words in the masculine box (*der, den*).
- Group 3 endings are the same as those on the article *der/die/das*, with the exception of the genitive singular.

- **Group 1** endings are used after the definite article (*der, die, das*) and after:

dieser	this, these
mancher	many a
welcher?	which?
solcher	such a
jener	that, those (literary)
An welchem Computer arbeitest du?	Which computer are you working on?
Dieses Buch gehört mir.	This book belongs to me.

- **Group 2** endings are used after the indefinite article (*ein, eine*) and its negative (*kein*), and after the possessive adjectives:

mein	my	*unser*	our
dein	your	*euer*	your
sein	his	*ihr*	their
ihr	her	*Ihr*	your
sein	its		

Das ist das Auto seiner Mutter.	This is his mother's car.
Wir haben euren Brief nicht bekommen.	We didn't receive your letter.

- **Group 3** endings are only used when there is no article before the adjective, and after numbers (including indefinite numbers):

  drei kleine Kinder
  viele kleine Kinder

Common examples of these indefinite numbers are:

A Followed by singular noun:		B Followed by plural noun:	
viel	a lot, much	*viele*	many, lots of
wenig	little	*wenige*	few
all	all	*alle*	all
ein bisschen	a little, a bit	*mehrere*	several
ein wenig	a little	*einige*	several
etwas	some	*andere*	other
		einzelne	individual
		sonstige	other, further
		verschiedene	various
		ein paar	a few

Those followed by a singular noun never change their endings, with the exception of *all* – see below. Those followed by a plural noun change their endings, with the exception of *ein paar*.

*Er hat **viel** Geld.*
*Er hat **viele** Freunde.*

Ich fahre mit ein paar
einigen } *guten Freunden in Urlaub.*
mehreren

N.B. ***all/alle***

- ***all*** does not add endings when used with the definite article or a possessive adjective:

  ***all** meine Freunde*
  *mit **all** dem Geld*

- ***all/alle*** add endings in both singular and plural in all other instances:

  *Sie hat **allen** Grund dazu.*   She has every reason to do so.
  *Er wünschte mir **alles** Gute.*   He wished me all the best.

The cases – summary of uses

> *Tip:*
> Whenever you use a noun or pronoun, you have to decide which case it's in. Just ask yourself this question, which will give the answer in most instances:
> **Does the noun or pronoun come after a preposition** (e.g. *auf, in*)?
> **If YES** – see what case the **preposition** takes.
> **If NO** – check whether it's the **subject** or the **object** of the verb.

Case	Use in sentence structure	Other uses
Nominative	• Subject of verb: *Ich wohne in Berlin.* *Woher kommst du?* *Wer ist das?*	• After **sein, werden, bleiben** (because subject and „object" both refer to the same thing or person): *Er ist ein guter Ingenieur.* *Er bleibt mein Freund.*
Accusative	• Direct object of verb: *Wer fährt den Wagen?*	• After these prepositions (see page 265): **bis, durch, entlang, für, gegen, ohne, um** • After these prepositions when movement towards is implied (see page 265): **an, auf, hinter, in, neben, über, unter, vor, zwischen**
Genitive		• Shows possession (~'s in English): *Die Mutter meines Freundes* The genitive is used mainly in written German. Spoken German tends to prefer **von + Dat.**: *Die Mutter von meinem Freund* • After these prepositions (see page 266): **während, wegen, statt, trotz, innerhalb, außerhalb, jenseits, um … willen**
Dative	• Indirect object of verb: *Sie schenkten ihm ein neues Fahrrad.* *Ich habe meiner Schwester ein Geschenk gekauft.*	• After these prepositions (see page 265): **aus, außer, bei, gegenüber, mit, nach, seit, von, zu** • After these prepositions when they refer to place where action took place (see page 265): **an, auf, entlang, hinter, in, neben, über, unter, vor, zwischen** • After certain verbs, e.g. **helfen, begegnen**: *Sie hilft ihrem Vater.*

Apposition

A noun in apposition explains the noun or pronoun which precedes it, and
so is in the same case.

*Der Ausländer, **ein junger Deutscher**, suchte ein Hotel.*	The foreigner, a young German, was looking for a hotel.
*Ich besuchte Richard, **meinen Freund** aus Berlin.*	I visited Richard, my friend from Berlin.
*Sie wohnen in Freiburg, **einer schönen Stadt** im Südwesten.*	They live in Freiburg, a pretty town in the southwest.

N.B. with names and titles which include an article, the article doesn't
change case.

in der Zeitschrift „Der Spiegel"	in the magazine „Der Spiegel"
in seinem Roman „Der Zauberberg"	in his novel „Der Zauberberg"

Prepositions

The following is not a complete list of prepositions, but covers all the common ones.

Prepositions followed by the accusative

bis	till, by, as far as	*gegen*	against, towards, about, approximately
durch	through, by (means of)	*ohne*	without
entlang	along	*um*	round, at (time), by
für	for		

- *bis* is usually followed by another preposition before an article:

    *Er bleibt bis Montag/bis **zu dem** Wochenende.*   He's staying till Monday/till the weekend.

- *entlang* usually follows the noun:

    *Sie läuft die Straße **entlang**.*   She runs down the street.

Prepositions followed by the dative

aus	out of, made of	*nach*	to, after; according to
außer	besides, except	*seit*	since, for (time)
bei	at, near, in	*von*	from, of, by (someone)
gegenüber	opposite	*zu*	to, on, for
mit	with, by		

- *gegenüber* usually follows the noun/pronoun:

    unserem Haus gegenüber/gegenüber unserem Haus   opposite our house

- *nach* follows the noun/pronoun when used to mean 'according to':

    meiner Meinung nach   in my opinion

- *seit* – note tense usage:

    *Ich **wohne** seit 1987 hier.*   I've **been living** here since 1987.
    *Ich **kannte** sie seit sechs Wochen, als…*   I **had known** her for six weeks, when…
    BUT: *Wir **haben** sie seit langem nicht **gesehen**.*   We haven't seen them for ages. (perfect tense because negative)

Prepositions followed by the accusative or dative

Accusative to indicate movement forward, towards. *Dative* to indicate where something is (happening).

an	at, to, by, on (up against)	*neben*	next to, near
auf	on (top of)	*über*	above, via
hinter	behind	*unter*	under, among
in	in, into	*vor*	in front of, before; ago
zwischen	between		

*Ich gehe in **die** Stadt.*   I'm going into town.
*Ich arbeite in **der** Stadt.*   I work in town.

Note also: *Er fuhr **an** mir **vorbei**.*   He drove past me.
*Sie kam **auf** mich **zu**.*   She came up to me.

Prepositions followed by the genitive

trotz★	in spite of	*außerhalb*★★	outside
während★	during	*innerhalb*★★	inside
wegen★	because of	*diesseits*★★	this side of
statt/anstatt★	instead of	*jenseits*★★	that side of, beyond

★ These prepositions are often colloquially used with the dative when followed by a pronoun:

*Wegen **dir** müssen wir zu Hause bleiben.*	Because of you we have to stay in.
*Wegen **des** Wetters muss ich zu Hause bleiben.*	Because of the weather I have to stay in.

★★ These prepositions are often used with **von + dative:**

außerhalb von dem Dorf/außerhalb des Dorfs	outside the village

Adjectives

Adjectives and case endings

Adjectives may be used in one of two positions:

- after the verb: no case ending.

*Der Mann ist **alt**.*	The man is old.
*Der Junge sieht **dumm** aus.*	The boy looks stupid.

- before the noun: case ending required.

*ein **alter** Mann*	an old man
*Ich habe meinen Kuli verloren; ich muss einen **neuen** kaufen.*	I've lost my pen; I'll have to buy a new one.

> *Tip:*
> Adjectives never stand after the noun as they sometimes do in French.

Irregular forms

- There are no irregular adjectives in German, except for two small variations:

1. **hoch** – 'high' drops the **-c** before an adjective ending:

*Der Berg ist **hoch**.*	The mountain is high.
*ein **hoher** Berg*	a high mountain

2. Adjectives ending in **-el** drop the **-e-** when followed by a vowel:

*eine **dunkle** Nacht*	a dark night

Adjectives ending in **-er** sometimes do so too:

*ein **teures** Auto*	an expensive car

- A very few adjectives do not add case endings; all of them are colours, and are foreign in origin:

lila	lilac
orange	orange
rosa	pink
creme	cream
*Sie trägt einen **rosa** Schal.*	She's wearing a pink scarf.

- Town names used as adjectives change to or add **-er**, but no case endings,
  e.g. Bremen → Bremer

  Die Frankfurter Allgemeine Zeitung   Saarbrücken → Saarbrücker:
  (name of newspaper)
  Der Stuttgarter Flughafen   Stuttgart Airport
  Note also: *in den dreißiger Jahren*   in the 30s

Participle constructions

In formal or journalistic German, a relative clause based round a present or
past participle can be replaced by a phrase before the noun. These can be
much longer than in English:

*Present participle (infinitive + **-d**)*
    *Die Arbeiter, **die seit zwei Wochen streiken**, haben kein Geld mehr* can be expressed:
    *Die **seit zwei Wochen streikenden** Arbeiter haben kein Geld mehr.*
    The workers who have been on strike for two weeks have no more money.

Past participle
    *Die Städte, **die durch Bombenangriffe zerstört wurden**, mussten neu gebaut werden.*
    *Die **durch Bombenangriffe zerstörten** Städte mussten neu gebaut werden.*
    The towns destroyed by bombs had to be rebuilt.

Adverbs + dative

Some adverbs are used with the dative. Some examples:

ähnlich	like	*Peter ist **seinem Vater** ähnlich.*
bekannt	known	*Er ist **mir** nicht bekannt.*
böse	angry	*Sei **mir** nicht böse!*
gewachsen	up to	*Sie ist **der Arbeit** nicht gewachsen.*
leid	sorry for	*Die Familie tut **mir** sehr leid.*
peinlich	embarrassing	*Die Situation ist **mir** sehr peinlich.*
treu	loyal	*Er blieb **seiner Frau** treu.*

Adverbs + prepositions

Some adverbs are usually followed by certain prepositions (or *da(r)* + preposition –
see page 270). Here is a list of some of the less obvious ones.

begeistert von + Dat	enthusiastic about
beliebt bei + Dat	popular with
böse auf + Acc	angry at
beunruhigt über + Acc	worried about
eifersüchtig auf + Acc	jealous of
fähig zu + Dat	capable of
interessiert an + Dat	interested in
stolz auf + Acc	proud of
verwandt mit + Dat	related to

Adverbs

Most adjectives can be used as adverbs, without adding a suffix as is the practice
in English (-ly). They do not add case endings.
    Sie liest schnell.   She reads quickly.

hin and *her* are used to indicate direction
hin and *her* are often used like prefixes to separable verbs, or can be combined with prepositions or interrogatives to indicate direction.

hin – movement away from the speaker or point of reference
her – movement towards the speaker

Wo *wohnst du?*	**Where** do you live?
Wohin *fährst du auf Urlaub?*	**Where** are you going **to** on holiday?
Woher *kommst du?*	**Where** do you come **from**?
or: **Wo** *kommst du denn* **her?**	
Ich habe die Adresse **hin***geschrieben.*	I've noted down the address.
Sie ging in das Zimmer **hin***ein.*	She went into the room.

Comparative and superlative (adjectives and adverbs)

The basic rule for both adjectives and adverbs is:
● for the comparative, add *-er*.
● for the superlative, add *-(e)st-*.
This applies to all adjectives and adverbs, however long.

	Comparative	Superlative
schnell	*schneller* (faster)	*schnellste/am schnellsten*★ (fastest)
schön	*schöner* (more beautiful)	*schönste/am schönsten*★ (most beautiful)

★ Use e.g. *schnellste* (plus normal adjective endings) when followed by a noun (stated or understood), and **am** *schnellsten* where there is no following noun, or as an adverb:

Der VW Polo ist ein ziemlich kleines Auto, aber der Mini ist das **kleinste.**
Der VW Polo ist klein, aber der Mini ist **am kleinsten.**
The VW Polo is a small car, but the Mini is the smallest.

Some adjectives/adverbs add an umlaut in the comparative and superlative; all are one-syllable words except for *gesund*, e.g. *alt, älter, älteste.*

alt	*lang*	*stark*
jung	*kurz*	*schwach*
klug	*warm*	*krank*
dumm	*kalt*	*gesund* (healthy)
arm (poor)	*grob* (coarse)	*oft*
blass (pale)	*hart*	*rot*
glatt (smooth)	*nass* (wet)	*scharf* (sharp)
schwarz	*schmal* (narrow, tight)	

Irregular comparatives/superlatives

Adjectives

groß	*größer*	*größte/am größten*
gut	*besser*	*beste/am besten*
hoch	*höher*	*höchste/am höchsten*
nah (near)	*näher*	*nächste/am nächsten*
viel★	*mehr*★	*meiste/am meisten*

Adverb

gern *lieber* *am liebsten*

★ These two words do not add adjective endings.

Comparative and superlative phrases

kleiner als	smaller than
(nicht) so klein wie	(not) as small as
immer schneller	faster and faster
ein älterer Mann	an elderly man
Je älter sie wird, desto mehr isst sie.	The older she gets, the more she eats.

Pronouns

Personal pronouns

Nom	Acc	Dat	Reflexive
Singular			
ich	*mich*	*mir*	
du	*dich*	*dir*	
er	*ihn*	*ihm*	
sie	*sie*	*ihr*	*sich★*
es	*es*	*ihm*	
man	*einen*	*einem*	
Plural			
wir	*uns*	*uns*	
ihr	*euch*	*euch*	
sie	*sie*	*ihnen*	*sich★*
Sie	*Sie*	*Ihnen*	

> *Tip:*
> ● Note that the endings on the third person (*er/ihn/ihm, sie/sie/ihr, es/es/ihm, sie/sie/ihnen*) are the same as the endings on the definite article (*der/den/dem, die/die/der,* etc.).

★ **sich** = him*self*, her*self*, it*self*, them*selves*, accusative or dative. For other reflexive pronouns (my*self*, etc.), use **mich/mir**, etc. as appropriate.

*Ich wasche **mich**.* *Ich wasche **mir** die Hände.*

*Sie wäscht **sich**.* *Sie wäscht **sich** die Hände.*

N.B. **selber** also means 'myself', 'himself', etc., but is used to emphasise the subject: *Unser Kind kann sich schon **selber** waschen!*

Prepositions with personal pronouns

- Referring to **people: preposition + pronoun**
  *Fährst du **mit uns** in den Urlaub?*   Will you come with us on holiday?

- Referring to **things: da(-r-) + preposition**
  *Wo ist mein Kuli? Ich will **damit** schreiben.*   Where's my pen? I want to write with it.
  *Siehst du den Tisch? Dein Kuli liegt **darauf**.*   Can you see that table? Your pen's on it.
  (See also verbs + prepositions on page 289.)

	Masc	Fem	Neut	Plural
Nom	der	die	das	die
Acc	den	die	das	die
Gen	dessen	deren	dessen	deren
Dat	dem	deren	dem	denen

Relative pronouns, *e.g. who, which*

- The preceding noun decides gender and number but the case is decided
  by the pronoun's role in its own clause:
  Kennst du den Mann, …   Do you know the man…
  *…**der** da drüben steht?*   …(who's) standing over there?
  *…**den** sie anruft?*   …(who) she's phoning?
  *…mit **dem** sie spricht?*   …she's talking to?

- The relative pronoun cannot be left out in German, as it can in English:
  *Das Buch, **das** ich lese, ist sehr interessant.*   The book (which) I'm reading is very
                                              interesting.
  *Der Junge, mit **dem** sie befreundet ist, ist sehr nett.*   The boy she's friendly with is very nice.

- 'Whose' (*dessen* or *deren*) is not affected by a preposition:
  *Die Familie, mit **deren** Kinder…*   The family, with whose children…

- *Was* is used after e.g. *alles, nichts, etwas,* and elsewhere where there is no
  preceding noun:
  *Ich glaube alles, **was** sie gesagt hat.*   I believe everything she said.
  *Das einzige, **was** mir gefiel, war…*   The only thing I liked was…
  *Weißt du, **was** er gesagt hat?*   Do you know what he said?

- Anyone who – *wer*:
  ***Wer** das glaubt, muss dumm sein.*   Anyone who believes that must be stupid.

- Preposition + relative pronoun: ***da(r)-*** + preposition is not used with
  relative pronouns:
  *Der Notizblock, **auf dem** du schreibst,*   The pad you're writing on is made of
  ist aus Altpapier.   recycled paper.

- If the 'base' relative pronoun is *was*, then use ***wo(r)-*** + preposition:
  Meine Tante hat mir 100 Euro geschenkt, …   My aunt gave me 100 euros, …
  *…**was** mich sehr gefreut hat.*   …which really pleased me.

*...**worüber** ich mich sehr gefreut habe.*   ...which I was really pleased about.

Other pronouns

● ***Wer?*** Who? (interrogative pronoun)

Nom	*Wer?*
Acc	*Wen?*
Gen	*Wessen?*
Dat	*Wem?*

Unlike English usage, where 'whom' is disappearing, all forms of **wer** are
in normal use in German:

***Wen** suchst du?*	Who are you looking for?
*Bei **wem** wohnt sie?*	Who's she staying with?
***Wessen** Sohn ist das?*	Whose son is that?

● ***Was?*** What? (interrogative pronoun)
When used with a preposition, *was* is replaced by *wo(r)-*:

***Worauf** wartest du?*	What are you waiting for?
***Wozu** ist denn das?*	What's that for?

● ***Was für?*** What sort of?
Not necessarily followed by the accusative normally demanded by *für*.

***Was für** ein Mann ist er?*	What sort of a man is he?
*In **was für** einem Haus wohnt sie?*	What sort of house does she live in?

● **(That's) mine, yours, etc.** (possessive pronouns)
Use *mein-, dein-, sein-,* etc. with endings as for Group 2 adjectives (page 262)
EXCEPT in the nominative singular:

Masc	*meiner, deiner, seiner, etc.*
Fem	*meine, deine, seine*
Neut	*meines, deines, seines*

*Siehst du die zwei Wagen da drüben? **Meiner** war ziemlich günstig, aber mein*
   *Bruder hat 90 000 Euro für **seinen** bezahlt.*
Do you see the two cars? Mine was quite cheap, but my brother paid
   90,000 euros for his.

● ***Einer, eine, eines,*** etc.   One (of the)
Endings as for possessive pronouns above:

Siehst du die zwei Wagen da drüben?	You see those two cars over there?
***Einer** gehört mir.*	One (of them) is mine.

● **This, that** (demonstrative pronouns)
Das is used in a general sense:

Das ist ja schön!	That's really beautiful!

Dieser, diese, dieses are used for 'this', 'these'; ***der, die, das*** are used for 'that', 'those'.
(***Jener, jene, jenes*** are not often used in modern German.)

***Dieser** ist billiger, aber **der** hier gefällt mir am besten.* This one's cheaper, but I l
   ike that one best.

● **Jemand, niemand**   Someone, noone
These may be found with or without endings. If endings are used, they are as follows:

Nom	*jemand*	*niemand*

| Acc | *jemanden* | *niemanden* |
| Dat | *jemandem* | *niemandem* |

Ich kenne niemand(en), der den Unfall gesehen hat.
I know no-one who saw the accident.
Der Polizist spricht mit jemand(em), der den Unfall gesehen hat.
The policeman is speaking to someone who saw the accident.

Word order

The most important question (because it arises in every sentence you write) to be answered when checking word order is the **position of the verb**. There are only two possibilities for this – see below.
Two other rules govern:

● the **order of adverbs** (if there is more than one). See page 274.
● the **order of objects** (if both direct and indirect objects appear in the same sentence). See page 274.

Position of the verb

1 **Main clause** (i.e. a clause which makes sense on its own)

● Finite verb is the second idea (not necessarily the second word).

First idea	Finite verb – 2nd idea		Other parts of verb
Ich	*stehe*	*um sieben Uhr*	*auf.*
Um sieben Uhr	*stehe*	*ich*	*auf.*
Ich	*muss*	*um sieben Uhr*	*aufstehen.*
Um sieben Uhr	*bin*	*ich*	*aufgestanden.*

● All other parts of the verb (infinitive/prefix/past participle) stand at the end of the clause.

2 **Subordinate clause** (i.e. a clause which does not make sense on its own, usually because of the first word – **wenn**, **weil**, etc.)

Subordinating conjunction	Subject		Verb to end
Weil	*ich*	*um sieben Uhr*	*auf**stehe**, …*
Obwohl	*ich*	*um sieben Uhr*	*aufstehen **muss**, …*
Nachdem	*ich*	*um sieben Uhr*	*aufgestanden **bin**, …*

● Finite verb goes to the end of the clause.
● Subject must stand after the conjunction.
3 **Sentences consisting of several clauses**
● A simple sentence consists of one main clause.
● Very often, however, a sentence is made up of a main clause plus one or two subordinate clauses – more than two will lead to confusion. Follow the rules as given above.
● Note that if the subordinate clause comes first, it counts as the first idea and must be followed by the verb of the main clause. Note the **verb comma verb** pattern in the middle of the sentence.

- Main clause followed by subordinate clause:

Main clause	Comma	Subordinate clause
*Ich **muss** um 7 Uhr **aufstehen***	,	***weil** der Zug um 7.40 **abfährt.***

- Subordinate clause followed by main clause:

Subordinate clause	Comma	Main clause
Weil** der Zug um 7.40 **abfährt	,	*muss **ich** um **7 Uhr** aufstehen.*

Conjunctions

Conjunctions are used to link one clause to another. They are always the first word in the clause.

1 Subordinating conjunctions

Any clause which begins with one of these is a subordinate clause, and needs a main clause to complete its sense. As well as relative pronouns (see page 270) they include:

als	when, as, than	*ob*	whether
als ob	as if	*obwohl*	although
bevor	before	*ohne dass*	without
bis	until	*seit/seitdem*	since
da	as, because	*sobald*	as soon as
damit	so that, in order that	*so dass*	so that, with the result that
dass	that	*solange*	as long as
falls	in case, if	*während*	while
nachdem	after	*weil*	because
wenn	if; when, whenever		

How to say 'when' in German

- ***als***   Once in the past: ***Als** ich gestern aufgestanden bin, war es schon spät.*
- ***wann***   Questions: ***Wann** fahren wir ab?*
                                *Ich weiß nicht, **wann** wir abfahren.*

- ***wenn***   Present: ***Wenn** der Zug in Köln ankommt, müssen wir umsteigen.*
                        Future: ***Wenn** du ihn morgen siehst, gib ihm bitte diesen Brief.*
                        Whenever   *Jedesmal, **wenn** ich mit dem Computer arbeite, gibt es Probleme.*
                        (all tenses):

2 Coordinating conjunctions

These join two clauses of the same type – usually two main clauses, occasionally two subordinate clauses. In other words, the second clause will have the same word order as the first. There are four main coordinating conjunctions:

und	and
aber	but
oder	or
denn	because, for, as

- Main clause + main clause:

  *Meine Eltern **fahren** nach Spanien, **aber** ich **bleibe** zu Hause.*

  *Ich **stehe** um sieben Uhr auf **und gehe** dann ins Badezimmer.*

  (Here the subject *ich* is the same in both clauses; there is no need to repeat it before *gehe*, or to separate the clauses with a comma.)

  *Ich **stehe** um sieben Uhr auf, **und** dann **gehe ich** ins Badezimmer.*

  (Conjunction now followed by adverb *dann*, so subject *ich* must be restated. Clauses separated by comma.)

- Subordinate clause + subordinate clause:

  ***Wenn** meine Eltern nach Spanien **fahren**, **und** ich kein Geld **habe**, …*

  (Sentence needs main clause to complete sense: *…**muss** ich zu Hause bleiben.*)

3 Adverbs

These can also be used as conjunctions, and are then followed by the verb.
The commonest are:

also	so	*kaum*	hardly
außerdem	besides	*sonst*	otherwise, or else
deshalb	so, that's why	*trotzdem*	in spite of that

*Wir müssen gehen, **sonst** verpassen wir den Zug.*	We must go, or else we will miss the train.
***Kaum** war er angekommen, wollte er wieder nach Hause.*	Hardly had he arrived than he wanted to go home again.

Position of adverbs

- Where two or more adverbs occur together, the rule of thumb is:
  TIME – MANNER – PLACE.

  *Wir wollen   **heute mit dem Zug nach Köln** fahren.*

           Time   Manner   Place

  If two adverbs of the same type occur together, the general stands before the specific:

  Wir wollen   heute   bis drei Uhr   zu Hause bleiben.

- ***Nicht*** and ***Nie*** (never) usually stand: **before** a predicative adjective, an adverb of manner or place, or parts of the verb which are not the finite verb (infinitive, past participle, prefix):

  *Die Sprache ist **nicht** schwierig.*

  *Wir haben den Film **nicht** gesehen.*

  *Fährst du **nicht** mit?*

  They stand at the **end** if these are missing:

  *Wir fahren heute **nicht**.*

  *Ich sah ihn **nicht**.*

  Nicht may be placed elsewhere in the sentence to negate a particular idea:

  *Wir haben **nicht** den neuen Film gesehen, den letzten aber schon.*

  We haven't seen the new film, but we did see the last one.

  *Ich ging **nicht** mit ihr ins Kino, sondern mit ihrer Schwester.*

  I went to the cinema not with her, but with her sister.

  *Ich habe ihn **nie** wieder gesehen.*   I never saw him again.

4 Order of direct and indirect objects

These usually go in the same order as would apply in English if the word 'to' did not exist.

- If both objects are **nouns** – indirect (dative) before direct (accusative):

    Ich schicke <u>meinem Freund</u> <u>eine Postkarte.</u>   I'm sending my friend a postcard./
    I'm sending a postcard to my friend.

- If both objects are **pronouns** – direct (accusative) before indirect (dative):

    Ich schicke <u>sie</u> <u>ihm.</u>   I'm sending it (to) him.

- If one **noun**, one **pronoun** – pronoun first:

    Ich schicke <u>sie</u> <u>meinem Freund.</u>   I'm sending it to my friend.
    Ich schicke <u>ihm</u> <u>eine Postkarte.</u>   I'm sending him a postcard.

5 Variations in word order

The rules of word order as stated above are not nearly as inflexible as they
might first appear. Subtleties of meaning and emphasis can be introduced
easily by changing the position of elements in the sentence.

   *Ich habe dieses Fahrrad **zu Weihnachten** bekommen.*   I got this bike for Christmas.
   *Ich habe zu Weihnachten **dieses Fahrrad** bekommen.*

In each case, the emphasis is on the element which comes later.

Verbs and tenses

Types of verb

The infinitive of a German verb always ends with **-en**, or sometimes just **-n**,
e.g. *les**en**, segel**n**, kletter**n**.*

Most German verbs belong to one of two groups:
- **Weak verbs:** The endings change according to tense and person, but not
  the stem vowel, e.g. *sagen, arbeiten.*
- **Strong verbs:** The endings change, and the stem vowel may also change,
  e.g. *fahren, essen.*

There are three other small groups of verbs:
- **Modal verbs**, of which there are six, e.g. *können, wollen.* See page 282.
- **Mixed verbs**, of which there are four, all with stems ending in *-nn-*.
  They have weak verb endings in all tenses, but the stem vowel also
  changes in the past tenses, e.g. *brennen, kennen.* See page 285.
- **Irregular verbs**, of which there are very few, e.g. *haben, sein.*
  See page 282.

Tips:
- The **consonants** of a German verb almost never change. Use these to
  help you find the meaning or the infinitive of an unfamiliar verb.
- If in doubt, remember that many verbs which are strong verbs in
  German are strong or irregular in English too, e.g. *singen (singt – sang –
  hat gesungen*; to sing – sang – has sung).

Present tense

1 Example
   ich kaufe   I buy, I am buying

2 Formation

Weak: *sagen* – to say

ich	*sage*
du	*sagst*
er/sie/es	*sagt*
wir	*sagen*
ihr	*sagt*
sie/Sie	*sagen*

Strong: *fahren* – to go

ich	*fahre*
du	*fährst*
er/sie/es	*fährt*
wir	*fahren*
ihr	*fahrt*
sie/Sie	*fahren*

Tip:
- There is only one set of endings for both weak and strong verbs.
- Only strong verbs whose stem vowel is *a* or *e* change in the *du* and *er* forms.
- The *wir*, *sie/Sie* and the infinitive forms are always identical.

3 Irregularities

- If the stem ends in *d*, *t* or *n*, add *-e-* before the ending **unless** the stem vowel changes, as it does in a strong verb. This applies to present and imperfect tenses and is simply to make the verb easier to pronounce:

arbeiten	*du arbeitest, ihr arbeitet*
zeichnen	*er zeichnet*
halten	*du hältst, ihr haltet*

- If the stem ends with *s*, *ss*, *ß* or *z*, the *du* form adds only *-t*:

du heißt	*du musst*	*du sitzt*

4 Uses

- To indicate what happens or is happening now:
  *Normalerweise **fährt** sie mit der Straßenbahn, aber heute **fährt** sie mit dem Bus.*
  Normally she **goes** by tram, but today she **is going** on the bus.

- As a future tense, with an appropriate adverb of time:
  *Wir **fahren** morgen ab.*   We**'re leaving** tomorrow.

- To heighten the drama of a passage in the past tense:
  *Er ging endlich ins Bett. Aber plötzlich **sind** Schritte zu hören…*
  At last he went to bed. But suddenly he heard steps…

Perfect tense

1 Example

ich habe gekauft   I bought, I have bought

2 Formation

	PAST PARTICIPLE	
haben or ***sein*** (present tense)	WEAK ***ge-***(stem)***-t***	STRONG ***ge-***(stem★)***-en*** (★vowel may change)
ich habe *wir haben* *du hast* *ihr habt* *er/sie/es hat* *sie/Sie haben*	*gesagt* *gekauft* *gearbeitet*	*gesungen* *gelesen* *geschnitten*
ich bin *wir sind* *du bist* *ihr seid* *er/sie/es ist* *sie/Sie sind*	*gesegelt* *gereist*	*gefahren* *geblieben*

3 Irregularities

- Weak verbs whose stem ends in **-d-**, **-t-** or **-n-** add an **-e-** before the final **-t**:

  ich habe gearbeitet; sie hat gezeichnet

- **– ge-** is not added to the past participles of:

  a) verbs ending in **-ieren**

  *Hast du diesen Wein **probiert**?*

  b) verbs with an inseparable prefix, e.g. **be-, ver-, zer-, ent-** (see page 286)

  *Ich habe Kaffee **bestellt**.*

  *Wir haben zwei Wochen in Rom **verbracht**.*

4 *Haben* or *sein* as auxiliary?

- **Sein** verbs describe movement or a change of state, and are intransitive (i.e. they are not followed by a direct object):

*Er **ist** eingeschlafen.*	He has fallen asleep.
*Er **hat** gut geschlafen.*	He has slept well.

- Some verbs may be used *transitively* or *intransitively*:

*Wir **sind** in die Stadt gefahren.*	We drove/went into town. (intrans.)
*Ich **habe** mein neues Auto gefahren.*	I drove my new car. (trans.)

- Most verbs which take *sein* are strong, but there are also several weak verbs which should be known:

aufwachen	to wake up	*klettern*	to climb
passieren	to happen	*segeln*	to sail (see box page 276)
stürzen	to rush	*reisen*	to travel (see box page 276)
rudern	to row		

5 Uses

- Past events:

*Er **hat** sich das Bein **gebrochen**.*	He has broken his leg.
*Wir **sind** erst um 9 Uhr **angekommen**.*	We didn't arrive till 9.

- As a simpler substitute for the future perfect:

*Bis morgen **habe** ich das Buch **gelesen**.*	By tomorrow I will have finished reading the book.

- **N.B. since/for (*seit*):** German emphasises the fact that the action is continuing by using the present tense – not the perfect:

Ich wohne hier seit 5 Jahren.	I have been living here for 5 years.

6 Perfect or imperfect tense (in narrative)?

- The **perfect** tense is used in both conversation or writing, if the event was in the immediate past or has a bearing on the present:

  Er hat gestern einen Unfall gehabt (…und liegt jetzt im Krankenhaus).

- In the press, the **perfect** tense is often used to set the scene; the narrative then continues in the **imperfect**:

  *Ein Bürogebäude in Spanien **ist** gestern **zusammengebrochen**. Rettungsmannschaften **suchten** den ganzen Tag nach Opfern.*

  An office building in Spain collapsed yesterday. Rescue teams searched all day for victims.

- Modal verbs (*können*, *müssen*, etc.), *sein*, *haben* and a few other common verbs are usually used in the **imperfect** tense:

*Sie **war** sehr böse, weil sie ihre Fahrkarte nicht finden **konnte**.*	She was very cross because she couldn't find her ticket.

- In southern Germany and Austria, the **perfect** tense is used more frequently, while in northern and central Germany, the **imperfect** is often preferred.

Imperfect/Simple past tense

1 Example

ich kaufte   I bought, I was buying, I used to buy

2 Formation

Weak: *sagen* – to say		**Strong**: *fahren* – to go	
ich	*sagte*	*ich*	*fuhr*
du	*sagtest*	*du*	*fuhrst*
er/sie/es	*sagte*	*er/sie/es*	*fuhr*
wir	*sagten*	*wir*	*fuhren*
ihr	*sagtet*	*ihr*	*fuhrt*
sie/Sie	*sagten*	*sie/Sie*	*fuhren*

> **Tips:**
> - The stem vowel of all strong verbs changes in the imperfect. The change applies to all forms of the verb.
> - All verbs, including modals and irregulars, take one of the two sets of endings in the imperfect.

3 Irregularities

Stems which end with -*d*,-*t* or -*n* add **-e-** before the ending (as in the present tense) unless the stem vowel changes in any way:

arbeiten – ich arbeitete

reden – er redete

halten – du hieltst, ihr hielt

4 Uses

- Narrative tense in printed texts – what happened or was happening:
  *Als sie aus dem Haus **kam, hielt** sie einen Regenschirm.*
  When she came out of the house, she was holding an umbrella.
- Descriptions:
  *Vor ihnen **lag** der Wald.*   Before them lay the forest.
- Repeated actions in the past:
  *Damals **besuchte** ich sie oft.*   At that time I used to visit her often.

Pluperfect tense

1 Example

ich hatte gekauft   I had bought, I had been buying

2 Formation and irregularities

As for the perfect tense, but using the imperfect tense of **haben** or **sein**:
*Er **hatte** das Buch schon **gelesen**.*   He had already read the book.

3 Use

To indicate previous events in a past narrative:
*Als er zu Hause ankam, **hatten** wir den Wein schon **ausgetrunken**.*
When he arrived home, we had already finished the wine.

Future tense

1 Example

ich werde … kaufen   I will buy, I will be buying

2 Formation

Present tense of **werden** + infinitive:

ich	*werde*	⎫
du	*wirst*	⎬ ... kaufen
er/sie/es	*wird*	⎫
wir	*werden*	⎬ ... singen
ihr	*werdet*	⎫
sie/Sie	*werden*	⎬ ... abfahren

3 Uses

- To talk about the future, Germans usually prefer the present tense, usually with an adverb of time:

*Bald **gehen** wir.*	We'll be leaving soon.
***Kommst** du morgen?*	Are you coming tomorrow?

- The future tense is used for emphasis, or when there is no other phrase of time:

*Eines Tages **werden** wir euch bestimmt **besuchen**!*	One day we really **will** visit you!

Future perfect tense

1 Example

The future perfect is a combination of future and perfect tenses:

*Er **wird** den Bus wieder **verpasst haben**.*	He's probably missed the bus again.
*Sie ist nicht zu Hause; sie **wird** schon **abgefahren sein**.*	She's not at home; she'll have left already.

2 Formation

Present tense of **werden** plus the past participle of the verb and its auxiliary (**haben** or **sein**) in the infinitive. See the examples above.

3 Use

The future perfect is used, as in the above examples, to indicate a supposition; apart from this, it is rarely used. Germans prefer to use the perfect tense instead. (See page 277.)

Bis Montag habe ich die Arbeit geschrieben.	By Monday I'll have finished the essay.

The imperative

1 Examples

Mach das Buch zu!	Close that book!
Bleibt hier!	Stay here!
Geben Sie mir bitte Ihren Pass!	Please give me your passport!
Setzt euch!	Sit down!
Gehen wir ins Kino!	Let's go to the cinema!

2 Formation

du Weak verbs: stem of infinitive
  Strong verbs: stem of infinitive unless stem vowel change is *-e-* to *-i-* or *-ie-*, in which case the stem of the **du** form is used: *geben* ➤ **gib!**; *fahren* ➤ **fahr!**

ihr All verbs use the *ihr* form of the present tense, but without *ihr*.

Sie All verbs use the *Sie* form of the verb, inverted. The same applies to the *wir* form.

	du	ihr	Sie	wir
Weak				
machen	*mach!*	*macht!*	*machen Sie!*	*machen wir!*
Strong				
sprechen	*sprich!*	*sprecht!*	*sprechen Sie!*	*sprechen wir!*
(The only irregular verb)				
sein	*sei!*	*seid!*	*seien Sie!*	*seien wir!*

3 Official instructions

On notices, in announcements, and in recipes, instructions with equipment, etc.
the infinitive is often used.

*Fahrgäste bitte **umsteigen.***   Passengers are requested to change here.

*Die Äpfel fein **schneiden.***   Chop the apples finely.

The passive voice

1 Example

A sentence such as:

<u>*Sein Freund*</u>   <u>*kaufte*</u>   <u>*meinen alten Wagen.*</u>   His friend bought my old car.
(subject)   (verb)   (object)

is in the 'active voice'; it may be expressed in the 'passive voice' as:

<u>*Mein alter Wagen*</u>   *wurde*   <u>*von seinem Freund*</u> *gekauft.*
(subject)   (verb)   ('agent')

The *direct object* of the first sentence is now the *subject*.

2 Formation

***werden* +** past participle (with ***von* +** agent, if there is one):

*Mein Wagen **wird***	*von seinem Freund **gekauft.***	…is (being) bought by…
…***wurde…***	…***gekauft.***	…was bought by…
…***ist…***	…***gekauft worden.***	…has been bought by…
…***wird…***	…***gekauft werden.***	…will be bought by…

3 by + agent

- ***von*** = by (usually with people)
- ***durch*** = through, by means of (people or things)

     *Die Stadt wurde **durch** Bomben zerstört.*   The town was destroyed by bombs.

     *Die Stadt wurde **von** den Alliierten zerstört.*   The town was destroyed by the allies.

4 Passive + modal verbs

Use a modal verb plus ***werden*** in the infinitive:

     *Die Schule **musste** neu gebaut **werden.***   The school had to be rebuilt.

5 The impersonal passive

Note this specifically German form of the passive:

     *Nach der Arbeit **wurde** lange gefeiert, getanzt und getrunken.*

     After work, they partied, danced and drank for a long time.

6 The passive is by no means as common in German as in English,

particularly in tenses other than those shown above. German tends to prefer
a normal (active) sentence format; some equivalents of an English passive are:

- *man*
  - *So macht man das: …*   This is how it's done: …
- *sein* + infinitive
  - *Er war nicht zu finden.*   He couldn't be found.
- *lassen*
  - *Das Fenster lässt sich nicht öffnen.*   The window can't be opened.

The subjunctive mood

Tenses like the present or the perfect are in the 'indicative' mood – they indicate real events.
The subjunctive is not a tense as such; it is used for events which *might take place* or *might be true*.

1 Examples
*Das **würde** ich gerne **machen**!* (conditional; I'd like to, if...)
*Er sagte, er **habe** keine Zeit.* (reported speech; what he says may be true)

2 Formation
- **Subjunctive 1** (basic use: reported speech)
  Add the subjunctive endings to the stem of the infinitive. *Sein* is irregular.

ich	mache	habe	fahre	könne
du	machest	habest	fahrest	könnest
er/sie/es	mache	habe	fahre	könne
wir	machen	haben	fahren	können
ihr	machet	habet	fahret	könnet
sie/Sie	machen	haben	fahren	können

sein   *ich sei, du seist, er sei, wir seien, ihr seiet, sie seien*

> **Tip:**
> The most common form of Subjunctive 1 is the *er/sie/es* form; this is formed for all verbs (without exception) by the infinitive minus *-n*.

- **Subjunctive 2** (basic use: conditional)
  Add the same endings as above to the stem of the imperfect; add an umlaut too (except *sollte*, *wollte* and **weak verbs**):

ich	machte	hätte	führe	könnte	wäre
du	machtest	hättest	führest	könntest	wärest
er/sie/es	machte	hätte	führe	könnte	wäre
wir	machten	hätten	führen	könnten	wären
ihr	machtet	hättet	führet	könntet	wäret
sie/Sie	machten	hätten	führen	könnten	wären

3 Conditional
- Most verbs use **würde** (Subjunctive 2 of *werden*) **+ infinitive**:
  *Ich **würde** gern ein Auto **kaufen**.*   I'd like to buy a car.
- *Haben, sein, können* (and other modals) just use Subjunctive 2 forms:
  *Ich **hätte** gern ein neues Auto.*   I'd like to have a new car.
  *Du **könntest** ihn anrufen.*   You could phone him up.
- In *wenn* sentences, try to avoid using *würde* in both clauses.
  *Wenn ich reich **wäre**, **würde** ich viel ins Ausland **reisen**.*   If I were rich, I would travel abroad a lot.
  *Wenn sie das Haus **kaufte**, **würde** ich mich **freuen**.*   If she bought the house, I would be pleased.

4 Conditional perfect
- Use *hätte* or *wäre* + past participle:
  *Wenn ich genug Geld **gehabt hätte**, **wäre** ich öfter ins Ausland **gereist**.*
  If I had had enough money, I would have travelled abroad more often.

> *Du **hättest** ihn anrufen **können**.* You could have phoned him.
> *Wenn sie das Haus **gekauft hätte**, **hätte** ich mich gefreut.* If she had bought the house, I would have been pleased.

5 Reported (indirect) speech

- The basic rule is: use Subjunctive 1, but if this is the same as the normal (indicative) form, use Subjunctive 2.
- In English, the context affects the form of the reported verb –
  He says he is going./He said he was going. This is not the case in German: the original statement is the basis for the choice of subjunctive form.

*Er sagt, er **sei** krank.*	He says he's ill.
*Er sagte/hat gesagt, er **sei** krank.*	He said he was ill.

  a) Statement in present tense:

  Er sagte, …

Original statement	Reported statement
*„Ich **fahre** mit.“*	*er **fahre** mit.*
*„Ich **kann** mitfahren.“*	*er **könne** mitfahren.*
*„Sie **fahren** mit.“*	*sie **führen** mit.*

  b) Statement in past tense:

  Er sagte, …

Original statement	Reported statement
*„Ich **bin mitgefahren**.“*	*er **sei mitgefahren**.*
*„Ich **fuhr** mit.“*	*er **sei mitgefahren**.*
*„Ich **hatte** das Haus schon **verlassen**.“*	*er **habe** das Haus schon **verlassen**.*

  c) Statement in future tense:

  Er sagte, …

Original statement	Reported statement
*„Ich **werde mitfahren**.“*	*er **werde mitfahren**.*

- It should be clear that you are using the subjunctive. Be ready to use Subjunctive 2 to make this obvious, e.g. *ich habe* is the same as the indicative, so use *ich hätte*:

*Sie sagte, ich **hätte**…*	*wir **hätten**…*
du habest…	*ihr habet…*
*er **hätte**…*	*sie **hätten**…*

- If you are reporting reliable statements (such as your own!), you can use the indicative:
  *Ich habe dir schon gesagt, ich **habe** morgen keine Zeit.*
  I've already told you that I don't have time tomorrow.

- Colloquial spoken German tends to avoid reported speech altogether.

Modal verbs

Modal verbs, of which there are six, are so called because they indicate the mode (manner) of the action (Can I go? – You must go!).

1 Present tense of modal verbs

können – can, to be able to

ich	kann
du	kannst
er/sie/es	kann
wir	können
ihr	könnt
sie/Sie	können

müssen – must, to have to

ich	muss
du	musst
er/sie/es	muss
wir	müssen
ihr	müsst
sie/Sie	müssen

mögen – to like

ich	mag
du	magst
er/sie/es	mag
wir	mögen
ihr	mögt
sie/Sie	mögen

dürfen – may, to be allowed to

ich	darf
du	darfst
er/sie/es	darf
wir	dürfen
ihr	dürft
sie/Sie	dürfen

wollen – to want to

ich	will
du	willst
er/sie/es	will
wir	wollen
ihr	wollt
sie/Sie	wollen

sollen – ought to, should

ich	soll
du	sollst
er/sie/es	soll
wir	sollen
ihr	sollt
sie/Sie	sollen

> **Tips:**
> - The *ich/er* forms are identical, as are the infinitive and the *wir/sie* (plural) forms.
> - There are no umlauts in any singular forms.

- The verb **wissen** (to know) also works like a modal verb, though it is no longer used as one:

    ich weiß, du weißt, er weiß, wir wissen, ihr wisst, sie wissen

2 Imperfect tense of modal verbs

Use the stem of the infinitive (minus the umlaut) with weak verb imperfect endings:

können

ich	konn**te** (could, was able to)	wir	konn**ten**
du	konn**test**	ihr	konn**tet**
er/sie/es	konn**te**	sie/Sie	konn**ten**

müssen:	*ich muss**te*** (had to), *du muss**test***, etc.
dürfen:	*ich durf**te*** (was allowed to), *du durf**test***, etc.
mögen:	*ich moch**te*** (liked), *du moch**test***, etc.
wollen:	*ich woll**te*** (wanted to), *du woll**test***, etc.
sollen:	*ich soll**te*** (ought to, should), *du soll**test***, etc.

3 Perfect tense of modal verbs

- Always formed with **haben**.
- Use the infinitive of a modal as the past participle: *müssen, können*, etc.

    *Ich **habe** das Buch nicht finden **können**.* — I haven't been able to find the book.

    *Sie **hat** nach Hause gehen **müssen**.* — She has had to go home.

- Note **verb position** when the perfect or pluperfect tense is in a subordinate clause:

    *Weil ich das Buch nicht **habe** finden **können**, …* — Because I've been unable to find…

    *Nachdem sie die Schule **hatte** verlassen **müssen**, …* — After she had had to leave school…

4 Future tense of modal verbs

Formed with **werden** + infinitive:

***Wirst** du mir helfen **können**?* — Will you be able to help me?

5 Other uses of modal verbs

können

- 'may', 'might'

  *Das **könnte** wahr sein.*   That might be true.

- Subjunctive 2 for polite requests:

  ***Könnten** Sie das machen, bitte?*   Could you do that, please?

- English often uses 'can' to mean 'may'. In German, distinguish between *können* (can, able to) and *dürfen* (may, be allowed to):

  *Mit 18 **darf** man Auto fahren, aber ich **kann** es noch nicht.*   You're allowed to drive a car at 18, but I can't yet.

- 'I could' means both 'I was able to' (*ich konnte*) and 'I would be able to' (*ich könnte*).

müssen + nicht

- 'don't have to', 'don't need to':

  Du musst nicht hier bleiben.   You don't have to stay here.

- cf. ***dürfen + nicht*** – 'must not':

  Du darfst nicht hier bleiben.   You mustn't stay here.

- Subjunctive 2 **müsste** – 'should', 'ought to' (= *sollte*):

  Er müßte so was wissen.   He ought to know something like that.

- N.B. *Er muss viel lernen.* (He has to learn a lot.) *Er hat viel zu lernen.* (He has a lot to learn.)

dürfen

- 'may', 'be allowed to' – see *müssen* above.

- ***dürfte*** – *probability* (stronger than *könnte*):

  Das dürfte wahr sein.   That's probably true.

mögen

- as well as 'to like', can also mean 'may':

  Sie mag etwa 20 Jahre alt sein.   She may be about 20.

- Subjunctive 2 **möchte** – polite requests/enquiries:

  Was möchten Sie trinken?   What would you like to drink?

wollen

- **+ eben/gerade** – 'to be about to':

  Ich wollte dich eben anrufen!   I was about to phone you.

- 'claim', 'pretend':

  Sie wollen nichts gesehen haben.   They claim not to have seen anything.

- 'refuse':

  Der Motor wollte nicht anspringen.   The engine wouldn't start.

- Polite imperatives:

  Wollen wir gehen?   Shall we go?

- Note the translations of 'would':

  *Ich **würde** es nicht verkaufen.*   I wouldn't sell it (if I were you).

  *Ich **wollte** es nicht verkaufen.*   I wouldn't sell it (I wanted to keep it).

sollen

- 'is said'/'supposed to be':

  *Dieser Film **soll** gut sein.*   This film is supposed to be good.

- 'to have to':

  *Ich **soll** zu Hause bleiben.*   I'm to/I have to stay at home.

Mixed verbs

There are four mixed verbs:

brennen – to burn   *nennen* – to call, name

kennen – to know (person, place)   *rennen* – to run, race

Mixed verbs are so called because in the past tenses they are a mixture of weak and strong verb patterns. In both the perfect and the imperfect, the stem vowel changes to **-a-**, but the endings are as for weak verbs:

kennen: ich kannte, ich habe gekannt   *rennen: ich rannte, ich bin gerannt*

The irregular verbs **denken** (to think) and **bringen** (to bring, take) are also sometimes classed as mixed verbs:

denken: ich dachte, ich habe gedacht   *bringen: ich brachte, ich habe gebracht*

Senden (to send, broadcast) is usually weak, but is sometimes used as a mixed verb:

er sandte, er hat gesandt

Irregular verbs

Apart from *sein* (to be), very few verbs can be classed as irregular. Only *sein* and *werden* have any irregular endings. The main verbs which have some slightly irregular stems are:

	Present	**Imperfect**	**Perfect**
haben	*du hast, er hat*	*er hatte*	
werden	*du wirst, er wird*	*er wurde*	*er ist geworden*
bringen		*er brachte*	*er hat gebracht*
essen			*er hat gegessen*
denken			*er hat gedacht*
nehmen	*du nimmst, er nimmt*		*er hat genommen*
sitzen		*er saß*	*er hat gesessen*
stehen		*er stand*	*er hat gestanden*
ziehen		*er zog*	*er hat gezogen*

The only other irregularities have to do with: a) a single consonant after a long vowel or a double consonant after a short vowel, b) −d− changing to −t−

bitten		*er bat*	*er hat gebeten*
fallen		*er fiel*	
streiten		*er stritt*	*er hat gestritten*

also: *gleiten, pfeifen, reiten, schreiten*

treffen		*er traf*	
treten	*du trittst, er tritt*		
leiden		*er litt*	*er hat gelitten*

also: *schneiden*

Reflexive verbs

In a reflexive verb the subject and the object both refer to the same person or thing.

Ich *wasche* **mich**.   I'm having a wash.

Wir *freuen* **uns** *auf deinen Besuch.*   We're looking forward to your visit.

The reflexive pronoun may be accusative, or dative if there is an accusative object:

sich waschen – to wash

Acc	Dat
ich wasche **mich**	*ich wasche* **mir** *die Hände*
du wäschst **dich**	*du wäschst* **dir** *die Hände*
er/sie/es wäscht **sich**	*er/sie/es wäscht* **sich** *die Hände*
wir waschen **uns**	*wir waschen* **uns** *die Hände*
ihr wascht **euch**	*ihr wascht* **euch** *die Hände*
sie/Sie waschen **sich**	*sie/Sie waschen* **sich** *die Hände*

Reflexive verbs always form the perfect with **haben**:

Ich habe mir die Hände gewaschen. I washed my hands.

Separable and inseparable verbs

German verbs may add a separable or an inseparable prefix.

1 Separable prefixes are usually prepositions or adverbs such as:

ab-	*ein-*	*zu-*	*los-*
an-	*mit-*	*zurück-*	*hin-*
auf-	*nach-*	*fern-*	*her-*
aus-	*vor-*	*fort-*	

The infinitive is always pronounced with the stress on the prefix,
e.g. **an**kommen, **fern**sehen.

2 hin- and **her-** can be added to other prepositions to give a more exact
idea of the direction of the movement: **hin-** indicates movement away,
her movement towards:

Er kletterte den Berg **hin**auf.	He climbed up the mountain. (away from us)
Kommen Sie **her**ein!	Come in!
Gehen Sie **hin**ein!	Go in!

3 Position of separable prefixes
The prefix goes to the end, along with the past participle, or infinitive
(if there is one), or the verb itself if it is a subordinate clause:

Ich stehe um 6 Uhr **auf.**	I get up at 6 o'clock.

Past participle:	*Ich bin um 6 Uhr* **auf**gestanden.
Infinitive:	*Ich muss um 6 Uhr* **auf**stehen.
Sub-clause:	*Wenn ich um 6 Uhr* **auf**stehe, …

4 Inseparable prefixes are never separated from the verb. The commonest are:

be-	*emp-*	*ent-*	*er-*
zer-	*ent-*	*miss-*	*ver-*

The stress in pronunciation is never on the prefix:

bespre<u>ch</u>en   to discuss;   *verk<u>au</u>fen*   to sell

Some common meanings and uses of inseparable prefixes worth remembering are:

- **be-** changes intransitive verb into transitive:

    treten – to step; **be**treten (= *eintreten in*) – to enter

- **er-** denotes success, finality:

    reichen – to extend; **er**reichen – to reach, attain

    schießen - to shoot, fire; **er**schießen – to shoot dead

- **ver-** changes original verb into its opposite:
  kaufen – to buy; *verkaufen* – to sell
                    or implies error:
  laufen – to run; *sich verlaufen* – to lose one's way
- **zer-** denotes destruction:
  brechen – to break; *zerbrechen* – to smash

There are a few common verbs with prepositions as prefixes which are in fact inseparable (the stress falls on the verb in pronunciation). Inseparable verbs do not add *ge-* in the perfect tense:

überqueren – to cross	*überraschen* – to surprise
übersetzen – to translate	*überweisen* – to transfer
umgeben – to surround	*unterbrechen* – to interrupt
wiederholen – to repeat	

Ich übersetze den Satz.	I'll translate the sentence.
Wir haben unser Auto verkauft.	We sold our car.
Sie hat das Geld auf mein Konto überwiesen.	She transferred the money to my account.

Impersonal verbs

1 Impersonal verbs are used in the third person, often with **es** as the subject. Many of them concern the weather (*es regnet; es friert*), or health (*Es ist mir schlecht; Wie geht es Ihnen?*). There are too many impersonal phrases to give a complete list, but here are some which do not have corresponding impersonal forms in English:

es ärgert mich	I'm annoyed	*es ekelt mich*	I'm disgusted
es freut mich	I'm pleased	*es wundert mich*	I'm surprised
es tut mir leid	I'm sorry	*es ist mir warm/kalt*	I'm hot/cold
es geht mir gut	I'm fine	*es ist mir egal*	I don't mind
es gefällt mir	I like it	*es fällt mir ein, dass…*	it occurs to me that…
es klingelt	the bell is ringing	*es klopft*	someone's knocking
es gelingt mir, (etwas zu tun)	I succeed in (doing something)		

With many impersonal expressions, a noun or pronoun may be used as the subject:
    Meine Füße tun mir weh. My feet hurt.
    Diese Musik gefällt mir.   I like this music.

2 *Es gibt* and *es ist/sind* – There is, there are
- ***Es gibt*** is the usual expression for 'there is', 'there are':

Hier gibt es nichts zu sehen.	There's nothing to see here.
Es gibt viele Leute, die das glauben.	There are many people who believe that.

- ***Es ist, es sind*** are used to denote a rather more defined presence:

Es ist ein Paket für dich da.	There's a parcel here for you.
Es sind zwei Männer vor dem Haus.	There are two men outside the house.

- German frequently uses neither of these expressions, preferring a more definite verb:

Viele Leute glauben das.	There are many people who believe that.
Zwei Männer stehen draußen.	There are two men outside.

Verbs with different transitive and intransitive forms

- Most verbs which can be used transitively or intransitively have identical forms for both, e.g. *lesen*.

    transitive (with direct object):   *Ich lese ein Buch.*
    intransitive (no direct object):   *Ich lese im Wohnzimmer.*

- There are some verbs, however, which have different forms. The commonest are:

Intransitive	Transitive
erblinden – to go blind	*blenden* – to blind, dazzle
ertrinken – to drown	*ertränken* – to drown (s.o.)
aufwachen – to wake up	*wecken* – to wake (s.o.)
fallen – to fall	*fällen* – to fell
fortfahren – to continue	*fortsetzen* – to continue
hängen (strong) – to hang	*hängen* (weak) – to hang
liegen – to lie, to be lying	*legen* – to lay
	sich hinlegen – to lie down
sinken – to sink	*senken* – to lower
	versenken – to sink a ship
sitzen – to sit, be sitting	*setzen* – to place
	*sich (hin)setze*n – to sit down
springen – to jump	*sprengen* – to blow up

- Note that all of the **transitive** forms are weak, while all of the **intransitive** forms, with the exception of, *erblinden* and *aufwachen* are strong.

    Trans.: *Er **hängte** das Bild an die Wand.*   He hung the picture on the wall.
    Intrans: *Das Bild **hing** an der Wand.*   The picture hung on the wall.
    Trans: *Sie **legte** sich auf das Sofa hin.*   She lay down on the sofa.
    Intrans: *Die Bücher **lagen** auf dem Boden.*   The books were lying on the floor.

Verb + (zu) + infinitive

By and large, German uses (or omits) *zu* before the infinitives in the same way that English uses or omits 'to'.

Verb + infinitive is used:
- with modal verbs.
    Du musst hier bleiben.   You must stay here.
- with *gehen*, *sehen* and *hören*.
    Wir gingen gestern einkaufen.   We went shopping yesterday.
    Ich hörte sie plaudern.   I heard them chatting.
- with *lassen* (to have something done).
    Er ließ sich ein Haus bauen.   He had a house built.
    Lass bald von dir hören!   Write soon!

Verb + *zu* + infinitive is used:
- with all verbs other than those mentioned above.
    *Ich hoffe, dich bald **zu** besuchen.*   I hope to visit you soon.
    *Er hat versucht, den Namen aus**zu**sprechen.*   He tried to pronounce the name.
    *Es hat aufgehört **zu** regnen.*   It's stopped raining.

- Note also:

um ... zu...   in order to
   *Sie ging ins Kaufhaus, **um** ein Geschenk **zu** kaufen...*   She went to the department store (in order) to buy a present.

ohne ... zu...   without (doing)
   *Er machte es, **ohne** mich **zu** fragen.*   He did it without asking me.

anstatt ... zu...   instead of (doing)
   *Gehen wir ins Kino, **anstatt** zu Hause **zu** bleiben.*   Let's go to the cinema instead of staying at home.

Verbs followed by the dative

The direct object of some verbs, instead of being in the accusative, as is normal, is in the dative. Some common ones are:

antworten	to answer (somebody)	*nachsehen*	to follow with one's eyes
begegnen★	to meet (by chance)	*sich nähern*	to approach
danken	to thank	*nutzen*	to be of use to
drohen	to threaten	*passen*	to fit, be convenient
einfallen	to have an idea	*passieren★*	to happen
entkommen★	to escape	*raten*	to advise
erlauben	to allow (somebody)	*schaden*	to damage
fehlen	to be missing	*schmecken*	to like (taste)
folgen★	to follow	*stehen*	to suit
gefallen	to please (like)	*trauen*	to trust
gehören	to belong to	*vergeben*	to forgive
geschehen★	to happen	*weh tun*	to hurt
glauben	to believe (a person)	*widerstehen*	to resist
gratulieren	to congratulate	*zuhören*	to listen to
helfen	to help	*zusehen*	to watch
lauschen	to listen (intently)	*zustimmen*	to agree with/vote for
leid tun	to be sorry for		

★ Verbs marked with an asterisk use **sein** in the perfect tense:
   *Sie antwortete **mir**.*   She answered me.
   *Wir sind **ihnen** in der Stadtmitte begegnet.*   We met them in the town centre.

gefallen, **einfallen**, **leid tun** and **schmecken** are used impersonally:
   *Deine neue Jacke gefällt **mir**.*   I like your new jacket.
   *Fällt es **dir** ein, dass... ?*   Has it occurred to you that...?
   *Er tut **ihnen** leid.*   They feel sorry for him.
   *Schmeckt es **Ihnen**?*   Do you like it? (food)

Verbs followed by certain prepositions

As in English, many verbs are used with particular prepositions. There is room here for only a very few examples.

sich erinnern an + acc	to remember
glauben an + acc	to believe in
sich freuen auf + acc	to look forward to

warten auf + acc	to wait for
sich verlassen auf + acc	to rely on
bestehen auf + dat	to insist on
helfen bei + dat	to help with
sich interessieren für + acc	to be interested in
sprechen mit + dat	to talk to
bitten um + acc	to ask for
zittern vor + dat	to shake with (e.g. fear)
passen zu + dat	to match
Ich freue mich auf deinen Besuch.	I'm looking forward to your visit.
Diese Farbe passt nicht zu dem Teppich.	This colour doesn't go with the carpet.

When these verbs are followed, not by a noun or pronoun, but by another verb (often ending in '-ing' in English), the sentence is constructed as follows:

*Ich freue mich **darauf**, dass du uns im Sommer besuchst.*	I'm looking forward to you visiting us in the summer.
*Ich freue mich **darauf**, dich wiederzusehen.*	I'm looking forward to seeing you again.

Miscellaneous

1 **Numbers** – some points worth noting:

- *eins* is used in counting, e.g. 101 = *hunderteins* (N.B. *einundzwanzig*, etc.).
  If a noun is used, or implied, use *ein/eine*, etc. with appropriate case endings.

*vor **einer** Woche*	a/one week ago
*„Wer hat **einen** Kuli?" – „Ich habe einen."*	"Who's got a pen?" – "I have."

- *zwo* is often used instead of *zwei* in situations where there could be confusion with *drei*, e.g. on the telephone.

- Most numbers are feminine when used as nouns:

*In der Prüfung hat sie eine **Zwei** geschrieben.*	She got a B in her exam.
*eine **Million** Menschen*	a million people

  The exceptions are ***Dutzend*** (dozen), ***Hundert*** and ***Tausend***, which are neuter when used as nouns.

*Ein **Dutzend** Eier, bitte.*	A dozen eggs, please.

2 The **decimal point** is represented by a comma in German.

1,5 „eins Komma fünf"	1.5	one point five

3 **Dates** in letters are written either e.g. 1.4.09, or *den ersten April 2009*.

4 **Amounts**: masculine/neuter measures always use the singular form; feminine measures use plural form as well:

drei Kilo Kartoffeln
zwanzig Kilometer
fünf Euro
zwei Glas Bier
fünfzig Liter Benzin
BUT
*vier Flasch**en** Bier*
*zwei Tass**en** Tee.*

List of strong and irregular verbs

Verbs marked with ★ are always intransitive, and so are conjugated with *sein* in the perfect tense. Verbs marked with (★) are conjugated with *sein* in the perfect tense if **intransitive**, *haben* if **transitive**.

Infinitive	Present (er – form)	Imperfect (er – form)	Past participle	Meaning
backen	bäckt	backte	gebacken	*to bake*
befehlen	befiehlt	befahl	befohlen	*to command/order*
beginnen	beginnt	begann	begonnen	*to begin*
beißen	beißt	biss	gebissen	*to bite*
bergen	birgt	barg	geborgen	*to save/shelter*
betrügen	betrügt	betrog	betrogen	*to deceive/cheat*
biegen	biegt	bog	gebogen (★)	*to bend/turn*
bieten	bietet	bot	geboten	*to offer*
binden	bindet	band	gebunden	*to tie/bind*
bitten	bittet	bat	gebeten	*to ask/request*
blasen	bläst	blies	geblasen	*to blow*
bleiben	bleibt	blieb	geblieben ★	*to stay/remain*
braten	brät	briet	gebraten	*to roast*
brechen	bricht	brach	gebrochen (★)	*to break*
brennen	brennt	brannte	gebrannt	*to burn*
bringen	bringt	brachte	gebracht	*to bring*
denken	denkt	dachte	gedacht	*to think*
dringen	dringt	drang	gedrungen (★)	*to force one's way*
dürfen	darf	durfte	gedurft	*to be allowed to*
empfehlen	empfiehlt	empfahl	empfohlen	*to recommend*
erschrecken	erschrickt	erschrak	erschrocken ★	*to be frightened*
essen	isst	aß	gegessen	*to eat*
fahren	fährt	fuhr	gefahren (★)	*to go (by vehicle)/to drive*
fallen	fällt	fiel	gefallen ★	*to fall*
fangen	fängt	fing	gefangen	*to catch*
finden	findet	fand	gefunden	*to find*
fliegen	fliegt	flog	geflogen (★)	*to fly*
fliehen	flieht	floh	geflohen (★)	*to flee*
fließen	fließt	floss	geflossen ★	*to flow*
fressen	frisst	fraß	gefressen	*to eat (of animals)*
frieren	friert	fror	gefroren (★)	*to freeze/be cold*
gebären	gebiert	gebar	geboren	*to give birth to/bear*
geben	gibt	gab	gegeben	*to give*
gedeihen	gedeiht	gedieh	gediehen ★	*to prosper, thrive*
gehen	geht	ging	gegangen ★	*to go/walk*
gelingen	gelingt	gelang	gelungen ★	*to succeed/manage*
gelten	gilt	galt	gegolten	*to be valid/worth*
geschehen	geschieht	geschah	geschehen ★	*to happen*
genießen	genießt	genoss	genossen	*to enjoy/relish*
gewinnen	gewinnt	gewann	gewonnen	*to win/gain*
gießen	gießt	goss	gegossen	*to pour*

Infinitive	Present (er – form)	Imperfect (er – form)	Past participle	Meaning
gleichen	gleicht	glich	geglichen	*to resemble*
gleiten	gleitet	glitt	geglitten ★	*to glide/slide*
graben	gräbt	grub	gegraben	*to dig*
greifen	greift	griff	gegriffen	*to grasp/seize*
haben	hat	hatte	gehabt	*to have*
halten	hält	hielt	gehalten	*to hold/stop*
hängen	hängt	hing	gehangen	*to hang (intrans.)*
heben	hebt	hob	gehoben	*to lift/raise*
heißen	heißt	hieß	geheißen	*to be called*
helfen	hilft	half	geholfen	*to help*
kennen	kennt	kannte	gekannt	*to know (person/place)*
klingen	klingt	klang	geklungen	*to sound*
kommen	kommt	kam	gekommen ★	*to come*
können	kann	konnte	gekonnt	*can/to be able*
kriechen	kriecht	kroch	gekrochen ★	*to creep/crawl*
laden	lädt	lud	geladen	*to load*
lassen	lässt	ließ	gelassen	*to let/leave*
laufen	läuft	lief	gelaufen ★	*to run*
leiden	leidet	litt	gelitten	*to suffer*
leihen	leiht	lieh	geliehen	*to lend*
lesen	liest	las	gelesen	*to read*
liegen	liegt	lag	gelegen	*to lie*
lügen	lügt	log	gelogen	*to (tell a) lie*
messen	misst	maß	gemessen	*to measure*
mögen	mag	mochte	gemocht	*to like*
müssen	muss	musste	gemusst	*to have to/must*
nehmen	nimmt	nahm	genommen	*to take*
nennen	nennt	nannte	genannt	*to name*
pfeifen	pfeift	pfiff	gepfiffen	*to whistle*
quellen	quillt	quoll	gequollen ★	*to gush out/spring*
raten	rät	riet	geraten	*to advise*
reiben	reibt	rieb	gerieben	*to rub*
reißen	reißt	riss	gerissen (★)	*to tear*
reiten	reitet	ritt	geritten (★)	*to ride*
rennen	rennt	rannte	gerannt ★	*to run/race*
riechen	riecht	roch	gerochen	*to smell*
ringen	ringt	rang	gerungen	*to wrestle/struggle*
rufen	ruft	rief	gerufen	*to call*
saufen	säuft	soff	gesoffen	*to drink (of animal)*
schaffen	schafft	schuf	geschaffen	*to create*
scheiden	scheidet	schied	geschieden (★)	*to part/separate*
scheinen	scheint	schien	geschienen	*to shine/seem*
schieben	schiebt	schob	geschoben	*to push/shove*
schießen	schießt	schoss	geschossen (★)	*to shoot/fire*
schlafen	schläft	schlief	geschlafen	*to sleep*
schlagen	schlägt	schlug	geschlagen	*to hit/strike/beat*
schleichen	schleicht	schlich	geschlichen (★)	*to creep*

Infinitive	Present (er - form)	Imperfect (er - form)	Past participle	Meaning
schließen	schließt	schloss	geschlossen	to shut
schmeißen	schmeißt	schmiss	geschmissen	to fling/throw
schmelzen	schmilzt	schmolz	geschmolzen (★)	to melt
schneiden	schneidet	schnitt	geschnitten	to cut
schreiben	schreibt	schrieb	geschrieben	to write
schreien	schreit	schrie	geschrie(e)n	to shout/scream
schreiten	schreitet	schritt	geschritten ★	to stride/proceed
schweigen	schweigt	schwieg	geschwiegen	to be silent
schwimmen	schwimmt	schwamm	geschwommen (★)	to swim
schwören	schwört	schwor	geschworen	to swear (an oath)
sehen	sieht	sah	gesehen	to see
sein	ist	war	gewesen ★	to be
senden	sendet	{sandte {sendete	{gesandt {gesendet	to send
singen	singt	sang	gesungen	to sing
sinken	sinkt	sank	gesunken ★	to sink
sitzen	sitzt	saß	gesessen	to sit/be seated
sollen	soll	sollte	gesollt	should
spalten	spaltet	spaltete	gespalten	to split
sprechen	spricht	sprach	gesprochen	to speak
springen	springt	sprang	gesprungen ★	to jump
stechen	sticht	stach	gestochen	to sting/prick
stehen	steht	stand	gestanden	to stand
stehlen	stiehlt	stahl	gestohlen	to steal
steigen	steigt	stieg	gestiegen ★	to climb/mount
sterben	stirbt	starb	gestorben ★	to die
stinken	stinkt	stank	gestunken	to stink, smell bad
stoßen	stößt	stieß	gestoßen (★)	to push; knock, encounter
streichen	streicht	strich	gestrichen (★)	to stroke; roam
streiten	streitet	stritt	gestritten	to argue/quarrel
tragen	trägt	trug	getragen	to carry/wear
treffen	trifft	traf	getroffen	to meet; hit (target)
treiben	treibt	trieb	getrieben (★)	to drive/do; drift
treten	tritt	trat	getreten (★)	to step/go
trinken	trinkt	trank	getrunken	to drink
tun	tut	tat	getan	to do
verbergen	verbirgt	verbarg	verborgen	to hide
verderben	verdirbt	verdarb	verdorben (★)	to spoil/ruin/go bad
vergessen	vergisst	vergaß	vergessen	to forget
verlieren	verliert	verlor	verloren	to lose
vermeiden	vermeidet	vermied	vermieden	to avoid
verschwinden	verschwindet	verschwand	verschwunden ★	to disappear
verzeihen	verzeiht	verzieh	verziehen	to pardon
wachsen	wächst	wuchs	gewachsen ★	to grow
waschen	wäscht	wusch	gewaschen	to wash
weisen	weist	wies	gewiesen	to point/show
werben	wirbt	warb	geworben	to advertise

Infinitive	Present (*er* – form)	Imperfect (*er* – form)	Past participle	Meaning
werden	wird	wurde	geworden ★	*to become*
werfen	wirft	warf	geworfen	*to throw*
wiegen	wiegt	wog	gewogen	*to weigh*
wissen	weiß	wusste	gewusst	*to know (fact)*
wollen	will	wollte	gewollt	*to want to/wish*
ziehen	zieht	zog	gezogen (★)	*to pull/move; move (away)*
zwingen	zwingt	zwang	gezwungen	*to force/compel*

A dictionary of grammatical terms

Grammatical term	Definition	Example
Adjective	Describes characteristic of thing or person.	*rot, neu, interessant*
Adverb	Defines when, where, how or how much – usually with verb, sometimes with adjective. May be a word or adverbial phrase.	*gestern, um 8 Uhr, oben, zu Hause, schnell, mit dem Bus, sehr* *Ich spiele* **gern** *Fußball.* *ein* **sehr** *langes Buch*
Article: Definite article Indefinite article	*the* *a, an*	*der, die, das* *ein, eine*
Case	One of the four sets of words, or endings to words, used: ● to show the relationship of nouns and pronouns to the verb in a sentence. *Nominative* – subject, *accusative* – direct object, *genitive* – possession, *dative* – indirect object. ● after prepositions.	**Er** *liebt sie.* **Der** *Mann kauft* **den** *Kuli in* **dem** *Supermarkt.*
Clause Main clause Subordinate clause	Group of words relating to a verb. A sentence consists of one or more clauses. Clause which makes sense on its own. Clause which does not make sense on its own because of first word (see conjunction).	 *Ich sehe abends fern, und sie…* *Wenn ich abends fernsehe, …*
Comparative	Form of adjective/adverb used when comparing.	*Ich bin* **kleiner** *als du, aber ich kann* **schneller** *laufen.*
Conjunction	Joins two clauses.	*Ich stehe auf* **und** *gehe nach unten.* **Als** *ich aufstand, war sie schon weg.*
Noun	Names thing, person, idea, place, etc.	*Buch, Mann, Maria, Liebe, Berlin*
Object: Direct object Indirect object	Thing or person on receiving end of action. Object is usually direct. If there are two, the direct object is the thing/person first affected by the action, the indirect object the second thing affected.	 *Ich schreibe* **einen Brief**. *Ich schicke* **ihm einen Brief**. *Indirect Direct* (*The letter* is the first thing affected by the verb *to send,* (so direct object). Only then does *he* receive it (indirect object).)

Grammatical term	Definition	Example
Participle	Part of verb used as adjective.	*ein oft **gelesenes** Buch* *ein **lesender** Schüler*
Passive	Form of verb in which the thing/person on the receiving end of the action becomes the 'subject'.	*Dieses Buch **wurde** von einem Deutschen **geschrieben**.* (This book was written by a German.)
Preposition	Shows the relationship of one thing or person to another.	*ein Geschenk **für** ihre Mutter* *ein Geschenk **von** ihrer Mutter*
Pronoun	Refers to noun or person which has been mentioned, or is understood.	***Ich** bin 18.* *Kennst du Anna? – Ich kenne **sie** gut.*
Subject	the 'doer' of the action (verb)	***Ich** schreibe den Brief.*
Subjunctive	Form of verb for action which is seen as possible or unlikely, or for reporting speech. ● Used for indirect speech. ● Used for conditions or wishes which may not actually be fulfilled.	*Er sagte, er **sei** krank.* *Wenn ich reich **wäre, würde** ich nach Amerika fahren.*
Superlative	Form of adjective/adverb which indicates superiority.	*Ich bin **der kleinste** in der Klasse, aber ich kann **am schnellsten** laufen.*
Verb: Auxiliary	Verb which helps to form other tenses and verb forms: ● *haben and sein* – perfect tense ● *werden* – future tense ● *können, müssen*, etc.	*Ich **habe** ihn gesehen.* *Meinst du, sie **wird** es schaffen?* *Ich **will** nicht arbeiten, aber ich **muss** es!*
Stem Ending Infinitive	The **stem** of the verb contains the meaning. The **ending** indicates type of subject and tense. Basic, dictionary form of the verb from which all tenses are formed.	Stem Ending ↓ ↓ *kauf – en* *du kauf – st* *er kauf – t* *Lesen* is the infinitive of *lese, liest, las, hat gelesen.*
(In)transitive	Verb which has a direct object is transitive. Verb which has no direct object is intransitive.	Transitive: *Ich lese **ein Buch** im Wohnzimmer.* Intransitive: *Ich lese im Wohnzimmer.*
(In)separable	A separable verb has a prefix which is usually separated from the verb.	Separable: *Der Zug **kommt** um 7 Uhr **an**.* Inseparable: *Ich **bekomme** eine Tasse Kaffee.*

Grammatical term	Definition	Example
Modal verb	Indicates something of the mode or manner of an action.	*müssen, können, dürfen, wollen, sollen, mögen.* *Ich **möchte** dich besuchen, aber ich **muss** zu Hause bleiben.*
Strong	A strong verb indicates tense, etc. by predictable changes to both stem and ending.	*singen: singt, sang, hat gesungen* *finden: findet, fand, hat gefunden*
Weak	A weak verb indicates tense, etc. by changes to ending but not to stem.	*wohnen: wohnt, wohnte, hat gewohnt*

Acknowledgements

Chapter 1 written by Janet Searle
Chapter 2 written by Thomas Reimann
Chapter 3 written by Claire Sandry
Chapter 4 written by Claire Sandry
Chapter 5 written by Geoff Brammall
Chapter 6 written by Geoff Brammall
Chapter 7 written by Paul Elliott
Chapter 8 written by Thomas Reimann
Chapter 9 written by Chris Warrington
Chapter 10 written by Roger Winter
Chapter 11 written by Roger Winter, with thanks to Keith Saunders
Chapter 12 written by Geoff Brammall
Study skills written by Claire Sandry
Grammar written by Paul Stocker
AS assessment tasks written by Janet Searle
A2 assessment tasks written by John Baildam
Exam techniques written by Claire Sandry and John Baildam

The Publishers would like to thank the following for permission to reproduce copyright material:

Text credits
p. 3 © Statistisches Landesamt Rheinland-Pfalz, Bad Ems 2005; **p. 10** © ZDF; **p. 51** Text freely based on the information regarding travel tips on *www.fairunterwegs.org*. Find more information at *www.fairunterwegs.org/fairunterwegs-tipps.html*; **p. 85** *www.kja-freiburg.de/efj/dcms/sites/kja/fachstellen/ffd/fsj/index.html*; **p. 87** © sowieso Pressebüro, www.sowieso.de; **p. 91** Münsterland Zeitung; **p. 92** © Westfälische Nachrichten, Münster; **p. 94** © Jeanette Goddar; **p. 97** BMBF 2008 www.bmbf.de; **p. 102** taken from http://www.scheffel-gymnasium.de/schueler/austausch/dole/Dole06/Dole.htm; **p. 103** erschienen in: © Österreich Spiegel. Die Zeitung für den Deutschunterricht. Ausgabe 35/2006; **p. 108** Frankfurter Allgemeine Zeitung GmbH; **p. 110** © ZDF; **p. 114** © Die Glocke, Ölde, Verlag E.Holterdorf GmbH & Co KG; **p. 115** © F.A.Z. Electronic Media GmbH 2001 – 2008; **p. 117** © Themenblätter im Unterricht Nr. 30. herausgegeben von der Bundeszentrale für politische Bildung, Bonn 2003; **p. 124** abridged from *Schönes München*, with kind permission Ellert & Richter Verlag; **p. 126** with kind permission from Susanne Frömel; **p. 211** taken from http://www.landsaid.org/de/tagebuecher/tagebuecher/kathrin-mueller-uganda.html; **p. 212** www.bmz.bund.de; **p. 217** Zuerst erschienen auf www.goethe.de/gesellschaft, Autorin : Christine Sommer-Guist, Copyright : Goethe Institut e.V., Online Redaktion, November 2007; **p. 220** Copyright-Vermerk © Europäische Gemeinschaften, 1995-2003; **p. 225** from *Image and Reality: Questions and Answers about the UN*, published by the UN 1996 and 2001; **p. 250** © dpa 2008; **pp. 232-235** © Der Weg; **p. 248** Zuerst erschienen auf www.goethe.de/gesellschaft; Autor: Uwe Neumärker, Copyright: Goethe-Institut e.V., Online-Redaktion Dezember 2006;

Photos and realia credits
p. 1 (right to left) © JUPITERIMAGES/BananaStock/Alamy; © Stella Allen; © Thomas Reimann; © So-Shan Au; © Kuttig - People/Alamy; **p. 4** (left) © Susy Barnato/Sally Clare; (right) © Nina Gerland; **p. 5** TransFair e.V.; **p. 6** (top) © Joerg Carstensen/epa/Corbis; (bottom) © AP/PA Photos; **p. 8** © Thomas Reimann; **p. 11** Second Life is a trademark of Linden Research, Inc. Certain materials have been reproduced with the permission of Linden Research, Inc. COPYRIGHT © 2001 – 2008 LINDEN RESEARCH, INC. ALL RIGHTS RESERVED; **p. 12** taken from *Harraps Paperback Deutsch-Englisch English-German Dictionary*, © Larousse 2007; **p. 19** Carsten Koall/Getty Images; **pp. 21–36** © Thomas Reimann; **p. 39** (top) © Reuters/CORBIS; (bottom) thanks to Katie McClelland and Scott McClelland © Campbell McClelland; **p. 41** (left to right) Copyright 2008 Jtb photo/photolibrary.com; © Peter Arnold, Inc./Alamy; © FAN travelstock/Alamy; AP Photo/Uwe Lein; © Geoff Brammall; © vario images GmbH & Co.KG/Alamy; **p. 48** (top) © Hauke Dressler/LOOK/Getty Images; (middle) © Geoff Brammall; (bottom) © Robert Harding Picture Library Ltd/Alamy; **p. 53** (top) DB AG/Michael Rauhe; (middle) DB AG/Michael Rauhe; (bottom) © Joern Sackermann/Alamy; **p. 54** © Geoff Brammall; **pp. 55-57** © atmosfair 2006; **p. 59** © Hauke Dressler/LOOK/Getty Images; **p. 61** (left to right) © fStop/Alamy; Roland Magunia/AFP/Getty Images; © Jochen Tack/Alamy; © Sherwin McGehee/istockphoto.com; © Karl-Heinz Haenel/Corbis; © David R. Frazier Photolibrary, Inc./Alamy; **p. 62** (left to right) © Johann Mayr/Catprint Cartoonline GmbH; © Johann Mayr/Catprint Cartoonline GmbH; Copyright 2008, Ferdinand Lutz;

© www.lapinot.de; **p. 65** (*all*) Carsten Raffel/Greenpeace; **p. 68** (*top*) Oka Budhi/AFP/Getty Images; (*bottom*) Bund für Umwelt und Naturschutz Deutschlad (BUND) e.V.; **p. 71** © Arco Images GmbH/Alamy; **p. 72** permission to adapt poster ©, Der Grüne Punkt — Duales System Deutschland GmbH; **p. 73** (*top*) permission to adapt poster ©, Der Grüne Punkt — Duales System Deutschland GmbH; (*bottom*) © Johann Mayr/Catprint Cartoonline GmbH; **p. 74** (*left*) Arbeitskreis Mehrweg, Bonn (www.mehrweg.org); (*centre top*) ARGE Abfallvermeidung GmbH, Graz; (*centre bottom*) ARGE Abfallvermeidung GmbH, Graz; (*right*) Wort Bild Ton Werbeagentur GmbH; **p. 79** Action Press/ Rex Features; **p. 80** © Greenpeace; **p. 81** (*left to right*) Copyright 2008 Jacques Loic/ photolibrary.com; PurestockX/Photolibrary; © 2006 Keystone/TopFoto; DPA/PA Photos; © vario images GmbH & Co.KG/Alamy; **p. 82** permission to reproduce chart © D. Nutting and R. Reister (McKinnon Secondary College); **p. 85** © 2005 Keystone/TopFoto; **p. 87** Sean Gallup/Getty Images; **p. 88** DPA/PA Photos; **p. 92** © 2006 Keystone/TopFoto; **p. 100** With kind permission of Real Gap; **p. 101** (*left to right*) © Directphoto.org/Alamy; © Bernhard Classen/Alamy; With thanks to Bernhard Wöstemeyer © Antonius Austermann; Business Wire via Getty Images; © vario images GmbH & Co.KG/Alamy; **p. 114** With thanks to Bernhard Wöstemeyer © Antonius Austermann; **p. 115** Business Wire via Getty Images; **p. 116** © Anne Coghlan; **p. 121** (*left to right*) Copyright 2008 Bodo Schieren photolibrary.com; Taxi/Getty Images; Andreas Rentz/Getty Images; © Karen Kasmauski/CORBIS; **p. 124** (*top*) © Jon Arnold Images Ltd/Alamy; (*bottom*) Copyright 2008 Peter Widmann/photolibrary.com; **p. 126** Copyright 2008 Diane Diederich/photolibrary.com; **p. 129** © archivberlin Fotoagentur GmbH/Alamy; **p. 131** © imagebroker/Alamy; **p. 134** With kind permission of the British Union for the Abolition of Vivisection (BUAV); **p. 137** (*left*) © James King-Holmes/Science Photo Library; (*right*) © Karen Kasmauski/CORBIS; **p. 139** PurestockX/ Photolibrary; **p. 142** © David Crossland/Alamy; **pp. 143–162** © Thomas Reimann; **p. 164** © iStockphoto.com/Brad Killer; **p. 165** (*left to right*) Illustrated London News; Popperfoto/Getty Images; ©ullsteinbild/TopFoto; © Roger Winter; Sebastian Willnow/AFP/Getty Images; **p. 167** © Hulton-Deutsch Collection/CORBIS; **p. 168** © ullsteinbild/TopFoto; **p. 175** © Roger Winter; **p. 180** Yoshikazu Tsuno/AFP/Getty Images; **p. 183** Chris Niedenthal/Time Life Pictures/Getty Images; **p. 186** Action Press/Rex Features; **p. 187** (*left to right*) © blickwinkel/Alamy; © David Crausby/Alamy; © Freddie Bruce; © Kevin Schafer/Alamy; © f1 online/Alamy; **p. 189** © blickwinkel/Alamy; **p. 191** © David Crausby/Alamy; **p. 192** (*left*) Courtesy of Dr. Ing. h.c. F. Porsche AG, Stuttgart; (*right*) © Benne Ochs/courtesy of Santamaria GMBH; **p. 196** (*left*) © Dale Gooderham; (*right*) © Steve Mai; **p. 199** © Andre Seale/Alamy; **p. 200** Photodisc/Getty; **p. 203** © f1 online/Alamy; **p. 208** AP/PA Photos; **p. 209** (*left to right*) Chris Jackson/Getty Images; AP/PA Photos; Spencer Platt/Getty Images; © Rolf Haid/dpa/Corbis; © AP/PA Photos; **p. 215** (*top*) With kind permission of Querformat Medienkonzept/www.kein-platz-fuer-rassismus.de; (*bottom*) AP/PA Photos; **p. 218** © Rahat Dar/epa/Corbis; **p. 224** © Jane Winter; **p. 225** AP/PA Photos; **p. 230** © WoodyStock/Alamy; **p. 231** (*left to right*) © Tibor Bognar/Corbis; © Sandra Truscott; photo: © Tim Matheson/Actors: L-R: Gord Myren, Evan Frayne, Ira Cooper, Lois Anderson as Mother Courage, and Nick Fontaine. Directed by Camyar Chai; © Geoff Brammall; © Geoff Brammall; **p. 234** Keystone/Getty Images; **p. 236** AP/PA Photos; **p. 237** © Geoff Brammall; **p. 240** © INTERFOTO Pressebildagentur/Alamy; **p. 245** Cover of Peter Bichsel: "Eigentlich moechte Frau Blum den Milchmann kennenlernen" © with kind permission of Suhrkamp Verlag; **p. 247** (*left*) © imagebroker/Alamy; (*right*) © Sandra Truscott; **p. 248** © Geoff Brammall; **p. 250** (*left*) Cover illustration © Christian Birmingham 2002, Original Text © Cornelia Funke 2000, Original English languague version published by Chicken House in 2005; (*right*) © Cecilie Dressler Verlag; **p. 252** © Robert Harding Picture Library Ltd/Alamy

Every effort has been made to trace all copyright holders but if any have been inadvertently overlooked the Publishers will be pleased to make the necessary arrangements at the first opportunity.